譯註 藥山詩賦

역주 약산시부 1

譯註 藥山詩賦

呂運弼

누각 앞의 황금빛 버들은
본래 낭군을 위하여 심은 것이네.
낭군이 가시자 말을 매지 않으니
고요하여 꾀꼬리들만 오네.

樓前金色柳 本意爲郎栽
郎遊不繫馬 寂寂小鶯來

도서출판 월인

서문

필자가 약산(藥山)의 시에 대하여 다소 관심을 가지게 된 계기는 한국한시학회(韓國漢詩學會)의 연속간행물인 『한국한시작가연구(韓國漢詩作家硏究)』가 14집에 이를 때까지 빠짐없이 글을 실으면서, 마지막 무렵에 약산의 은문(恩門)인 희암(希菴) 채팽윤(蔡彭胤)과 그 삼종숙(三從叔)인 연초재(燕超齋) 오상렴(吳尙濂)을 잇달아 맡았던 일로 거슬러 올라간다. 그로 말미암아 15집의 경우 학회나 필자의 그때그때의 사정에 따라 선택하던 방식을 따르기보다는 연속성을 살리는 것도 괜찮겠다는 생각으로 약산을 희망해 놓은 가운데 시간이 해결해 주겠지 하던 참이었는데, 마침 지도교수를 맡게 된 박사과정 입학생이 한시를 공부하겠다고 한 사정이 보태져서, 나 자신뿐만 아니라 학생에게도 도움이 되는 길을 약산의 시를 함께 읽어 보는 데서 찾기로 뜻을 모음으로써, 당초의 계획보다는 짜임새 있는 작업을 하지 않을 수 없었다.

그래서 자세히 검토해 보니 문집의 서(序)·발(跋)을 합치더라도 130여 판에 불과하여, 서너 학기 정도면 독파할 수 있을 것으로 헤아리고서, 학생의 초벌번역을 필자가 수정하여 함께 읽어 가는 방식의 공부가 2009학년도부터 시작되었다. 하지만 세상만사가 으레 그렇듯이 생각대로 되지 않아, 학기가 흐를수록 진척속도가 느려지면서 계획을 수정하지 않을 수 없었다. 그렇다고 마냥 늦출 수도 없는 일이라, 필자 혼자서 시간을 낼 수 있는 대로 빠르게 작업하여 지도하기로 방향을 바꾸었다. 그 과정에서 일거리가 꽤 추가되었음에도 2년 만에 초벌번역은 거의 끝냈지만, 이런저런 사정으로 이제야 원고를 넘기기에 이르렀다.

처음에는 『약산만고(藥山漫稿)』 25권 가운데 권2~5만 역주하여, 시의 전모를 세상에 알릴 바탕이나 마련하고자 한 작업이었다. 그러나 일을 해 나가는 과정에서 권1의 부(賦)를 빼고 권2부터 시작하는 어색한 모양새를 비롯한 몇 가지 부족한 점을 간과하기 어렵다는 판단이 생김으로써 추가할 내용이 적지 않게 늘어났다. 그래서 권1의 부(賦), 선시집(選詩集)과 시화집(詩話集)의 자료, 저자의 산문 가운데 생애 · 시문관(詩文觀)과 관련이 깊은 중요한 글 9편, 그리고 타인이 지은 시문 가운데 지은이에 대한 시장(諡狀) · 졸기(卒記) · 만시(挽詩) · 송부(送賦) · 일화(逸話) 등 6편이 추가되었다. 내용이 이렇게 되다 보니 책의 이름을 붙이는 데에도 애로가 뒤따르지 않을 수 없어 고심 끝에 『역주 약산시부(譯註 藥山詩賦)』라는 다소 애매한 제목으로 낙착되었다.

이런 구색 덕분에 문집에 없는 시가 7제 보태진 큰 장점이 생기기도 했지만, 500수가 채 안 되는 시를 역주한 책이 부피가 만만치 않은 2권의 규모가 된 데다, 체제도 좀 어수선한 면모를 지니게 되고 말았다. 그럼에도 불구하고 약산의 시부(詩賦)를 이해하고 연구할 바탕은 꽤 갖추어진 게 아니냐는 자위를 감히 숨기지 않는다. 짧은 시간 안에 마련한 글들이라 흠결이 크지 않을까 하는 우려가 없지 않지만, 시에 관한 졸론(拙論) 3편도 곁들였으므로, 작은 길잡이가 되기에는 부족하지 않으리라고 믿는다.

약산은 비교적 늦은 나이인 30세부터 타계할 때까지 27년 동안 환해(宦海)에서 부침(浮沈)하였지만, 정치적 열세를 면치 못하였던 남인(南人)에 속했던 탓에 관위가 고작 참판(參判) · 제학(提學)에 그친 채 삶을 마감하였던 사람이다. 기껏해야 이인좌(李麟佐)의 변란 초기에 두드러진 헌책(獻策)을 올려 주목받은 일과 남인의 주류라 할 청남(淸南)을 이끌면서 소론(少論)과 연합하여 영조(英祖)의 탕평책에 적극적으로 동참함으로써, 남인의 명맥이 유지되게 한 데 기여한 역할 정도로 기억될 만한 관인에 불과하였다고 할 수 있다. 그러다 보니 그의 생애에서 가장 주목받을 수 있는 업적은 수준급의 질량을 지닌 문집이라 해도 과언이 아닐 터이다. 그런 가운데서도 만년의 7년 동안 지은 시문은 수습되어 남지 못한 채, 50세 되던 해까지 지은 글만 실린 『약산만고』에는 부 6편, 시 281제 453수, 문 144편이 실려 있다. 이 가운데 가장 큰 무게를 지닌 것이 시라는 것은 그가 채유후(蔡裕後)·이민구(李敏求)-이서우(李瑞雨)-오상렴·채팽윤의 계보를 계승한 남인시맥(南人詩脈)의 적사(嫡嗣)로 공인받다시피 하였던 시인이라는 점과 역대의 한시를 선집한 대표적 시선집인 『대동시선(大東詩選)』에 9제가 선발되어 있는 점에서 방증된다. 그럼에도 불구하고 약산에 대한 전대의 평가는 비교적 인색하였고, 근간에 관심이 높아진 연구도 「해동악부(海東樂府)」에 대한 접근을 제외하면 불충분한 점이 많은 게 사실이다. 이런 사정이야말로 이 책의 필요성을 단적으로 뒷받침한다고 할 것이다.

약산의 현전시 460여수도 적은 분량은 아니지만, 조선조의 명가들의 통례에 견주어 보면 양적으로 풍성한 편은 아니다. 그러나 4,061제 6,081수에 이르는 목은시(牧隱詩)를 망라한 『역주(譯註) 목은시고(牧隱詩藁)』 12권을 간행하는 작업에 미력을 보탠 바 있는 필자로서도 감당하기 어려운 대목이 적지 않았던 탓에, 작업을 끝내면서도 홀가분한 기분만은 아니다. 그렇다고 마냥 붙잡고 있을 수도 없으니, 약산의 시에서 맛본 자아와 외물을 두루 향한 번득이는 눈길과 날카로운 예지(叡智)에 말미암은 좋은 느낌만 간직하기로 하고 손을 접기로 한다. 이 역주서가 약산의 시, 나아가 우리 한시의 연구와 이해에 작게나마 이바지하기를 바라면서, 어려운 사정을 무릅쓰고 또 간행을 감당해 주신 도서출판 월인(月印)에 깊은 사의를 표하고, 아울러 동학들의 주저없는 질정을 앙망한다.

2012년 6월 상순

呂運弼 삼가 씀

•범례•

1. 작품 번호

각 작품에는 고유번호를 부여하여 다른 작품과 구별되도록 하며, 이 번호는 색인 등의 작업에 활용한다. 부여 형식은 다음과 같다.

'**-**-**'

여기에서 맨 앞의 숫자는 『약산만고(藥山漫稿)』의 권의 번호, 두 번째의 숫자는 『약산만고』의 권별 작품의 일련번호, 마지막의 숫자는 큰 제목 아래 소제목을 가진 작품에서 소제목의 일련번호를 나타낸다. 따라서 마지막 숫자는 특별한 경우에만 부여되었다. 예컨대 '02-02는 『약산만고』 권2의 두 번째 작품임을 나타내고, '02-50-01'은 권2의 <경도팔경(京都八景)> 중 첫 번째 작품인 <기전산하(畿甸山河)>임을 나타낸다. 그리고 타인의 차운시가 부기되어 있는 경우에는 괄호를 표시하여 해당 작품과 같은 번호를 부여하였다. 예, (02-15) <차운시를 붙임(附次韻)>

2. 작품 제목

작품 제목은 번역문을 먼저 드러내 보이되 마지막의 구두점은 찍지 않았으며, 원시 제목은 행을 바꾸어 실었다.

예, <진나라를 읊다>

<咏秦>

그리고 번역시의 제목은 대개 완전한 문장 형식(예, <진나라를 읊다>)이나 명사형 구문(예, <서경의 유야랑>)을 원칙으로 하였으나, 필요한 경우에는 부사형 구문(예, <느낌이 있어>, <손님을 마주하여> 등)도 사용하였다.

3. 작품 수

한 제목에 1수의 작품이 있는 경우에는 별도로 작품 수를 표시하지 않았다.

같은 제목에 2수 이상의 작품이 있는 경우. 원시에 몇 수라고 표시되어 있을 때에는 그대로 표시하였다.

예, <유화동절구. 15수>

<榴花洞絶句十五首>

그리고 같은 제목에 2수 이상의 작품이 있는데도 그 수가 제목에 표시되지 않은 경우에는 제목의 번역문 끝에 '(3수)'와 같이 표시하였다.

예, <유거잡영>(8수)

<幽居雜詠>

4. 글자 크기

작품 제목은 12포인트의 진한 글자, 본문은 10.3포인트의 보통 글자, 주석은 8.5포인트, 인용문은 9.3포인트의 보통 글자를 사용하였다. 다만 『약산만고』의 작품 제목이나 본문에 실린 세주(細註)는 다같이 * 표시를 한 다음 9.3포인트의 작은 글자로 표시하였다.

5. 번역문과 원시의 배치

번역문은 한시 1구를 1행으로 하고, 원시는 2구를 1행으로 배치하되, 번역문과 원시 사이에는 1행의 공백을 두었다.

6. 한자어의 표기

번역문의 한자어는 한자표기가 필요한 경우. '한자(漢字)', '대한민국(大韓

民國)'과 같이 한글을 노출시키고, 한자는 ( ) 속에 표기하였다. 그러나 주석에서는 필요한 경우, '漢字', '大韓民國'과 같이 한자어나 한문(漢文)을 그대로 두었다.

7. 연도의 표시

연도는 연호(年號)·묘호(廟號)·간지(干支) 등을 노출시키고, ( ) 속에 서기(西紀)를 넣어 '태종 2년(1402)', '갑오년(1894)' 등과 같이 표시하였다.

8. 주요 약호의 표시

책 표시 :『 』 예,『논어(論語)』
편목 표시 :「 」 『논어(論語)』「학이(學而)」
작품 표시 : < > <행로난(行路難)>

9. 작품의 통계

역주시의 목차 뒤에 그 책에 수록된 <권별 수록 작품 통계표>를 실어 작품의 시체별 현황을 한눈에 살펴볼 수 있도록 하였다. 다만 1제 아래 시체가 다른 시가 두 수 이상일 경우, 제수(題數)는 첫째 수의 시체에 포함시켰다.

목차

•권별 수록 작품 통계표•

＊권1 수록 작품

區分 / 詩體	題數	首數	備考
부(賦)	6	6	
합계	6	6	

＊권2 수록 작품

區分 / 詩體			題數	首數	備考
근체시	절구	5언	7	8	
		7언	17(1)	41(9)	괄호 안은 희암의 차운시
	율시	5언	5	9	
		7언	37	52	7언배율 1제 1수 포함
고체시	5언		13	20	
	7언		1	1	
합 계			80(1)	131(9)	

＊권3 수록작품

區分 / 詩體			題數	首數	備考
근체시	절구	5언	4	14	
		7언	28	52	
	율시	5언	10	16	
		7언	44	67	
고체시	5언		7	13	
	7언		6	9	잡언 1제 1수 포함
합 계			99	171	

『역주(譯註) 약산시부(藥山詩賦)』 해제(解題)

1. 서언

18세기 전반에 활약한 문인 약산(藥山) 오광운(吳光運)의 문집인 『약산만고(藥山漫稿)』는 조선조의 한문학사, 특히 18세기 한시사의 경우 매우 중시해야 할 만한 무게를 지닌 텍스트이다. 그럼에도 이 책의 번역이 아직 이루어지지 않은 점은 문제가 적지 않다 할 것이므로, 뒤늦게나마 그 중에서도 핵심이라 할 권1의 부(賦), 권2~5의 시(詩) 부분만을 취하여 자세히 역주하고, 아울러 저자의 생애 · 문학관 · 시인식 · 사상 등의 이해에 긴요한 산문 20여 편의 역주와 시에 관련된 논문 세 편을 부록으로 붙여 『역주(譯註) 약산시부(藥山詩賦)』라는 이름으로 간행하면서, 먼저 지은이와 책의 면모에 대하여 대략적으로 살펴보기로 한다.

2. 약산의 생애

숙종(肅宗)~영조대(英祖代)의 문신으로 본관이 동복(同福), 초명이 증철(憎鐵), 자가 영백(永伯), 호가 약산인 오광운(1689~1745)[1]의 문집 『약산만고』에는 저자의 전장(傳狀) · 비지(碑誌)가 실려 있지 않지만, 문인(門人)이자 질서

(姪壻)인 번암(樊巖) 채제공(蔡濟恭; 1720~1799)이 지은 시장(諡狀)[2]과 당색을 달리 하였던 벗으로 소론완론(少論緩論)의 영수였던 귀록(歸鹿) 조현명(趙顯命; 1690~1752)이 지은 신도비명(神道碑銘)[3]이 남아 있어, 그 생애는 비교적 자세히 알 수 있다.

이 글들에 의하면 약산의 생애는 크게 4기로 나누어 이해할 수 있다. 제1기(1689~1718)는 수학에 힘쓰면서 과거시험을 준비한 시기이고, 제2기(1719~1729)는 등제와 동시에 승문원(承文院)의 권관(權官)으로 출사한 이래로 영남안핵어사(嶺南按覈御史)를 지낼 때까지의 하급관료로 있었던 시기이며, 제3기(1730~1740)는 이재(李栽) 등 영남사림을 천거하고 영조의 탕평책에 동참한 일을 계기로 노론 강경파의 극렬한 탄핵을 받는 가운데 모친상·부친상이 이어져서 거의 관직을 떠나 있었던 시기이고, 제4기(1741~1745)는 관직에 복귀한 뒤 타계한 때까지의 시기이다.

1) 수학(修學)과 과거(科擧)의 준비

족보에 따르면 지금의 전라남도 화순군(和順郡) 동복면 지역에 있었던 동복현(同福縣)을 관향(貫鄕)으로 한 동복오씨(同福吳氏)는 고려 고종(高宗) 때 거란군을 토평한 공으로 동복군(同福君)에 오른 현좌(賢佐)를 시조로 하고, 원종(元宗) 때 시중(侍中)을 지낸 문헌공(文獻公) 대승(大陞)[4]을 중시조로 한다.

---

1) 蔡彭胤의 詩題 <吳生憎鐵冠, 命名字興祖, 詩以引之>(『希菴集』 권9)에 의하면 초명은 憎鐵, 初字는 興祖였는데, 뒤에 이름을 重運·光運, 자를 永伯으로 고친 듯하고, 거주지 '藥峴'의 '약'을 취하여 호를 藥山·藥圃라 하였다.

2) 蔡濟恭, <贈資憲大夫吏曹判書行嘉善大夫司憲府大司憲兼弘文館提學同知春秋館事藥山吳公諡狀>, 『樊巖集』 권43.

3) 趙顯命, <贈吏曹判書吳公神道碑銘>, 『歸鹿集』 권16.

4) 『新增東國輿地勝覽』 권40 同福縣 古蹟條 <石燈>에는 조선조 世宗 때의 同福縣監인 金尙保의 記를 인용하여, 縣吏 吳大陞이 官道 남쪽에 석등 48개를 만들어 밤마다 불을 켜놓고 하늘에 절하였더니, 그 內外孫이 모두 출세하여 계속 재상에 올랐다는 전설이 실려 있다.

정사(正史)에 나타나지 않는 이 분들의 봉호·관함을 그대로 믿기는 어렵지만, 그 후손인 잠(潛)이 고려 충렬왕(忠烈王) 때에 등제하여 정당문학(政堂文學)까지 지낸 문신임은 분명한 점으로 보아, 내력이 깊은 가문이라 할 것이다. 한동안 침체되었던 가문의 형세를 회복시켜 문묵(文墨)의 명가로 발돋움시킨 것은 17세기 초에 판서를 지낸 만취(晩翠) 억령(億齡; 1552~1618)과 참판을 지낸 묵재(默齋) 백령(百齡; 1560~1633) 형제이다. 묵재의 아들로 예조판서와 양관제학(兩館提學)을 지내고 『죽남당집(竹南堂集)』을 남긴 죽남(竹南) 준(竣; 1587~1666)은 시문과 글씨에 모두 뛰어났는데, 이 분이 바로 약산의 고조부이다.[5] 자가 운장(雲章)인 증조부 정한(挺漢; 1615~?)은 인조(仁祖) 때 진사시에 급제하여 금부도사를 지냈고, 조부 시봉(始鳳)은 요절하였다. 부친 상순(尙純; 1661~1738)은 시봉의 차남으로 돈녕부 도정(敦寧府都正)을 지내고 이조판서에 증직된 분인데, 광주안씨(廣州安氏)로 승지를 지낸 후열(後說; 1632~?)의 따님과 혼인하여 숙종 15년(1689)에 맏아들 광운을 낳았다.

약산은 10여세 무렵에 당대시단의 종장급(宗匠級)이었던 희암(希菴) 채팽윤(蔡彭胤; 1669~1731)을 사사하였다. 희암은 남인(南人)이었던 탓에 갑술환국(甲戌換局) 이듬해인 1695년부터 야인으로 살았다. 그는 1698년경부터 약원(藥院) 서쪽에 있었던 우거(寓居) 영은와(詠恩窩)에 서재(書齋)를 열어 학동들에게 학문·문학을 가르쳤으며, 1701년경부터는 동단(東壇)·동벽단(東壁壇)이라는 이름의 시사(詩社)를 결성하여 이들과 수창하거나 시작을 수련시키기도 하였다. 참여자가 20명이 넘었던 이 시사의 중심인물은 오광운·권신(權賮; 1689~?) 등의 청남계 신진들이었는데, 이 무렵에 지어진 희암의 시에는 이들에게 두보(杜甫)·백거이(白居易) 등의 당시(唐詩), 이반룡(李攀龍)·왕세정(王世貞) 등의 명시(明詩), <새하곡(塞下曲)> 등의 특수시체를 수련시켰던 자취가 남아 있다. <권·오 세 동자의 글을 받고(得權吳三童子書)>·<수의, 차증철운 2수(睡意, 次憎鐵韻二首)>(이상 『希菴集』 권7) 등 1702년부터 약산이

5) 蔡彭胤의 후계자로 평가받기도 하였던 뛰어난 시인 燕超齋 吳尙濂(1680~1607)은 묵재의 차남 東巖 吳端(1592~1640)의 손자여서 약산에게는 從叔이 된다.

언급되기 시작하는 것으로 보아, 약산은 13·4세의 학동(學童) 때부터 그 문하를 출입하기 시작하였던 듯하다. 당시에 희암이 약산에게 지녔던 정회는 1703년에 지어진 <과주에 묵으면서 권·오 양생을 그리워하다(宿果州夜, 懷權吳兩生)>(권8)에 잘 나타나 있다.

죽남(竹南)에게는 뛰어난 손자가 있는데
미목이 빼어나고도 깨끗하네.
발자취를 좇아 사화(詞華)의 마당에 오르고
근원을 찾아 문묵(文墨)의 못을 쳐내네.
한 번 만난 지 참으로 오래 되었거늘
석 달을 어찌 짧다고 하랴?
물고기는 아득히 못을 그리워하고
새는 한결같이 사람을 의지한다네.
헤어지면서 소매에 눈물을 남기고는
열 걸음 걸으며 아홉 번이나 머리를 치켜드네.

竹南有俊孫　眉目秀而皎
踵武登詞場　尋源濬墨沼
一會良已多　三月詎爲少
悠悠慕淵魚　眷眷依人鳥
餘漬在離袂　十步首九矯

문생들에게 준 시를 수십제 남겼던6) 희암은 그들에 대한 기대를 <차운하

6) 대부분이 1702·3년에 지어진 것들인데, 약산이 시제에 포함된 작품만 살펴도 1702년 작인 <得權吳三童子書>(『희암집』 권7)·<睡意次愴鐵韻二首>·<次韻和諸生待吳愴鐵不來聯句之作>(이상 권8), 1703년작인 <上元夜雪止, 月色頗佳, 次權吳諸生韻>·<上元風雪次吳生愴鐵韻>·<吳生愴鐵來別垂涕, 遂攜至其家留贈>·<宿果州夜, 懷權吳兩生>·<宿果州夜懷權吳兩生>(이상 권8)·<吳生愴鐵冠, 命名字興祖, 詩以引之>(권9) 등이 있다. 이러한 관계는 희암이 1706년 5월에 복관하여 藍浦縣監으로 나갈 때까지 지속되었을 것으로 보인다.

여 제생에게 주다(次韻贈諸生)>에서 "뒷날에 나라를 빛낼 솜씨가, 연달아 나의 문하에서 나오리.(異時華國手, 接跡出吾門.)"라고 토로한 바 있는데, 과연 그런 기대에 부응하였던 약산은 뒷날 이 스승에 대하여 다음과 같이 극찬한 바 있다.

> 이백과 두보는 당시를 크게 집대성한 분들이고, 소식과 황정견은 송시를 크게 집대성한 분들이다. 이들은 모두 나라가 지극히 융성한 때에 살았으므로, 그 기상이 혼후하기를 기약하지 않고도 혼후하였고, 그 체격을 갖추기를 기약하지 않고도 갖추었으며, 그 소리가 크기를 기약하지 않고도 컸다. 빼어나게 운율을 지닌 문장을 지어 후래자들이 미칠 수 없으니, 재주와 시절 때문이 아니겠는가? 지금의 세상에는 참으로 이·두·소·황이 없으니, 오늘날 시에 큰 집대성을 이룬 분이 선생이 아니면 누구이랴?[7]

이로써 보면 약산의 학문과 문학의 바탕은 대체로 가학의 전통과 희암의 훈도(薰陶)에 바탕을 둔 것이라고 평가할 수 있을 것이다.

2) 출사(出仕)와 무신란(戊申亂)의 명암

약산은 숙종 40년(1714)에 사마시(司馬試)에 합격하고, 45년(1719)에는 절일제(節日製)의 장원을 거쳐 증광문과(增廣文科)에 병과(丙科)로 급제하여, 승문원에 분속됨으로써 벼슬길을 출발하였다. 경종(景宗) 3년(1723)에 『숙종실록』의 편찬을 위한 겸춘추가 된 데 이어 문신정시(文臣廷試)에 합격하였으며, 같은 해에 저작을 거쳐 예조좌랑이 되었다. 이듬해에는 시강원 사서로 옮겼는데, 강설하는 말과 경계하는 글이 완곡하면서도 곧았으므로 나중에 영조(英

---

7) <祭恩窩先生文>, 『약산만고』 권17(이하 『약산만고』의 인용은 필자명, 서명 없이 책의 卷數만 밝힘). "李·杜唐詩之大全也, 蘓·黃宋詩之大全也. 彼皆生於有國極盛之時, 其氣不期渾而渾, 其體不期全而全, 其聲不期洪而洪. 傑然爲有韻之文章, 後來者無及焉, 非才也時也. 今之世, 固無李·杜·蘇·黃, 而得今詩之大全者, 非先生而誰?"

祖)가 된 세제(世弟) 연잉군(延礽君)의 흠모를 받았다. 얼마 뒤에 제수된 충청도 도사에는 부임하지 않았으나, 경종의 홍서(薨逝) 직후에 은산현감(殷山縣監)으로 나갔다가, 1년 뒤인 영조 원년에 사직하였다.

영조 3년(1727)에 지평으로 복귀하여 숙종·경종의 실록을 편찬하기 위한 도청(都廳)의 낭청관(郎廳官)으로 차출되고 지제교(知製敎)를 겸하였으며, 이어서 병조좌랑을 맡았다. 무신년(1728)에는 홍문관의 수찬·교리가 되고 동학교수(東學敎授)를 겸대하였는데, 이 무렵 조보(朝報)를 내지 말라는 왕명이 내려지자, 「옥당고사(玉堂故事)」를 지어 올려 극력으로 만류하니 임금이 따랐다.

같은 해 삼월에 경기도 용인(龍仁) 어비곡(魚肥谷)의 향리에서 급히 상경한 봉조하(奉朝賀) 최규서(崔奎瑞)가 이인좌(李麟佐)의 일당이 변란을 일으켰다고 고변하였는데, 홍문관에서 숙직을 마치고 집에 돌아가서 마을이 다 비었다는 말을 들은 그는 수찬 홍경보(洪景輔; 1691~1745)와 함께 입궐하여 주상께 이렇게 말하였다.

> 세도가 나쁘게 물들면 변괴가 백 가지로 나타남은 깊이 생각하지 않고 근거가 없이도 추측할 수 있는 것이 있으니, 다만 마땅히 그 방비의 도리를 다할 따름입니다. 지금 조가(朝家)에서는 느긋하고 한가하여 마치 좀도둑이 저절로 일어났다가 저절로 사라질 것처럼 여깁니다. 설사 강호(羌胡)가 하루아침에 도성에서 일어나더라도, 오늘의 조치로야 과연 박멸할 수 있겠습니까? 또 역란이 어떠한 큰 변고이기에 변란이 보고된 지 이틀이 지났는데도, 아직 국청(鞫廳)을 설치하지 않았는지를 신은 참으로 알지 못하겠습니다.[8)]

이러한 상언에도 불구하고 주상과 조정이 머뭇거림을 본 약산이 궁성의 방어와 호위(扈衛)를 더욱 강하게 주창하니, 그제야 임금이 심각성을 절감하고 좇으면서 특별히 문사랑(問事郎)으로 차출하였으며, 약산이 더욱 다그침에 따

---

8) 蔡濟恭, 앞의 글, "世道陷溺, 變怪百出, 有非思慮所可懸度, 惟當盡其備禦之道而已. 今朝家雍容暇豫, 視之若鼠竊者之自起自滅. 設使羌胡一朝起於轂下, 則以今日設施, 果能撲滅之乎? 且逆亂何等大變? 而變上二日, 尙不設鞫, 臣實未曉也."

라 주상이 친국해 보고서야 역란의 실정을 알게 되었다. 다음날 절도사 이봉상(李鳳祥)과 토포사 남연년(南延年)이 포살된 데 이어, 적도들이 경성(京城)에 불을 놓을 술책을 지니고 있다는 말이 나오자, 모두들 그 선견지명에 탄복하였다. 이처럼 변란의 초기부터 조속한 친국청(親鞫廳)의 설치와 궁성의 무장호위를 상언함으로써 진압에 큰 공적을 세운 일로 말미암아 약산을 크게 신임하게 된 영조는 난이 평정된 뒤에 발탁하여 동부승지로 삼았다.

무신란을 계기로 임금의 탕평에 대한 의지가 더욱 굳어졌지만, 노론이 지배하는 조정의 논의는 당론을 조정하고 화합시키기에만 힘썼으므로, 그는 소를 올려 이렇게 말하였다.

> 그때에 조정의 논의가 조정하고 보합(保合)시킴에 힘쓰니, 공이 소를 올려 말하였다. "당론을 일삼는 이들은 각각 그 사사로움을 따르면서, 각각 이기기에 힘씁니다. 어떤 이는 전날의 옳음에 기대어 오늘의 그름을 비호하고, 어떤 이는 저 일의 그름에 말미암아 이 일의 옳음을 가려 버립니다. 윗사람이 된 이는 공평하게 듣고 두루 관찰하며, 마음을 비우고 살피며 수평이 되게 재어서, 일호(一毫)도 계책에 휘감김이 없고, 조금도 문방구로 분식(粉飾)함이 없어야 합니다. 옳은 것은 옳다고 하고, 그른 것은 그르다고 하여, 치우침이 없게 된 뒤에야, 사람의 마음을 승복시킬 수 있습니다. 지금 때로는 시절의 추세에 이끌리고, 때로는 인정에 애써서 맞춤은 향곡(鄕曲)의 원한을 지닌 사람이 화해하여 유감을 푸는 것과 같으니, 신은 탕평이 이루어질 수 있는 날이 없을 것을 두려워합니다."[9]

이에 주상이 상언이 절실하다면서 장려하고, 아울러 회맹하는 날을 맞아 예방승지(禮房承旨)로 발탁하였지만, 갑자기 승진됨을 싫어하여 사양하였으므로 교체되었다.

약산은 이듬해인 영조 5년에 경상감사 박문수(朴文秀)가 무신란에 연루되

---

9) 위의 글. "時, 廷議務調停保合, 公疏言, '爲黨論者, 各循其私, 各務其勝, 或藉昨日之是而護今日之非, 或因彼事之非而掩此事之是. 爲上者公聽並觀, 鑑空衡平, 無一毫機關之籠絡, 無些兒文具之粉飾. 是者是之, 非者非之, 無所偏倚, 然後可以服人心也.'"

었다고 고발한 이도장(李道章)의 옥안을 조사하기 위하여 영남안핵어사(嶺南按覈御史)로 파견되었다. 이때 영남사류의 동향을 파악한 그는 조정에 돌아가서 <영남안핵사회논사소(嶺南按覈使回論事疏)>를 올려 영남사류 22인을 천거하고 탕평책의 진가(眞假)를 덧붙여 논하였는데, 그 글에 "원컨대 전하께서는 거짓된 탕평의 이름을 쓰지 마소서. 뒷날에 뭇 아랫사람에게 속임을 당하고 나서 후회하실 것입니다.(願殿下無設假蕩平之名, 後日追悔於爲羣下所欺也.)"라 하였으나, 주상이 가납하지 않자, 또 소를 올려 말하였다.

> 신의 소에서 이른바 거짓 탕평이라 함은 다른 뜻이 아닙니다. 대저 탕평이라 이르는 것은 지극히 공정하고 사사로움이 없음을 이름이니. 남과 나, 저 사람과 이 사람, 멀고 가까움, 친하고 소원함, 높고 낮음, 귀하고 천함, 경성과 시골, 안과 밖이 없음입니다. 한 번 크게 공평하고 지극히 정당함으로 출발하여 조그만 사사로움도 없게 된 뒤에야, 비로소 탕평이라 이를 수 있습니다. 지금 박사수(朴師洙)가 다만 노론(老論)과 소론(少論)[10]을 보합시킴을 탕평인 줄 알고, 이를 제외하고는 탕평의 방도가 있음을 알지 못합니다.[11]

당색을 떠나서 명류를 등용할 것을 강력히 주장한 전후의 상소는 약산으로 하여금 영조의 신임을 얻고 청남(淸南)의 지도자로 부각되게 한 순작용에 못지 않게, 남인의 대표적 논객이라는 인상을 강하게 심음으로써, 무고까지 하면서 탄핵하는 노론 강경파의 공격의 표적이 됨을 자초한 부작용도 낳았다. 이에 따라 그는 우부승지·파주목사·광주부윤·형조참의를 잇달아 제수받았으나 모두 나가지 않았으며, 이렇게 시작된 칩거는 10여년이나 지속되었다.

---

10) 老論과 少論은 조선시대의 四色黨派의 하나로 숙종 9년(1683) 南人에 대한 처벌문제로 西人에서 갈리어 나왔다.

11) 위의 글. "臣疏所謂假蕩平, 非他意也. 夫蕩平云者, 至公無私之謂也, 無物我彼此遠邇親踈尊卑貴賤京鄕內外. 一出於大公至正, 無少私僻, 然後始可謂蕩平. 今師洙但知老少保合爲蕩平, 外此則不知有蕩平之道."

3) 칩거(蟄居)와 문집의 자편(自編)

약산은 영조 4~5년에 걸쳐서 인현왕후(仁顯王后)의 폐출로 인해 죄를 입었던 갈암(葛庵) 이현일(李玄逸; 1627~1704)의 조카인 밀암(密庵) 이재(李栽; 1657~1730)를 천거하고, 탕평책을 적극적으로 지지한 것이 빌미가 되어 노론의 미움을 사고 만 탓에, 영조 6년(1730)에 일곱 번이나 승지에 제배되었으나 모두 사양하고 나가지 않았다. 게다가 9월에는 모친상을 당하여 27개월 동안 복상(服喪)하게 되었다. 영조 8년(1732)에 상제(喪制)를 끝낸 뒤에는 연전에 도청랑을 맡았던 노고를 포상받아 종2품의 하계(下階)인 가선대부(嘉善大夫)에 올라 군직(軍職)인 부총관을 배수하였다. 이듬해에도 동의금·한성우윤에 제수되었으나 소를 올려 사양하면서, "성지를 분발하시고, 권강을 총괄하시며, 명절에 힘쓰소서.(奮聖志也, 總權綱也, 勵名節也.)"라고 권려하였다. 이에 뭇 사람이 분노하고 상신(相臣)이 질책하자, 다시 소를 올려 이렇게 말하였다.

> 지금 성명께서 밝게 임어하시고 위엄과 기강이 전과 같으니, 만약 한 사람을 지적하여 권신(權臣)이라 함은 실로 옳지 않겠으나, 만약 권중(權重)이 한 쪽으로 기울었다고 함은 지나친 말이 아닙니다. 이런 풍속을 고치지 않으면 비록 요·순이라 할지라도 다스릴 길이 없을 테니, 이는 실로 나라를 다스리는 대신이 마땅히 함께 미워해야 할 것입니다. 그런데도 도리어 신을 공격하여 남은 힘이 없게 함은 무엇 때문입니까?12)

이에 대하여 특히 옥당관 오원(吳瑗)이 고조부 죽남이 삼전도비(三田島碑)의 글씨를 쓴 일까지 들어 비열하게 무고하면서 헐뜯으매, 더욱 벼슬살이에 뜻을 잃고, 좌윤·형조참판·예조참판·안변부사·동의금·부총관·홍문관 제학·승문원제조에 제배되었으나 모두 나아가지 않았다. 영조 13년(1737) 3

---

12) 위의 글. "方今聖明赫臨, 威綱自如, 若指摘一人謂之權臣則固不可, 而若謂之權重一邊, 非過語也. 此俗不改則雖堯舜無以爲治, 此誠體國大臣之所當同嫉者. 而乃反攻臣不遺餘力, 何哉?"

월에 대제학의 권점(圈點)이 있었는데, 1736년에 노론인 이덕수(李德壽; 1673~1744)의 천거를 받은 이래로 수차 물망에 올랐던 약산의 권점은 한 점뿐이었으므로 주상이 몸소 권점을 보태면서, "이 사람은 어찌 한 점뿐인가? 참으로 한심하도다.(是何一點? 良可寒心.)"라고 한탄하였다. 이 해 가을에 임금이 당쟁의 기습이 고쳐지지 않음에 화를 내자, 군신(群臣)이 황송하여 어찌할 바를 몰랐는데, 약산은 군함(軍銜)으로 입참하여, 있어서는 안 될 것이 당론이고 없어서는 안 될 것이 시비임을 격렬한 어조로 말하였다. 이에 주상이 대사간을 제수하자, 규모를 세워서 치체(治體)를 결정하고, 기교(機巧)를 없애고 성실로 돌아가며, 인욕을 막아서 풍화를 바로잡고, 언로를 넓혀서 이익을 얻으며, 성학(聖學)에 힘써서 황극(皇極)을 세우시라고 상언하였다. 이어서 형조참판 · 호조참판 · 도승지를 제배하였으나 모두 나가지 않았다.

이듬해 5월에 부친상을 당하여 다시 27개월 동안 복상하게 되었는데, 이해 겨울에 25권으로 이루어진 문집을 스스로 편집하고 자서(自序)인 <만고인(漫稿引)>을 지었다. 상제가 끝난 1740년에 부총관을 배수받자, 만언소(萬言疏)를 올려 더욱 격렬한 어조로 당화(黨禍)의 원류를 통렬하게 변석하였으며, 대사헌에 특수(特授)되었다가 곧 교체되었다. 특히 이때 그는 남인 · 소론 · 노론에 다 역적이 있었음을 지적하고, 경종께 불충한 자는 영조께도 불충한 자라는 논리로 올바른 탕평을 주장함으로써, 청남(淸南) 문외파(門外派) 주창자[13]로 부각되었다.

4) 늦은 지우(知遇)와 이른 서거(逝去)

약산은 영조 17년(1741) 9월에 형조참판으로 복귀하였으나, 도승지의 소명

---

13) 南夏正, 『桐巢漫錄』 권3. "景廟壬寅間, 又有一種新論, 藥峰台主之, 李仁福(sic.復) · 李重煥若干人倡之. 其論以眉叟爲宗, 割去驪社及睦 · 閔 · 柳三家, 要自別於庚申己巳諸人云者, 此爲門外派. 以爲不可而排之者, 權令重經主之, 金華潤 · 權敍經若干人倡之, 此爲門內派. 又有持兩端, 遨遊其間者, 此爲跨城派. 鬧作一場風波, 擾擾不已, 人比之兩寡婦鬪鬨."

(召命)을 8회나 어긴 일로 죄를 입어 잠시 홍주목사(洪州牧使)로 출보(黜補)되었다. 이듬해 1월에는 대사간이 되고, 12월에는 예조참판으로 비국당상(備局堂上)에 차임되자, 은거하기로 결심한 지 오래 되었으나, 임금의 우대가 더욱 융성해진 데 감격하여, 이어서 주어진 대사헌 · 홍문제학 · 동춘추 · 좌윤 등을 모두 사양하지 않았다.

영조 20년(1744) 가을에 주상이 기로사(耆老司)에 들어간 것을 두고 광망(狂妄)한 말로 논계한 지평(持平) 박성원(朴聖源)을 힘껏 구원하여 대신으로부터 감탄을 받았다. 이해 겨울에 개성유수(開城留守)로 부임하였는데, 이듬해 7월에 경연(經筵)에 참여하려고 입경하였다가 가벼운 병으로 약현(藥峴)의 집에서 졸하니 향수(享壽)가 57세였다. 부음을 들은 영조는 몹시 슬퍼하면서, 공적이 사직에 있으니 상훈을 내림이 마땅한데도 내리지 못했다면서, 특별히 이조판서를 증직하라고 유시하였고, 얼마 뒤에는 개성에서 다스려 올린 문서를 보고 감탄하여 "그 이름은 보지만 그 사람은 볼 수 없으니, 어찌 깊은 슬픔을 견디랴?"[14]라고 탄식하였다. 경기도 고양(高陽) 다정산(多井山)의 선영에 장사지냈다.

약산은 대제학 하계(霞溪) 권유(權愈)의 아들 참봉 경(巠)의 딸에게 장가들어 아들 셋을 낳았지만, 불행하게도 모두 요절하였다. 맏아들 대관(大觀)은 문과에 장원급제하여 병조좌랑으로 있다가 24세에 요절하였고, 둘째 대복(大復)[15]도 부친이 타계한 지 얼마 안 되어 세상을 버렸다. 이보다 앞서 영조 1년(1725)에 이름이 창석(昌錫)[16]으로 보이는 셋째 아들이 9세의 어린 나이로 세상을 버렸는데, 약산은 144운 1440자에 이르는 5언고풍 <술애(述哀)>(권2)를 지어 그 지극한 슬픔을 토로한 바 있다. 그 이듬해에도 7언율시 <병오년 설날에 죽은 아들의 묘에서 곡하다(丙午正朝, 哭亡兒墓)>(권3)를 지어, "너는 죽고 나는 산 가운데 절서가 바뀌었건만, 흐르는 구름과 가는 물은 한결같이

14) 채제공, 앞의 글. "見其名不見其人, 曷勝感愴?"
15) <亡子行狀>(권20)에서는 大成이라고 하였다.
16) <述哀>, 권3. "髫髴吾昌錫, 摘實獻爺前."

아득하네. 어찌 땅 밑에서 새해를 알 수 있으랴? 만약 사람세상에 있었다면 열 살이 시작되리.(汝死吾生節序遷, 歸雲逝水一茫然. 那能地下知新歲? 若在人間始十年.)"라고 안타까워하였다. 또 장래가 촉망되던 장남을 먼저 보낸 아픔을 두고는, 7언율시 <죽은 아들 좌랑의 묘에 석상과 화표를 설치하였는데, 병으로 몸소 가서 동역하지 못하고, 또 냉절[17]을 만났기에 느낌이 있어서 읊다(亡兒佐郎墓, 設石床華表, 病未能躬往董役, 又逢冷節, 感而有吟)>(권4)에서 "새로 심은 가래나무가 비와 이슬에 몇 포기나 생장하였을까? 평생토록 한 번 헤어진 뒤에 머리카락은 실이 되었다네. 봄날의 음기 속에 고요히 한식날이 돌아오니, 병중의 그리움에 쓸쓸히 홀로 장막을 내리네.(雨露新楸長幾枝, 窮天一別髮絲絲. 春陰脉脉爲寒食, 病思荒荒獨下帷.)"라고 슬퍼한 바 있다. 족질(族姪) 숙(璹)을 대관의 후사로 들였는데, 영조의 명으로 출사하여 괴산군수(槐山郡守)를 지냈다.

5) 학문 · 사상 및 교유관계

심재(深齋) 조긍섭(曺兢燮; 1873~1933)은 "불행히도 그 중간에 당파의 논의가 횡류(橫流)하여 이 사람을 존중하는 이는 저 사람을 거부하고, 갑을 칭찬하는 이는 을을 깎아내려서, 대체로 아무도 절충하지 못하였다. 그러나 저 백사(白沙) · 한음(漢陰)의 충신(忠藎), 계곡(谿谷) · 택당(澤堂)의 문사, 반계(磻溪) · 졸수(拙修)의 학식은 온 나라 사람이 같은 소리로 존중하고 칭찬하여 피차와 갑을의 간격이 없었으니, 무슨 까닭인가? 그것이 지극하였기 때문이다. 그러나 이 몇 군자들은 그릇에 적합한 바가 있고, 값어치에 전공(專攻)한 바가 있었던 까닭에, 그 이른바 지극한 것에 치우치게 도달하여 각기 지극함이 없을 수 없었다. 이 세 가지를 아울러서 모두 후세에 드러내기에 넉넉한 분으로는 오직 약산 선생 오충장공만이 가까울 것이다."[18]라고 찬양한 바 있다.

17) 冷節은 寒食日의 별칭이다.

18) <藥山漫稿跋>. "不幸而橫黨議於其間, 賢是者否彼, 予甲者奪乙, 盖莫得以衷焉. 然若白沙漢

심재의 말대로 당쟁의 와중에서 종2품관에 그친 삶으로 말미암아, 약산은 정사(政事)·학문·문학 모두 제대로 평가받지 못하였다. 이는 실록의 졸기가 무신란과 관련된 공훈만 중복적으로 언급된 짤막한 글인 데서 극명하게 드러난다. 문인인 번암조차 상소(上疏)·연주(筵奏)의 간절함과 시문의 뛰어남을 높이 평가한 데 이어, 재신(宰臣)의 반열에 스무 해나 있었으면서도 관위가 더 나아가지 못한 원인을 꺼리지 않고 시정(時政)을 지적하고 귀근(貴近)을 꾸짖은 탓이라고 하였지만, 이는 정치적 배려에서 나온 말일 뿐 실제로 하고 싶었던 말은 당색이 남인인 탓이었다는 한탄일 것이다.

이런 점을 고려하여 문학에 대한 평가는 다음 절로 미루고, 여기에서는 학문과 사상, 그리고 교유관계에 대해서만 간략하게 살펴보기로 한다.

약산은 학문적 성격의 글을 「경설(經說)」(권12)밖에 남기지 않았다. 이 글은 사서삼경(四書三經)의 요점에 대한 견해를 밝힌 것으로 모두 43판 60조(條)에 이르는 논설이다. '극기복례(克己復禮)'를 풀이한 2행에 불과한 조목도 있지만, 기대승(奇大升)과 이황(李滉)의 사단칠정(四端七情)에 대한 논란을 102행에 걸쳐서 변석(辨析)하고 도설까지 붙인 것과 같은 긴 글도 있다. 전반적인 내용은 경전에 바탕을 둔 도덕(道德)·치도(治道)·심성(心性)·도심(道心) 등과 연관된 중요한 문제에 대하여 공맹(孔孟), 정주(程朱)와 같은 선유들의 학설을 참조하면서 자기 나름의 사유를 피력한 것인데, 『예기(禮記)』를 포함시키지 않은 점과 양명(陽明)의 정일(精一)·박약(博約)에 대한 주장을 강하게 비판한 점이 특이한 면모로 보인다. 대체로 퇴계·미수로 이어지는 남인의 성리설을 견지하면서도 사변적 이기설(理氣說)로 성리학을 강화하고자 하는 경향에는 반대한 면모를 보이고 있어, 성리학의 사상적 토대인 원시유학(原始儒學)을 존중하는 상고성(尚古性)과 형식적·사변적 학문보다는 경세적·실용적 지향을 중심으로 한 경향을 지닌 학자였다고 파악할 수 있는 듯하다.

陰之忠藎, 谿谷澤堂之文辭, 磻溪拙修之學識, 爲擧國之所同聲賢予, 而無彼是甲乙之間焉, 何也? 以其至也. 然而是數君子者, 器有所適, 值有所專, 故其所謂至者, 不能無偏造而各極焉. 若夫兼是三者而皆足以表見於後世者, 惟藥山先生吳忠章公其幾矣乎"

약산이 역사에 대하여 특별한 관심을 지닌 학자이자 문인이었던 점은 특기할 만하다. 그의 「사평(史評)」 상(권13)·하(권14)는 84판에 이르는 거질로서 전문적 사평·사론(史論)으로는 조선조 전체를 통틀어서 볼 때에도 이채로운 저술로서, 주초(周初)부터 당대(唐代)까지의 수많은 사실(史實)에 대한 전문적 역사학자로서의 식견이 폭넓고도 깊이 있게 개진되어 있다. 이 글을 일관하고 있는 사유는 역사적 행위의 가치기준을 삼대(三代)에 둔 상고적(尙古的) 감계사관(鑑戒史觀)인데, 이는 당쟁에 매몰되어 인재등용이 법도를 잃고 민심을 제대로 수용하지 못하는 당대의 정치적 모순을 극복하고 치세를 이루기를 바라는 의도에 중점을 둔 것이라고 평가할 수 있다.

약산이 "지금 천하가 모두 주리(侏離)[19]가 되었지만, 발갈(勃碣)의 풍화가 강을 건너 옮겨져서 한 구역 문물의 나라를 양육시키고 고무시켰으니, 또한 그 풍화를 거두어들이기를 추구할 곳은 한경(漢京)이 바로 그곳이다."[20]라고 말한 바와 같은 자주적 문명의식과 민족사의 가치를 높이 평가하는 역사의식을 바탕으로 하여, 연작 영사시 28수로 이루어진 「해동악부(海東樂府)」를 지은 점 또한 높이 평가할 만하다. 중국·한국의 역사와 관련된 이러한 면모는 약산을 그 무렵의 역사에 대한 전문적인 사유를 지닌 뚜렷한 사상가로 자리매김하게 하는 증거라 할 것이다.

약산이 열서너 살부터 희암의 문하를 출입한 이래로 대략적으로 드러난 교유인사들은 크게 세 종류로 나눌 수 있다. 첫째는 남인인맥 안의 교유이다. 약산의 집안은 5대조부 오백령, 고조부 오준 이래로 남인의 명가였고, 특히 종조부 수촌(水邨) 오시수(吳始壽; 1632~1681)가 우의정으로 있다가 경신대출척(庚申大黜陟) 때 사사당한 뒤로는 더욱 핵심적인 남인가문이 되었다. 약산이 경종 2년(1722) 소론이 노론을 축출하고 집권한 정변이 일어났던 때에 서른 살 남짓한 나이로 남인 문외파(門外派), 즉 청남(淸南)의 주도자[21]로서

---

19) 侏離는 서융의 음악으로 오랑캐의 시가·문학을 비유한다.
20) <昭代風謠序>, 권15. "今天下皆已侏離, 勃碣之風, 渡江以遷, 亭毒煽鼓於一區文物之邦. 而又求其風之所翕, 則漢京是已."

이인복(李仁復)·강박(姜樸) 등과 함께 당파를 결속시키는 역할을 맡았던 것은 이런 배경에서 나온 거조라 할 것이다. 교와(僑窩) 성섭(成涉; 1718~1788)의 『필원산어(筆苑散語)』에서 약산을 사암(思庵) 이만유(李萬維)·신절재(昚節齋) 이인복·국포(菊圃) 강박·창애(蒼崖) 홍경보(洪景輔)와 함께 남인오학사(南人五學士)로 일컬은 것은 이런 입지에 기인(基因)할 것이다.

그러므로 그가 <도산(陶山)>(권3)에서 퇴계(退溪) 이황(李滉; 1500~1570)에 대한 존숭의 뜻을 표하고, 144운에 이르는 5언고풍 <세채가(世綵歌)>에서 오리(梧里) 이원익(李元翼; 1547~1634)과 같은 남인의 원조(遠祖)에 대한 존경심을 표하며, 미수(眉叟) 허목(許穆; 1595~1682)을 종주로 삼는 뜻[22)]을 토로하거나, 호주(湖洲) 채유후(蔡裕後; 1599~1660) 이래로 역시 남인명가의 후예로 시로 이름이 높았던 희암을 스승으로 삼아, 학문·문학을 수련하였음은 당연한 일이다. 그리고 그는 어릴 때 섬계(剡溪) 이잠(李潛; ?~1706)에게 가르침을 받은[23)] 일을 계기로 그 부친인 매산(梅山) 이하진(李夏鎭; 1628~1682)의 『육우당집(六寓堂集)』과 『섬계유고(剡溪遺稿)』의 서문을 지었는가 하면, 섬계의 아우인 성호(星湖) 이익(李瀷; 1681~1763)과 교유하면서 성호처럼 「해동악부」를 지은 바 있다.[24)] 또 그가 희암의 조카인 현암(玄巖) 채응만(蔡膺萬; (1677~?)을 사돈으로 삼아 깊이 교유한[25)] 일 또한 남인인맥 안의 교유적 실

---

21) 南夏正, 앞의 글 및 黃德吉, <寬谷金先生遺事>, 『下廬集』 권18. “其後士論始歧貳, 乃以許·尹罪籍不可復伸, 請伸諸大臣, 非淸議倡言斥之. 判書沈檀主其議, 李仁復·吳光運·姜樸·李重煥諸人從而和之. 於是一時喜功競進者, 又紛然潰裂, 有內外中立三派之目.”

22) <六寓堂集序>, 권15. “東人本起士類, 號稱多人物, 而粹然爲近世所宗者眉翁也.”

23) <剡溪遺稿序>, 권15. “先生嘗過家大人, 余時齠齔, 讀虞書, 見先生心異之, 挾卷翼如而前, 願學朞三百, 先生卽席授之, 許以可敎. 後五六年, 先生復來過, 不佞已踰成童, 操拔箏於床下, 先生命賦詩, 又取所爲文閱之, 遂贈以一律, 遺稿所載秋堂深夜坐燈光者是也.”

24) 이 三家는 李潛이 약산의 從高祖父 始復의 딸, 성호의 장자 孟休가 희암의 딸, 희암의 조카인 膺萬의 딸이 약산의 아들, 응만의 조카인 濟恭이 약산의 아우 弼運의 딸을 배필로 삼는 등 복잡한 인척관계를 맺은 바 있었다.

25) <棲雲水閣, 歸路和綏彦>(권2), <寄蔡綏彦三章>·<四月初九日, 與綏彦·大而入靑鶴洞, 二首>·<與蔡綏彦遊三浦, 邀江上諸益穩話, 三首>·<季夏晦, 拈山谷韻, 與玄巖同賦> 등의 응수시를 남겼다.

천의 사례라 할 서이다.

다음으로 들 수 있는 것은 시사(詩社) 및 시작응수(詩作應酬)로 인한 교유이다. 약산은 유년기부터 희암의 문하를 출입하면서 동벽단시사(東壁壇詩社)에 참여하여 권신(權賮)·권자우(權子羽)·목자화(睦子和)·목돈시(睦敦詩) 등 남인계열 신진들과 교유를 맺었다. 국포 강박(1590~1742)은 당색이 같은 이웃이었을 뿐만 아니라 부인의 외조가 약산의 재종조부(再從祖父)인 오시겸(吳始謙)이어서 인척간이기도 하였으므로, 이 시사에 함께 가담하였을 법하지만, 희암의 시문에는 이름이 보이지 않는다.[26]

약산은 또 경종 원년(1721)에 남인인 신절재 이인복(1683~1730), 국포 강박, 청담(淸潭) 이중환(李重煥; 1690~1752), 하빈(河濱) 신후담(愼後聃; 1702~1761), 소론인 서주(西州) 조하망(曹夏望; 1682~1747), 이진급(李眞伋; ?~?) 등과 함께 백련봉(白蓮峰) 아래에 있었던 정토사(淨土寺)를 거점으로 백련사(白蓮社)라는 시사를 결성하여 활동하였다. 그리고 1739년에는 매화시사(梅花詩社), 일명 서천매화사(西泉梅花社)를 강박·이인복·신후담 및 모헌(慕軒) 강필신(姜必愼; 1687~1756) 등과 함께 결성하였다. 그는 이들 가운데 신절재를 위하여 144운에 이르는 5언고풍인 <세채가(世綵歌)>와 <만이내초5수(挽李來初五首)>(이상 권3), 국포를 위해서는 <백구가3수(白鷗歌三首)>(권4) 등 10수의 시[27]를 남겼다. 또 희암의 문하에서부터 교유한 동문 모헌에게는 3제,[28] 소론이면서도 절친하였던 벗인 서주에게는 2제[29]를 지어 주었다.

26) 심경호, 「조선 후기 시사와 동호인 집단의 문화활동」, 『민족문화연구』 31(고려대 민족문화연구원, 1996), 176면에서는 "吳光運과 姜樸은 希菴 蔡彭胤의 문인이다. 藥峴에서 가까이 거주하였으며, 채팽윤의 東壁壇 詩社에 참여하였다."라고 하였으나 무슨 까닭인지 거명된 20여 명 안에 이름이 보이지 않는다.

27) 권4의 <菊圃有子勝冠而殁, 將往嶺南求螟兒, 不忍行者屢聞, 已决行, 詩以慰之>와 '梅花軸'으로 명명한 3제 8수가 그것으로, 특히 후자에는 국포의 시 5수와 약산이 보낸 장문의 서간이 부록되어 있는데, 권려와 희작의 성격을 아울러 지닌 작품으로 분량이 무려 9板에 이른다.

28) <次思卿韻, 示諸君子>·<與安陵倅姜思卿, 聯枕談到四皷, 風雨凄凄, 四面雞聲喔喔. 此境此懷, 惟吾與思卿知之耳>(이상 권2)와 <寄慕軒二首>(권3)이다.

29) <送曹雅仲出宰朱溪>·<謝西州曺雅望步示江漢詩>(이상 권4)이다.

한편, 시사활동과는 무관한 시적 교유로 <산유화가(山有花歌)>·<산장가(酸)蔣歌>·<고잡곡(古雜曲)> 등 민요시를 남긴 시인 두기(杜機) 최성대(崔成大; 1691~?)를 들 수 있는데, 그는 <삼청동에 들어가 최사집을 찾다(入三淸洞, 訪崔士集)>(권3)에서 지기를 만난 기쁨을 "마음대로 행차하고서도 만족스러운 일은, 도원의 골짜기 안에서 종자기(鍾子期)를 만남이라네.(隨意作行因得意, 桃源洞裏遇鍾期.)"라고 토로하였다. 또 노론인 조명교(曹命敎; 1687~1753)와도 시로 깊이 교유하여 4제[30]의 시를 지어 준 바 있다.

마지막으로는 탕평책에 대응하는 정치노선의 공통성으로 인한 소론계열 및 일부 노론계열 문신과의 교유를 들 수 있다. 동년으로 탕평책을 주도하였던 귀록 조현명이 대표적 인물이거니와, 앞에서 시우로 들었던 조하망, 박문수(朴文秀; 1691~1751)도 그런 예이다. 이들과의 교유는 탕평책에 반기를 드는 노론에 맞서 정국을 안정시키는 동시에, 남인의 명맥을 유지시키고자 하는 동기와 연관되어 깊어졌을 것으로 보인다.

앞에 든 몇 가지 범위에 두기 어려운 가장 특이한 지기로는 창애(蒼厓) 홍경보(洪景輔)가 있다. 그는 노론으로 탕평책에 반대하여 좌천되기도 하여 약산과는 정치적 거리를 보인 인물이지만, 무신년의 이인좌의 난 때 옥당의 동료로서, 영조에게 친국청의 설치와 계엄을 함께 건의하여 난을 조기에 진압하는 데 공을 세운 일을 계기로 평생 동안 교정을 유지하였는데, 그와 관련된 시가 10여제에 이를 만큼 시적 교유도 활발하였음에서 이를 확인할 수 있다.[31]

30) <曹內翰彛甫作五臺曬史之行, 送詩賤勤索別語>(권2) <遂書贈二首題曹彛甫所眎二幅畫>(권3), <送曹學士出宰金化>·<題曹彛甫所眎二幅畫>(이상 권4)이다.

31) <綾城使君蔡丈餞宴, 卽席次洪大而韻>(권2), <四月初九日, 與綏彦·大而入青鶴洞, 二首>(권3), <又拈簡齋韻同賦>·<送地部右侍郎洪大而以冬至副使之燕>·<與善應·子淳·大而·士恢·元博聯騎出奉恩寺, 爲含桃會, 同賦. 二首>(이상 권4) 등이다.

3. 『약산만고』의 개관

공백기를 많이 지니면서 종2품관인 참판·제학에 그치고 만 쓸쓸한 환로 생활이 문필활동에는 오히려 긍정적으로 작용하였으므로, 약산은 20여년 동안 지은 시문만으로도 수준급의 분량을 지닌 문집을 남길 수 있었다. 자서(自序)인 <만고인(漫稿引)>에 따르면, 약산은 부친상을 입었던 1738년에 춘추시대 위(衛)나라의 대부(大夫)로 50세에 이르자 49년 동안의 그릇됨을 알았다고 말한 일화를 남긴 거백옥(蘧伯玉)의 전례에 따라, 지나간 잘못을 되돌아보고자 자신이 지은 시문을 정리하여 25권으로 편차한 뒤에, 『약산만고』로 이름 붙이고 사람을 시켜 선사(繕寫)해 두었다. 그러나 이 초고는 자식들이 요절한데다 남인 강경파라는 행적이 낳은 부작용에 말미암은 탓인지 오랜 동안 간행되지 못하다가, 1924년에 이르러서야 6대손인 오병서(吳炳序)에 의하여 심재 조긍섭의 교정을 거쳐, 50세 때의 자편고만을 수록한 채 20권 9책의 목판본으로 경북 달성(達城)에서 간행되었다. <만고인>에서 "이에 다만 보태고 깎은 것만을 남겨 그 차서를 다스려서, 쉰 살 이전에 지은 부(賦)·시(詩)·문(文) 각체로 제한하니, 모두 25권이다."[32]라고 한 점, <만고인>에서 말한 25권과 달리 20권뿐인 가운데 서간(書簡)이 전혀 실려 있지 않은 점, 『대동시선(大東詩選)』에 실린 작품 9수 가운데 6수[33]가 현전문집에 없는 점 등으로 보아, 50세까지의 글 일부와 50세 이후의 글 가운데 『대동시선』에 남아 있는 시 이외에는 전부 산일되었다고 보아야 할 듯하다. 그러므로 후집(後集)에 해당하는 초고가 있었을 법하지만, 오늘에 와서 그 자취를 찾기는 어려울 듯하다.

『약산만고』는 20권 9책으로 674판에 이르는 분량인데, 권수(卷首)에 자서 <만고인>과 목록, 권미(卷尾)에 조긍섭의 발(跋)과 오병서의 후지(後識)가 실

32) "於是就加刪存, 釐其序次, 斷自五十以前賦詩文各體, 凡二十五卷."

33) 『大東詩選』 권6에는 문집에 실린 작품인 <春閨怨>·<艾倉道中記所見>·<百祥樓> 외에 <江浦漁火>·<採蓮曲>·<放僑>·<記景>·<泛槎亭>·<滿月臺>가 더 실려 있다.

려 있고, 권1에는 부(賦), 권2~5에는 시, 권6~20에는 문이 실려 있다. 권2~4의 시가 창작시기순으로 편차되어 있는 점으로 보아, 나머지 글도 문체별로 시기순으로 수록되었을 것으로 보인다.

권1에 실린 부는 <몽유부(夢遊賦)>・<태화탕부(太和湯賦)>・<한부(恨賦)>・<별부(別賦)>・<노량의총부(露梁疑塚賦)>・<석여춘부(惜餘春賦)> 등 6편이다. 이것들은 모두 율부(律賦)인데, <태화탕부>・<석여춘부>는 60여구 미만의 단형이고, 나머지는 120~240구에 이르는 장형이다. 그리고 권2[34]에는 시 80제 131수, 권3에는 99제 171수, 권4[35]에는 74제 123수, 권5에는 「해동악부」 28제 28수가 실려 있어, 모두 281제 453수이다.

권2~4의 시는 전술한 대로 창작시기순으로 편차되어 있는데, 권2 맨 앞의 시기불명인 작품 7제 다음에 실린 <대행왕께 휘를 올린 뒤에 중추를 맞아 성수절이 처음으로 돌아왔으므로, 달을 바라보며 느낌이 있어서(大行王奉諱後中秋, 聖壽節初回, 望月有感)>가 숙종의 시호가 올려진 1720년 8월에 지어진 것이고, 권5의 마지막 부분에 실린 작품들이 문집을 자편한 해인 1738년에 지어진 것이니, 현전시의 대부분은 1720~1738년에 지어진 작품들이라 할 수 있다. 그러나 권2의 첫머리에 실린 영회시(詠懷詩) 1제, 의고악부(擬古樂府) 2제, 경물시(景物詩) 3제, 영사시(詠史詩) 1제는 연대를 짐작할 단서가 없다. 이것들은 대체로 등제 이전에 지어진 작품으로 보이지만, 모두 같은 때에 지어진 것은 아니라고 보아야 할 듯하다. 권5에 따로 편차된 「해동악부(海東樂府)」는 창작시기에 대한 단서가 없는 탓에, 50세에 문집을 편집할 때에 의도적으로 새로 지은 작품일 것이라고 추정한 사례[36]가 있다. 그런데 창작에 영향을 주었을 것으로 보이는 『척사이창(摭史俚唱)』의 발문을 쓴 시기가 1737~8년경으로 짐작되는[37] 점으로 보아, 창작시기도 작품의 편차에 부합하는 때인

---

34) 希菴 蔡彭胤이 차운한 7언절구 9수가 부록되어 있다.

35) 菊圃 姜樸이 차운한 7언절구 3수와 7언고시 3수가 부록되어 있다.

36) 전혜영, 「藥山 吳光運의 「海東樂府」 硏究」, 『韓國漢詩硏究』 17(韓國漢詩學會, 2009), 184~5면.

37) <昭代風謠補跋>은 『소대풍요』 卷尾의 "丁巳清明翌日, 藥山吳光運跋"에서 1737년작임이

50세경이었을 듯하다. 따라서 그런 추정에 방법적인 문제는 있지만, 결과적으로 시기는 틀리지 않았다는 점, 아울러 약산보다 다소 앞선 시기에 「해동악부」를 남겼던 이익(李瀷; 1681~1763)·임창택(林昌澤; 1682~1723)의 해당 작품들이 문집의 마지막 부분에 따로 편차된 일과 같은 편차의식의 소산이라고 볼 수만은 없다는 점을 지적할 수 있다.

『약산만고』 권6~20에 실린 산문의 권차별·문체별 양상은 다음과 같다. 권6~8에는 교서(敎書) 1편, 소(疏) 23편이 실려 있고, 권9~11에는 「서연강의(書筵講義)」, 「옥당고사(玉堂故事)」, 기사(記事) 3편, 변(辨) 1편, 훈계(訓誡) 6편, 지(指) 4편, 「전폐문답(錢弊問答)」, 「책제(策題)」, 주(奏) 1편, 잡저(雜著)로 분류된 「경설(經說)」, 「사평(史評)」, 서(序) 19편, 기(記) 9편, 발(跋) 7편, 전(箋) 2편, 찬(贊)·명(銘) 6편, 상량문(上樑文) 3편, 축문(祝文) 3편, 치제문(致祭文) 6편, 제문(祭文) 10편, 비명(碑銘) 2편, 묘지(墓誌) 14편, 묘지(墓碣) 7편, 시장(諡狀) 1편, 행장(行狀) 4편이 실려 있어, 도합 138편이다. 1편으로 계산한 「서연강의」는 17조(條), 「옥당고사」는 2조, 「책제」는 2조, 「경설」은 60조, 「사평」은 200여조로 이루어져 있다.

이러한 산문 가운데 주목되는 작품으로는 우선 상소문 몇 편을 들 수 있다. 이 가운데에는 무신란 이듬해인 1729년에 영남안핵사로 갔다가 흉흉한 영남의 인심을 진정시키고 난에 가담하지 않은 남인(南人)들을 등용할 것을 주청한 <영남안핵사회논사소(嶺南按覈使回論事疏)>가 가장 주목된다. 이 소는 탕평책의 진위를 논란한 내용으로 인해 노론인 박사수(朴師洙) 등에게 강하게 논척받았다. 이어서 올린 <사승지논붕당면성학소(辭承旨論朋黨勉聖學疏)> 등 대부분의 소 또한 이와 연관된 것들인데, 스스로 당색을 벗어난 인물로 자처하고 있음에도 불구하고, 청남의 중진으로 영조의 탕평책에 대한 지지를 내

드러나고, 다음 글인 <白下書軸跋>도 <題白下書帖>(『東谿集』 권6)의 저자 趙龜命(1693~1737)의 몰년을 통해 같은 해의 글임을 알 수 있으며, <撫史俚唱跋> 뒤에 실린 <題李醫歷試漫筆>은 본문의 "及策名登朝二十年"에서 1738년작임이 드러난다. 권5에 따로 편차된 「해동악부」가 권4의 마지막 부분이 지어진 1738년 초와 같은 때의 작품임을 짐작할 수 있다.

세워, 당시에 열세에 있었던 남인의 진출에 윤활유 역할을 한 글들로 평가할 수 있다.

권10에 실린 <변란시기사(變亂時記事)>·<광유시기사(廣諭時記事)>·<소대기사(召對記事)> 등 기사문 3편은 임금에게 올린 언론을 많이 포함하고 있으므로, 약산의 관력(官歷)과 정치적 입장을 이해하는 데 중요한 것들이다. 그리고 권11의 <문지(文指)>·<시지(詩指)>·<부지(賦志)> 또한 주목된다. 이 글들은 시문을 크게 문·시·부로 나누어 각각의 갈래에 대한 자신의 뚜렷한 지향을 밝히고자 한 것으로, 각 갈래에 대한 특징적 관점과 중국 문학사의 전개에 대한 식견이 자세히 나타나 있다. 그러므로 약산의 문학관·시인식과 시문창작의 구체적 방법에 대한 소신을 살피는 데에 매우 요긴한 글들이다.

권13~14에 실린 「사평」 상·하는 역사에 대한 전문적 식견을 피력한 글인 점에서 주목할 만하다. 이 글은 200여 조항의 중국의 사실(史實) 가운데 포폄(褒貶)의 필법이나 강상(綱常)·의리(義理)에 연관된 사항들에 대하여 자기 나름의 사관(史觀)·사론(史論)을 개진한 것으로서, 저자의 역사에 대한 식견과 사안(史眼)을 엿볼 수 있는 중요한 단서가 된다.

권15에 실린 서(序) 가운데에는 채팽윤이 편찬하였음을 밝힌 위항시인(委巷詩人)들의 시선집인 『소대풍요(昭代風謠)』, 백과사전적 저술인 유형원(柳馨遠)의 『반계수록(磻溪隨錄)』, 오상렴(吳尙濂)의 문집인 『연초재집(燕超齋集)』, 이현석(李玄錫)의 문집인 『유재집(游齋集)』의 서, 그리고 권16에 실린 일사(逸士) 조씨(趙氏)의 악부시집으로 보이는 『척사이창(摭史俚唱)』의 발(跋)이 주목된다. 이것들은 약산의 사상·문학관과 지은이의 시문에 대한 평가가 잘 드러나 있는 요긴한 글들이다. 권18~20의 묘도문자(墓道文字) 중에는 이인복의 신도비명, 오준·권대운(權大運)의 묘지명, 전장(傳狀) 중에는 이현석의 시장(諡狀) 등 남인계 요인들을 대상으로 한 전기가 중요한 글들이라 할 수 있다.

4. 약산의 시론과 시의 전반적 경향

1) 시에 대한 기본적 인식

오광운은 오대조 묵재 오백령, 고조 죽남 오준, 삼종숙 연초재 오상렴 등의 가학전통(家學傳統)을 물려받은 가운데, 어릴 때부터 시단의 종장이었던 희암 채팽윤을 사사하며 시문에 대한 수련에 힘썼다. 그가 10여세인 1700년경부터 갑술환국으로 벼슬길이 막혀 우거에 서재를 열고 동벽단시사를 결성하여 청남계 신진의 시업을 지도하였던 희암의 훈도를 받으며 시작에 열중하였던 사실은 희암의 시편들에 자세히 나타나 있으며, 자신도 어릴 때부터 큰 가르침을 받은 은의를 술회한 바 있다.[38] 약산이 청장년기에도 시업에 매진하였으리라는 것은 국포·신절재 등과 백련사·서천매화사를 결성하여 중심적으로 활약한 데서 짐작할 수 있다. 문학의 갈래를 문·시·부로 나누어 각각에 대한 기본적 인식과 창작의 지침을 자세히 피력한 <문지>·<시지>·<부지>[39] (이상 『약산만고』 권11)에 나타난 소신들은 그러한 전문가적 노력에서 체득한 확고한 지향이라 할 것이다.

<문지>는 산문의 학습·창작에서 전범으로 삼아야 할 대상과 본받아야 할 요체에 대한 소신을 개진한 글로서, 육경을 최고의 전범으로 삼고, 선진(先秦)의 제자백가(諸子百家)와 양한(兩漢)의 명가들을 다음 전범으로 하여, 작가의 신기(神氣)와 시대의 본색을 배워서 본떠야 하고, 색(色相)에 얽매여 자구를 모의하는 데 빠져서는 안 된다는 입장이 개진되어 있다. 문장에 대한 약산의 세강속말적(世降俗末的) 상고주의(尙古主義)는 왕세정(王世貞)을 중심으로 한 명(明) 의고파의 영향과 미수(眉叟) 이래의 근기남인(近畿南人) 산문론의 계

---

38) <祭恩窩先生文>, 권17. "門生於童年, 摳衣於先生之門, 未幾而先生出宰湖邑, 仍家於湖, 遂不克卒業."

39) 指는 이끌어 가리킴·가르침을 뜻하는 指南, 또는 지향하는 의견·주장을 뜻하는 指論·指說의 준말로 보인다. <詩指>와 유사한 용례로는 唐人 成伯璵의 『毛詩指說』, 明人 邵經邦의 『律詩指南』이 있다.

승이라는 배경을 지니는 한편으로, 미수보다는 진전된 전문성과 한구정맥(韓歐正脈)을 내세운 노론의 입장에 상응하는 청남의 산문론이라는 의의를 지닌다.

약산은 산문의 경우와 유사하게, 시의 전범을 『시경』의 국풍(國風)과 한위고시(漢魏古詩)에 두고, 그 주된 이유로 표현 · 정서의 천연성(天然性)을 내세웠다. 이런 입장은 남송(南宋) 이래의 중국의 의고주의자에 기원을 둔 것이므로, 약산 또한 그들처럼 5언고시 이외의 전범으로는 성당시를 내세웠다. 그는 7언고시와 근체시의 전범을 이백 · 두보 중심의 성당시에서 찾았지만, 절구의 경우에는 두시를 변체로 보아 배제하였다. 약산은 전범으로 삼을 시대 · 시인을 정한 다음에는, 중당(中唐) 이후 명대(明代)까지의 명가들의 장점 · 정수도 취하여 활용해야 한다고 함으로써 성당 이후의 시를 도외시하지는 않았으나, 서곤파 · 강서파는 배척하였다. 이러한 입장은 명 의고파의 입장을 수용한 결과이자, 17세기 이래의 조선조 시단의 풍상과 방향을 같이 한 것이지만, 시체별로 깊이 있고 자세한 견해까지 덧붙이고 있다는 점에서 중요한 의의를 지닌다고 평가할 수 있다.

약산이 시가 궁극적으로 지향해야 할 바를 정취(情趣), 또는 신운(神韻)을 통한 언외지취(言外之趣) · 취외지취(趣外之趣)에서 찾은 선례도 있지만, 이는 논리적 순서대로 기술되지 않은 <시지>의 맥락과 다른 요긴한 글들로 보아, 편협한 파악의 결과로 보인다. 약산은 작품의 핵심요소를 산문에서 신기(神氣), 부에서 신회(神會)라 한 것과 마찬가지로, 시에서는 신운(神韻)을 내세웠다. 신운을 시각을 달리 해서는 언외지취(言外之趣) · 운외지취(韻外之致) · 취외지취(趣外之趣)로 이름붙일 수 있는 무한한 흥취로 보기도 한 점으로 보아, 그는 무한한 흥취를 통한 신운을 지닌 시를 시의 최고의 경지로 보았다고 할 수 있다. 또 그는 신운과 흥취 다음으로 기상 · 기골을 바탕으로 한 뛰어난 풍격을 중시하는 입장도 드러내었다. 결국 약산이 시에서 가장 중시한 문제는 신운, 무한한 흥취, 뛰어난 풍격이었다고 할 것이다. 신운과 풍격을 중시하는 약산의 이러한 시인식은 사공도(司空圖) · 엄우 · 왕세정 · 왕사정(王士禎) 등의 영향뿐만 아니라 국내의 풍상과도 연관된 결과인 한편으로, 형사(形似)와 신정(神情)의 융합과 현실의 형상화를 통한 진시론(眞詩論)을 주장한 삼연(三淵) 김창흡(金昌翕; 1653~1722) 일파보다는 형사와 현실성에 다소 거리를 두고자 한 의식과도 무관하지 않은 것으로 보인다.

약산은 시의 궁극적 목표를 달성하기 위한 실제적 요건도 제시하였는데, 육사(六事)로 든 격(格)·조(調)·정(情)·성(聲)·색(色)·취(趣)는 각각 품격(品格; 風格)·격조(律調)·정감(情感; 情思)·성운(聲韻)·색택(色澤; 詞彩)·흥취(興趣)를 가리킨 것으로, 목표라 할 수 있는 풍격·흥취를 맨 앞과 맨 뒤에 두어 다시 확인하는 한편으로, 필수적으로 요구되는 경물로 말미암은 정사(情思)뿐만 아니라, 성률(聲律)·수사(修辭) 같은 형식적 요건도 배려해야 한다는 인식을 드러낸 것으로 이해할 수 있다.

약산은 시의 창작과정에서 요구되는 지엽적인 문제와 연관된 금기사항 또한 간과하지 않고, 육계(六戒)로 이속(俚俗)·초급(噍急)·유괴(幽怪)·섬세(纖細)·다인사(多引事)·희영물(喜咏物)을 제시함으로써, 작은 요건으로 말미암아 흥취·품격을 손상시키지 말아야 한다는 견해도 아울러 드러내었다. 그가 제기한 금기의 태반은 당대시풍을 비판하기 위한 지적으로 보인다. 이로써 보면 그는 이상적 전범, 궁극적 목표, 실천적 지침, 지엽적 금기사항 등을 고루 배려하는 포괄적 시론을 전개한 시인이었다고 이해할 수 있다. 이런 시인식의 기본적 사유는 중국에 기원을 두었을 뿐 아니라, 당대의 우리나라 시인들과도 대체로 상통하는 것이므로 창의적이라 하기 어렵다. 그러나 시체별로 지향의 요점과 전범을 특정하여 구체적으로 제시하고, 작시의 실제적 요건·금기를 자세히 논의한 데서 드러난 체계적이고 깊이 있는 견해는 유례를 찾기 어려울 만큼 독자성을 지닌 것이라고 평가할 수 있다.[40]

---

40) 이 절은 呂運弼, 「藥山의 詩認識에 관한 硏究」, 『고시가연구』 26(한국고시가학회, 2010)를 요약한 것이다.

2) 시의 전반적 경향

약산은 채유후・이민구(李敏求)-이서우(李瑞雨)-오상렴・채팽윤의 계보를 계승한 남인시맥(南人詩脈)의 적사(嫡嗣)[41]로 공인되었던 시인이다. 이는 그에게 호감만 지녔으리라고 보기 어려운 강준흠(姜浚欽; 1768~1833)[42]이 채제공과 비슷한 견해를 드러낸 점이나, 구한말까지의 역대시를 선집한 『대동시선』에 시가 9제나 선발되어 있는 점에서도 뒷받침된다.[43] 그가 18세기 전반에 위세를 떨쳤던 삼연(三淵)을 정점으로 한 백악시단(白嶽詩壇)의 대척점에 있었던 남인시단의 맹주였다는 사실에서, 약산에 대한 당대의 평가가 만만치 않았을 것을 짐작할 수 있다. 그러나 약산에 대한 전대의 시화류 등의 평가는 인색하여, 영조 초기 시단의 명가 5인[44] 중의 하나로 거명한 경우와 그에게만 3칙[45]을 할애한 『삼명시화』 이외에는 당자에 대한 만사・시장・신도비명에 기술된 개괄적인 찬사가 보일 뿐이다. 이는 남인시인에 대하여 크게 배려하였던 『시화휘성(詩話彙成)』・『성호사설(星湖僿說)』 등의 기술범위에 들지

41) 丁若鏞, <猗畫櫻帖>, 『與猶堂全書』 제1집 권14, "樊翁還余以帖而語之曰, '吾黨詩脈, 自湖洲・東州以來, 唯松谷得其宗, 而松谷之詩工緻少遠致, 燕超齋松門之顔子, 希菴松門之曾子. 嗣此唯藥山・菊圃得其傳, 若吾有不及夢瑞・法正.'"

42) 『三溟詩話』의 저자 강준흠은 睦萬中・李基慶과 함께 攻西派 南人이었던 탓에 僻派가 집권한 뒤에도 순탄한 관직생활을 했는데, 그는 茶山의 解配를 극렬히 반대했는가 하면, 樊巖을 모함하였다는 혐의를 받기도 했는데, 『삼명시화』에서는 "英廟初年, 蔡希菴・金三淵詩爲大家, 其後則姜菊圃・李淸潭・李槎川爲名家, 又其後則李艮翁・睦餘窩爲大家, 丁海左・蔡及第爲名家, 皆是家數.", "英廟初年, 號多詩人, 如淸潭李佐郞・菊圃姜學士・慕軒姜司書・藥山吳參判・昚節齋李參判, 才氣相上下, 互相唱酬, 淸潭之名, 太掩諸子."라 하여, 非南人인 삼연・사천과 벗인 여와를 포함시킨 점 외에는 번암과 별로 다르지 않은 시각을 드러내었다.

43) 이서우 10제, 金昌協(1651~1708) 14제, 김창흡 7제, 洪世泰(1653~1725) 22제, 채팽윤 5제, 李秉淵(1671~1751) 15제, 오상렴 10제, 강박 8제로 나타나는데, 위항인인 柳下에 특히 후하고 삼연・희암에 다소 박한 점을 뺀다면 객관성을 지닌 수치일 것이다.

44) 姜浚欽, 『三溟詩話』. "英廟初年, 號多詩人, 如淸潭李佐郞菊圃姜學士慕軒姜司書藥山吳參判昚節齋李參判, 才氣相上下, 互相唱酬, 淸潭之名, 太掩諸子."

45) 蔡濟恭의 그릇됨을 알아본 일화, 英祖의 知遇를 입은 春帖子 聯句의 인용, 左相 崔錫恒의 挽詞 7언율시의 인용 등이다.

않은 점과 관련이 깊겠지만, 시평가(詩評家)들에게 주목받지 못하였던 점 또한 부인하기 어렵게 하는 현상이라 할 것이다.

약산의 문집에 실린 시는 시체별로 5언절구가 15제 33수, 7언절구가 57제 112수, 5언율시가 25제 41수, 7언율시가 117제 163수, 5언고시가 23제 56수, 7언고시가 15제 19수, 잡언고시[46]가 27제 27수, 7언배율이 1제 1수로 도합 281제 453수이다.[47] 한편, 『대동시선』 권6에는 약산의 시가 9제 선발되어 있는데, 이 가운데 <춘규원(春閨怨)>(5언절구), <애창으로 가는 길에서 본 것을 기록하다(記艾倉途中所見)>(7언율시), <백상루(百祥樓)>(5언고시)는 『약산만고』에 실려 있는 작품이지만, <강포어화(江浦漁火)>·<채련곡(採蓮曲)>(이상 7언절구), <방아(放衙)>·<기경(記景)>·<법사정(泛槎亭)>·<만월대(滿月臺)>(이상 7언율시) 등 6제는 실리지 않은 작품이다. 그리고 『삼명시화』에 손와(損窩) 최석항(崔錫恒; 1654~1724)을 조상한 만사라면서 인용한 7언율시[48] 1수가 있다. 이것들을 모두 합하면 약산의 현전시는 모두 289제 461수인 셈이다.

약산시의 시체별 양상에서 가장 먼저 눈에 띄는 점은 7언율시가 전체의 1/3을 상회할 만큼 선호도가 매우 높다는 점이다. 우리나라 시인들이 근체시의 경우 대체로 5언보다 7언을 선호한 가운데 율시보다 절구를 많이 지은 경향을 보였던[49] 점을 감안하면, 그가 7언율시를 7언절구보다 훨씬 많이 지은

---

46) 권5의 「해동악부」 28제 28수 중 7언8구로 이루어진 古律 <鮑石亭>을 7언고시로, 3~12언 6~12구로 이루어진 나머지를 雜言古詩로 처리한 결과이다.

47) 吳孝珍, 「藥山 吳光運의 詩世界 硏究」(성신여대 석사논문, 2009), 42면에서는 합계가 252제 421수라 하였는데, 「해동악부」와 5언율시를 빠뜨린 점을 감안하더라도 7언율시가 35수로 파악된 점만으로도 신빙성이 떨어지는 통계임이 드러난다.

48) 『損窩遺稿』 부록에 실린 趙顯命의 行狀에서는 기·함련만 인용하면서 당시에 實錄이라고 일컬어졌다고 하였다.

49) 呂運弼, 「『東文選』 詩文의 統計에 대한 管見」, 『문헌과 해석』 2009년 여름호(문헌과해석사, 2009), 96~7면에 따르면 『동문선』에 실린 시체별 작품수는 5언고시 117제 174수, 7언고시 181제 196수, 5언율시 219제 244수, 5언배율 44제 44수, 7언율시 548 691수, 7언배율 38제 40수, 5언절구 68제 82수, 7언절구 552제 645수6언시 3제 3수인데, 鮮初까지의 특정한 선집에 실린 작품들을 대상으로 한 통계이기는 하지만, 조선조 말까지의 개인문집을 대상으로 한 추세를 살피는 데에도 유용할 것으로 보인다.

점은 그를 7언율시에 가장 주력하였던 시인으로 이해하게 한다. 조선조 시인들에게서 일반적으로 나타나는 양상인 탓에 특질을 탐색하기가 쉽지 않을 것으로 보이지만, 가장 선호하였던 시체라는 점에서는 그 중심을 이루는 술회시(述懷詩)·응수시(應酬詩)·만시(挽詩)·경물시(景物詩) 등을 주목할 필요가 있을 것이다.

다음으로는 5언고시의 비중이 매우 높다는 점도 주목할 만하다. 앞에서 제시한 통계에서는 우리나라 시인들이 5언고시보다 7언고시를 더 선호한 것으로 나타남에 반하여, 약산의 현전시는 5언고시가 7언고시보다 훨씬 많을 뿐 아니라, 작품전체에서 차지하는 비중도 12%를 상회할 만큼 높다. 특히 그 가운데 연작영회시인 <감우(感遇)> 19수, <감우(感遇)> 9수, 144운에 이르는 <술애(述哀)>와 같은 특별한 면모를 지닌 작품들이 모두 5언고시라는 점은 그것이 의욕적으로 선택한 시체임과 무관하지 않을 것이다. 이 밖에도 <감우>를 중심으로 한 5언고시를 통한 한위풍골(漢魏風骨)의 추구, 7언가행·의고악부·영사시·고절구(古絶句) 등을 통한 고풍의 추구, 「해동악부」를 비롯한 영사시와 고체·근체를 두루 취한 기속시(紀俗詩)·경물시에 두드러지게 나타난 조선의 역사·풍속·경물을 의욕적으로 형상화한 경향을 주목할 필요가 있는 것으로 보인다.[50] 여기에서는 이러한 두 가지 경향이 한 작품에서 동시에 추구된 예로 보이는 7언율시 <만월대(滿月臺)>에 대해서만 분석적으로 읽어 보기로 한다.

> 전조의 구물인 높은 산악은 있건만
> 수없이 많았던 인가는 어디에 있는가?
> 대(臺)의 사슴이 낳은 새끼는 낮이 고요할 때에 울고
> 궁녀가 변한 나비는 봄이 온 것을 기억하네.

---

50) 약산의 시세계에 대해서는 필자가 「藥山 吳光運의 詩世界」, 『韓國漢詩作家研究』 15(태학사, 2011), <感遇> 연작에 대해서는 「吳光運의 <感遇> 28首 研究」, 『한국한시연구』 18(한국학시학회, 2010)에서 자세히 논의한 바 있다.

격구를 하던 마당에서는 이따금 산운이 일어나고
기린이 살던 동산은 쓸쓸히 석양이 처량하네.
오백년 동안에 무슨 사업을 남겼던가?
떨기가 쇠잔해진 소나무의 모습이 잔 하나도 채우지 못하네.

前朝舊物岳崔嵬　萬戶千門安在哉
臺鹿生麑鳴晝寂　宮娥化蝶記春來
毬庭往往山雲起　麟苑荒荒夕照哀
五百年間何事業　叢殘松色不盈杯

『대동시선』에만 실려 있는 작품으로 약산이 개성유수로 있었던 해이자 작고한 해인 1745년 상반기에 지어진 시인 듯하다. 표제인 만월대는 개성(開城)의 송악산(松嶽山) 남반에 있었던 고려의 궁궐터로 919년 정월에 태조가 창건한 이래로 국왕의 주된 거처였던 곳인데, 궁궐은 공민왕 10년(1361)에 홍건적에게 개경이 함락될 때 소실되고 터만 남았다. 평기식 상평성회운(上平聲灰韻)의 정격이다.

파제를 함련으로 넘긴 채 수련의 출구에서는 만당 최도(崔塗)의 <수령궁(繡嶺宮)>의 결련 출구 "前朝舊物東流在"(『三體唐詩』 권4)를 점화하여 강개한 어조로 흥망에 대한 무상감을 토로하고서, 하구에서는 이백(李白)의 <상황서순남경가십수(上皇西巡南京歌十首)> 중 제2수의 기·승구 "九天開出一成都, 萬户千門入畫圖."나 <계전추(桂殿秋)>의 함련 "曲終却從仙官去, 萬户千門惟月明."을 점화하여 그것을 더욱 강조한 심회를 수사적 의문으로 발하였다. 강개한 풍격을 지닌 점과 대구의 가행체에서 흔히 볼 수 있는 구법으로 정감을 발산한 데에 시인이 한위시·성당시를 숭상한 자취가 뚜렷하다. 함련에서는 근경을 미세하게 묘사하였는데, 사슴·나비는 흥을 의탁한 외물이어서 묘사보다는 정사(情思)를 담는 데 무게가 주어져 있다. 경련에서는 원경인 구름과 저녁햇빛을 묘사하였는데, 첩자 '往往', '荒荒'을 구사하여 강한 리듬감과 함께 허무한 심상이 강조되도록 하였다. 또 함·경련에 모두 대장을 써서 유사한 정감을 표출하였지만, 근경의 애상과 원경의 허무감, 실경과 허경이 대조되도록 배려하였고, 함련은 유수대(流水對)를 쓰고 경련은 연주대(連珠對)를 써서 변화를 추구한 가운데, 수련의 강한 어세와 조화를 이루도록 필세를 완화시킨 점에 묘미가 있는 것으로 보인다. 시상의 전환은 미련 출구에서 이루어졌는데, 다시 강개한 어조로 흥망성쇠의 무상감이 자명한 답으로 도출될 수사적 의문을 발함으로써 정조가 수련과 상응하게 하였다. 이 구절은 제재나 수련 및 함·경련과의 호응이 매우 자연스러워 두목(杜牧)의 <등낙유원(登樂遊原)>의 전·결구인 "看取漢家何事業? 五陵無樹起秋風." 같은 데서 점화한 것을 흠잡기 어렵게 한다. 미련의 소나무에 의탁한 흥취 또한 강한 여운을 지닌 표현이므로, 시인 자신이 <시지>에서 "취는 높고 미는 낮은 것이므로 분별하지 않아서는 안 된다.(趣遠而味近, 趣高而味俗.)"라 하여, 감각적인 느낌인 미(味)를 넘어서서 '미외지지(味外之旨)'에 해당하는 흥취를 지닌 시가 바람직하다고 한 소신을 확인할 수 있게 한다. 앞에서 지적한 장치들과 함께 허무감을 기반으로 한 이러한 흥취가 우리의 역사에 대한 애정과 잘 어우러져 있는 점이 이 시를 사람들의 입에 오르내리게 하였기에 선집에 실리게 되었을 것이다.

5. 결어

약산은 「해동악부」가 주목받은[51] 이래로 산문론,[52] 시관,[53] 시세계[54] 등

---

51) 金榮淑, 『朝鮮時代 詠史樂府 硏究』(영남대 박사논문, 1989) ; 전혜영, 앞의 논문.

52) 송혁기, 「17세기 후반~18세기 초 許穆系列 南人文壇의 散文論」, 『민족문학사연구』 27(민족문학사학회, 2006).

53) 김명환, 「藥山 吳光運의 詩創作論-<詩指>를 중심으로」, 『泰東古典硏究』 23(한림대 태동고전연구소, 2007).

54) 金宗鎭, 「吳光運의 시에 있어서 정취와 상상력에 대하여」, 『東岳語文論集』 36(동악어문학회, 2000) ; 「藥山 吳光運 시의 문예미학적 특징: 경이로움과 정취를 중심으로」, 『韓國漢文學硏究』 34(한국한문학회, 2004) ; 吳孝眞, 앞의 논문.

대체로 시를 중심으로 검토된 바 있는 문인이지만, 아직 그에 대한 연구는 미진한 점이 많다. 이 역주서의 간행이 부족하나마 약산의 시에 대한 이해가 답보상태를 벗어나는 작은 계기를 마련한 작업이 될 수 있기를 바란다.

만고인[1]
漫稿引

거백옥(蘧伯玉[2])은 쉰 살에 마흔아홉 해 동안의 잘못을 알았기에 후세에 일컬어졌다. 그러나 어찌 반드시 쉰 살이랴? 해마다 지나간 해의 잘못을 알고, 다음 해에도 그렇게 하며, 나날이 지나간 날의 잘못을 알고, 다음 날에 또 그렇게 해야 한다. 천하의 의리는 끝이 없고, 나의 마음이 잘못을 아는 것 또한 끝이 없다. 그러나 사람의 생애는 끝이 있고, 그가 잘못을 아는 것 또한 끝이 있으니, 아! 탄식할 만도다.

사람의 일생은 한껏 일컬어야 백년이요, 쉰은 백년의 중간을 나누는 경계이지만, 사람의 삶에 누가 백년을 채울 수 있으랴? 지나간 날은 길고 다가올 날은 짧으며, 올라가는 기세는 느리고 내려가는 기세는 빠르다. 날마다 지나간 일을 뉘우치더라도 잘못은 없어지지 않으며, 해마다 깨달아도 착함은 회복되지 않는다. 이에 이르면 늙음이 다다르니, 어느 날에나 잘 하랴? 이것이 그 지혜가 더욱 늘어나면 깨달음이 더욱 밝아지고, 날이 더욱 짧아지면 뉘우침이 더욱 절실해지며, 힘이 더욱 쇠약해지면 두려움이 더욱 깊어지는 까닭이다. 놀라서[3] 자신을 되돌아보면[4] 느끼는 것이 지나간 날의 느낀 바에 그치지 않으니, 백옥의 마음은 오로지 몸소 겪은[5] 이라야 알 것이다. 아! 잘 해서 스스로 잘못을 범하지 않아도 오히려 잘못에 들거늘, 하물며 그렇지 못하니 잘못을 범하지 않으랴? 잘못으로 삶을 마칠 따름일 것이다. 사람의 삶에는 만절(晩節[6])이 귀중하니, 경계하지 않을 수 있으랴? 간혹 야기(夜氣[7])가 매우

---

1) 引은 한문 산문의 文體의 하나로 책이나 문장의 앞에 두는 글인데, 序보다 짧은 것이 보통이다.

2) 蘧伯玉은 춘추시대 衛나라 사람으로 이름은 瑗이며 靈公 때 大夫를 지냈다. 『淮南子』「原道訓」에 "거백옥은 나이 쉰 살에 마흔아홉 해 동안의 그릇됨을 알았다.(蘧伯玉年五十而知四十九年之非.)"라는 글이 있다.

3) 瞿瞿는 놀라서 당황하며 보는 모양이다.

4) 撫躬은 자신을 되돌아봄이다.

5) 踐境은 몸소 어떤 곳에 가는 것이다.

신령한 때에는 목침[8])을 베고 잠들지 못하고, 간혹 한가한[9]) 맑은 낮에는 향불을 피우고 홀로 앉아 있게 되니, 그것은 가여워할 만하고 한탄할 만하며, 부끄러워할 만하고 근심할 만한 일이다. 앞에서 뒤섞어 늘어놓은[10]) 것을 묵형(墨刑)[11])의 자취를 없애고 베어낸 코를 되살리는[12]) 것처럼 할 수 있도록 분연히 상유(桑楡)[13])의 도모로 삼고, 다가오는 외물에 골몰하느라고 문득 잊는 데에 이르지 말아야 할 것이다. 이것이 <억시(抑詩)>[14])의 경계를 지어서 궤안(几案)에 기대어 외워 온 까닭이다.

나는 문사를 짓는 것을 스스로 귀중하게 여기지 않아서, 어지러운 원고가 이루어질 때마다 먼지 쌓인 상자에 던지고는 다시 교정(校訂)하지 않았다. 대개 총명이 한창때로 돌아가지 않고, 지기가 날로 초심을 어기게 된 때에 이르고, 남에게 알려지지 않음을 개연히 여겨서 또한 탄식함을 그만둔 뒤에야, 비로소 먼지 쌓인 상자에서 꺼내어 교정해 보니, 그 성정과 언론과 입신의 본말이 분명히 마흔아홉 해 동안의 잘못임을 대체로 볼 수 있으니, 이는 궤안에 기대어 송람(誦覽)할 거리가 될 만하다. 이에 다만 보태고 깎은 것만을 남겨

---

6) 晩節은 老年, 또는 늘그막의 節操이다.
7) 夜氣는 밤에 길러지는 기운으로, 『孟子』「告子 上」의 "어지럽히는 일을 되풀이하면 밤에 길러지는 기운이 보존될 수 없다. 밤에 길러지는 기운이 보존되지 않으면 금수와 다름이 멀지 않다.(牿之反覆, 則其夜氣不足以存. 夜氣不足以存 則其違禽獸不遠矣.)"라는 글에서 유래하여, 儒家에서 밤에 조용히 생각하면서 産生한 良知善念을 가리키는 말로 쓰인다.
8) 熲(警)枕은 둥근 통나무로 만들어 깊이 잠들지 못하게 하던 木枕이다.
9) 燕居는 한가한 처소, 또는 관직에서 물러나 한가하게 사는 것이다.
10) 雜陳은 잡다하게 늘어놓음, 뒤섞어 늘어놓음이다.
11) 墨刑은 이마에 먹물로 죄명을 새기는 형벌로 五刑의 하나이다.
12) 息黥補劓는 얼굴의 흠집을 고쳐 본래의 모습을 되찾는다는 뜻으로 改過自新함을 비유하는데, 『莊子』「大宗師」의 "어찌 저 조물주가 나의 墨刑받은 흔적을 고쳐 주고 나의 베어진 코를 되살려 주어, 나로 하여금 완전한 형상을 갖추고 선생님을 따르게 하지 않을 줄을 아십니까?(庸詎知夫造物者之不息我黥而補我劓, 使我乘成以隨先生邪?)"라는 글에서 유래한다.
13) 桑楡는 해가 질 무렵에 뽕나무와 느릅나무 끝에 비치는 햇빛으로 晩年을 비유한다.
14) <抑>은 『詩經』「大雅」의 편명으로, 春秋時代 衛 武公이 周 厲王을 풍자하고 자신을 경계하고자 지은 노래라고 한다.

그 차서를 다스려서, 쉰 살 이전에 지은 부(賦)·시(詩)·문(文) 각체로 제한하니, 모두 25권이다. 사람을 고용하여 선사(繕寫)하게 하여 자리 모퉁이에 두고, 애오라지 내가 잘못을 범한 뒤에 때때로 스스로 반성하였음을 기억하고자 한다. 아마 하늘의 신령함에 힘입는다면 만년의 글도 수습될 것이다. 무오년(1738) 초봄 상순에 약산이 인하다.

蘧伯玉五十而知四十九年之非, 後世稱焉. 然何必五十? 年年而思之去季非, 明年復然, 日日而思之昨日非, 明日復然. 天下之義理無窮, 此心之知非亦無窮, 而人之生也有涯, 其知非也亦有涯, 嗚呼! 其可歎也.

人生極稱曰百年, 五十, 百季中分之界也, 人生誰能滿百? 去日遠而來日短, 上勢遲而下勢疾. 日日追悔而非不去, 年年覺悟而善未復. 以至於此而老及之, 其將何日而善耶? 此其所以智益長而悟益明, 日益短而悔益切, 力益衰而懼益深. 瞿瞿然撫躬而感者, 非止疇昔之所感也, 伯玉之心, 惟踐其境者知之. 噫! 善而不自非, 尙入於非, 况非而不非? 將終於非而已矣. 人生貴晩節, 可不戒哉? 或夜氣孔神, 頹枕無寐, 或燕居淸晝, 焚香獨坐, 其可惜可恨, 可媿可歎者. 雜陳於前, 若可以息黥補劓, 奮然爲桑楡之圖, 而物來而汨之, 其不至於忽焉忘者, 其希. 此抑戒之所以作而爲倚几之誦者也.

不佞爲文辭, 不自貴重, 每亂稿訖, 投之塵篋, 不復校. 及夫聰明不返於盛年, 志氣日負於初心, 慨然有無聞亦已之歎然後, 始出塵篋而矢之, 其性情言論, 立身本末, 歷歷爲四十九年之非者, 大畧可覩也, 斯可以當倚几之誦矣. 於是就加删存, 釐其序次, 斷自五十以前賦詩文各體凡二十五卷, 倩人繕寫, 寘之座隅, 聊以志余之非而時自觀省. 或者賴天之靈而收拾晩暮云. 戊午孟春上浣, 藥山引.

약산만고 권지일
藥山漫稿卷之一

부
賦

01-01 몽유부
01-01 夢遊賦

어릴 때에 나는 조용하고 원기(元氣)가 전일(專壹)하여
몸은 고요하고[1] 정신은 먼 곳을 지향하였네.
일찍이 높이 오른 황곡(黃鵠)[2]을 눈길로 전송하노라니[3]
팔표(八表)[4]까지 다 갔다가 금세[5] 돌아왔네.
어찌하여 나의 삶은 매달린 박[6]처럼
이토록 몹시 늦게까지 외롭게[7] 지키고 있는가?

---

1) 穆穆은 고요한 모양, 조용한 모양이다.
2) 黃鵠은 한 번 날아 천리를 올라간다는 신선이 타던 큰 새로 烏孫公主라고도 한다.
3) 目送은 멀리 떠나가는 사람이 보이지 않을 때까지 눈길로 전송함이다.
4) 八表는 八方의 끝으로 아주 먼 지방을 비유한다.
5) 須臾는 片刻, 短時間이다.
6) 匏繫는 매달린 박으로 가치 있게 쓰이지 못하는 사람을 비유한다.

산수를 현대(玄對)함[8]이 없으니
속된 사물이 어지럽게 마음을 손상시키네.
속에 구불구불 얽힌[9] 것을 누구에게 말하랴?
하늘의 세계를 슬쩍 보고 싶어도 연분이 없다네.
정성이 밤의 꿈으로 실현되어
문득 몸을 훌쩍 날리니[10] 시원해지네.[11]
높다란 관(冠)을 쓰고 솟구쳐 구름을 어루만지고
바람결에 패옥을 울리며 너풀거리며 춤추네.[12]
큰 무지개를 마음대로 곧바로 건너고 나서
'내가 대종(岱宗)[13]의 꼭대기[14]에 이르렀도다' 하네.
물이 넓다고 어찌 허리띠로 삼지 않으랴?
어찌 산이 높다고 주먹으로 치지 않으랴?
우주의 영역 안[15]임을 알건만
좁은 식견[16]을 벗어난 곳이 이어지네.[17]
장식하는 패옥을 검속하면 형전(刑典)을 속이고
사치를 경계함을 깔보아 영신(佞臣)[18]과 함께 하였네.
오송(五松)[19]에는 침을 뱉으며 쉬지 않고
상절(霜節)[20]을 비루하게 여긴 진(秦)나라를 업신여기네.

---

7) 塊獨은 외로운 모양이다.
8) 玄對는 玄妙한 이치를 따져서 발견냄이다.
9) 鬱紆는 구불부불한 모양이다.
10) 騰身은 몸을 솟구침, 몸을 훌쩍 날림이다.
11) 泠然은 시원하고 상쾌함이다.
12) 蹁躚(변선)은 빙빙 돌며 춤춤, 너풀거리며 춤추는 모양이다.
13) 岱宗은 중국 泰山의 별칭으로 五嶽의 으뜸이자 모든 산의 宗主라 하여 붙은 이름이다.
14) 標顚은 꼭대기이다.
15) 分內는 영역 · 한도 · 분수 · 범위의 안이다.
16) 甕天은 항아리 속에서 바라보는 하늘로 장소 · 식견이 좁음을 비유한다.
17) 蟬聯(連)은 매미소리처럼 끊임없이 이어짐이다.
18) 佞臣은 아첨하는 신하이다.
19) 五松은 秦始皇이 泰山에 올라 大夫에 봉한 다섯 그루의 소나무이다.

아침에 일관(日觀)[21]에서 출발하여[22]

저녁에는 숭산(嵩山)[23]의 높은 곳에 나의 수레를 멈추네.

어찌하여 이 기운이 꿈틀거리면서[24] 가득해지는가?[25]

생기자 말자 펼쳐져서 넉넉해지네.

선방(璇房)[26]의 약실(葯室)[27] 안에서 허유(許由)[28]에게 읍하노라니

영수(潁水)[29] 한 구비에서는 시원한 바람이 부네.

우인(羽人)[30]이 용혈(龍穴)[31]에 있어

맑은 하늘[32] 아래 유수 옆의 늙은 솔 밑에서 바둑을 두네.

천문(天門)[33]에서 왼쪽으로 돌아

서악(西岳)[34]을 향하여 높이 달리네.

영장(靈掌)[35]에 기대어 홀로 서서

실과 같은 황하(黃河)[36]를 바라보네.

---

20) 霜節은 서리에도 견디는 굳은 節操이다.
21) 日觀은 泰山의 봉우리 이름으로 日出을 보는 것으로 이름났기 때문에 생긴 말인데, 태산은 중국 山東省 奉安縣에 있는 산으로 五嶽의 하나이다.
22) 發軔(靭)은 수레가 떠남으로 대개 어떤 일을 시작함을 비유한다.
23) 嵩山은 중국 河南省 登封縣 북쪽에 있는 산으로 五嶽의 하나이다.
24) 蜿蜒은 龍이나 뱀이 꿈틀거리며 나아가는 모양이다.
25) 磅礴은 가득한 것, 뒤섞여 하나가 되는 것이다.
26) 璇房은 璇室과 같은 말로 신선이 사는 곳이다.
27) 葯室은 葯房과 같은 말로 煉丹하는 곳이다.
28) 許由는 堯舜時代의 隱士로 요임금이 말년에 선위하려 하자 箕山에 은거하며 농사를 짓고 살았는데, 다시 九州의 長이 되어 달라고 하자 더러운 말을 들었다면서 潁水로 달려가 귀를 씻었다고 한다.
29) 潁水는 지금의 중국 河南省 等封縣에서 발원하여 淮水로 흘러 들어가는 강으로 箕山과 함께 巢父·許由가 은거하던 곳인데, 堯임금에게서 禪位하겠다는 말을 들은 許由가 여기서 귀를 씻으니, 이를 본 巢父가 귀를 씻은 더러운 물을 소에게 먹일 수 없다면서 되돌아갔다는 일화가 있다.
30) 羽人은 날아다닌다는 전설적인 神仙, 또는 道士이다.
31) 龍穴은 龍이 산다는 굴, 또는 瀑布가 떨어지는 깊은 못이다.
32) 泬寥는 맑은 하늘, 또는 맑고 드넓은 모양이다.
33) 天門은 하늘로 들어가는 문이다.
34) 西岳은 陝西省 華陰縣에 있는 산으로 五嶽의 하나인 華山의 별칭이다.
35) 靈掌은 화산의 한 봉우리 이름인 仙人掌의 별칭이다.

삼천년이나 아득한 때의 일이니
누구로 하여금 알도록 승평(昇平)[37]을 알리랴?
꽃을 비비는 모녀(毛女)[38]를 만나서
은근하게[39] 세상의 흥망에 대하여 물어 보네.
옥빛의 윤기를 띠고 대답하지 않고
태공(太空)[40]의 뜬 구름을 가리키네.
아! 누가 손을 흔들며 나를 부르는가?
희이(希夷)[41]와 담성(淡成)[42]이라고 하네.
나에게 신선의 풍골이 있음을 믿고
나에게 천일주(千日酒)[43]를 따른 뿔잔을 권하네.
화산(華山)[44]을 나누어서 솥발처럼 살 것을 약속하고
뒷날에 만날 기약을 남기고 드디어 떠나네.
길을 비스듬히 돌아 남쪽으로 가다가

---

36) 黃河는 중국 북부에 있는 큰 강으로 靑海省의 阿尼馬鄕 산맥에서 시작하여 동쪽으로 흘러 渤海로 들어가며, 길이는 4,100km에 이른다.
37) 昇平은 太平이다.
38) 毛女는 華山에서 得道하였다는 전설상의 선녀이다.
39) 慇懃은 情意가 간절함, 懇曲함이다.
40) 太空은 天空이다.
41) 希夷는 北宋의 학자 陳搏의 賜號로 자는 圖南, 호는 扶搖子이며, 道士였다. 『周易』에 조예가 깊어 萬有를 초월한 一大理法이 있다고 주장하였는데, 이것이 周敦頤·邵雍의 성리학적 사유에 영향을 미친 것으로 평가된다.
42) 淡(澹)成은 북송의 문신 錢若水의 자로 다른 자는 長卿, 시호는 宣靖이며, 우간의대부·동지추밀원사를 지냈다. 어떤 道僧이 그를 두고 "이 사람은 급류 속에서 용감하게 물러날 수 있는 사람이다.(是急流中勇退人也.)"라고 평한 바 있었는데, 뒤에 40세도 안 되어 樞密副使에 이르자 물러났다는 일화가 북송 邵伯溫의 『聞見前錄』 권7에 나온다. 남송 戴復古의 시 <曾雲巢同相勉李玉澗不赴召>에 "해가 저무는데도 되돌아감은 나의 일이 아니지만, 급류에서 용감하게 물러남이야 어찌 어려움이 있으랴?(日暮倒行非我事, 急流勇退有何難?)"라는 구절이 있다.
43) 千日酒는 中山人 狄希가 천일 동안 빚었다는 전설상의 술로 마시면 천일 동안 깨어나지 않았다고 한다.
44) 華山은 중국 陝西省 華陰縣에 있는 산으로 五嶽의 하나이다.

축융(祝融)[45]이 맞이하러 온다는 말을 듣네.

붉은 수레덮개가 화려하게[46] 앞에서 인도하고

주조(朱鳥)[47]가 날개로 깃발을 받들고 있네.

산허리[48]를 내려다보니 어둑하고

별과 달을 쳐다보니 배나 밝아졌네.

마침 하토(下土)[49]의 어떤 사람이

구름이 열리도록 경건한 정성으로 기도한 때문이리.

비록 감응하여 통함은 가상하게 여길 만하지만

산비둘기와 붕새의 차이보다 아득히 멂[50]을 웃네.

무이군(武夷君)[51]께서 와서

나를 위하여 비파를 타고 생황(笙簧)을 부네.

천태(天台)의 두 여인[52]이 시종(侍從)이 되어

유하주(流霞酒)[53]를 가득히[54] 따르네.

장원(長源)[55]을 데려와서 말하기를, '가인(可人)[56]께서는

---

45) 祝融은 帝嚳 때의 火官으로 후대에 火神으로 높여졌는데, 여기에서는 불이 南方을 가리키기 때문에 한 말이다.

46) 幢幢은 깃털이 드리워진 모양으로 대개 성대한 깃털장식을 형용한다.

47) 朱鳥는 二十八宿 중에서 南方七宿인 井·鬼·柳·星·張·翼·軫宿의 총칭인데, 일곱 개의 별이 새의 모습으로 이어져 있고, 남방이 붉은색에 속하기 때문에 생긴 말이다.

48) 半腹은 산꼭대기와 기슭의 중간이다.

49) 下土는 땅·大地로 上天에 상대하여 이르는 말이다.

50) 邈絶은 아득히 멂, 높고 멂이다.

51) 武夷君은 전설상의 武夷山의 신선이다.

52) 天台女는 後漢 때 劉晨·阮肇가 천태산에서 약초를 캐다가 만났다는 두 선녀이다.

53) 流霞酒는 신선이 마신다는 美酒인데, 晋 葛洪의 『抱朴子』「袪惑」에 "신선이 유하주 한 잔을 나에게 주기에 마셨더니, 문득 배고픔과 목마름을 모르게 되었다.(仙人但以流霞一杯, 與我飮之, 輒不飢渴.)"라는 글이 있다.

54) 盈盈은 가득히 찬 모양이다.

55) 長源은 唐代의 문신 李泌의 자인데, 玄宗부터 德宗까지 四朝에 중용되면서 權幸이라고 미움을 받으면서도 항상 지혜롭게 대처하였다. 강직한 풍모가 있었고, 신선에 대하여 담론하기를 좋아하였다.

56) 可人은 일을 감내할 만한 사람이다.

당(唐)나라를 다시 창건하여[57] 이름을 드날렸지요'[58] 하네
문득 낭랑하게 읊조리면서 날아 내려가서
자양(紫陽)[59]의 금정(襟情)[60]을 추모하네.
구의산(九疑山)[61]으로 중화(重華)[62]께 나아가니
엄숙하게 옷을 드리우고[63] <경운(卿雲)>[64]을 듣고 계시네.
수를 놓고[65] 남은 실을 달라고 하여
돌아가서 우리 임금님의 옷을 기우리.
우리 임금님은 성군이지만 신하가 없으니
팔원(八元)[66]과 같은 재사를 빌려 주기를 바라네.
음붕(陰朋)[67]을 변화시켜 협화(協和)로 인도하고
수다스러운 말[68]을 좋은 말[69]로 바꾸리.
귀에 도유(都兪)[70]를 들은 듯하여[71]
정신이 밝아져서[72] 황혼에 이르네.

---

57) 再造는 다시 살려 줌, 다시 창건함이다.
58) 蜚英은 이름을 드날림, 명성을 떨침이다.
59) 紫陽은 중국 安徽省 歙縣(섭현)에 있는 산 이름인데, 宋代에 朱松이 그곳에서 독서하고, 그 아들 熹가 그것을 추모하여 書室을 紫陽書室이라고 이름붙인 데서 유래하여 朱子의 별칭으로 쓰였다.
60) 襟情은 襟懷와 같은 말로 가슴에 품은 회포이다.
61) 九疑山은 중국 湖南省 寧遠縣 남쪽에 있는 산으로 蒼梧라고도 하며, 舜임금이 崩御하였다고 하는 곳이다.
62) 重華는 눈동자가 겹으로 된 데서 유래한 舜임금의 이름이다.
63) 垂衣는 옷을 늘어뜨림으로 제왕이 다스리지 않아도 교화됨을 비유한다.
64) <卿雲>은 舜임금이 禹임금에게 선양할 때 백관들과 함께 불렀다는 노래이다.
65) 絺繡는 현귀한 사람의 예복에 놓은 刺繡로 말・글의 文采를 비유한다.
66) 八元은 신화적 임금인 高辛氏[帝嚳]의 신하였던 여덟 명의 才子로 재덕이 있는 사람을 대유한다.
67) 陰朋은 사악한 朋黨이다.
68) 嘵舌은 말이 많음, 수다스러운 말이다.
69) 昌言은 좋은 말, 이치에 합당한 말, 정당한 언론이다.
70) 都兪는 都兪吁咈의 준말로 都兪는 可를, 吁咈은 否를 나타내는 감탄사이며, 君臣 사이에 政事를 조화롭고 화목하게 논의함을 비유한다.
71) 髣髴은 비슷함, 近似함이다.

상비(湘妃)[73]가 수죽(脩竹)[74]에 기대어
바람 앞에서 희미하게 호소하네.
'나는 이 물의 두 신이거늘
요(堯)임금의 딸이라고 이르니 얼마나 그릇된가?
본래 개벽(開闢)[75]한 뒤로부터 여기에 있었기에
저 남순(南巡)[76]에는 따르지 않았다오.
어찌하여 신을 무함(誣陷)하고[77] 사람을 속여서
이름과 실상을 어지럽혀 서로 가려지게 하나요?
백세(百世)를 위하여 의혹이 풀리기[78]를
나는 대부공(大夫公)[79]께 바랍니다.' 하네.
재상이 가만히 듣고 공경하여 허락하고서
갑자기 먼지바람[80]을 타고 북쪽으로 가네.
옛날의 필월(筆鉞)[81]로 격문(檄文)[82]을 기초하여
상산(常山)[83]의 산령(山靈)에게 격(檄)하네.[84]
'그대들은 다 오진(五鎭)[85]에 거처하면서

---

72) 皎皎는 밝은 모양이다.
73) 湘妃는 舜임금의 두 왕비인 娥皇과 女英으로 순임금이 죽자 湘水에 몸을 던져 自決하여 상수의 신이 되었다는 데서 생긴 말이다.
74) 脩竹은 높이 자란 대나무이다.
75) 開闢은 天地가 처음으로 열림이다.
76) 南巡은 天子가 남쪽지방을 巡守함인데, 여기에서는 『書經』 「舜典」에서 "5월에 남쪽으로 순수하여 남악에 이르셨다.(五月南巡守, 至于南岳.)"라고 한 일을 가리킨다.
77) 誣陷은 없는 사실을 꾸며 남을 궁지에 빠뜨림이다.
78) 辨惑은 의혹을 해소하거나 변별함이다.
79) 夫公은 大夫公의 준말로 大夫의 경칭이다.
80) 埃風은 먼지바람, 회오리바람이다.
81) 筆鉞은 筆鋒, 또는 春秋筆法이다.
82) 檄은 옛날의 문체의 하나로 국가나 관부에서 백성을 徵召·曉喩하거나 적을 聲討하는 데 쓰였으며, 檄文·檄書·露布라고도 하였다.
83) 常山은 恒山의 별칭으로 漢 文帝의 諱를 피하고자 생긴 말인데, 陰山의 支脈으로 주봉은 河北省 曲陽縣 북서쪽에 있으며 北岳이라고도 한다.
84) 檄은 檄文으로 상소하거나 효유함이다.

변방[86]에서 튼튼하게 적을 막아 지킨다.[87]

아! 망질(望秩)[88]로 소찬(素餐)[89]하면서

매번 연진(煙塵)[90]의 비린내[91]를 남의 일 보듯이[92] 하는구나.

동쪽과 서쪽이 아니요 남쪽이 아니라

화하(華夏)[93]를 어지럽히는 것은 북적(北狄)[94]이다.

비록 하늘로부터 타고난 사납고 드센 자[95]라도

군대를 두어 지키지[96] 않으면 직위를 잃을 것이다.

헛되이 끌어넣어[97] 거리가 멀어지면[98]

또 어찌 저 옷깃과 허리띠[99]의 자물쇠[100]를 쓸 수 있겠느냐?

비풍(匪風)[101]이 회오리쳐서 마음을 놀라게 하여

나는 차마 눈길을 보낼[102] 수가 없다.

옛날에 선니(宣尼)[103]께서 뗏목을 타고 싶어하심[104]이

---

85) 五鎭은 五嶽, 또는 다섯 鎭山인 東鎭[沂山]·西鎭[吳山]·中鎭[霍山]·南鎭[會稽山]·北鎭[醫無閭山]이다.

86) 邊庭은 변지·邊方, 또는 邊地의 官廳이다.

87) 關防은 적을 막아서 지킴이다.

88) 望秩은 등급에 따라 산천에 제사를 지냄으로 望祀, 望祠라고도 한다.

89) 素餐은 아무런 공로나 재능이 없이 높은 지위에 앉아 녹을 타 먹음이다.

90) 煙塵은 전쟁터에서 일어나는 연기와 먼지로 兵亂을 비유한다.

91) 塵腥은 煙塵의 비린내로 전란을 비유한다.

92) 越視는 越視秦瘠의 준말로 越나라 사람이 秦나라 사람의 여윔을 봄으로 남의 고통을 看過함을 비유한다.

93) 華夏는 중국의 中原地域이다.

94) 北狄은 漢族의 북방의 異民族에 대한 통칭으로 北翟이라고도 한다.

95) 悍桀은 사납고 드셈, 또는 그러한 사람으로 凶悍桀驁라고도 한다.

96) 鎭守는 要害處에 군대를 주둔시켜 지킴이다.

97) 包括은 범위·한계 안에 끌어넣음, 또는 포함시켜 하나로 묶음이다.

98) 綿長은 시간이 오래 됨, 거리가 멂이다.

99) 襟帶는 옷깃과 허리띠로 산과 강이 에워싼 험준한 지세를 비유한다.

100) 鎖鑰은 자물쇠, 또는 자물쇠와 열쇠로 군사상의 요충지를 비유한다.

101) 匪風은 조화를 잃은 바람이다.

102) 遊目은 눈길이 닿는 데까지 한껏 바라봄이다.

103) 宣尼는 孔子의 諡號인 褒成宣尼公의 준말로 前漢 平帝 元始 원년(A.D. 1)에 내려진 것이다.

또 어찌 지방[105]을 그리워한 때문이겠느냐?
급히[106] 대황(大荒)[107]으로 나가고
궁발(窮髮)[108]로 가서 마음대로 다니자는[109] 것이다.
현무(玄武)[110]가 위축되면 분양(墳羊)[111]이 깊이 숨고
기운의 숙살(肅殺)함[112]이 커진다.[113]
궁기(窮奇)[114]에게는 또 호랑이가 우익(羽翼)[115]이 되나니
조화(造化)[116]를 힐난할 줄을 어찌 뜻하였겠느냐?
검고 큰 소는 기골이 없어서
괜히 울부짖으며[117] 제멋대로 군다.[118]
비록 촉룡(燭龍)[119]이 횃불을 든다 하더라도
화경(火鏡)[120]으로도 어려운 구음(九陰)[121]이야 어찌하겠느냐?'

---

104) 欲乘桴는 『論語』「公冶長」의 "도가 행해지지 않으면 뗏목을 띄우고 탈까 하는데, 나를 따를 이는 유일 것이다.(道不行, 乘桴浮於海, 從我者其由.)"라는 글을 가리킨다.
105) 方域은 지방, 또는 국내이다.
106) 薄言은 몹시 급함이다.
107) 大荒은 『山海經』「大荒東經」에 나오는 東海 바깥에 있는 아득히 먼 곳으로 해가 뜨는 곳이라고 한다.
108) 窮髮은 『莊子』「逍遙游」에 나오는 초목이 자라지 않는 北極地方의 땅이나 나라이다.
109) 縱轡는 말고삐를 놓아 줌으로 말이 마음대로 달리게 함을 비유한다.
110) 玄武는 北方七宿(斗·牛·如·虛·危·室·壁)의 총칭으로 흔히 北方을 비유한다.
111) 墳羊은 땅 속에 산다는 괴물이다.
112) 肅殺은 싸늘한 가을기운이 초목을 말라 죽게 함이다.
113) 贔贔(비비)는 크고 무거운 모양이다
114) 窮奇는 『山海經』「西山經」에 나오는 사람을 잡아먹는다는 전설적인 짐승이다.
115) 羽翼은 같은 무리, 한 패이다.
116) 造化는 만물을 만들고 기르는 대자연의 이치, 또는 천지만물을 창조하고 관장하는 존재이다.
117) 炰烋(포효)는 맹수가 큰 소리로 울부짖음이다.
118) 自恣는 제멋대로 거리낌없이 행동함이다.
119) 燭龍은 『山海經』「大荒北經」에 나오는 신으로 사람 얼굴에 뱀의 몸을 하고서 촛불이나 구슬을 머금어 밝게 한다고 하며, 또는 눈을 뜨면 온 천하가 환히 밝아진다거나 태양을 몰아서 온 천하가 밝아진다고도 한다.
120) 鐩는 햇볕을 이용하여 불을 일으키던 구리거울이다.
121) 九陰은 저승이다.

추워서 그곳에 머물 수 없기에
나의 수레를 돌려 다시 길을 나서네.
남명(南溟)[122]은 물이 끓고 파도가 대단한데
또 부슬부슬[123] 늘 비가 내리네.
나는 그곳의 뭇 신령(神靈)들을 구제하고자[124]
응룡(應龍)[125]을 불러 분명히 깨우치네.[126]
치우(蚩尤)[127]를 죽여서 천토(天討)[128]를 이룸은
참으로 상제(上帝)의 아름다움이네.
어찌 지나치게 두려워하여 우두커니 칩거하면서
하늘이 새어서[129] 매우 고생하게 하겠는가?
어찌 비늘을 드날리며 하늘에서 노닐며[130]
그 혜택을 구우(九宇)[131]에 널리 베풀지 않으랴?
들리는 아름다운 방울소리[132]가 나를 일깨우니
단혈(丹穴)[133]의 우의(羽儀)[134]가 보이네.

---

122) 南溟(冥)은 『莊子』「逍遙游」에 나오는 남쪽에 있는 큰 바다이다.
123) 屑窣(설솔)은 가랑비·낙엽 따위가 떨어지는 낮고 가느다란 소리의 의성어이다.
124) 拯濟는 구제함, 구조함이다.
125) 應龍은 날개가 달린 용으로 禹임금이 홍수를 다스릴 때에 꼬리로 땅을 그어 江河를 만들어 물을 바다로 흘러 들어가게 하였다고 한다.
126) 明諭는 분명하게 깨우쳐 줌이다.
127) 蚩尤는 神話上의 九黎族 군주로 涿鹿에서 黃帝와 싸울 때에 鐵製武器로 안개를 일으키면서 싸우다가 패배하여 잡혀죽었다고 한다.
128) 天討는 하늘이 악인을 징계하여 다스림으로, 덕이 있는 사람이 하늘을 대신하여 행하는 형벌이나 王師의 정벌을 비유한다.
129) 漏天은 하늘이 뚫려 비가 쏟아져내림이다.
130) 天游(遊)는 하늘에서 노닒이다.
131) 九宇는 九州와 같은 말로 옛날에 중국이 아홉 개의 州로 나뉘었던 데서 유래하여 천하를 가리킨다.
132) 噦噦는 節奏가 있는 방울소리이다.
133) 丹穴은 『爾雅』「釋地」에 나오는 남방의 적도 아래에 있다는 전설상의 지명이다.
134) 羽儀는 높은 곳에서 才德을 감추는 기러기의 깃털을 의표로 삼을 만하는 데서 유래하여 모범·귀감을 비유한다.

천 길을 날아올라 속세를 벗어나니[135)]

그대가 아니라면 내가 장차 누구에게 귀의하랴?

그러나 초요(焦僥)[136)]가 땅에 가득하니

좁아서 거처할 수가 없네.

서양(西洋)[137)]에서 솟구치는 물[138)]은 특이하고[139)]

기관(奇觀)[140)]이 넉넉하여 눈을 현혹(眩惑)시키네.[141)]

저 금모(金母)[142)]는 호랑이의 이빨과 표범의 꼬리에다

아미(蛾眉)를 장식한 얼굴은 꽃과 같다네.[143)]

또 억명(億名)을 교화시킨 장육상(丈六像)[144)]이 있어

몸소 항사(恒沙)[145)]를 두루 다녔음을 자랑하네.

위위(危委)[146)]를 길이 구금하였으니

거느린 천망(天網)[147)]이 우주를 다 덮었네.

알유(窫窳)[148)]는 스스로 삼가지 않고

---

135) 度世는 속세를 벗어남으로 대개 신선이 됨을 비유한다.
136) 焦僥는 『山海經』 「大荒南經」에 나오는 전설상의 난장이, 또는 난장이가 사는 나라이다.
137) 西洋은 중국 南海의 西岸과 그 沿海이다.
138) 潏(율)은 물이 솟구치는 모양이다.
139) 詭特은 특이함, 특별함이다.
140) 奇觀은 기이한 경관이다.
141) 幻眩은 眩惑이다.
142) 金母는 옛날 중국의 崑崙山에 살았다는 신화적인 여자신선으로 長生不老의 상징으로 여겨졌던 西王母의 별칭이다.
143) 花面은 꽃과 같은 얼굴로 여자의 아름다운 얼굴을 비유한다.
144) 丈六은 身長이 한 자 여섯 치인 佛像으로 부처를 가리킨다.
145) 恒沙는 恒河의 모래로 헤아릴 수 없이 많은 수를 비유하는데, '恒'은 印度의 江인 갠지스(Ganges)의 音譯이다.
146) 危危는 『山海經』 「海內西經」에 나오는 전설적인 산의 神靈인 貳負의 신하인데, 이부와 함께 窫窳을 죽이자 상제가 疏屬山에 가두고, 오른쪽발에 족쇄를 채우고, 양손과 머리채를 뒤로 묶어 산 위의 나무에 메어 놓았다.
147) 天網은 하늘이 펼친 그물로 자연의 制裁나 천자의 형벌을 비유한다.
148) 窫窳(알유)는 『山海經』 「北山經」에 나오는 蛇身人面의 사람을 잡아먹는다는 전설상의 짐승으로 貳負와 그 신하인 위위에게 죽음을 당하였는데, 그 시체가 開明의 동쪽인 무양 부근에 있었다.

무양(巫陽)[149]을 지키면서 무엇을 구제하고자 하였던가?
과보(夸父)[150]는 지극히 어리석어서
힘을 헤아리지 않고 해를 좇았다네.[151]
만약 큰 길[152]로 걸음을 옮겼다면
그러한 정성을 성현을 흠모함에[153] 썼으리.
학문의 바다에서 떠내어 실컷 마신다면[154]
또한 어찌 갈증으로 죽을 것을 근심하랴?
등림(鄧林)[155]의 울창함을 돌아보나니
어찌 그 안에 동량(棟梁)[156]과 금슬(琴瑟)[157]이 없으랴?
어지럽게 기이한[158] 일이 밝은 지혜를 미혹시킬 수는 없기에
갑자기 소매로 약화(若華)[159]를 스치네.
동해(東海)[160]에는 무엇이 있는가?

---

149) 巫陽은 巫山의 남쪽으로 巫峽을 가리키는데, 무협은 四川省 巫山縣과 湖北省 巴東縣에 걸쳐 있는 골짜기로 長江三峽의 하나이며 急流로 유명하다.
150) 夸父는 『列子』 「湯問」에 나오는 전설적 인물로 해의 그림자를 좇다가 갈증으로 죽었다.
151) 逐日은 해를 좇아감으로 역량을 헤아리지 않고 큰 일에 덤벼듦을 비유한다.
152) 景行은 大路이다.
153) 瞻忽은 쳐다보노라면 앞에 있다가 문득 뒤에 있다는 뜻으로, 『論語』 「子罕」의 "우러러 볼수록 더욱 높고, 뚫을수록 더욱 단단하며, 쳐다보면 앞에 있다가 문득 뒤에 있네.(仰之彌高, 鑽之彌堅, 瞻之在前, 忽焉在後.)"라는 顔淵의 말에서 유래하여, 성현의 높고 큰 학덕을 찬양하거나 흠모함을 비유한다.
154) 快飮은 술을 마음껏 마심이다.
155) 鄧林은 夸父가 해를 좇아가다가 지쳐서 죽을 때 버린 지팡이가 변하여 이루어졌다는 전설상의 숲이다.
156) 棟梁(樑)은 마룻대와 들보로 나라의 重任을 맡을 만한 사람을 비유한다.
157) 琴瑟은 옛날 중국의 아악기인 금과 슬의 합칭어다. 금은 나무로 된 共鳴板 위에 줄을 걸어서 술대로 튀겨서 소리를 내는 현악기의 총칭으로 종류가 많고, 슬은 앞쪽을 오동나무로 하고 뒷쪽을 밤나무로 하여 스물다섯 줄을 매어 쓰는 현악기로 금과 잘 어울리며 우리나라의 가야금과 비슷하다.
158) 弔詭는 기이함, 괴이함이다.
159) 若華는 약목의 꽃인데, 若木은 崑崙산 서쪽에 있는 신령스러운 나무의 이름으로 그 꽃이 대지를 비춘다고 한다. 楚 屈原의 <離騷>에 "약목의 가지를 꺾어 해에 스치고, 잠시 이리저리 다니며 노네.(折若木以拂日兮, 聊逍遙以相羊.)"라는 구절이 있다.

사물이 처음 생겨나고 번식한 곳이라네.161)
나는 부상(扶桑)162)의 큰 고치163)를 따서
천제의 손녀164)의 베틀165)에 맡기네.
누런 솜으로 짠 오자(襖子)166)는
이어진 길이167)가 천 자인 듯하네.
사해(四海)168)와 더불어 동포(同袍)169)가 되니
솜옷을 입은 한미한 선비이지만 모든 것이 만족스럽네.
기(夔)170)의 가죽으로 북을 만들어서
뇌수(雷獸)171)의 뼈로 두드리네.
소리가 산하를 흔들어 움직여서172)
복수하여 설치함173)에 기세를 북돋아 주기174)를 바라네.
자라175)의 발 또한 귀중하게 여길 만하여

---

160) 東海는 중국의 동쪽바다로 시대에 따라 가리키는 곳에 차이가 있는데, 여기에서는 先秦時代에 일컫던 渤海를 가리킨다.
161) 生息은 태어나고 번식함이다.
162) 扶桑은 『山海經』「海外東經」에서 동쪽바다의 해 돋는 곳인 湯谷에 있다고 한 큰 신령스러운 뽕나무이다.
163) 大繭은 큰 고치인데, 蘇軾의 시 <趙令晏崔白大圖幅徑三丈>에 "부상의 항아리만 한 고치로, 천녀가 운한 위에서 비단을 짠다네.(扶桑大繭如甕盎, 天女織綃雲漢上.)"라는 구절이 있다.
164) 天孫女는 天女와 같은 말로 織女星의 별칭이다.
165) 機軸은 베틀에 베를 감는 장치로 베틀을 대유한다.
166) 襖子는 도포보다 짧고 저고리보다 긴 안감을 댄 겨울용 겉옷이다.
167) 延袤는 길게 이어짐, 또는 면적이다.
168) 四海는 中國의 四方에 있는 바다나 異族이 사는 지역으로 천하를 가리킨다.
169) 同袍는 벗·동료·同學이다.
170) 夔는 『山海經』「大荒東經」에 나오는 발이 하나인 짐승인데, 黃帝가 그 가죽으로 북을 만들고 雷獸의 뼈로 두드리니, 소리가 오백리까지 들려 천하를 놀라게 하였다고 한다.
171) 雷獸는 『山海經』「大荒東經」에 나오는 전설상의 怪獸로 우레와 같은 소리를 낸다는 데서 붙은 이름이다.
172) 震動은 흔들어 움직임, 또는 뒤흔들어 놀라게 함이다.
173) 復雪은 復讎雪恥의 준말로 복수하여 치욕을 씻음이다.
174) 助威는 기세를 북돋우어 줌이다.
175) 鰲(鼇)는 신선의 거처인 鼇(鰲)山에 있다는 전설상의 큰 바다거북이다.

하늘의 갈라진 틈을 기워 꿰매어 지탱하였다네.[176)]
이것이 모두 동해에서 생산된 것인데도
동방의 눈길은 평범하여[177)] 사용할 줄을 알지 못하였지.
다만 보잘것없는[178)] 칠치(漆齒)[179)]가
물고기와 자라[180)]와 섞여 살았다네.
아! 나는 힘이 보잘것없어서[181)]
일찍이 방어한[182)] 적이 없네.
넓은 그물을 가지고 출렁이는 물을 헤엄쳐서[183)]
문득 저 접역(鰈域)[184)]에 가서 살피네.
모기가 우레소리[185)]로 읊은 지난날과 같아서
참으로 만촉(蠻觸)[186)]의 싸움에 취하네.[187)]
먼 길을 가는 말이 엎드리자 노복이 품으니
나는 이마를 찌푸리며 말이 없네.

---

176) 이 두 구절은 渤海 동쪽의 큰 바다 속에 있는 鰲山이 땅의 뿌리와 연결되어 있지 않아늘 물결에 떠다녔으므로, 西極으로 흘러갈 것을 염려한 天帝가 큰 바다거북으로 하여금 머리로 이고 있게 함으로써 움직이지 않게 되었다고 한『列子』「湯問」의 전설을 가리키고자 한 것이다.
177) 肉眼은 몸에 있는 눈으로 안목이 평범함, 식견이 낮음을 비유한다.
178) 蕞爾는 작고 보잘것없음을 형용한다.
179) 漆齒는 이빨에 옻칠을 한 종족으로 중국의 변경에서 멀리 떨어진 곳에 있었다고 한다.
180) 魚鼈은 물고기와 자라로 鱗介類 水中動物의 범칭이다.
181) 瑣瑣는 하찮음, 자질구레함을 형용한다.
182) 扞禦는 막음, 저항하여 지킴이다.
183) 浮游는 물·공중에 떠서 움직임이다.
184) 鰈域은 가자미가 많이 나는 바다로 渤海, 또는 우리나라의 별칭이다.
185) 雷殷은 우레가 우르렁거림, 또는 그 소리이다.
186) 蠻觸은 달팽이의 뿔에 있는 나라인 蠻과 觸의 합칭으로, 梁의 현인인 戴晉人이 魏 惠王에게 "달팽이의 왼쪽뿔에 있는 나라를 觸氏라 하고, 오른쪽 뿔에 있는 나라를 蠻氏라 합니다. 때때로 서로 땅을 다투며 싸우는데, 엎드린 시체가 수만에다 패잔병을 쫓아가서 보름 만에 돌아옵니다.(有國於蝸之左角者, 曰觸氏, 有國於蝸之右角者, 曰蠻氏. 時相與爭地而戰, 伏尸數萬, 逐北旬有五日而後反.)"라고 했다는『莊子』「則陽」의 말에서 유래하여, 작은 일로 서로 다툼을 비유한다.
187) 酗酣(후감)은 술을 지나치게 마심이다.

어찌 나의 기운이 크게 신명(神明)해질[188] 수 있으랴?
또한 세속의 어두움을 받아들일 뿐이네.
봉래(蓬萊)[189]가 조용하다는[190] 말을 들었거니와
뭇 진인(眞人)[191]이 있음을 사모한다네.
영백(營魄)[192]을 단련하여 죽지 않고자
허정(虛靜)[193]을 갈무리함을 문지방으로 삼네.
조관(朝官)과 전택(田宅)을 바라지[194] 않고
몰래 천기(天機)[195]로 몸을 이롭게 하네.
아! 도(道)가 사라져서 되돌릴 수 없으니
선후(先後)[196]를 따지지 않고 내가 넓히리.
보결(寶訣)[197]을 채취하여 오래 지니노라면[198]
어쩌면 마침내[199] 천인(天人)[200]이 되리.
십주(十洲)[201]에서 나의 갓끈을 씻고
삼산(三山)[202]에서 나의 머리카락을 햇볕에 쬐리.

---

188) 孔神은 크게 神明해짐인데, 屈原의 賦 <遠遊>에 “전일한 기운이 크게 신명해짐이여, 밤중에 보존되네.(壹氣孔神兮, 於中夜存.)”라는 구절이 있다.
189) 蓬萊는 동해의 동쪽에 있는 仙人이 산다는 산이다.
190) 密爾는 안정되고 조용한 모양이다.
191) 眞人은 신선이 된 사람이나 본성을 함양하거나 깊은 진리를 깨달은 사람이다.
192) 營魄은 魂魄이다.
193) 虛靜은 텅 비고 고요함으로 마음에 욕심이나 동요가 없는 상태를 비유한다.
194) 冀幸(倖)은 바람, 또는 요행이다.
195) 天機는 천부적으로 타고난 지혜이다.
196) 先後는 高下·優劣이다.
197) 寶訣은 修鍊의 비결이다.
198) 延佇는 오래 머묾이다.
199) 究竟은 畢竟, 결국이다.
200) 天人은 우주·인생의 본원을 환히 아는 사람이다.
201) 十洲는 신선이 산다는 바다에 있는 열 곳의 섬으로 仙境을 대유한다. 東方朔이 지었다고 하는 『十洲記』(일명 『海內十洲記』)에 의하면 祖洲·瀛洲·玄洲·炎洲·長洲·元洲·流洲·生洲·鳳麟洲·聚窟洲 등으로 인적이 드문 絶域이라고 한다.
202) 三山은 三神山의 준말로 『史記』「秦始皇紀」·「武帝紀」에 나오는 동해의 동쪽에 있는 선인이 산다는 세 산인 蓬萊山·方丈山·瀛洲山이다.

경지(瓊芝)[203]가 열매를 맺도록 머물면서[204]
바위 사이에서 선문(羨門)[205]을 공경하리.
또 웃지 않고 말하지도 않으면서
정수(精粹)한[206] 만안(腕顏)[207]으로 대하리.
마침내 종소리가 그치고 밤이 되니
별[208]들이 운무로 덮인 관문에서 찬란하네.
영단(靈壇)[209]으로 걸어가서 배회하다가[210]
문득 눈길을 돌려[211] 되돌아보네.
마침 길은 다하고 풀만 무성한데
어찌 집이 비었으니 거처하지 않으랴?
사람은 본래부터 이러한 즐거움을 지녔거늘
왜 어릴 때에 떠나서[212] 먼 데서 질주하는가?
옛날에 요부(堯夫)[213]는 사해를 두루 유랑하고 나서
백원(百原)[214]으로 돌아가서 도에 머물렀다네.
장지(壯志)에 기대지[215] 않고 본성을 회복함이[216]

---

203) 瓊芝는 芝草의 미칭으로 복용하면 장수한다고 하는 상서로운 풀이며 靈芝라고도 한다.
204) 淹留는 객지에서 머묾이다.
205) 羨門은 秦始皇이 東海岸을 巡狩할 때 碣石에서 찾았다고 하는 전설상의 선인이다.
206) 精髓는 깨끗하고 순수함이다.
207) 腕顏은 윤기가 흐르는 얼굴이다.
208) 星斗는 별이다.
209) 靈壇은 祭壇이다.
210) 徙倚는 배회함이다.
211) 流眄은 눈동자를 굴려서 봄, 또는 흘끗 쳐다봄이다.
212) 弱喪은 어릴 때에 고향을 잃음이다.
213) 堯夫는 北宋의 성리학자 邵雍(1011～1077)의 자로 號는 安樂先生, 諡號는 康節, 范陽人이다. 李之才에게서 圖書·天文·易數를 배운 뒤에 평생 동안 벼슬에 나아가지 않고, 司馬光 등의 舊法黨과 교유하면서 市井에서 학문에 힘썼다. 성리학의 형성에 크게 기여하였으며, 『伊川擊壤集』·『皇極經世』 등의 저서를 남겼다.
214) 百原(源)은 河南省 輝縣의 북서쪽에 있는 蘇門山 꼭대기에 있는 샘 이름, 또는 그 부근의 산으로, 北宋의 학자 邵雍이 은거했던 곳인데, 그가 皇極數로 고금의 治亂을 증명하고 예시한 사상을 따르는 학자들을 百源學派라고 일컫는다.

시일이 흐르면[217] 거듭되지 않으랴?
번개[218]를 타고 급히 지나가며[219]
빠른 풍어(風馭)[220]처럼 얽매이지 않으리.
상재(桑梓)[221]가 어렴풋이 눈길에 들어오니[222]
나의 집이 참으로 사랑할 만하네.
오동나무와 버드나무는 빽빽이 그림자가 엇갈리고
하늘빛은 창문으로 밀고 들어오네.
나그네가 고향을 그리워하노라니
마음은 급박해져서[223] 끓는 물과 같네.
문득 놀라서 침석에서 떨어지자
놀던 곳이 눈에 뚜렷하네.[224]
황천(皇天)[225]이 나의 어리석음[226]을 불쌍히 여겨
정신을 붙잡아서 인도한[227] 때문이리.
아득한[228] 곳에 대한 헛된 생각을 거두고
전수(前修)[229]의 승묵(繩墨)[230]을 따라야 하리.

---

215) 撫壯은 壯志·壯氣에 의지하지 않음이다.
216) 復初는 當初의 本心을 되찾음이다.
217) 冉冉은 세월이 흐르는 모양이다.
218) 電策은 번개로 모양이 채찍 같은 데서 생긴 말이다.
219) 迅邁는 빨리 지나감, 빨리 늙어 감이다.
220) 風馭는 바람을 부려서 달린다는 전설상의 수레이다.
221) 桑梓는 뽕나무와 가래나무로 옛날에 담장 아래 뽕나무와 가래나무를 심어 자손에게 전하여 생계에 이바지하게 한 데서 유래하여, 고향이나 고향의 父老를 비유한다.
222) 入望은 視野에 들어옴이다.
223) 踊躍은 마음이 급박한 모양이다.
224) 的歷은 선명한 모양이다.
225) 皇天은 하늘의 존칭이다.
226) 顓蒙은 顓童과 같은 말로 어리석음이다.
227) 誘掖은 인도하고 부축함, 이끌고 도움이다.
228) 緬邈은 아득히 멂이다.
229) 前修(脩)는 前賢과 같은 말로 덕을 닦은 前代의 현인이다.
230) 繩墨은 먹줄로 規矩·準則·法度·法律을 비유한다.

양의(兩儀)[231]를 주무르고 쌍환(雙丸)[232]을 만지작거리면서
대문을 나가지 말고 자득하리.[233]

계(系)[234]하여 말한다.
삼광(三光)과 악독(岳瀆)[235]이
나의 기운을 채우네.
정통(精通)해서[236] 오고가면
한 순간에 사극(四極)[237]까지 이른다네.
낮에는 생각하고 밤에는 꿈꾸니
기뻐할 만하고 놀랄 만하도다.
군자가 이에 말미암아서
나의 배울 바를 내려주셨네.
솔개가 낢에 기러기가 따름이
이러한 유람의 즐거움이네.
내세운 말[238]은 우물 안 개구리[239]의 것이고
능력은 확실하지[240] 않네.
하늘을 날아다닌 경험을 수렴하노라니

---

231) 兩儀는 陰陽·天地를 뜻하는데 여기에서는 천지를 가리킨다.
232) 雙丸은 두 개의 탄환으로 日月·세월을 비유하며, '手弄雙丸'은 세월을 보냄을 비유한다.
233) 自得은 스스로 깨달아 얻음이다.
234) 系는 亂과 같은 말로 辭·賦의 篇末에 붙이는 總結하는 말인데, 『論語』「泰伯篇」의 "<關雎>의 亂은 아름다움이 넘쳐흐르도록 귀를 채우는구나.(關雎之亂, 洋洋乎盈耳哉.)"라는 글의 '亂'을 朱子는 '樂之卒章'이라고 주석한 바 있다.
235) 岳瀆은 五岳과 四瀆의 합칭으로, 五嶽은 東嶽(泰山)·西嶽(華山)·南嶽(衡山)·北嶽(恒山)·中嶽(崇山)이고, 四瀆은 長江·黃河·淮水·濟水이다.
236) 精通은 깊고 자세히 앎이다.
237) 四極은 사방의 아주 먼 지역이다.
238) 持語는 持論과 같은 말로 의견·주장을 내세움이다.
239) 井底蛙는 우물 안의 개구리로 견문이 협소함을 비유한다.
240) 適適은 분명함, 뚜렷함이다.

탁상 위에는 금(琴)과 『주역(周易)』[241]이 있네.
『주역』에는 건괘(乾卦)[242]와 곤괘(坤卦)[243]가 있고
거문고에는 바다와 산악이 있다네.

幼余靜而氣壹兮	形穆穆而神遠
目送黃鵠之曾擧兮	窮八表而須臾反
胡余生之匏繫兮	塊獨守此偏晩
無山水之玄對兮	俗物紛其心損
中紆欝其誰語兮	願瞥天而無緣
精誠發於宵夢兮	欻騰身而泠然
高冠聳而切雲兮	風珮鳴以蹁躚
雄霓縱以直度兮	云余止於岱宗之標顚
何水廣而不帶兮	何山崒而不拳
知宇宙之分內兮	出甕天而蟬聯
飾玉檢而誣典兮	戒夸辟與佞臣
唾五松而不憇兮	陋霜節之汚秦
朝發軔乎日觀兮	夕嵩高余駐車
何玆氣蜿蜒而磅礴兮	生甫申而有餘
揖許由於璇房葯室之中兮	潁一曲而淸風
因羽人於龍穴兮	棋洑漻兮流水古松

241) 『周易』은 儒家의 三經의 하나로 陰陽의 원리로 천지만물의 변화하는 현상을 설명하고 해석한 책인데, 원래 『易經』이었던 것이 周代에 大成되었기에 고쳐진 이름이다. 上古時代에 伏羲氏가 그린 卦를 周 文王이 총설하여 「卦辭」라 하였고, 周公이 그 六爻를 자세히 설명하여 「爻辭」라 하였는데, 孔子가 거기에 심오한 원리를 붙인 十翼을 추가했다고 한다.

242) 乾卦는 『周易』의 八卦의 하나, 또는 64卦 가운데 重天乾卦로 하늘을 상징하는 陽의 괘이다.

243) 坤卦는 『周易』의 八卦의 하나, 또는 64卦 가운데 重地坤卦로 땅을 상징하는 陰의 괘이다.

從天門而左轉兮　　指西岳以高馳
凭靈掌以獨立兮　　眺黃河之如絲
年三千之漠漠兮　　報昇平兮令誰知
遇毛女之撚花兮　　問興亡以慇懃
頩玉色以不對兮　　指太空之浮雲
謇誰搖手以招我兮　　云希夷與淡成
許我以神仙之骨兮　　侑我以千日之鯱
約分華而鼎居兮　　留後期而逶行
路迤轣以南爲兮　　聞祝融之相迎
紫盖幢幢以鈂前兮　　朱鳥翼其承旄
俯半腹之晦冥兮　　仰星月以倍明
方下土之有人兮　　禱開雲以虔誠
雖感通之可嘉兮　　笑邈絶於鶯鵬
武夷之君來赴兮　　爲我鼓瑟而吹笙
天台之二女作使兮　　挹流霞以盈盈
携長源曰可人兮　　再造唐以蜚英
倏朗吟以飛下兮　　慕紫陽之襟情
就重華於九疑兮　　儼垂衣以卿雲
乞絺繡之餘絲兮　　歸補裳於吾君
吾君聖而無臣兮　　願借才於八元
變淫朋以寅協兮　　代嘵舌以昌言
耳髣髴於都俞兮　　精皎皎以黃昏
湘妃倚於脩竹兮　　怳臨風兮有訴
曰余玆水之二神兮　　謂堯女者何誤
此開闢而固有兮　　彼南巡而不從
胡誣神而誑人兮　　亂名實而相蒙
爲百世而辨惑兮　　竊有望於夫公

台潛聽以敬諾兮　　泋埃風而北征
舊筆鉞以草檄兮　　檄常山之山靈
爾居一於五鎭兮　　壯關防於邊庭
饕素餐於望秩兮　　每越視於塵腥
不東西而不南兮　　亂華夏者北狄
雖天賦之悍桀兮　　抑鎭守之失職
空包括而綿長兮　　又焉用夫襟帶之鎖鑰
匪風飄而心怛兮　　余不忍乎遊目
昔宣尼之欲乘桴兮　　又何懷乎方域
薄言出於大荒兮　　指窮髮而縱轡
玄武縮墳羊深兮　　氣肅殺而贔屭
窮奇虎而又翼兮　　詰造化以何意
牛黎巍以無骨兮　　漫皀烋而自恣
雖燭龍之執炬兮　　奈九陰之難鐩
凜乎其不可留兮　　回余車以復路
南溟沸以波浧兮　　又屑窣以恒雨
余欲拯濟其羣靈兮　　招應龍以明諭
殺蚩尤而致天討兮　　固上帝之攸嫭
何過畏而塊蟄兮　　使漏天而偏苦
盍騰鱗而天游兮　　普厥澤於九宇
聆巇巇以起余兮　　覿丹穴之羽儀
翔千仞以度世兮　　微爾吾將誰歸
然焦僥之滿地兮　　陋不可以居之
西洋潏以詭特兮　　富奇觀以幻眩
彼金母虎齒而豹尾兮　　飾蛾眉以花面
又有丈六之億化兮　　矜恒沙之身遍
危危之永械兮　　挈天網以窮宙

竇窳之不自愼兮　守巫陽以奚救
夸父之至愚兮　不量力以逐日
倘移步於景行兮　用此誠於瞻忽
斛學海而快飮兮　又何患乎死渴
顧鄧林之蔚然兮　奈不中於棟梁與琴瑟
紛弔詭不可以惑明智兮　拂若華以袖瞥
東之海何有兮　物厥初之生息
余摘扶桑之大繭兮　托天孫之機軸
織黃綿之襖子兮　延袤兮若千尺
與四海以同袍兮　纊寒士以皆足
夔皮兮作鼓　雷骨兮爲橛
聲震動於山河兮　冀助威於復雪
鰲之足亦可貴兮　柱補天之罅縫
此皆東海之所產兮　東眼肉以不知用
顧漆齒之蕞爾兮　與魚鼈以雜處
唉吾力之瑣瑣兮　曾不能乎扞禦
沛網濩以浮游兮　倏臨睍夫鰈域
蚊雷殷其如昨兮　政酣酗於蠻觸
征馬蜷而僕懷兮　魘余頟以無言
安能以吾氣之孔神兮　復受俗之昏昏
聞蓬萊之密邇兮　慕衆眞之所存
鍊營魄而不死兮　葆虛靜以爲門
匪朝宅之冀幸兮　竊天機以利身
唉道喪而莫反兮　不先後而余辰
採寶訣而延佇兮　或究竟於天人
濯余纓兮十洲兮　晞余髮兮三山
結瓊芝以淹留兮　肅羨門於巖間

羌不笑而不語兮　對精粹之晩顏
邃鍾歇而入夜兮　爛星斗於雲關
步靈壇以徙倚兮　忽流眄以反顧
正路鞠而茂草兮　安宅曠而不住
人自有此樂地兮　胡爲弱喪而遠騖
昔堯夫周流乎四海兮　歸百原以道在
不撫壯以復初兮　時冉冉其不再
騰電策以迅邁兮　沛風馭之無碍
桑梓僾以入望兮　信吾廬之可愛
梧柳森以交影兮　拓入窓而天光
遊子悲故鄉兮　心踴躍其若湯
歘驚墮於枕席兮　遊在目以的歷
皇天憫余之顓蒙兮　挾精神以誘掖
收緬邈之虛想兮　蹈前修之繩墨
撫兩儀而弄雙丸兮　不出戶以自得

系曰, 三光岳瀆兮　吾氣之塞
精通往來兮　一瞬四極
晝想夜夢兮　可喜可愕
君子因之兮　卜我所學
鳶飛鴻順兮　玆遊之樂
持語井蛙兮　能不適適
收斂天飛兮　床琴丌易
易有乾坤兮　琴有海嶽

01-02 태화탕[244]부
01-02 太和湯賦

금상 13년 정사년(丁巳年)[245]에 주상께서 당론이 분열됨이 반드시 나라가 망할 재앙이 될 것으로 여기셔서, 8월 열여드렛날에 명하여 여러 신하들을 크게 모이게 하셨다. 주상께서 인정문(仁政門)[246]에 나오셔서 조참(朝參)[247]을 받으신 뒤에, 도승지(都承旨)[248]로 하여금 임금께서 지으신 광유(廣諭)[249]를 읽게 하셨다. 문무백관이 교명(敎命)을 듣기를 마친 뒤에, 3품 이하의 관원들이 해산하여 물러나자[250], 주상께서 희정당(熙政堂)[251]에 돌아가셔서, 다만 문신 가운데 시종(侍從)하는 경재(卿宰)[252] 이상만 입대(入對)[253]하라고 명하시고 선온(宣醞)[254]을 내리셨다. 주상께서 말씀하시기를, "나의 교명을 따르지 않을 사람은 마시지 말라. 이 술을 마신 사람은 돌아가서 자자손손(子子孫孫)이 당론을 일삼지 말라고 말하라."라고 하였다.

신 광운은 십년 동안 퇴거(退居)하면서[255] 조정의 진신(搢紳)[256]들과 함께 진취(進取)하지[257] 않았고, 또 문을 닫고서 교유를 사절하였으므로, 비록 노하(駑下)하여[258] 백 가지로 불초하고[259] 당론이 없으면서도 자신을 보전하였지만, 특별히 이

---

244) 太和湯은 사람의 마음을 태평하게 하는 국물로 술을 비유한다.
245) 丁巳年은 英祖 13년(1737)이다.
246) 仁政門은 조선시대의 대궐 昌德宮의 法殿인 仁政殿의 正門으로 남쪽에 있었다.
247) 朝參은 매월 5일 · 11일 · 21일 · 25일에 모든 文武官員이 검은 옷을 입고 勤政殿이나 仁政殿에서 임금에게 문안드리고, 政事를 아뢰던 일이다.
248) 都承旨는 조선시대에 왕명의 출납을 맡아보던 承政院의 6명의 승지 중 으뜸벼슬로 정3품 堂上官이었다.
249) 廣諭는 임금이 백관에게 널리 諭示함인데, 『영조실록』에 따르면 13년 8월 28일에 궁궐 正門에서 朝參을 받을 때 2품 이상 및 3품 이하의 시종신을 다 모이게 하여 편당하지 말라는 유시를 내렸다.
250) 罷退는 해산하여 물러남이다.
251) 熙政堂은 조선시대의 대궐인 昌德宮의 寢殿이다.
252) 卿宰는 제왕을 도와 국정을 담당하는 大臣이다.
253) 入對는 신하가 궐내에 들어가서 임금의 諮問에 응함이다.
254) 宣醞은 임금이 신하에게 술을 내려주는 것, 또는 그 술이다.
255) 退居는 벼슬에서 물러나 집에서 머묾이다.
256) 搢紳은 笏을 큰 띠에 꽂음으로 선비 · 사대부를 비유한다.
257) 進取는 나아가서 뜻을 이루려고 노력함으로 관직에 나아감을 가리킨다.
258) 駑下는 자질이 떨어지고 재능이 부족함이다.
259) 不肖似는 不肖와 같은 말로 재능이 없는 사람, 소임을 감당하지 못하는 사람이다.

름이 경재의 말석을 더럽혔기에, 또한 참여하여 널리 알리시는[260] 유지(諭旨)[261]를 들었다. 뭇 신하들이 차례대로 마신 뒤에 술잔이 광운(光運)에게 이르자, 잔을 들고 자리를 넘어가서 엎드려서 대략 경계하기에 힘쓰시라는 뜻을 진달하였다.[262] 이어서 그 술을 태화탕(太和湯[263])이라고 일렀으니, 대개 소요부(邵堯夫)[264]의 말[265]을 쓴 것인데, 주상께서 마침 보합(保合)하여[266] 태평하게[267] 하고자 하셨기 때문이었으니, 주상께서 그 이름을 가상하다고 하셨다. 신은 물러나서 드디어 <태화탕부(太和湯賦)>를 지었는데, 위로는 우리 전하의 탕평의 덕을 찬송하고, 아래로는 뭇 신하들이 앞자리에서 술잔을 들면서도 문득 잊어 버림을 부끄러워한 것이었다.

上之十三年丁巳, 上以黨論裂, 必爲亡國之禍, 命以八月十八日, 大會諸臣. 上御仁政門受朝參, 使都承旨讀御製廣諭文, 文武百官聽教訖, 三品以下罷退, 上還御熙政堂, 只命文臣侍從卿宰以上入對, 宣醞. 上曰, "不遵予教者勿飮, 飮者歸語子子孫孫勿爲黨論也." 臣光運十年退居, 不與朝紳爲進取, 又杜門謝交游, 雖駑下百不肖似, 而無黨則自保焉, 特以名忝卿宰之末故, 亦與聞於播告之旨焉. 羣臣以次飮, 至光運, 擎盃越席而伏, 略陳勉戒之忱, 仍謂其酒曰太和湯, 盖用邵堯夫語, 而上方欲保合太和故也. 上嘉其名, 臣旣退, 遂賦太和湯賦, 上以頌我殿下蕩平之德, 下以媿羣臣揚觶前席而忽焉忘之者.

아름다운 덕[268]이 환하게 공중으로 올라가고
상서로운 일[269]이 사방에 조용히 갖추어졌네.
사람의 마음은 편안해지면 교만하게 장난을 치고

---

260) 播告는 널리 알림이다.
261) 諭旨는 제왕이 뜻을 알림, 또는 알리는 뜻이다.
262) 『영조실록』 13년 8월 28일조에 司直 吳光運이 君臣이 한자리에서 술로 마음을 씻으니, 太和湯을 마신 듯하다면서 상언한 기사가 나온다.
263) 太和湯은 사람의 마음을 평화롭게 하는 국물로 술을 비유한다.
264) 堯夫는 北宋의 성리학자 邵雍(1011~1077)의 자로 號는 安樂先生, 謚號는 康節, 范陽人이다. 李之才에게서 圖書·天文·易數를 배운 뒤에 평생 동안 벼슬에 나아가지 않고, 司馬光 등의 舊法黨과 교유하면서 市井에서 학문에 힘썼다. 성리학의 형성에 크게 기여하였으며, 『伊川擊壤集』·『皇極經世』 등의 저서를 남겼다.
265) 邵雍의 『伊川擊壤集』 권10에 7언율시 <太和湯吟>이 있다.
266) 保合은 안정시켜 화합하게 함이다.
267) 太和는 태평함이다.
268) 休德은 아름다운 덕, 훌륭한 덕이다.
269) 熙事는 상서로운 일, 길한 일이다.

또래들은 화목을 다투고 벗들은 겨루었네.
수없이 몰려와서 구경함[270]이 풍속을 이루니
용맹스럽게[271] 일어남이 끝이 없었네.
뭇 용이 등지고 달려[272] 화합하지 못함이여!
뭉쳐진 구름[273]들은 한데 모이지 않았네.
임금님께서는 고요할[274] 때에 생각을 다하여
백성의 덕을 드러내고자 황극(皇極)[275]을 세우셨네.
위엄을 지님이 어렵지 않다면 어찌 형벌을 가하시랴?
국맥(國脈)[276]이 잘릴 것을 두려워하셨네.
또 현관(玄冠)[277]에 호무(縞武)[278]로 하시고자 한 것은
바르지 않은 견고한 비방이 혁파될 수 있게 함이라네.
어떻게 화합시켜[279] 바로잡으랴?[280]
뭇 사악함이 소작(簫勺)[281]으로 교화되기를 바라셨네.[282]
천문(天門)[283]을 열고 드넓은 곳[284]으로
여명(黎明)[285]에 패옥(佩玉)을 울리며[286] 나아가셨네.

---

270) 逐靡는 휩쓸려 몰려와서 구경함이다.
271) 猋勇(표용)은 용맹스러움을 형용한다.
272) 背馳는 등지고 달림으로 방향·목표가 상반됨을 비유한다.
273) 屯雲은 잔뜩 뭉쳐진 구름이다.
274) 穆穆은 고요한 모양, 조용한 모양이다.
275) 皇極은 제왕이 나라를 다스리는 표준이 될 만한 지극히 올바른 법도로, 치우침이 없는 中正의 道를 가리킨다.
276) 國脈은 나라의 命脈이다.
277) 玄冠은 천자가 쓰는 관으로 검은 색에 붉은빛을 띠었다.
278) 縞武는 관을 묶는 흰 비단으로 만든 띠이다.
279) 祖洽은 솔선하여 대중을 화합하게 함이다.
280) 匡翼은 바로잡아 도움이다.
281) 簫勺은 舜임금의 음악과 周나라의 음악이다.
282) 庶幾는 바람, 희망함이다.
283) 天門은 하늘의 문으로 흔히 대궐의 문을 비유한다.
284) 詄蕩蕩은 텅 비고 끝없이 넓은 모양이다.
285) 辨色은 희미하게 날이 밝아오는 무렵이다.

술을 늘어뜨리고[287] 엄숙히 임어하신 분을 쳐다보면서
성대한 윤령(允令)[288]을 공손하게[289] 들었네.
분규에 얽매여[290] 그 뜻이 변하니
지난날의 사악함[291]을 잊지 않으셨네.[292]
계수나무 가지가 들쑥날쑥한[293] 편전(便殿)[294]은
또한 가까우면서도[295] 참으로 소원한 곳이었네.
천둥소리[296]는 커서 귀마개를 하고도 놀랄 만한데
재상 또한 암랑(巖廊)[297]을 나와서 들으셨네.
갸자[298]로 가져온 기울어진 술통이 많았는데
그 안에는 맑은 옥례(玉醴)[299]가 있었네.
이 술을 귀하게 여길 만하지만
오제(五齊)[300]로 공적을 따질 게 아니라네.
예의를 누룩으로 삼고
인덕(仁德)을 쌀로 삼네.
넘치는 현묘한 기름으로 백 사람이 화평해지고
둥실 뜬 옥 같은 진액에 천 사람이 깨끗해지네.

---

286) 鋗玉은 옥이 울리는 소리이다.
287) 邃延은 冕旒冠의 앞뒤 술이 아래로 길게 드리워짐이다.
288) 允令은 진실한 명령으로 임금의 명령을 가리킨다.
289) 顒若은 공손한 모양, 우러러 사모하는 모양이다.
290) 繩繩은 묶인 모양이다.
291) 回德은 사악한 품행이다.
292) 不釋은 잊지 못함, 또는 없애지 못함이다.
293) 窅窊(요와)는 들쑥날쑥함이다.
294) 便殿은 국왕이 평상시에 거처하는 궁전이다.
295) 密邇는 가까움, 또는 가까이 함이다.
296) 霆聲은 천둥소리로 임금의 목소리를 비유한다.
297) 壧은 巖과 같은 글자로 巖廊을 뜻하는데, 암랑은 바깥채인 廊廡로 朝廷을 비유한다.
298) 枷는 두 사람이 앞뒤에서 들고 음식을 나르는 들것인 架子로 고유어로는 갸자라 한다.
299) 玉醴는 맛이 좋은 술이다.
300) 五齊는 술을 淸濁에 따라 나눈 다섯 등급인 泛齊·醴齊·盎齊·緹齊·沈齊이다.

천지(天地)는 술독을 갈무리하고
음양(陰陽)[301]은 물과 불을 유통시키네.
경사스러운 구름이 세 겹으로 자욱한 가운데
좋은 술[302]에 원기가 방울지네.
북두성(北斗星)은 돌아서 자루가 높이 들려 있는데[303]
은혜의 물결을 뜨느라고 시끄럽네.[304]
모두 자리를 넘어가서 머리를 조아려 절하고서[305]
드디어 턱을 헤치고 입술을 적셨네.[306]
비로소 얼굴빛이 붉어지면서 기뻐하고[307]
점차 기운을 펴면서 말이 많아졌네.[308]
조금 지나자 태화가 흘러서[309] 건곤에 넘치니
나를 앞길로 인도하는 듯하여
끝없이 순백한 곳으로 향하였네.
춘대(春臺)[310]의 화락함이 빙익(馮翼)[311]에 이르고
엉긴 감로(甘露)[312]가 어지러웠네.
광풍(光風)[313]이 자욱하게 혜장(蕙帳)[314]을 감돌고

---

301) 陰陽은 하늘과 땅 사이의 만물을 만들어내는 두 가지 반대되는 기운이다.
302) 九醞은 좋은 술을 빚는 방법으로 술을 잘 빚음, 또는 맛이 좋은 술을 비유한다.
303) 이 구절은 국자모양으로 된 북두칠성의 손잡이가 위쪽에 있음을 뜻하는데, 『詩經』「小雅」 <大東>에 "두성이 북쪽에 있는데, 자루가 서쪽에 들려 있네.(有北有斗, 西柄之揭.)"라는 구절이 있다.
304) 砰隱은 큰 소리를 형용한다.
305) 拜稽는 拜稽首의 준말로 머리를 조아려 땅에 닿도록 하는 절이다.
306) 沾吻은 沾脣과 같은 말로 입술을 조금 적심으로 술·차 등을 조금 마심을 형용한다.
307) 灑如는 灑然과 같은 말로 기뻐하는 모양이다.
308) 言言은 말이 많음, 또는 기쁘게 말함이다.
309) 油油는 물·구름이 흐르는 모양이다.
310) 春臺는 봄날에 올라 勝景을 바라보는 곳으로 잘 다스려지는 세상을 비유하는데, 『老子』 제20장 「異俗」에 "뭇 사람들이 和樂하여, 푸짐한 잔칫상을 받은 듯하고, 봄날에 높은 대에 올라 사방을 보듯이 한다.(衆人熙熙, 如享太牢, 如春登臺.)"라는 글이 있다.
311) 馮翼은 천지가 나누어지기 전의 혼돈상태이다.
312) 甘露는 단 이슬로 천하가 태평할 때에 하늘이 내리는 祥瑞라고 한다.

햇빛은 길게 펼쳐져서[315] 급박하지 않았네.
민물(民物)[316]이 얼마나 넉넉한가?
맑은 은택에 젖어서 목욕하는 듯하였네.
뒤늦게 달팽이뿔[317]에서 다툰 일을 돌이켜보고
한바탕 꿈에서 놀라[318] 깨어남을 기뻐하였네.
문득 칼날을 삼키고[319] 재를 먹으니[320]
맑은 이슬[321]에 먼지가 씻기고 뜨거운 화로[322]에 눈이 녹았네.
빛나는 덕에 취하여 평생토록[323]
밝음이 살을 적시고 뼈에 스며들리.
이 기운을 전파시키면 널리 은택을 입어
군생(群生)[324]에게도 봄날의 복이 미치리.
길이 구름처럼 내리신 아름다운 조령(詔令)이
술과 같아지도록 맹세하는 글[325]을 짓네.

---

313) 光風은 비가 그치고 해가 난 뒤에 부는 온화한 바람, 또는 비가 그친 뒤의 아름다운 경치이다.
314) 蕙帳은 蕙草의 향을 피우는 장막이다.
315) 舒長은 길게 펼쳐짐으로 안녕·태평을 형용한다.
316) 民物은 民情과 風俗이다.
317) 蝸角은 蝸角之爭의 준말로 달팽이뿔 위에서 벌이는 싸움인데, 『莊子』「則陽」의 "달팽이의 왼쪽뿔 위에 있는 나라를 觸氏라고 하고, 오른쪽 뿔 위에 있는 나라를 蠻氏라고 합니다. 때때로 서로 땅을 다투며 싸우는데, 엎드린 시체가 수만이고, 보름 동안 패잔병을 쫓아갔다가 돌아옵니다.(有國於蝸之左角者, 曰觸氏, 有國於蝸之右角者, 曰蠻氏. 時相與爭地而戰, 伏尸數萬, 逐北旬有五日而後反.)"라는 글에서 유래하여, 작은 나라 사이의 싸움이나 하찮은 일로 다툼을 비유한다.
318) 驚噩은 소스라치게 깜짝 놀람이다.
319) 呑刀는 呑刀刮腸의 준말로 칼을 삼켜 창자를 긁어냄이며, 비장한 각오로 잘못을 고쳐 새로워짐을 비유한다.
320) 飮灰는 飮灰洗胃의 준말로 재를 먹어 위를 깨끗이 씻음이며, 철저하게 잘못을 고쳐 새로운 사람이 됨을 비유한다.
321) 沆瀣는 한밤중의 이슬 氣運, 또는 북쪽의 夜半의 氣運이다.
322) 紅鑪는 불이 활활 타오르는 화로이다.
323) 終世는 일생·한평생이다.
324) 群生은 뭇 생물, 또는 衆生이다.

休德昭以升中兮	熙事備而四謐
人情瀁安而驕娭兮	競曹好而朋軋
兆逐靡以成俗兮	猋勇起而罔弘
羣龍背馳而不調兮	雲施屯其未凝
皇穆穆而眑思兮	表民德焉建極
不難夫擥威而底劇兮	恐國脉之有劚
又欲玄冠而縞武兮	匪靳娸之所可革
寧祖洽而匡翼兮	庶幾籥勻乎羣僻
天門開詄蕩蕩兮	趁辨色以鋗玉
瞻邃延以儼臨兮	沛允令而顒若
紛繩繩其意變兮	疇不釋其回德
桂窅窊以便殿兮	復密邇而直寪
霆聲殷其警瑱兮	台出孍以亦聽
側罇瑟以用枨兮	玉醴湛其在中
惟玆酒之可貴兮	非五齊之爲功
以禮義而爲麯兮	用仁德而爲米
溢玄膏以百和兮	泛玉液而千洗
天地爲壚甕以貯兮	陰陽爲水火以濟
慶雲滃而三重兮	元氣淋而九醞
回北斗以揭柄兮	斞恩波以砰隱
咸越席以拜稽兮	遂頤霤而沾吻
始發色以灑如兮	漸舒氣以言言
少焉油油兮	太和溢於乾坤
若有鉥汝以前路兮	指純白之無垠
春臺熙以馮翼兮	甘露凝以紛紜

325) 誓辭(詞)는 맹세하는 글·말이다.

光風藹其轉蕙兮　　景舒長以不迫
何民物之嘊嘊兮　　淫滌澤以如沐
追蝸角以反顧兮　　恍一夢之驚噩
般呑刀以飮灰兮　　沆瀣塵兮紅爐雪
羌德醉而終世兮　　亮浹肥而淪骨
播是氣以霈普兮　　與羣生以春祺
永詔穆而錫雲兮　　有如酒以誓辭

01-03 한부
01-03 恨賦

'걸어서 도성(都城)의 문을 나가니
구원(丘原)[326]이 넓고 깊숙하네.[327]
영웅의 해골(骸骨)은 봄빛 속에 어지럽고
지사의 기개(氣槪)는 구름에 엉겨 있네.
귀신은 시기와 질투[328]가 많은데
경계(境界)가 구덩이에 알맞네.
이 곳에 불평을 품은 남아들이 있지만
천고(千古)를 채워도 가득 차지는 않네.[329]
행단(杏亶)[330]에 봄바람이 불어올 때에
모든 제자[331]들은 옷깃을 여몄네.[332]

---

326) 丘原은 언덕과 들판이다.
327) 轇轕(교갈)은 광활하고 심원한 모양이다.
328) 猜忮는 猜忌와 嫉妬이다.
329) 不盈은 가득 차지 않음이다.
330) 杏壇은 孔子가 강학하였던 곳으로 중국 山東省 曲阜縣의 孔子廟 앞에 있었다고 하며, 제자에게 학문을 가르치는 곳을 비유한다.
331) 諸子는 모든 弟子, 여러 제자이다.
332) 摳衣는 옷깃을 여미어 들어올림으로 윗사람을 맞이할 때 恭敬을 표시하는 동작이다.

안씨(顔氏)의 아들[333]이여!
나를 버리고 어디로 갔나?
너의 나이는 한창 장년이고
너의 학문은 막 성취되었지.
하늘이 참으로 나를 버렸으니
나는 장차 누구를 의지하랴?
기뻐하는 혀[334]는 생황(笙簧)[335]과 같고
촉루(屬鏤)[336]는 서리와 같았네.
'동문(東門)에 박힌 눈에 번개처럼 지나갈 때에
무덤 위의 개오동나무는 대들보와 같을 겁니다.[337]
밤에 까마귀가 깃들고 사슴이 새끼를 낳는 곳이 되기에 이르러
군주가 비록 후회한들 어찌 미치겠습니까?
백마를 탄 기병이 시끄럽게 노도(怒濤)처럼 밀려오더라도
신은 월나라의 갑병(甲兵)[338]을 막을 수 없겠지요.'
혜왕(惠王)[339]이 참언(讒言)을 믿고
기겁(騎刧)[340]이 군대를 다스리게 하였네.

---

333) 顔氏之子는 춘추시대 말기의 魯나라의 학자 顔回(521경~490경 B.C.)로 자는 子淵인데, 제자인 그가 32세에 죽자 공자는 "하늘이 나를 버리는구나!(天喪予.)"라며 슬퍼하였다.
334) 嚭舌(비설)은 크게 기뻐하는 혀로 기쁘게 하는 말을 비유한다.
335) 笙簧은 雅樂에 쓰는 관악기의 한 가지로, 바가지로 만든 바탕에 19개나 13개의 가는 대를 묶어 세워 부리로 부는 악기인데, 바가지 대신에 나무통을 쓰기도 한다.
336) 屬鏤는 명검 이름으로 춘추시대 말에 吳王 夫差가 충신 伍子胥를 자결하게 할 때 내렸던 것인데, 李圭景의 『五洲衍文長箋散稿』에서는 음이 '祝閭'라고 하였다.
337) 이 두 구절은 伍子胥가 吳王 夫差의 명령으로 자결할 때에 자신의 무덤 위에 가래나무[梓]를 심어서 왕이 敗死한 뒤에 棺材로 쓰고, 자신의 눈알을 東門 위에 걸어 두어서 나라가 越軍에게 멸망함을 보게 하라고 당부한 일을 가리키고자 한 것이다.
338) 甲兵은 甲冑와 兵器로 군대를 비유한다.
339) 惠王은 戰國時代 燕나라 昭王의 아들로 부왕을 계승하여 7년 동안 재위하였는데, 齊나라의 장수 田單의 이간책에 빠져 名將 樂毅를 파직시킨 바 있다.
340) 騎刧은 전국시대 燕의 장군으로 齊와의 전쟁에서 樂毅를 대신하여 장수가 되었으나 田單의 계략에 빠져 대패하고 살해당했다.

금대(金臺)[341]에 어둑하게 저녁햇빛이 비칠 때에
계문(薊門)[342]에는 쏴쏴 쓸쓸한 바람이 불었네.
선어(仙馭)[343]를 좇아 올라가지 못하고
흑자(黑子)[344]로 지목받아 공적을 포기하고 말았네.
휘하(麾下)[345]를 하직할 때에는 전과 다름이 없었고[346]
굽어보는 천일(天日)[347]에 오롯한 충성[348]을 바쳤다네.
'못 가에서 거닐면서 읊조릴[349] 때에는
나의 말이 구부정하게 돌아보았답니다.
초(楚)나라에는 금파리[350]가 많은데
모습이 달아나는 토끼[351]와 비슷하지요.
궁궐[352]이 이미 멀어지자[353]
또 무관(武關)[354]의 서쪽에 유폐되셨지요.

---

341) 金臺는 黃金臺의 준말로 전국시대 燕나라의 昭王이 賢士를 초빙하기 위하여 國都의 동남쪽에 있는 易縣에 쌓았던 누대인데, 거기에 천금을 마련하여 두었던 데서 붙은 이름이다.
342) 薊植은 薊門의 빗장으로 薊門을 가리킨다. 계문은 중국 北京城의 서남쪽에 있던 관문으로 德勝門의 서쪽에 있는 土城關이 그 遺址라고 하며 薊丘라고도 하는데, 여기에서는 燕나라의 수도인 薊邑을 가리킨다.
343) 仙馭는 신선의 수레로 帝王의 죽음을 비유한다.
344) 黑子는 翟黑子의 준말로 北魏 太武帝 때의 고관인데, 帝寵을 입어 遼東公에 올랐으나 并州에 사신으로 가서 베 천필을 수뢰한 일을 사실대로 아뢰지 않았다가 죽음을 당하였다.
345) 麾下는 장수의 지휘 아래이다.
346) 依然은 前과 다름없는 모양이다.
347) 天日은 하늘의 해로 帝王을 비유한다.
348) 精忠은 오롯한 忠誠, 한결같은 忠貞이다.
349) '澤畔行吟'은 屈原의 <漁父辭> 첫머리의 '行吟澤畔'을 인용한 것이다.
350) 蒼蠅은 금파리로 남을 헐뜯는 소인을 비유한다. 금파리는 검정파릿과에 딸린 파리로 몸길이는 8mm 안팎이고, 빛깔은 녹색이며 금빛광택이 난다. 여름에 생선·날고기 따위에 알을 슬며, 익은 과실에 잘 날아드는데, 전염병을 옮기는 害蟲이다.
351) 脫兎는 달아나는 토끼로 행동이 재빠름을 비유한다.
352) 靈瑣는 王宮의 문이다.
353) 邃遠은 깊고 멂인데, 屈原의 楚辭 <離騷>에 "규중은 이미 멀어지고, 또 명철한 왕께서는 잠들지 못하셨네.(閨中旣以邃遠兮, 哲王又不寤.)"라는 구절이 있다.

황혼이 문득 여러 번 바뀌었지만
다만 회오리바람[355]이 혜초를 흔들 뿐이었답니다.
중후[356]한 사람은 질투하고
목눌한[357] 사람은 헛소문으로 헐뜯었습니다.[358]
도덕을 지녀도[359] 은혜는 야박하였고
치안(治安)[360]은 통곡할 만하였습니다.
선실(宣室)[361]을 받듦이 다만 오늘뿐이니
어느 때에나 또 의상(衣裳) 드리우심[362]을 바라보겠습니까?
노숙한 재사가 되기를 바랐으나 늘그막에도 미치지 못하였거늘
하늘은 수명(壽命)에 인색하고 군주는 알아 주지 않으셨습니다.'
소양궁(昭陽宮)[363]에는 음악[364]이 있고
장신궁(長信宮)[365]에는 황금열쇠[366]가 있었다네.
새로 온 사람은 꽃과 같고
오래 된 사람은 옥과 같았네.
수레에 동승함을 사양하기를 끓는 물에 손을 대듯이[367] 하고

---

354) 武關은 陝西省 商南縣의 북서쪽에 있던 관문으로 戰國時代 말에 秦나라의 昭襄王이 楚나라의 懷王을 國婚을 빌미로 회동하자고 한 곳이다. 이때 진나라의 술책을 간파한 屈原이 만류했지만 이를 듣지 않고 응한 회왕은 진에 유폐되어 죽음을 맞았다.
355) 回風은 回飇와 같은 말로 회오리바람이다.
356) 重厚는 태도가 정중하고 돈독함이다.
357) 木訥은 질박하고 말주변이 없음, 또는 질박하고 꾸밈이 없음이다.
358) 謠諑(요착)은 헛소문을 퍼뜨려 헐뜯음이다.
359) 有道는 도덕·재능을 지님이다.
360) 治安은 백성을 다스려 안정시킴이다.
361) 宣室은 王室, 또는 제왕이 거처하는 正室이다.
362) 垂衣裳은 의복의 제도를 정하여 천하에 禮를 보임으로, 帝王이 賢人을 임용하여 덕으로 백성을 다스림으로써 나라가 잘 다스려지게 함을 비유한다.
363) 漢代의 궁전으로 後宮이 거처하던 곳이다.
364) 歌管은 노래와 관악기로 음악을 대유한다.
365) 長信宮은 漢代에 太皇太后가 거처하던 궁궐로 태황태후의 거처나 황후의 거처를 대유한다.
366) 金鑰은 황금으로 만든 열쇠이다.

상자에 부채[368]를 갈무리함을 엿을 달게 여기듯이 하였네.
수양하여 행실을 바르게 해도[369] 복을 받지 못하거늘
사악함을 범함은 무엇을 하고자 함이었던가?
앞장서서 한(漢)나라의 도적을 분별한 이로는
오로지 장홍(臧洪)[370]이 있었네.
조조(曹操)[371]에 의지하고 원소(袁紹)[372]에게 붙음에
능한 이들은 여러 공경(公卿)[373]이었지.
'유씨(劉氏)[374]를 신사(臣事)하려면 유씨에게 보답해야 할지니
나의 죽음이 나의 충성이리.'
옹구(雍丘)[375]는 철벽(鐵壁)[376]이라
위로 창천(蒼穹)[377]에 닿았다네.
열렬한[378] 진용(陣容)[379]에서

---

367) 探湯은 끓는 물에 손을 댐으로 조심함, 두려워함을 비유한다.

368) 篋扇은 상자에 넣어 둔 부채로 버림받은 여자를 비유한다.

369) 修正은 몸을 닦아 행실을 바르게 함이다.

370) 臧洪은 後漢 말의 문신으로 자는 子源이다. 孝廉으로 다섯 번 천거받아 卽丘長이 되어 劉岱 등을 설득하여 董卓을 치게 하였고, 袁紹에게 귀순하여 青州刺史를 지내다가 재능을 꺼린 원소에게 피살당하였다.

371) 曹操는 後漢 말의 문신으로 자는 孟德, 小字는 阿瞞이며, 沛國 譙縣 출신으로 환관 曹騰의 양자인 嵩의 아들이다. 黃巾賊의 난을 평정하는 데 공을 세워 두각을 나타냈고, 董卓의 사후 獻帝의 옹립에 참여하였으며, 袁紹軍을 격파한 뒤에 실권을 잡아 丞相·魏公을 거쳐 魏王에 올랐고, 사후에 魏를 세운 아들 丕에 의해 武帝에 봉해졌다. 문장에 능하여 20여수의 시와 40여편의 문을 남겼다.

372) 袁紹는 후한 말의 무장으로 자는 本初이며, 汝陽人으로 4대에 걸쳐 三公의 지위에 오른 명문 출신이다. 靈帝의 사후 집권한 董卓을 패망시키고 獻帝를 옹립하면서 실권을 장악하였으나, 曹操軍에게 官渡戰鬪에서 대패한 뒤 병사하였다.

373) 公卿은 三公九卿의 준말로 高官을 가리킨다.

374) 劉는 漢朝의 帝姓이다.

375) 雍丘는 秦·漢代에 지금의 河南省 杞縣 지역에 두었던 縣인데, 曹操軍이 呂布·張超의 연합군을 크게 이겼던 곳이다.

376) 鐵壁은 쇠처럼 뚫기 어려운 장벽으로 매우 견고하여 무너지지 않는 사물을 비유한다.

377) 蒼穹은 하늘·蒼天·蒼空이다.

378) 烈烈은 불길이 세찬 모양으로 士氣가 뜨거움을 비유한다.

379) 陣容은 陣勢의 형편이다

같은 날에 목숨을 버리고자[380] 하였네.
형세가 큰[381] 의려(義旅)[382]는
저 위야(渭野)[383]의 농부들이었네.
슬기로움은 이미 그물 속에 갇히고
아름다움은 저승으로 들어간 듯하였네.
고황제(高皇帝)[384]의 대업을 이룰 것을
백제성(白帝城)[385]에서 유조(遺詔)[386]로 남겼다네.
가을바람이 한 번 슬피 울었을 뿐
하늘이 보호해 주지 않았네.[387]
조조를 여우와 쥐[388]로 보고
손권(孫權)[389]을 땅강아지와 개미[390]로 여겼네.
적토마(赤兎馬)[391]를 타고 고삐를 비껴잡으면
사해(四海)[392]에 앞길을 막을 사람이 없었네.[393]

---

380) 捐軀은 捐身과 같은 말로 몸을 잃음, 생명을 버림이다.
381) 煌煌은 성대함, 또는 찬란함이다.
382) 義旅는 義師와 같은 말로 정의를 위하여 일어난 軍隊이다.
383) 渭野는 黃河의 최대지류인 渭水의 流域에 있는 평야이다.
384) 高皇帝는 漢 高祖의 尊號인 太祖高皇帝의 준말이다.
385) 白帝는 四川省 奉節縣 동쪽의 白帝山에 있던 성인데, 蜀漢의 先帝 劉備가 吳나라와 夷陵에서 싸워 대패하고 숨을 거두면서 諸葛亮에게 뒷일을 부탁하는 遺詔를 내렸던 곳이다.
386) 遺詔는 유언으로 남김 詔令이다.
387) 不弔는 하늘이 가엾게 여기면서도 보호해 주지는 않음이다.
388) 狐鼠는 성 안에 사는 여우와 祠堂에 사는 쥐로 소인·악인을 비유한다.
389) 孫權은 삼국시대 吳의 군주로 자는 仲謀이며, 吳郡 출신으로 堅의 둘째 아들이다. 형 策이 죽은 뒤에 江東六郡을 다스렸고, 한때 魏를 섬겨 吳王에 봉해졌으나 뒤에 도읍을 建康으로 하고 국호를 吳라 하며 稱帝하였다.
390) 螻蟻는 땅강아지와 개미로 매우 작은 생물을 대유하는데, 『莊子』「列御寇」에 "땅 위에 있으면 새와 솔개의 먹이가 되고, 땅 밑에 있으면 땅강아지와 개미의 먹이가 된다.(在上爲烏鳶食, 在下爲螻蟻食.)"라는 글이 있다.
391) 赤兎馬는 중국 삼국시대의 명마 이름으로 하루에 천리를 달렸다고 한다. 원래 董卓이 소유하던 것을 회유를 위해 呂布에게 주었고, 여포의 사후에 曹操가 차지했다가 劉備軍의 장수인 關羽에게 주었으며, 관우가 馬忠에게 생포되어 죽자 마충이 소유하였으나, 먹이를 거부하다가 죽었다고 한다.

영웅의 운수가 사라지자
더먹머리[394]가 명성을 이루었네.
수염을 떨쳐 천추에 이름을 남겼고
얼굴은 살아 있던 때와 같았다네.[395]
남쪽의 진(晉)나라의 인물은
한 사람 사아(士雅)[396]가 있을 뿐이었네.
위에는 푸른 하늘이요
애레는 장강(長江)의 물이었지.
'내가 물을 저버리지 않으면
물도 나를 저버리지 않으리.'
왕돈(王敦)[397]이었던가, 유연(劉淵)[398]이었던가?
성공하지 못함은 천명 때문이었으리.
호지(胡地)에 사람이 없다고 이르지 말지니
팽성(彭城)[399]이 탁월한 사람이었다네.

---

392) 四海는 中國의 四方에 있는 바다나 異族이 사는 지역으로 천하를 가리킨다.

393) 無前은 앞을 가로막는 사람이 없음으로 대적할 상대가 없음을 비유한다.

394) 豎子는 童僕·어린아이로 남을 업신여겨 부를 때 쓰이는 말이다.

395) 이상의 8구는 명장 關羽에 대한 소회를 밝힌 것이다. 그는 자가 雲長으로 山西省 解縣 출신이다. 홍건적 토벌을 위해 기병한 劉備를 만나 張飛와 함께 의형제를 맺고 別部司馬로 수차 큰 전과를 올렸으며, 曹操軍의 포로가 되어 袁紹軍을 치는 데 공을 세워 漢壽亭侯가 되었다. 유비가 漢中王에 오르자 前將軍이 되어 荊州를 지키다가 吳나라 군사의 습격을 받아 살해되었다. 수염이 아름다워 美髯公으로 불리었고, 사후에 關帝로 불리며 곳곳의 사당에 모셔져 숭배받았다.

396) 士雅는 東晉의 무장 祖逖의 자로 豫州刺史를 지냈다. 建興年間[313~17]에 長江을 건너며 중원의 회복을 맹세하였으나, 황실의 분쟁과 권신 王敦의 내란에 분개하다가 죽었다.

397) 王敦은 東晉의 戚臣으로 자는 處中, 導의 종형, 臨沂 출신이다. 武帝의 딸 襄城公主와 혼인하였고, 대장군·荊州牧을 지냈다. 元帝의 江東征伐에 종군하였고, 杜弢의 난을 평정하였으며, 뒤에 반역을 일으켰다가 軍中에서 병사하였다.

398) 劉淵은 五胡十六國시대 北漢의 건국자로 자는 元海이며, 흉노족 출신이다. 永安 원년(302)에 八王의 난을 틈타 西晉에 반기를 들고 漢王에 올라 308년에 稱帝하였다. 아들 聰이 선진을 멸망시켰고, 족자 曜는 前趙를 건국하였다.

399) 彭城은 지금의 江蘇省 銅山縣 지역에 있었던 현으로 秦末에 楚의 懷王이 도읍하였던

청렴함은 연릉자(延陵子)400)에 견줄 만하고
충성스러움은 박륙후(博陸侯)401)를 지나쳤네.
공적이 나라를 덮었건만 참소가 이르렀고
절개는 세인을 놀래켰지만 형벌에 걸려들었네.
난초와 눈 같은 흉금에다 동량의 재주로도
어찌하여 세상의 어지럽고 더러움을 만났던가?
크게 남팔(南八)402)을 부르고 나서
북쪽으로 두 번 절하였다네.
손가락을 자르며 분발하여 일어나서403)
성을 내면 이빨이 부서져 버렸네.
도적을 죽이기에 힘을 다하여
이・곽(李郭)404)이 공적을 이루게 하였네.

곳인데, 여기에서는 회왕의 충신인 屈原을 가리키고자 한 말이다.

400) 延陵子는 춘추시대 吳나라의 公子 季札의 별칭이다. 그는 吳王 壽夢의 넷째 아들로 부왕이 후계자로 삼으려 함에 끝내 사양하였고, 형들이 또 추대하려 하자 延陵으로 도피하여 죽을 때까지 國都에 들어가지 않았다.

401) 博陸侯는 前漢의 권신 霍光의 봉호인데, 자는 子孟이며 平陽人이다. 霍去病의 이복제로 무제 말에 大司馬大將軍・博陸侯에 올라 金日磾・上官桀 등과 後事를 위탁받았다. 昭帝 때 燕王 旦의 반란을 계기로 실권을 장악하였고, 소제를 이은 昌邑王을 폐위하고 宣帝를 즉위시킨 뒤, 황후를 독살하고 딸을 황후가 되게 하여 권세를 강화했으나, 사후에 일족이 반역죄로 몰살당하였다.

402) 南八은 南氏 집안의 형제 가운데 서열이 여덟 번째라는 뜻으로 성당의 문신 南濟雲을 가리키는데, 韓愈의 <張中丞傳後序>에 安祿山의 난 때에 그와 함께 睢陽을 지키던 벗 張巡이 적군에게 잡혀 항복을 협박당하던 때에 그에게 "남팔아! 남아는 죽을 따름이지 불의에 굴복당해서는 안 된다.(南八, 男兒死爾, 不可爲不義屈.)"라고 외치며 끝까지 굴복하지 않았다고 하는 내용이 있다.

403) 飛動은 분발하여 일어남이다.

404) 李郭은 唐 玄宗 때의 명신 李光弼과 郭子儀의 합칭이다. 李光弼은 거란인 출신의 명장으로 安史의 난을 평정하는 데 큰 공을 세워, 郭子儀와 함께 '李郭'으로 병칭되었으며 시호는 武穆이다. 郭子儀는 盛唐 때의 명장으로 玄宗朝에 朔方節度右兵馬使가 되어 安史의 亂을 평정하고, 回紇과 손잡고 吐蕃을 정벌하였으며, 太尉・中書令에 이르러 20여 년 동안 국가의 안위를 관장하였고, 汾陽王에 봉해지고 尙父의 칭호를 받으며 임금과 사돈을 맺는 등 부귀영화를 극도로 누렸다.

저 하란진명(賀蘭進明)[405]은
개와 돼지만도 못한 자였네.
종신(宗臣)[406]들도 도적을 토벌하다가
중도에는 일어나지 않았네.
'나라의 원수에게 설치(雪恥)하지 못하였거늘
신이 어찌 죽겠습니까?'
황하를 건너고, 또 건널 때에는
큰 담력[407]으로 눈을 부릅떴지.[408]
끝없이 이어지는[409] 황하(黃河)의 물은
왕업의 절반[410]을 차지한다네.[411]
악비(岳飛)[412]의 군사는 산악과 같아서
꺾지 못하는 적군이 없었네.
아침저녁으로 호족(胡族)의 명령을 담은
금패(金牌)[413]가 날아왔다네.

---

405) 賀蘭進明은 성당의 문신으로 開元年間에 진사가 되어, 安祿山의 난 때에 肅宗을 호종한 공로로 河南節度使 겸 御史大夫에 올랐으나, 반군의 장수 尹子奇에게 포위된 張巡을 구원하지 않은 죄로 溱州司馬로 좌천되었다. 옛것을 좋아하고 학식이 높았으며 시문에도 능하였다.
406) 宗臣은 세인들이 존경하는 명신, 또는 군주와 同姓인 신하이다.
407) 張膽은 담이 큼으로 두려움이 없음을 비유한다.
408) 瞋目은 눈을 부릅뜸, 또는 부릅뜬 눈이다.
409) 悠悠는 끝없이 이어지는 모양, 또는 끝없이 넓고 큰 모양이다.
410) 半壁은 반쪽의 담벽으로 절반, 반쪽을 비유한다.
411) 이상 16구는 盛唐의 열사 張巡의 행적에 대한 소회를 밝힌 것이다. 그는 南陽人으로 陣法에 밝았고, 開元年間에 進士가 되어 어사중승을 지냈다. 安祿山의 난을 토벌하려고 군사를 일으켜 성을 지키다가 죽음을 당하였다.
412) 岳飛(1103~1142)는 北宋의 무장으로 자는 鵬擧, 湯陰人이다. 金나라 군사가 침입했을 때 참전한 공으로 秉義郎이 되었고, 岳家軍으로 불린 군사를 이끌고 金軍과 농민반란군을 토벌하는 데 공을 세워 高宗에게서 '精忠岳飛'라는 錦旗를 하사받았다. 淸遠軍節度使를 거쳐 太保가 되어 對金和議를 반대하다가 추밀부사로 좌천되어 병권을 박탈당했고, 秦檜로부터 '莫須有'란 모함을 받아 아들 岳雲과 함께 살해당했다. 孝宗 때 武穆이란 시호를 받고, 英宗 때 鄂王에 봉해졌으며 『岳忠武王集』을 남겼다.

소쿠리와 술병을 잡고 말의 머리를 잡아당기노라면
사녀(士女)[414]의 통곡이 천지에 들끓었네.
묘지의 수목(樹木)은 남쪽가지만 생장하니
가지마다 내리는 비는 북쪽을 향한 눈물이었네.
해를 떠받친[415] 분은 군실보(君實甫)[416]요
하늘을 받든[417] 이는 문산자(文山子)[418]였다네.
곤의[419]를 입은 분을 업고 바다에 뛰어든[420] 뒤에도
작은 누각에 누워서 땅을 밟지 않았네.
구풍(颶風)[421]이 검고 구름이 스산한[422] 때에
정기(正氣)에 귀의한 원통한 기운[423]은 붉었으리.
세 분의 정령이 내려다보고 수많은 신령이 깔려 있었기에
사람들이 스스로 편안함을 조씨(趙氏)[424]에게 바쳤다네.

---

413) 金牌는 金字로 쓴 패찰로 軍機·赦免 등 긴급한 일에 사용되던 것이다.
414) 士女는 일반백성이다.
415) 捧日은 해를 받쳐듦으로 임금을 충심으로 받들어 보좌함을 비유한다.
416) 君實은 남송의 충신 陸秀夫(1238~1279)의 자로 鹽城人이다. 등제 후 李庭芝의 막하에 있다가 元軍이 남하하자 益王 廣王을 따라 溫州로 갔고, 福州에서 陳宜中·張世傑과 함께 익왕 趙昰를 옹립하여 端明殿學士에 임명되고, 端宗이 죽자 광왕 趙昺을 세우고 厓山에서 『大學』을 강론했다. 승상이 되어 항전하다가 애산이 함락되자 황제를 업고 바다에 뛰어들어 죽었다.
417) 擎天은 하늘을 받쳐듦으로 뛰어난 역량을 지니거나 중대한 책임을 맡음을 비유한다.
418) 文山은 南宋의 충신 文天祥(1236~1282)의 호로 자는 宋瑞·履善, 吉水縣人이다. 元軍이 合州를 포위했을 때 천도를 반대하는 글을 올렸다가 면직되고, 복직 후 賈似道와의 불화로 사직했다. 수도 臨安에서 勤王兵을 이끌고 분전했고, 원에 항복 후 강화를 청하면서 抗論하다가 억류되었으며, 나라가 망한 뒤 포로로 북송되던 중 탈주하여 잔병을 모아 싸우다가 다시 체포되어, 大都로 송치되어 3년 동안 구금되었다. 원 世祖가 재능을 아껴 벼슬을 권했으나 거절하고 사형당했다. 옥중에서 지은 <正氣歌>가 유명하며 『文山全集』을 남겼다.
419) 袞衣는 용의 무늬를 수놓은 帝王과 上公의 예복이다.
420) 蹈海는 바다에 뛰어들어 자살함이다.
421) 颶風은 颱風, 또는 폭풍이다.
422) 慘慘은 어두컴컴함, 또는 음침하고 스산함이다.
423) 寃氛은 寃氣와 같은 말로 가슴에 쌓인 원통한 기운이다.

이것이 모두 우주가 생긴 이래로 구불구불하게[425] 얽혀서[426]
금과 화[427]가 갈마들고 진사(塵沙)[428]를 겪어도 알 수 없는 것들이네.
짐승과 새가 슬피 호곡(號哭)하면
산과 골짜기가 모두 호응하네.
풀과 나무가 흔들리고[429]
구리와 쇠는 끓어오르네.[430]
하물며 인생의 기질을 지닌 부류임에랴?
감정이 없는 흙과 돌과는 다르다네.
어찌 오랜 세대[431] 동안 흥감하지[432] 않을 수 있으랴?
머리털이 갓을 밀어올리고[433] 눈물이 갓끈을 적시네.
저 근심스러운 붉은 빛과 안타까운 자줏빛은
산에 남아 있고 물에 넉넉하네.
안개가 어둑하면 부귀를 탄식하고
따뜻함이 다하면 비단옷을 근심하는 자들이야
어찌 더불어 이것을 논할 만하랴?
구등(篝燈)[434]을 밝힌 긴 밤마다
귀신이 우는 듯하네.
가을의 창 밖에서 잎이 지면

424) 趙氏는 宋朝의 帝姓이다.
425) 鬱紆는 구불부불한 모양이다.
426) 盤結은 서로 얽혀 연결됨이다.
427) 金火는 五行의 두 번째 원소와 네 번째 원소인데, 상극관계에 있는 것들이기 때문에 世運의 交遞를 가리키고자 언급한 것이다.
428) 塵沙는 먼지와 모래로 전란을 비유한다.
429) 震盪은 동요되어 불안함, 또는 흔들림이다.
430) 沸騰은 끓어오름으로 기세가 맹렬함을 비유한다.
431) 曠世는 오랜 세대이다.
432) 興感은 감동받아 흥취가 일어남이다.
433) 衝冠은 머리카락이 곤두서서 갓을 밀어올림으로 몹시 분노함을 비유한다.
434) 篝燈은 燈籠과 같은 말로 대오리나 쇠로 살을 만들고 겉을 종이나 헝겊으로 씌우고서 안에 등불을 넣는 기구이다.

바람과 비가 갑자기 몰려오네.
표질(縹帙)[435]을 덮고 말이 없이
관성자(管城子)[436]에게 명하여 목매여 울게 하네.
비록 정위(精衛)[437]로 하여금 벼루에 바닷물을 다 붓게 하더라도
종이로 부주산(不周山)[438] 위의 하늘을 채우리.
종이가 다하고 물이 마를지언정
면면(綿綿)한[439] 한탄이 어느 때에나 다하랴?

步出都門　　丘原轇轕
英雄骨兮春蕪　　志士氣兮雲結
鬼多猜忮　　界稱缺坎
男兒有此不平　　撫千古兮不盈
攬杏壇春風　　諸子摳衣
顔氏之子兮　　棄予安歸
爾年方壯　　爾學方幾
天實喪予　　予將疇依
聒舌如簧　　屬鏤如霜
東門眼兮如電　　墓上檟兮如櫟
烏夜棲兮鹿生麑　　君雖悔兮何及

---

435) 縹帙은 엷은 푸른빛의 책가위로 흔히 책을 가리킨다.
436) 管城子는 붓을 擬人化한 말로 韓愈의 假傳 <毛穎傳>에서 유래한다.
437) 精衛는 炎帝의 딸이 東海에 빠져죽어 化生한 새로, 늘 西山의 木石을 물어다가 동해를 메우려고 했으나 이루지 못했다고 하며, 冤禽이라고도 한다.
438) 不周山은 중국 崑崙山 西北에 있다고 하는 전설적인 산인데, 『淮南子』「天文訓」에 "옛날에 共工과 顓頊이 황제가 되기를 다투다가 노하여 부주산에 부딪혀 하늘의 기둥이 부러지고 땅을 맨 바가 끊어졌다.(昔者共工與顓頊爭爲帝 怒而觸不周之山 天柱折 地維絶)"라는 글이 있다. 共工은 『書經』「舜典」에서 堯임금 때에 舜임금에게 쫓겨나거나 죽음을 당했다고 한 四凶의 하나이다.
439) 綿綿은 끝없이 이어진 모양이다.

騎白馬兮轟怒濤　臣未禦兮越甲
惠王信讒　騎刼莅戎
金臺曖以景晏　薊植颯而悲風
追仙馭以莫攀　指黑子而抛功
謝麾下兮依然　天日臨兮精忠
澤畔行吟　余馬蜷顧
楚多蒼蠅　儀如脫兎
靈瑣旣以邃遠　又武關之西閉
黃昏忽其屢改　但回風之搖蕙
重厚者嫉妬　木訥者謠諑
有道兮恩薄　治安兮痛哭
奉宣室兮只此日　望衣裳兮復何時
欲老才兮老不至　天嗇年兮君不知
昭陽歌管　長信金鑰
新人兮如花　故人兮如玉
辭同輦兮如探湯　藏篋扇兮如甘飴
修正兮未蒙福　蹈邪兮欲何爲
首辨漢賊　獨有臧洪
攀曹附袁　能者諸公
臣劉報劉　吾死吾忠
雍丘鐵壁　上摩蒼穹
烈烈陳容　同日捐躬
煌煌義旅　農彼渭野
叡已網中　懿若泉下
高皇大業　白帝遺詔
秋風一涕　皇天不弔
狐鼠視操　螻蟻視權

赤兎橫轡　四海無前
英雄運去　竪子成名
奮髯千秋　有面如生
南晉人物　一箇士雅
蒼天在上　江水在下
吾不負水　水不負吾
敦耶淵耶　不成功者天乎
毋謂胡無人　彭城其卓
淸比延陵　忠邁博陸
功盖國兮來讒　節驚世兮罹辟
蘭雪襟兮棟梁才　何遭世之棼濁
大呼南八　北拜者再
斷指飛動　怒齒粉碎
爲厲殺賊　成就李郭
彼哉賀蘭　狗彘不若
宗臣討賊　中途不起
國讐未雪　臣何以死
渡河渡河　張膽瞋目
悠悠河水　王業半壁
岳軍如岳　無敵不摧
胡命朝暮　金牌飛來
挈簞壺兮扣馬首　士女哭兮沸天地
墓樹生兮南枝　枝枝雨兮北淚
捧日兮君實甫　擎天兮文山子
負衮衣兮已蹈海　卧小樓兮不履地
颶風黑兮雲慘慘　正氣歸兮寃氛紫
三精臨兮百靈布　人自靖兮獻趙氏.

此皆宇宙以來欝紆盤結　金火適塵沙閱而不可解者也
鳥獸悲號　山谷皆暦
草木震盪　金鐵沸騰
矧人生之氣類　異土石之無情
安得不曠世興感　髮衝冠而淚沾纓也哉
彼其愁紅恨紫　殘山剩水　煙沉兮歎富貴
薰歇兮傷羅綺者　烏足與論於此哉
每當篝燈永夜　鬼神如泣
秋窓落葉　風雨驟集
掩縹帙而無言　命管城而於悒
雖使竭精衛之海注硯水　補不周之天以爲紙
紙有盡兮水有涸　恨綿綿兮何時已

01-04 별부
01-04 別賦

'산천은 아득히 멀고[440)]
갈림길은 어지럽습니다.[441)]
뜬 구름은 끝이 없는데
향기로운 풀이 마음을 움직이게[442)] 합니다.
옛날 순박하고 고풍스럽던 결승(結繩)[443)]의 시절에는
백성들이 오지도 않고 가지도 않았겠지요.
왜 후세에는 소란스럽게[444)]

440) 綿邈은 까마득히 멂이다.
441) 縱橫은 뒤섞인 모양, 어지러운 모양, 흩어진 모양이다.
442) 關情은 마음이 움직임, 관심을 가짐이다.
443) 結繩은 태고에 노끈이나 새끼를 매듭지어 그 모양과 수로 의사를 소통하던 것이다.
444) 擾擾는 시끄러운 모양, 소란스러운 모양이다.

덧없는 인생으로 하여금 슬퍼하게[445] 하는지요?
술을 석 잔 기울이실 때에는 눈물을 삼켰지만
수레바퀴가 백 번 돌자 창자가 꼬입니다.[446]
무리를 잃은 기러기[447]는 날기를 머뭇거리고[448]
이별한 학[449]은 놀라서 서성거린답니다.
정은 천 갈래라 각각 다르고
이별도 만 가지라 같지 않습니다.
작은 것은 냄새가 짧아 백년밖에 못 가지만
큰 것은 빛깔[450]이 진동하여 천추에 미치지요.
대개 듣자니 물에는 소상(瀟湘)[451]이 있고
산에는 구의(九疑)[452]가 있다는군요.
새와 짐승도 울부짖는 듯하니
극포(極浦)[453]를 그리워하는 모양이네요.
비파소리는 원망함이 우는 빗소리와 같고
피눈물로 물든 반죽[454]은 봄철이 되니 무성해집니다.
눈길은 아득히[455] 운향(雲鄕)[456]을 향하는데

---

445) 惘惘은 슬퍼하는 모양이다.
446) 回腸은 창자가 꼬임으로 마음이 초조하고 불안함을 비유한다.
447) 離鴻은 무리를 잃은 기러기이다.
448) 躑躅은 머뭇거리는 모양, 서성이는 모양이다.
449) 別鶴은 작별한 鶴으로 흔히 서로 떨어진 부부를 비유한다.
450) 氣色은 냄새와 빛깔로, 태도와 안색을 비유한다.
451) 瀟湘은 瀟水와 湘水의 합칭인데, 瀟水는 湖南省 寧遠縣 남쪽의 九疑山에서 발원하여 湘水로 흘러 들어가는 강이고, 湘水는 廣西省 興安縣에서 발원하여 湖南省의 洞庭湖로 흘러 들어가는 강이다.
452) 九疑는 중국 湖南省 寧遠縣 남쪽에 있는 산으로 蒼梧라고도 하며, 舜임금이 崩御하였다고 하는 곳이다.
453) 極浦는 아득히 먼 물 가이다.
454) 斑竹은 줄기에 紫褐色 斑點이 있는 대나무로, 堯임금의 두 딸로 舜임금의 아내가 되었던 娥皇과 女英이 舜임금이 죽자 湘水에 몸을 던져 自決할 때에 그 피가 기슭의 대나무에 튀었기 때문에 생긴 것이라고 한다.
455) 眇眇는 아득히 먼 모양, 또는 실눈을 뜨고 멀리 바라보는 모양이다.

신령(神靈)의 수레[457]는 어느 때에나 돌아올는지요?
또 저 제(齊)나라로 달린 사마(駟馬)[458]는 구름과 같았건만
진(晉)나라의 오동잎[459]은 시들었답니다.
공자(公子)[460]께서는 편안함을 그리워하신다고
종자(從者)가 소곤거렸겠지요.[461]
장부의 마음은 납과 같지만
여자의 창자는 쇠와 같답니다.
첩에게 술이 있다면 생관(甥館)[462]에서 취하시게 하고
첩에게 칼이 있다면 상부(桑婦)[463]를 죽이겠습니다.
진영(秦嬴)[464]이 강하니 적실(嫡室)이 되어야 마땅하기에
고분고분한 적(狄)[465]과 외(隗)[466]는 신의를 맹세한답니다.[467]
높고 밝은 덕으로 제후를 위무(慰撫)하시니
첩은 빈 방에서 평생을 보냅니다.
초(楚)나라를 넘어지게 할 사람은 당신이고[468]
초나라를 존속되게 할 사람은 저랍니다.

---

456) 雲鄕은 흰 구름이 떠 있는 산골마을로 흔히 깊은 산 속에 있는 중·도사·은자의 은거처를 비유한다.
457) 靈馭는 神靈의 수레이다.
458) 駟馬는 수레를 함께 끄는 네 필의 말이다.
459) 晉桐葉은 周代의 成王과 唐叔虞의 고사를 가리키는데, 『史記』「晉世家」에 따르면 成王이 아우인 唐叔虞에게 장난으로 笏 모양의 오동잎을 주면서 제후에 봉한다고 하자, 史官이 天子에게는 戲言이 없다면서 봉하게 하였으므로 숙우가 晉나라에 봉해졌다고 한다.
460) 公子는 諸侯·君主의 아들이다.
461) 呫囁은 귀에 대고 소곤거림이다.
462) 甥館은 사위가 거처하는 곳이다.
463) 桑婦는 桑間之婦의 준말로 밀회하는 곳에서 만나는 여자이다.
464) 秦嬴은 秦나라의 왕으로 성씨가 嬴氏인 데서 유래한다.
465) 狄은 秦·漢代 이후에 중국의 북쪽에 살던 異民族에 대한 통칭이다.
466) 隗는 춘추시대의 나라 이름으로 옛터가 湖北省 秭歸縣 동쪽의 夔子城에 있다.
467) 信誓는 신의로써 맹세함, 또는 마음에서 우러나온 진실한 맹세이다.
468) 若乃는 문두에서 話題를 전환하거가 새로 제시할 때 쓰는 套語로 '…에 있어서는, …에 대해서는'의 뜻으로 쓰인다.

아버지를 잊은 이가 누구입니까?
임금을 잊으면 어찌합니까?
대낮의 환함을 지향하신다더니
칼 한 자루를 비껴들고 두 마음을 품는군요.
내일은 구수(寇讐)[469]로 여길 텐데도
지금은 형제와 같군요.
아득한 강산에서 절교를 알리시니
귀신도 애통해하며 함께 있답니다.
당신을 모시옷으로 받든 일에 대해서는
저에게 흰 명주띠[470]로 보답하셨지요.
어느 곳인들 유독 향기로운 풀이 없겠습니까?
존귀한 당신에게는 패옥이 넉넉하겠지요.[471]
오(吳)나라의 산은 아득히 넓고[472]
진수(溱水)[473]는 출렁거리겠지요.[474]
한 번 헤어짐이 시위에서 떠난 화살과 같아서
이승에서는 만날 기약이 없군요.
보내신 봉장(鳳章)[475]을 가까이 함을 스스로 다행으로 여기면서
문득 들어서 펼쳐보노라면 싫증이 나지 않습니다.
향기로운 바람을 끌어당겨도 오래 머물게 하기 어려워
난설(蘭雪)로 씻고자 해도 어디에 있는지 아득하군요.

---

469) 寇讐는 敵・怨讐이다.
470) 縞帶는 흰 生絹으로 만든 띠이다.
471) 藹藹는 많고 성한 모양이다.
472) 漠漠은 드넓어 아득한 모양이다.
473) 溱水는 河南省 密縣의 북동쪽 聖水峪에서 발원하여 洧水와 합류하여 賈魯河로 흘러 들어가는 강인데, 여기에서는 『詩經』「鄭風」의 편명인 <溱洧>를 가리키고자 한 말로 보인다. <진유>는 鄭나라의 淫風을 풍자한 노래라고 한다.
474) 漪漪는 물결이 이는 모양이다.
475) 鳳章은 아름답고 화려한 文章・文彩이다.

풍륭(豊隆)[476]에 의지하고 비렴(飛廉)[477]을 맞이하고자
끝없는 하늘[478]을 바라보면서 오래 서 있습니다.[479]
또 역수(易水)[480]에는 바람이 차니[481]
흰 옷을 보내드리겠습니다.[482]
칼을 쓰다듬노라면 무지개빛이 오르내리고
축(筑)[483]을 치노라면 해가 낮아졌다 높아졌다 했겠지요.
이별은 태산(泰山)[484]처럼 무겁게 여기고
성명(性命)[485]은 홍모(鴻毛)[486]보다 가볍게 여긴 거네요.
의무려(醫無閭)[487]는 그로 말미암아 성난 구름으로 덮이고
발해(渤海)[488]에는 그로 말미암아 세찬 파도가 일었지요.
눈초리가 찢어지려[489] 해도 눈물을 흘리지 않았으니
협골(俠骨)[490]을 지닌 탓에 몹시 괴로웠겠군요.

---

476) 豊隆은 구름을 맡은 귀신으로 雷師라고도 한다.
477) 飛廉은 바람을 맡은 신, 또는 바람을 일으키는 신령한 새이다.
478) 寥廓은 끝없이 넓은 창공이다.
479) 延佇는 오래 서 있음, 오래 머묾이다.
480) 易水는 중국의 燕나라 지역을 흐르는 강으로 지금의 중국 河北省의 서부지역인 易縣의 경계에서 발원하여 南拒馬河로 흘러 들어간다.
481) 이 구절은 秦나라 때에 荊軻가 역수를 건너면서 부른 '易水寒風'의 노래를 가리키고자 한 것인데, 衛나라 태생의 刺客인 형가는 燕나라의 도성 저잣거리에서 개백정과 筑의 명인인 高漸離와 더불어 어울려서 高聲放歌하며 방약무인하게 노닐다가, 연의 태자 丹의 요청을 받고 秦始皇을 죽이고자 떠날 때에, "바람이 소슬하니 역수는 차가운데, 장사는 한 번 가면 다시 돌아오지 못하리.(風蕭蕭兮易水寒, 壯士一去兮不復還.)"라고 비분에 찬 노래를 불렀다고 한다.
482) 送將・送將來는 보냄인데, 將來는 助詞이다.
483) 筑은 옛날의 13絃을 지닌 絃樂器로 대나무로 된 자로 두드리면 구슬픈 소리가 나던 것이다.
484) 泰山은 중국 山東省 奉安縣에 있는 산으로 五嶽의 하나이다.
485) 性命은 목숨이다.
486) 鴻毛는 기러기의 털로 매우 가벼운 사물을 비유한다.
487) 醫無閭山은 중국 滿洲의 遼寧省 北鎭縣의 서쪽에 있는 산으로 醫巫閭・毉無閭・毉巫閭・醫毋閭・醫無慮 등으로도 불리었다.
488) 渤海는 중국의 遼東半島와 山東半島 사이의 바다로 우리나라 西海의 일부이다.
489) 裂眦는 눈초리가 찢어짐으로 몹시 화가 난 모습을 형용한다.

또 듣자니 창해(滄海)[491]의 열사(烈士)[492]는
의양(宜陽)[493]의 세신(世臣)[494]이었답디다.
남아는 담력을 지녀야 하고
교제의 도리에는 정신이 있어야 합니다.
박랑사(博浪沙)[495]에서 천둥이 울리자
사해(四海)에는 풍운이 요란하였지요.
당신은 이미 책임을 모면했지만[496]
저는 빚을 아직 덜 갚았습니다.
새가 한 번 동쪽바다에 숨었는데
섬은 조그마하고 푸른 빛만 아득합니다.
만약 낭군님[497]께서 진세(塵世)에 남으시겠다면
저는 봉영(蓬瀛)[498]으로 가렵니다.
계절의 오만함이 매우 사납건만
남아 있는 자식들은 어립니다.[499]
난새와 봉황을 타고 멀리 가서
용과 호랑이가 서로 다투는 일을 하직하렵니다.
옛날에 당신과 장난스레 놀 때에는

490) 俠骨은 豪俠한 기질이다.
491) 滄海는 東中國海의 옛 이름이다.
492) 滄海烈士는 秦나라 때에 張良을 도와 始皇帝를 죽이려다가 실패하였다는 滄海의 力士를 가리킨다. 『史記』「留侯世家」에 의하면 韓나라 출신인 張良은 韓의 원수를 갚기 위하여 창해의 淮陽 동쪽에서 滄海君을 만나 자객을 얻어 博浪沙에서 120근 짜리 鐵槌로 시황제를 살해하려다가 실패하여 이름을 바꾸고 숨었다.
493) 宜陽은 전국시대 韓나라의 읍으로 지금의 河南省 宜陽縣 서부에 있었다.
494) 世臣은 대대로 임금을 섬기는 신하로 世祿之臣이라고도 한다.
495) 博浪沙는 河南省 陽武縣 동남쪽에 있는 땅 이름으로 張良이 力士를 시켜 秦始皇을 狙擊하였다고 하는 곳이다.
496) 塞責은 겨우 책임을 모면함으로 보통 자기가 한 일에 대한 겸칭으로 쓰인다.
497) 夫君은 아내가 남편을 부를 때의 경칭이다.
498) 蓬瀛은 方丈山과 함께 三神山에 해당하는 蓬萊山과 瀛洲山의 합칭이다.
499) 豎嬰은 아이·어린이이다.

단번에 천지를 걸고 겨루기도 하였지요.[500)]
이제 그대와 잠깐 이별하여
천년을 순식간으로 여기렵니다.
바야흐로 내외(內外)가 모든 것을 끊으려 하거늘
벌레가 황곡을 부여잡고 어찌 멀리 오르겠습니까?
당신은 자신을 아껴서 진중하실지니
사람세상에는 정확(鼎鑊)[501)]이 흔하답니다.
다리[502)]에 이르러 손을 맞잡으니
눈물이 다하고 피가 흐릅니다.
궁도(窮途)[503)]일수록 의로움을 두텁게 하고
이역(異域)이니 인정으로 교결하소서.
음산(陰山)[504)]이 무너지고 한해(瀚海)[505)]가 마를 때까지
진실로 하루도 빠짐없이 뜻이 맞으시기[506)] 바랍니다.
한 쌍의 고니로 화생(化生)함을 어찌 이루겠습니까?
한 마리 기러기가 되어 홀로 날아가렵니다.
산 사람과 죽을 사람의 이별이니 또 무엇을 말하겠습니까?
해와 달이 있어도 빛을 함께 하지 못합니다.
따로 아들이 있어 이미 급제하였다니[507)]
나그네의 삶에도 우모(羽毛)[508)]가 빼어나십니다.
대무(大巫)[509)]를 만나 기개(氣槪)을 찾아서

---

500) 天地一擲은 乾坤一擲과 같은 말로 흥망을 걸고 단판걸이로 승패를 겨룸이다.
501) 鼎鑊(鑊)은 죄인을 솥에 넣어 삶이 죽이던 형벌이다.
502) 河梁은 橋梁이다.
503) 窮途는 곤궁한 처지이다.
504) 陰山은 중국의 崑崙山 북쪽에서 시작하여 북방에 널리 걸쳐 있는 산맥이다.
505) 瀚海는 중국 북방의 큰 호수 이름인데, 唐代에는 대개 고비사막 일대를 가리켰다.
506) 會合은 서로 뜻이 맞음이다.
507) 成龍은 과거에 급제함이다.
508) 羽毛는 금수의 털이 몸을 아름답게 하는 데서 유래하여 사람의 명성·명예를 비유한다.
509) 大巫는 으뜸가는 무당, 또는 法術이 뛰어난 무당이다.

한 판[510]을 휩쓸 수 있도록 온전히 힘쓰소서.
약사(藥師)[511]를 찾아서 슬픔을 흩어 버리고 나서
동쪽모퉁이[512]에서 소식[513]을 부칩니다.
규룡(虬龍)[514]의 수염이 바다 위의 구름을 스치는데
만 겹의 산을 나귀 한 마리를 타고 갑니다.
천고(千古)의 일을 일일이 헤아리더라도[515]
이는 이별 가운데 큰 것입니다.
저 동쪽나라 도성의 조장(祖帳)[516]은 구름과 같은데
다리[517] 옆의 독류(禿柳)[518]에는 봄이 오지 않았습니다.
원숭이의 휘파람을 들으면서 가을을 슬퍼하노라니
베틀[519]에 기댄 사람은 봄날에 얼굴을 찌푸리는군요.'
어지럽게 작은 소리[520]로 소곤거린다고[521]
어찌 장부가 신음하랴?
아! 산에 오르고 물 가에 가면
구름이 일어나고 잎이 날린다.
기슭에 댔던 쪽배[522]로 건너노라면

---

510) 一局은 한 판, 또는 판 전체이다.
511) 藥師는 醫員이다.
512) 東隅는 동쪽의 모퉁이 · 모서리로 흔히 중국의 동쪽에 있는 작은 나라인 우리나라를 비유한다.
513) 信息은 소식 · 書信이다.
514) 虬龍은 전설상의 용의 일종으로 비늘과 아래로 쳐진 굽은 두 개의 뿔이 있고, 얼굴의 모습은 소를 닮았으며, 물을 좋아한다고 한다.
515) 歷選은 일일이 셈, 하나하나 헤아림이다.
516) 祖帳은 떠나는 사람을 餞別할 때 교외의 길 가에 설치해 놓은 휘장, 또는 전별하는 술자리이다.
517) 河橋는 다리 · 橋梁이다.
518) 禿柳는 나뭇잎이 다 떨어진 버드나무이다.
519) 鴛(鴦)機는 鴛鴦機의 준말로 베틀의 미칭이다.
520) 瑣瑣는 작은 소리를 형용한다.
521) 昵昵은 친밀함이다.
522) 扁舟는 통나무를 파서 만든 작은 배로 고유어로는 쪽배라고 한다.

여구(驪駒)[523]가 문 옆에 서 있네.
노래를 청하기에 이렇게 한 곡조를 마치고[524] 나자
이별의 술잔을 권하면서 훌쩍훌쩍[525] 우네.

山川綿邈　岐路縱橫
浮雲兮無極　芳草兮關情
昔淳古之結繩　民莫來而莫往
何後世之擾擾　使浮生以惘惘
盃三傾以淚飲　車百轉以腸回
離鴻矯以躑躅　別鶴驚以徘徊
情千緒以各異　別萬族而不侔
小者氣短百年　大者色動千秋
盖聞水有瀟湘　山有九疑
鳥獸兮如叫　極浦兮如思
瑤瑟怨兮雨鳴　斑竹染兮春滋
目眇眇兮雲鄉　靈馭返兮何時
亦粤齊馹如雲　晉桐凋葉
公子懷安　從者呫囁
丈夫心兮如鉛　女子腸兮如鐵
妾有酒兮館甥醉　妾有劒兮桑婦血
秦嬴強兮宜嫡　狄隗婉兮信誓
崇明德兮撫諸侯　妾空房兮終世
若乃覆楚者子　存楚者我

523) 驪駒는 검은 말로 대개 말을 통칭하는데, 여기에서는 『詩經』의 작별할 때 불렀다는 逸詩의 편명으로 이별을 가리키고자 언급되었다.
524) 一闋은 음악 한 곡조가 끝남, 또는 한 곡의 詩歌이다.
525) 依依는 훌쩍훌쩍 우는 소리를 형용하는 의성어이다.

忘父謂何	忘君則那
指白日之昭昭	横一劒以兩心
爲冠讐兮明日	如弟兄兮只今
江山淼以告絶	鬼神晝以共臨
至若奉子以紵衣	報我以縞帶
何所獨無芳草	貴子珮之藹藹
吳之山兮漠漠	溱之水兮漪漪
一別兮弦脫矢	此生兮無見期
親鳳章以自幸	覿未厭而欻擧
挹香風兮難久居	灑蘭雪兮杳何許
憑豐隆兮遡飛廉	望寥廓以延佇
復有易水寒風	白衣送將
撫劒兮虹上下	擊筑兮日低昂
離別重兮泰山	性命輕兮鴻毛
醫閭爲之怒雲	渤海爲之壯濤
到裂眦而不淚	載俠骨以勞勞
又聞滄海烈士	宜陽世臣
男兒有膽	交道有神
沙中霹靂	四海雲擾
君責已塞	吾債未了
鳥一沒兮東溟	島嶼微兮靑杳杳
若夫君留塵土	我向蓬瀛
季慢籍悍	餘子豎嬰
駕鸞鳳而遐逝	謝龍虎之相爭
昔與子而遊戱	賭天地於一擲
今與子而少別	撫千年以瞬息
方內外以一絶	邈虫鵠之奚攀

君自愛兮珍重　鼎鑊多於人間
至夫河梁携手　淚盡爲血
窮途義敦　異域情結
陰山崩兮瀚海竭　亮會合之無日
化雙鵠以奚得　爲一鴈而獨翔
生死訣兮復何言　有日月兮不同光
別有郞已龍成　客亦毛殊
逢大巫以氣索　掃一局而全輸
顧藥師以流悵　寄信息於東隅
虬髯拂於海雲　山萬重以一驢
歷選千古　此其離別之大者也
彼東都之祖帳如雲　河橋之禿柳不春
聞猿嘯而秋淚　倚鴦機而春嚬者
紛瑣瑣而昵昵　詎壯夫之吟呻
噫登山臨水　雲起葉飛
扁舟艤渡　驪駒在扉
請歌此以一闋　侑離觴而依依

01-05 노량[526]의총[527]부

526) 露梁은 지금의 서울 銅雀區 露梁津洞 지역에 있던 나루터로 예로부터 渡津聚落이 발달하였던 곳이다. 원래 경기도 始興郡 北面에 속하였다가 1936년에 京城府에 편입되었다. 노량진역 동쪽언덕 위에 端宗의 복위를 도모하다가 참형을 당한 死六臣의 무덤이라고 하는 古墳群이 있다.

527) 疑塚은 묻힌 이에 대한 전승이 사실인지 아닌지 의문이 있는 무덤, 또는 남의 눈을 속이려고 만들어 놓은 여러 개의 무덤인데, 여기에서는 노량진의 동쪽언덕에 있었던 이른바 六臣墓로 알려졌던 古墳群을 가리킨다. 육신묘는 端宗復位를 도모하다가 참형에 처해졌던 사육신 중 成三問·朴彭年·李塏·兪應孚의 무덤이라고 알려져 왔던 것인데, 숙종 17년(1691)에 이곳에 愍節書院을 세운 데 이어, 정조 6년(1782)에 神道碑를 세워 충절을 기렸으며, 1977~78년 사육신묘역의 정화사업을 하면서 河緯地·柳誠源과 金文

01-05 露梁疑塚賦

강물은 푸르디푸른데
저녁햇빛 속에 나루가 비껴 있네.
두견새[528]가 우는 듯한데
향기로운 풀은 사람을 에워싸네.
뱃사공들이 손가락으로 가리킴[529]에 따라
바라보니 언덕에는 초목이 어지럽게 우거져[530] 있네.
어느 곳인들 유독 쑥무더기[531]가 없으랴?
사람들은 이 곳에 이르면 반드시 눈물을 흘리네.
쩔룩거리는 말에서 내려 제사를 드리려고[532]
물 가의 난초를 꺾어 술잔과 함께 올리네.[533]
예로부터 누군들 죽지 않으랴마는
이분[534]들보다 비참한 죽음은 없다네.
지금 초라하게[535] 뼈만 가려 놓아서
바로 조례(皁隷)[536]나 용개(傭丐)[537]만도 못하네.
저 은루(銀縷)[538]를 입히고 황장관(黃腸棺)[539]에 넣어서

起의 假墓를 追封한 바 있다.

528) 蜀魄은 蜀魂과 같은 말로 杜鵑의 별칭인데, 전설상의 蜀나라의 임금인 望帝 杜宇의 혼백이 이 새로 변하였다는 전설에서 유래한다.
529) 指點은 손가락으로 가리킴이다.
530) 纍纍(누루)는 겹쳐 쌓인 모양, 또는 매우 많은 모양이다.
531) 蓬科는 무더기로 자라는 쑥으로 흔히 잡초무더기를 비유한다.
532) 展敬은 제사지내며 절함, 또는 안부를 물으며 공경을 다함이다.
533) 侑觶는 侑觴과 같은 말로 뿔로 된 술잔에 따른 술을 권함인데, 여기에서는 무덤에 술을 올리고 제사드림을 비유한다.
534) 夫夫는 이 사내이다.
535) 草草는 보잘것없고 초라한 모양이다.
536) 皁隷는 옛날의 賤役으로 관아의 구실아치나 심부름꾼을 두루 일컬었다.
537) 傭丐는 삯일꾼과 거지로 지위가 낮거나 곤궁한 사람을 대유한다.
538) 銀鏤(縷)는 은으로 새김이다.

온량거(轀輬車)[540]로 옮기는 것은 어느 집의 장례(葬禮)인가?
귀척(貴戚)[541]의 상례에는 고자(孤子)[542]의 손을 잡아 주고
경상(卿相)[543]의 장례에는 서로 상여의 끈을 당겨[544] 준다네.
세운 풍비(豊碑)[545]가 얼마나 높다란가?
씌운 현갑(玄甲)[546]이 얼마나 튼튼한가?
길이 어지럽게 팔을 휘저으며 가는데
간혹 돌아보고 침을 뱉는 나그네도 있네.
더욱이 여러 대(代)에 걸쳐서 매몰되어서
옥등(玉燈)[547]은 부서지고 석린(石麟)[548]은 누워 있네.
안개 낀 황야[549]의 넝쿨풀 속이라 개똥벌레가 달리고 반딧불이 날며
나무하고 소치는 아이들이 서성거린들[550] 어찌하랴?[551]
이 무덤이 왜 귀하게 여길 만한가?
사람을 백세(百世)토록 돌보아[552] 주기 때문이네.
아! 저 여러 군자들의 재주를 가지고
필부의 지조로 굴복하여 함께 태평을 누렸다면
진실로 알겠노라, 생용(笙鏞)[553]으로 치도를 찬미하고

---

539) 黃腸은 연륜이 오래 된 소나무로 목질이 양호하여 棺槨을 만드는 데 적합한 목재이며, 임금의 관인 梓宮을 만들기 위하여 특별히 관리하였다.
540) 轀輬車는 창문을 여닫아서 溫冷을 조절할 수 있게 화려한 깃털로 장식한 큰 수레이다.
541) 貴戚은 제왕의 親戚이다.
542) 孤는 孤子·孤兒의 준말로 아버지를 여읜 사람이다.
543) 卿相은 제왕을 도와 국정을 집행하는 大臣이다.
544) 慎紼은 상여줄을 끎으로 發靷(軔)을 비유한다.
545) 豊碑는 功德을 찬양한 큰 비석이다.
546) 玄甲은 鐵甲이다.
547) 玉燈은 옥으로 만든 등이다.
548) 石麟은 石麒麟과 같은 말로 제왕의 능 앞에 돌로 조각하여 세운 麒麟像이다.
549) 荒煙은 거친 들판의 안개·연기이다.
550) 躑躅은 머뭇거리는 모양, 서성이는 모양이다.
551) 誰何는 '어찌하랴?, 어떻게 하랴?'를 뜻한다.
552) 護呵는 加護함, 保佑함이다.
553) 笙鏞은 笙篁과 큰 鐘으로 찬미하는 음악을 비유한다.

왕유(王猷)[554]에 보불(黼黻)[555]이 되어
부귀와 복택[556]이
십세(十世)토록 구족(九族)[557]에게 영광이 되었을 줄을.
그러나 끝내 이것으로 저것을 바꾸려 하지 않고
정확(鼎鑊)에 나아가면서도 당당하였네.[558]
어찌 기러기털[559] 하나와 같은 힘으로
천지(天地)와 삼광(三光)[560]을 유지시켰던가?
바야흐로 그 재앙의 사나운 불[561]이 하늘에 가득할 때에
온 집안[562]이 머리를 나란히 하였다네.[563]
의사(義士)가 잠깐 사이에 뼈를 거두자
백성들이 풍속[564]을 따라 먼 데서 와서 재빠르게 묻었네.[565]
부로(父老)들의 전언(傳言)은 의문스러움이 있어
주장이 갈라져서 같지 않네.
사람은 여섯이건만 무덤은 어찌하여 넷뿐인가?
어쩌면 지경이 더 넓으리라는 말이 또 진실하다 하리.
이는 인인지사(仁人志士)[566]에게 무궁히 한[567]을 남긴 까닭이네.

---

554) 王猷는 王道이다.
555) 黼黻은 옛날의 예복에 놓은 繡, 또는 수놓은 예복이다.
556) 福澤은 福祿과 恩澤이다.
557) 九族은 同姓의 高祖·曾祖·祖·父·自身·子·孫·曾孫·玄孫 등 아홉 친족, 또는 父系四族 및 고모·자매·여식과 자녀, 외조부모·장부모와 그 자녀를 가리킨다.
558) 揚揚은 만족하는 모양, 뽐내는 모양이다.
559) 鴻毛는 기러기의 털로 매우 가벼운 사물을 비유한다.
560) 三光은 日·月·星辰의 합칭이다.
561) 禍烈은 재앙의 열화, 또는 큰 재앙이다.
562) 闔門은 온 가족, 온 집안이다.
563) 駢首는 머리를 나란히 함으로 나란히 늘어섬을 비유한다.
564) 氓俗은 백성·민간의 풍속이다.
565) 信手는 손길이 움직이는 대로 맡겨 둠으로 일을 자유자재로 함을 비우한다.
566) 仁人志士는 어질면서 굳센 의지를 가지고 그 이상을 실현하고자 헌신하는 사람이다.
567) 流恨은 남은 한, 남긴 한이다.

그러나 공정하게 말한다면
정기(正氣)는 호연(浩然)하여[568)]
우주와 나란히 길이 남으리.
지간(支幹)[569)]을 거두어 복토(復土)하기[570)]에 바빴던[571)] 이들은
그 동이(同異)와 진안(眞贋[572)])을 가릴 수 없었으리.
그 뒤로 사람마다 말을 하자
구의산(九疑山)[573)]의 외로운 무덤이 되었네.
꼭 중화(重華)[574)]가 아닐지라도
충신들은 슬피 읊조렸다네.
상수(湘水)[575)]의 물 가에 잠겨 있는 무덤이
꼭 아황(蛾皇)과 여영(女英)[576)]의 것은 아닐지라도
열부(烈婦)들은 상심하였네.
기산(箕山)[577)]의 한 언덕에서
누가 허유(許由)[578)]의 묻힌 해골을 보았으랴마는

---

568) 浩然은 매우 넓고 큰 모양, 正大하고 豪邁한 모양이다.
569) 支幹은 四肢이다.
570) 復土는 흙을 되돌려놓음으로 壙中에 下棺한 다음 원래의 흙으로 덮어 무덤을 만듦을 가리킨다.
571) 區區는 분주한 모양이다.
572) 眞贋은 진짜와 가짜이다.
573) 九疑는 중국 湖南省 寧遠縣 남쪽에 있는 산으로 蒼梧라고도 하며, 舜임금이 崩御하였다고 하는 곳이다.
574) 重華는 눈동자가 겹으로 된 데서 유래하여 舜임금을 가리킨다.
575) 湘水는 湖南省 북부의 洞庭湖로 흘러드는 강 이름인데, 여기에서는 전국시대 말인 楚나라 頃襄王 때에 湘水 근처에 유배되어 방황하다가 스스로 汨羅水에 빠져 죽었던 楚辭의 大家 屈原을 가리키고자 언급되었다.
576) 皇英은 堯임금의 두 딸이자 舜임금의 아내인 娥皇과 女英의 합칭인데, 그녀들은 舜임금이 죽자 湘江에 몸을 던져 自決하였다고 한다.
577) 箕山은 河南省 登封縣의 동남쪽에 있는 산으로 崿嶺이라고도 하며, 堯임금 때의 隱士 巢父와 許由가 은거하였던 곳이다.
578) 許由는 堯舜時代의 隱士로 요임금이 말년에 선위하려 하자 箕山에 은거하며 농사를 짓고 살았는데, 다시 九州의 長이 되어 달라고 하자 더러운 말을 들었다면서 潁水로 달

고상한 이들은 흥기하였네.579)
연(燕)나라 사람이 진(晉)나라에서 운 것은
선롱(先壟)을 잘못 안 때문이기에580)
그가 효자가 됨에는 방해가 되지 않는다네.
무덤이 비록 의심스럽더라도 좇아서 후대해야 하리니
하물며 이를 믿는 이들은 많고 의심하는 이들이 적음에랴?
충신들을 장례한 곳이니 훼손시키지 말라.
모든 신(神)이 삼엄하게 그곳을 밝게 살피시니까.581)

江水兮蒼蒼　　夕照兮橫津
蜀魄兮如啼　　芳草兮撩人
憑舟子之指點兮　　眺山坡之纍纍
何所獨無蓬科兮　　人到此而必淚
謇下馬以展敬兮　　掇汀蘭而侑觶
自古誰無死兮　　死莫憯於夫夫
方草草以掩骼兮　　曾皁隸傭丐之不如
彼銀鏤兮黃腸　　轀輬車兮誰家葬
執孤手兮貴戚　　相慎紼兮卿相
樹豐碑兮何屹　　封玄甲兮何壯
紛行路之掉臂兮　　或遊子之顧唾.
況數傳而埋沒兮　　玉燈碎而石麟臥

려가 귀를 씻었다고 한다.

579) 興起는 감동하여 분발함, 또는 떨치고 일어남이다.

580) 이 두 구절은 楚나라에서 성장한 燕나라 사람이 늘그막에 귀국하던 길에 晉나라를 지날 때에, 동행하던 사람이 거짓말로 그곳이 연나라 땅이라면서 한 무덤을 가리켜 선친의 무덤이라 하자, 울음이 나옴을 참지 못하였다는 『列子』「周穆王篇」의 고사를 가리킨다.

581) 照臨은 위에서 밝게 살핌이다.

荒煙蔓草走蟒飛螢之間兮 樵童牧竪躑躅而誰何.
胡玆塚之可貴兮 人百世而護呵
嗚呼夫以諸君子之才 屈匹夫之志而同享太平
則固知笙鏞治道 黼黻王猷
富貴福澤 爲十世九族之光榮
而終不肯以此易彼 赴鼎钁[582]而揚揚
豈不以一鴻毛之力 維持天地三光也哉
方其禍烈彌天 闔門騈首
義士暫以收骨兮 氓俗遠而信手
父老傳疑 歧說不同
人有六而塚胡四 地或洪而又云忠
此仁人志士所以流恨於無窮也 然自公而言則正氣浩然參宇宙以長存
區區支幹之復土者 其同異眞贗不足論
自後人而言 則九疑孤墳
未必重華 而忠臣悲吟,
湘浦沉塚 未必皇英而烈婦傷心
箕山一坏 誰見許由之埋骨而高尙者興起
燕人晉哭 錯認先壠而不害其爲孝子
塚雖疑而從厚兮 況玆信多而疑少
忠臣葬兮勿毁傷 百神森其臨照

01-06 석여춘부
01-06 惜餘春賦

황천(皇天)[583]은 네 계절을 공평하게 나누건만[584]

582) 원전의 '钁'은 '鑊'의 착오이다.
583) 皇天은 하늘의 존칭이다.

나는 유독 이 푸른 봄585)을 아낀다네.
따뜻한 바람586)은 만유를 변전시키고
태화(太和)587)는 팔은(八垠)588)을 채우네.
기온은 추위와 더위를 잘 헤아리고
그림자589)는 빠르고 느림을 조절하네.590)
푸른 들판591)에 질펀하게 소악(韶樂)592)이 펼쳐지니
눈길마다 즐거움이 흐르네.593)
기수(沂水)594)에서 봄옷을 어루만지며 뜻을 억누르고595)
문득 잠에서 깨어나서596) 눈길을 돌리네.597)
마침 어둑하게598) 저녁이 되려 할 때에
고요한599) 하늘에는 막 작은 변화가 생기려 하네.
꽃은 나무에 매달려600) 있고

---

584) 平分은 반으로 나눔, 공평하게 나눔이다.
585) 靑春은 봄으로 초목의 빛이 푸른 데서 생긴 말이다.
586) 光風은 비가 그치고 해가 난 뒤에 부는 온화한 바람, 또는 비가 그친 뒤의 아름다운 경치이다.
587) 太和는 하늘과 땅 사이의 온화한 기운이다.
588) 八垠은 八垓와 같은 말로 八方의 境界·끝이다.
589) 晷는 해의 그림자로 시간을 비유한다.
590) 折衷은 조절하여 알맞게 함이다.
591) 靑郊는 봄날의 들판이다.
592) 韶는 舜임금의 음악이다.
593) 瀏瀏는 맑고 깨끗한 모양, 또는 물이 흐르는 모양이다.
594) 沂水는 중국 山東省의 沂山에서 발원하여 江蘇省으로 흘러가는 강으로 孔子의 제자 曾點이 봄철에 목욕하기를 바랐던 곳이다. 『論語』「先進」에 孔子가 子路·曾晳·冉有·公西華 등의 제자들에게 "너희들을 알아 주면 어떻게 하겠는가?" 하고 물었더니, 曾點이 다른 세 사람과 달리 "저문 봄에 봄옷이 이루어지면 冠者 5·6인과 동자 6·7인과 함께 沂水에서 목욕하고 舞雩에서 바람을 쐬고 읊으면서 돌아오겠습니다."라고 답하자, 공자가 감탄하며 "나도 點처럼 하고자 한다."라고 말하였다는 글이 있다.
595) 案志는 의지·감정을 억누름이다.
596) 傾寤는 몸을 뒤척여 잠에서 깨어남이다.
597) 流眄은 눈동자를 굴려서 봄, 또는 흘끗 쳐다봄이다.
598) 曖曖(曖曖)는 어두운 모양, 또는 흐릿하고 희미한 모양이다.
599) 穆穆은 고요한 모양, 조용한 모양이다.

풀은 더욱 짙푸르게[601] 빛나네.
거문고를 잡고[602] 악곡을 타기 시작하지만[603]
고선(姑洗)[604]으로 연주함이 길지 못하네.
떠나고자 행장을 꾸리는[605] 동군(東君)[606]은
사해(四海)를 가로질러 어디로 가려고 하는가?
협호(莢蒿)[607]에 쏟아지는 비로 길이 깨끗해지자
산마루[608]에서 바람을 타고 날면서 깃발을 드날리네.
나는 태호(太昊)[609]에게 명령하여 수레를 멈추게[610] 하고
또 구망(句芒)[611]으로 하여금 말고삐를 멈추게 하네.
요화(瑤花[612])를 꺾어서 해를 스치면서
저녁녘[613]이 되려 하니 달리지 말게 하네.
남아 있는 꽃이 다 지기 전까지는
마음과 눈으로 완상하며 소요하며 노네.
나의 옥결(玉玦)[614]은 강담(江潭)[615]에 버리고
나의 패옥은 한강(漢江)의 언덕에서 푸네.

---

600) 羈縻는 속박됨, 連繫됨이다.
601) 䅥(천)은 산의 빛이 짙푸른 모양이다.
602) 援琴은 琴을 잡음, 거문고를 연주함이다.
603) 入関은 악곡의 연주·가창을 시작함이다.
604) 姑洗은 十二律의 하나로 十二支의 辰과 음력 3월에 해당한다.
605) 嚴裝은 行裝을 꾸림, 또는 복장을 단정히 함이다.
606) 東君은 봄을 맡은 神이다.
607) 莢蒿는 약초 이름으로 漏盧라고도 한다.
608) 棟은 중국의 방언으로 산마루·재이다.
609) 太昊는 봄을 주관하는 신인데, 秦·漢의 음양가들이 신화상의 임금인 五帝 가운데 木德인 太昊伏羲氏를 五行의 東方과 봄에 배합한 데서 유래한다.
610) 弭節은 수레를 멈춤이다.
611) 句芒은 고대에 나무를 맡아 다스린다는 신의 이름, 또는 나무를 주관하던 벼슬 이름이다.
612) 瑤花는 옥처럼 흰 빛깔의 꽃, 또는 仙界의 꽃이다.
613) 高春은 저녁밥을 지으려고 방아를 찧음으로 저녁녘을 비유한다.
614) 玦玉은 한쪽이 터진 고리모양의 패옥으로 흔히 絶緣·決斷을 비유한다.
615) 江潭은 강과 못, 또는 강 가이다.

나비가 꿈에 나타남[616]에 기뻐하는데[617]
새는 이별이 안타까워서 우네.[618]
어지러운 버들개지는 수심을 부추기고
잇닿은 아지랑이[619]는 인정에 얽매이게 하네.
나는 이 복숭아꽃과 오얏꽃이 향기로운 정원에 이르러 놀면서
밤이라 촛불을 잡고 햇빛을 대신하네.[620]
복숭아꽃과 오얏꽃의 깨끗함을 완상하며 즐김[621]이
어찌 부화한 곳에서 머물러서는 곤란함과 같으랴?
이 난초는 귀하게 여길 만하여
봄이 이미 저물었건만 향기가 쇠약해지지 않네.
애오라지 한 움큼[622]으로도 풍성하여[623]
저 좋은 시절[624]을 놓치지 않도록 바로잡아 주네.
시절을 다시 얻음을 허락하지 않기에
바람 앞에서 황홀하게 크게 노래하네.[625]
다만 가슴 속에 가득한[626] 것들이
네 계절 가운데 봄에만 풀리네.

---

616) 感夢은 感應하여 꿈에 나타남이다.

617) 栩栩는 기쁨이 넘치는 모양이다.

618) 嚶嚶은 나지막하게 흐느끼는 소리, 또는 동물의 울음소리이다.

619) 遊絲는 아지랑이이다.

620) 이 두 구절은 이백의 <春夜宴桃李園序>의 “옛 사람들이 촛불을 잡고 밤에 놀이를 한 것은 참으로 까닭이 있다. 하물며 봄날이 안개 낀 경치로 나를 부르고, 대지가 나에게 문장을 빌려주었음에랴? 복숭아꽃과 오얏꽃이 핀 향기로운 뜰에 모여서, 천륜의 즐거운 일을 펼친다.(古人秉燭夜遊, 良有以也. 況陽春召我以煙景, 大塊假我以文章. 會桃李之芳園, 序天倫之樂事.)”라는 글에서 점화한 표현이다.

621) 娛玩은 완상하며 즐김이다.

622) 盈掬은 한 움큼에 가득함이다.

623) 采采는 무성하고 많은 모양이다.

624) 佳期는 좋은 시기・철이다.

625) 浩歌는 큰 소리로 노래를 부름, 또는 그 노래이다.

626) 藹盎은 가득함, 가득하여 흘러넘침이다.

이 땅627)에서 풍광을 취하고자 한다면
어찌 또 저 화신(花晨)628)을 아끼랴?
이러한 기운이 우주에 흩어지게 하여
춘대(春臺)629)를 열어 백성들이 오르게 하리.

皇天平分四時兮　竊獨惜此青春
光風轉兮萬有　太和充兮八垠
氣商量兮寒暖　晷折衷兮促舒
青郊漫以布韶兮　目瀏瀏兮歡予
撫沂服以案志兮　忽傾寤而流眄
時曖曖其欲暮兮　天穆穆而將小變
花羃縻以在樹兮　草殆眠以愈光
援雅琴以入闋兮　奏姑洗之不可長
東君嚴裝而欲發兮　横四海而焉歸
灑荚雨以清路兮　飛楝風而揚旆
吾令太昊弭節兮　又使句芒而駐轡
折瑤華而拂日兮　向高春而勿駛
及餘芳之未歇兮　賞心目以逍遨
捐余玦兮江潭　解余佩兮漢皐
蝶感夢以栩栩兮　恨別而嚶嚶
亂絮以撩愁兮　編遊絲以繫情
溘余遊此桃李之芳園兮　秉夜燭以補煦.
桃李粲以娛玩兮　奈浮華之難住

627) 本地는 이 땅 · 이 곳이다.
628) 花晨은 花朝節과 같은 말로 온갖 꽃이 핀다고 하는 날이며, 음력 2월 보름을 가리킨다.
629) 春臺는 봄날에 올라 勝景을 바라보는 곳으로 잘 다스려지는 세상을 비유하는데, 『老子』 제20장 「異俗」에 "뭇 사람들이 和樂하여, 푸짐한 잔칫상을 받은 듯하고, 봄날에 높은 대에 올라 사방을 보듯이 한다.(衆人熙熙, 如享太牢, 如春登臺.)"라는 글이 있다.

惟玆蘭之可貴兮　春旣晏兮香不衰
聊采采以盈掬兮　矯以遺夫佳期
時不可乎再得兮　悅臨風兮浩歌
顧胷中之藹盎兮　亘四時而春和
攬風光於本地兮　又何惜夫花晨
散此氣於宇宙兮　闢春臺而躋民

약산만고 권지이
藥山漫稿卷之二

시
詩

02-01 유거잡영
02-01 幽居雜咏
02-01-01 위의 시는 <봄>이다
02-01-01 右春

봄볕[1]이 상서로운 생명에 펼쳐지니
많은 화초가 뜰의 숲에서 생장하네.
소매에 묻은 향기는 사라지지 않고
눈에 들어오는 빛은 엷거나 짙네.
저기에 날개를 편 꾀꼬리[2]들은
나에게 지저귀는 소리[3]를 베푸네.

---

1) 靑陽은 봄을 가리킨다.
2) 黃栗留는 꾀꼬리로 黃鸝·黃鶫留·黃鸝留·黃鶫鶹라고도 한다.
3) 綿(緜)蠻音은 새가 지저귀는 소리이다. 『詩經』「小雅」, 『緜蠻』에 "꾀꼬리가 지저귀면

탁 트인[4] 곳의 발이 쳐진 누각에서는
즐겁게[5] 요금(瑤琴)[6]을 타네.
노주연(勞酒宴)[7]에서 마신 술기운이 올라서
향로의 훈기에 점점 물드네.[8]
바람을 따라 사람의 가슴에 들어오는데
지난날에는 푸른 옷깃을 열지 않았다네.
꽃다운 때를 아끼기에 힘써서
마음이 싹틈[9]을 저버리지 말아야지.

青陽布祺命　雜蕚生園林
逗袖芬未已　承眶色淺深
翼彼黃栗留　惠我綿蠻音
簾閣疏以達　歡言撫瑤琴
勞酒上其氣　爐薰與浸淫
從風入人懷　疇不開青衿
黽勉愛芳時　毋負發生心

02-01-02 위의 시는 <여름>이다
02-01-02 右夏

낮이 기니 한가한 시간[10]이 넉넉한데

서, 굽은 언덕에 머무네(緜蠻黃鳥, 止於丘阿.)"라는 구절이 있다.
4) 疏(疏)達은 막힘이 없이 잘 통함이다.
5) 歡言은 즐겁다는 뜻으로 '言'은 助字이다.
6) 瑤琴은 옥으로 장식한 금, 또는 금의 미칭이다.
7) 勞酒는 군주가 잔치를 열어 신하를 위로하는 것이다.
8) 浸淫은 점차 물들거나 감염되는 것이다.
9) 發生은 싹이 틈, 자라남이다.
10) 暇豫는 한가함, 또는 한가한 시간이다.

왕성한[11] 정경이 점점 아름다워지네.
풀과 나무가 번창해지니
짙푸른 빛[12]을 서로 어지럽게 보태네.
닦은 듯이 깨끗한 대자리[13]에서
대접에다 얼음과 참외[14]를 섞네.
솔숲의 시원한 바람이 노곤한 베갯머리로 흘러드니
헝크러진 머리카락[15]을 멋대로 늘어뜨리네.[16]
어리석은 이[17]는 날로 소활해져서
번잡함[18]을 날로 멀리 하네.
바둑을 구경하다가 작은 패[19]가 생긴 듯하기에
일어나서 보니 오동나무의 그늘이 비껴 있네.
까치가 복숭아를 다 훔쳐서 물더니
석류나무 꽃으로 옮겨가서 쪼고 있네.

永晝豊暇豫　恢台境轉嘉
草木昌以繁　靑蘞亂交加
筦簟淨如拭　氷盌調甘瓜
松飂流倦枕　逋髮任鬅鬙
𢥞𢠳日以踈　塵𠏉日以遐
看奕如小刼　起視桐陰斜

11) 恢台는 왕성한 모양, 광대한 모양이다.
12) 靑蘞는 짙푸르게 우거지는 것이다.
13) 筦(莞)簟은 대자리・돗자리이다.
14) 甘瓜는 참외이다.
15) 逋髮은 헝크러진 머리카락이다.
16) 鬅鬙는 머리카락을 흩어지게 함, 늘어뜨림이다.
17) 𢥞𢠳子는 사리에 밝지 못한 사람, 어리석은 사람이다.
18) 塵𠏉(冗)은 번잡함, 장황함이다.
19) 小刼은 바둑용어로 규모가 작은 覇를 가리킨다.

鵲偸含桃盡　移啄石榴花

02-01-03 위의 시는 <가을>이다
02-01-03 右秋

나의 뜰에서 참으로 쉬 알아차린 것은
고와진[20] 소나무 사이의 단풍나무이네.
어찌 푸른 요에 아름다움이 없으랴?
훌륭한 비단이 이렇게 밝게 빛나네.[21]
제때 핀 국화는 더욱 산뜻하고 사랑스러운데[22]
드러내는 빛이 방의 창[23]을 비추네.
먼 허공[24]의 구름과 안개[25]가 씻기자
가지 끝[26]에서 끊어진 무지개가 걷히네.
오랜 근심이 또한 사라지니
몸의 굳세어져서 좋은 활[27]과 같네.
<구변(九辯)>[28]을 짓는 것은 나의 일이 아니니
이제 순응하여 수렴함[29]을 공부하리.
술잔을 잡고 매미의 울음을 듣노라니
우렁찬 연주[30]가 사모할 만한 풍도(風度)[31]를 발산하네.

---

20) 菀菀(울울)은 유순하고 아름다운 모양, 무성한 모양이다.
21) 玲瓏은 밝고 찬란한 모양, 밝게 드러난 모양이다.
22) 明媚는 빛나고 아름다움, 산뜻하고 사랑스러움이다.
23) 房櫳은 窓에 댄 간살, 창살이다.
24) 遙空은 까마득히 먼 하늘이다.
25) 龍氣는 구름과 안개로 구름이 용을 따른다는 데서 생긴 말이다.
26) 木杪는 나뭇가지의 끝이다.
27) 燕弓은 燕나라에서 생산되는 활로 좋은 활을 대유한다.
28) <九辯>은 楚辭의 한 작품으로, 전국시대 楚나라의 문인 宋玉의 대표작의 하나이며, 벼슬을 잃는 가난한 선비의 평온하지 않은 심경을 노래한 서정적인 노래이다.
29) 收斂은 행동거지를 점검하여 몸과 마음을 다잡는 것이다.

吾園誠易知　菀菀松間楓
豈無靑縟美　懿此錦玲瓏
時菊更明媚　發色照房櫳
遙空滌龍氣　木梢收斷虹
久痗亦云除　身勁似燕弓
九辯非吾事　撫玆收斂功
持觴對鳴蟬　朗彈流希風

02-01-04 위의 시는 <겨울>이다
02-01-04 右冬

네 계절[32]에는 애완할 게 많지만[33]
눈을 감상하노라면 검은 먼지[34]가 사라진다네.
높다란 숲[35]에서는 뭇 학이 춤추고
화악(華岳)[36]에는 높이 솟은 바위[37]가 옥빛이네.
성의 남쪽을 한 번 바라보노라니
만 채의 기와집은 은빛비늘[38]이 산뜻하네.
맑은 경치가 점점 사라지기에[39]
저물녘[40]에는 들어가서 몸을 편안하게 하네.

---

30) 朗彈은 우렁차게 연주하는 것이다.
31) 希風은 風度를 敬慕함이다.
32) 四運은 春・夏・秋・冬 네 계절이다.
33) 紛紛은 매우 많은 모양이다.
34) 緇塵은 검은 먼지로 흔히 세속의 때를 비유한다.
35) 脩林은 높은 숲이다.
36) 華岳(嶽)은 화려한 산인데, 여기에서는 漢陽의 鎭山인 華山[三角山]을 가리킨다.
37) 嶙峋은 산・바위・건축물 등이 높이 솟은 모양이다.
38) 銀鱗은 은백색의 비늘로 물고기를 비유한다.
39) 空歇은 없어짐, 다함이다.
40) 嚮晦는 저물녘, 또는 날이 어두워지는 것이다.

밝은 등불은 두터운 장막에 어른거리고
종이병풍 또한 이미 펼쳐 놓았네.
조용히[41] 문사(文史)[42]를 즐기다가
따뜻한 봄[43]을 기다리며 노래를 남기네.
밝은 덕을 높이는 데 힘쓰고
칩거(蟄居)하면서[44] 정신을 보존하네.[45]

四運紛可玩　雪賞絶緇塵
脩林舞羣鶴　華岳玉嶙峋
南城一以眺　萬瓦粲銀鱗
激景漸窓[46]歇　嚮晦入安身
明燈曖重幔　紙屛亦已陳
密爾娛文史　留歌待陽春
努力崇明德　龍蛇以存神

02-01-05 위의 시는 <달을 마주하다>이다
02-01-05 右對月

어스레한 빛[47]이 무극(無極)[48]에서 오더니

---

41) 密爾는 안정되고 조용한 모양이다.
42) 文史는 문학과 역사, 또는 그 저술이다.
43) 陽春은 따뜻한 봄으로 덕정이나 은택을 비유한다.
44) 龍蛇는 용과 뱀인데, 그 칩거가 몸을 보존하기 위함이라는 데 연유하여 은거함을 비유한다.
45) 存神은 정신을 보전하여 本性을 기르는 것이다.
46) 奎章閣本 原典의 匡郭 위에 '窓은 空인 듯하다.(窓恐空)'라는 교정기록이 붙어 있는데, 의미맥락으로 보아 수긍할 만하다.
47) 暝色은 해질녘의 어스레한 빛. 또는 어두운 하늘이다.
48) 無極은 천지만물이 생기기 전의 혼돈상태로 보는 것이 보통인데, 北宋의 周敦頤가 『太極圖說』에서 "無極而太極"이라 한 이래로 성리학적 논제가 되었다. 『宋史』 <周敦頤傳>

동쪽봉우리가 희미하게 밝아오는 듯하네.
처마 모서리에서 점점 아름답게 솟아오르니
섬돌[49]에는 이미 흰 빛이 가득하네.
밝디밝음을 어찌 빼앗을 수 있으랴?
아리따운 모습[50]에 부질없이 또 정이 생기네.
고요한 밤이라 외물의 부림[51]을 당하지 않으니
거문고 소리가 또 낭랑하게[52] 맑네.
이 말로 금술잔[53]의 이름을 삼고
그림자에게 권하면서 조금씩 기울이네.
당부하노니[54] 서쪽으로 옮겨가지 말라.
서쪽으로 가 버리면 쉬 일거리가 생기니까.
모든 집이 잠들었으니 누구를 불러
나와 함께 수정(水晶)[55] 속에 앉으랴?

暝色來無極　東峯如可明
檐角漸韶擧　階戺皓已盈
明明那可掇　蟬媛空復情
靜夜無物役　琅然琴復淸
玆言命金罍　勸影以細傾
珍重毋西轉　西轉事易生

에서는 "무극에서 태극이 생긴다.(自無極而爲太極)"라고 하였다. 陸九淵은 무극의 존재를 부정하였으나, 朱熹는 무극이 태극의 無形象性을 말한 것이라고 논변하였다.

49) 階戺(계사)는 섬돌 양 옆에 비스듬히 박아 놓은 돌로 흔히 대청 앞을 가리킨다.
50) 蟬媛은 嬋娟과 같은 말로 자태가 아름다움이다.
51) 物役은 外物의 부림을 당하는 것이다.
52) 琅然은 소리가 낭랑한 모양이다.
53) 金罍는 금으로 꾸민 큰 술그릇으로 흔히 술잔을 가리킨다.
54) 珍重은 신신당부함, 정중히 타이름이다.
55) 水晶은 맑고 투명한 물체로 밝고 깨끗한 달빛을 비유한다.

誰喚萬家睡　同我坐水晶

02-01-06 위의 시는 <구름을 보다>이다
02-01-06 右看雲

뭇 움직이는 사물[56]이 모두 외물의 부림을 당하건만
외로운 구름만은 홀로 한가롭네.
떠서 흘러감[57]에는 친근하고 소원함[58]이 없는데
말고 펼침[59]은 누가 관장하는가?[60]
가로질러 오니 뒷걸음쳐서 달아나는데
위로 올라가서 산봉우리에 발을 멈추네.
섬돌을 덮으면 꽃의 그림자가 사라지고
수풀을 덮으면 새가 놀라서 두려워하네.[61]
막는 이가 없음[62]을 유쾌하게 여겨
금세[63] 팔극(八極)[64]을 넘어가네.
푸른 산을 한 번 씻어 아름답게 하려고
먹구름[65] 속에서 비가 쏟아붓듯이 내리네.
대장(大壯)[66]의 괘사(卦辭)를 낭독하고서

---

56) 群動은 여러 가지 동물이다.
57) 浮游는 떠서 헤엄침, 한가로이 노닒, 자유롭게 유랑함이다.
58) 適莫은 친밀함과 소원함, 또는 후함과 박함이다.
59) 卷舒는 말아올림과 펼침, 나아감과 물러남, 숨겨짐과 드러남이다.
60) 枋欛(방파)는 기물의 자루, 손잡이로 管掌함을 비유한다.
61) 驚乍는 놀라서 두려워함이다.
62) 夭閼은 막아서 그치게 함이다.
63) 須臾는 片刻, 短時間이다.
64) 八極은 八方과 같은 말로 아주 먼 곳의 땅, 또는 천하이다.
65) 砲車는 砲車雲의 준말로 폭풍을 몰고온다는 먹구름이다.
66) 大壯은 『周易』의 64괘 가운데 하나로 陽氣가 아래에서 위로 왕성하게 올라가고 위의 陰氣가 쇠하게 하는 형상이다.

신묘한 변화[67]를 본 듯이 마음이 풀리네.

羣動皆物役　孤雲獨閑暇
浮游無適莫　卷舒孰枋欛
橫來月却走　騰上峯腿卸
罨階花影失　羃林鳥驚乍
快哉無夭閼　八極須臾跨
一洗靑山好　砲車雨如瀉
朗讀大壯卦　融焉覽神化

02-01-07 위의 시는 <소나무 병풍>이다
02-01-07 右松障

종이를 말라 안쪽 방벽으로 삼고
흙을 쌓아 바깥쪽 방벽으로 삼았네.
이롭게 씀[68]이 어찌 적절하지 않으랴?
살림[69]에 보탬이 되기에는 족하지 않네.
술잔[70]이 됨은 나무의 재앙[71]이고
대들보[72]가 됨은 천성을 잃음이리.
규룡[73]의 모습으로 달리던 네가

67) 神化는 신묘한 변화, 神의 造化이다.
68) 利用은 이롭게 씀, 형편에 맞게 잘 응용함이다.
69) 生意는 생계·살림이다.
70) 犧尊은 제사에 쓰는 술그릇의 일종으로 소의 형상을 그리거나 본떠 만들었다.
71) 木灾(災)는 나무가 당하는 재앙이라는 뜻으로, 나무가 베어져 가물 등으로 가공됨을 가리킨다.
72) 棟樑은 마룻대와 들보이다.
73) 虬龍은 전설상의 용의 일종으로 비늘과 아래로 쳐진 굽은 뿔이 두 개 있으며, 얼굴의 모습은 소를 닮았는데, 물을 좋아한다고 한다.

나에게는 금(琴)과 서책[74]을 즐기는 곳의 장막이 되네.
늦게 시듦[75]을 좌우명(座右銘)[76]으로 삼을 만한데
삶의 기틀[77]은 외양[78]에 의지한다네.
먼지는 본래 삽짝 밖에서 오는데
산은 문득 병풍 속에서 솟아오르네.
쓰르라미[79]는 여름을 어렴풋이[80] 알 뿐이지만
눈서리가 내리더라도 더욱 스스로 힘써야[81] 하리.

裁紙爲內障　築土爲外障
利用豈不適　生意無足尙
犧尊木之灾　棟樑其天喪
走爾虬龍形　作我琴書帳
後凋當座銘　活機寓器樣
塵來自扇外　山聳欻屛上
寒蟬夏彷彿　霜雪益自强

74) 琴書는 琴과 서책이다.
75) 後凋는 소나무와 잣나무가 늦게 시든다는 뜻으로, 『論語』「子罕」의 "날씨가 추워진 다음에야 소나무와 잣나무가 늦게 시듦을 안다.(歲寒然後 知松栢之後凋也)"라는 구절에서 유래한 말이다.
76) 座右銘은 자리 오른쪽에 두고 스스로 경계하는 교훈으로 삼는 글귀이다.
77) 活機는 삶의 기틀이다.
78) 器樣은 외양이다.
79) 寒蟬은 가을매미로 쓰르라미를 가리키는데, 여기에서는 여름에 태어나서 가을에 죽기 때문에 겨울을 알지 못함을 가리키고자 한 듯하다. 『莊子』「逍遙遊」에 "작은 지혜는 큰 지혜에 미치지 못하고, 수명이 짧은 것은 장수하는 것에 미치지 못한다. 어떻게 그런 줄을 아는가? 아침에만 사는 버섯은 그믐과 초승을 알지 못하고, 씽씽매미는 봄과 가을을 알지 못한다. 이는 수명이 짧기 때문이다.(小知不及大知, 小年不及大年. 奚以知其然也? 朝菌不知晦朔, 蟪蛄不知春秋. 此小年也.)"라는 구절이 있다.
80) 彷彿은 비슷함, 近似함이다.
81) 自强은 스스로 힘써 몸과 마음을 가다듬음이다.

02-01-08 위의 시는 <가산>[82]이다

02-01-08 右假山

봉래산(蓬萊山)[83]은 말[84]에 가려져 있고
어둑한 천모산(天姥山)[85]에는 무지개[86]가 떠 있네.
마음이 몸을 떠나면[87] 꿈 또한 흐릿하니
비밀스러움은 참으로 까마득한[88] 것이네.
기괴한 돌은 푸른 바다에서 나온 것인데
물에 깎인 모양이 귀신이 도끼질한 듯하네.
거령(巨靈)[89]은 그 손바닥을 잃었지만
과아씨(夸娥氏)[90]는 그 다리를 빌려 주었네.
안개를 토해 놓은 것처럼 희미하고[91]
호랑이가 숨은 곳처럼 깊숙하네.[92]
주먹만 한 돌[93]이 많은데[94]
조화(造化)[95]가 정밀하고 조잡함[96]을 가릴 수 없네.
만나는 사람 중에는 어질고 지혜로운 이가 있어

---

82) 假山은 동산이나 정원 따위에 인공으로 만든 산이다.
83) 蓬萊山은 동해의 동쪽에 있는 선인이 산다는 산이다.
84) 鬐鬣은 짐승의 목덜미에 난 긴 털, 또는 말이다.
85) 天姥山은 중국 浙江省의 新昌縣과 嵊縣 사이에 있는 산이다.
86) 雲霓는 무지개, 또는 높은 하늘이다.
87) 神往은 마음이 몸을 떠나서 노닒이다.
88) 終古는 멀고 오램, 까마득함이다.
89) 巨靈은 華山을 쪼개어 갈라놓았다고 하는 전설상의 河神이다.
90) 夸娥氏는 神力을 지닌 仙人 이름인데, 『列子』「湯問」에 上帝가 그의 두 아들에게 명하여 北山을 둘로 나누어 하나는 朔東에 두고 하나는 雍南에 두게 하였다는 일화가 있다.
91) 縹緲는 멀어서 희미한 모양이다.
92) 窅篠(요조)는 깊은 모양, 심원한 모양이다.
93) 一拳은 한 개의 주먹만 한 돌이다.
94) 多少는 매우 많음이다.
95) 造化는 만물을 만들고 기르는 대자연의 이치이다.
96) 精粗는 정밀하고 조잡함이다.

우주를 궁구하여 현묘한 이치를 알아내네.[97]

鬠鬣蔽蓬萊　雲霓黔天姥
神往[98]夢亦迷　閟眞以終古
恠石出滄海　水嚙疑鬼斧
巨靈失其掌　夸娥借其股
縹緲若吐霧　崷崒如藏虎
一拳有多少　造化無精粗.
仁智在所遇　玄對窮宇宙

02-02 새하곡[99]
02-02 塞下曲

달이 없어 캄캄한[100] 교하성(交河城)[101]의 북쪽에서
몰래 보낸 군사[102]로 좌현왕(左賢王)[103]을 사로잡았네.
아침에는 수많은 말의 발자국이 남아 있었는데
하나하나[104]가 층진 얼음을 뚫고 지나간[105] 것이라네.

---

97) 玄對는 玄妙한 이치를 따져서 발겨내는 것이다.
98) 원전의 책받침(辶)에 山 밑에 王을 붙인 글자는 사전에 없는 글자로 '往'과 같은 뜻을 지닌 글자인 '迬'의 誤字인 듯하다.
99) <塞下曲>은 <塞上曲>과 함께 唐代부터 지어지기 시작한 변새를 제재로 한 新樂府의 詩題로 李白·王昌齡·張籍 등의 작품이 유명하다.
100) 月黑은 달빛이 없어 캄캄한 것이다.
101) 交河는 옛날의 城 이름으로 漢代의 西域 三十六國 중의 하나인 車師前國의 치소였으며, 古城은 지금의 新疆城 吐露番縣의 서쪽에 있다.
102) 潛師는 비밀히 출병함. 또는 그 군대이다.
103) 左賢王은 漢代에 匈奴族의 귀족에게 내렸던 封號이다.
104) 一一은 '하나하나, 낱낱이, 모조리'이다.
105) 穿氷은 얼음을 뚫고 통과함을 뜻하는데, 두보의 <高都護驄馬行>에 "몇 번이나 교하에서 층층이 쌓인 얼음을 밟아서 깨뜨렸던가?(交河幾蹴層氷裂)"라는 구절이 있다.

月黑交河北　潛師縛左賢
朝來萬馬跡　一一層氷穿

02-03 규방[106]의 원망[107]
02-03 春閨怨

누각 앞의 황금빛 버들은
본래 낭군을 위하여 심은 것이네.
낭군이 가시자 말을 매지 않으니
고요하여[108] 꾀꼬리들만 오네.

樓前金色柳 本意爲郎栽
郎遊不繫馬 寂寂小鶯來

02-04 어부
02-04 漁父

해오라기[109]는 어부를 닮았고,
어부는 해오라기를 닮았네.
가엾게도 갈대숲 그림자 속에서
눈서리와 같은 모습[110]으로 서로 마주하네.

---

106) 春閨는 閨房, 또는 규방에 있는 여자인데, <春閨怨>은 南朝 梁의 王僧儒 이래로 지어진 규방의 원망을 제재로 한 시제이다.
107) 이 작품은 『大東詩選』 권6에 선발되어 있다.
108) 寂寂은 고요함, 조용함이다.
109) 鷺鷥는 백로, 해오라기이다.
110) 雪霜姿는 눈서리와 같은 모습으로 고결하고 굳센 인품을 비유한다.

鷺鶿似漁父　漁父似鷺鶿
可憐蘆影裏　相對雪霜姿

02-05 목동
02-05 牧童

교외를 바라보니 안개가 자욱한데[111]
한 아이가 외롭게[112] 소의 등에 앉아 있네.
저물녘의 해는 끝이 없는 빛을 뿌리면서
피리소리와 함께 머물러 있네.[113]

漠漠烟郊望　亭亭牛背兒
夕陽無限色　留與笛聲遲

02-06 진나라[114]를 읊다
02-06 咏秦

광포한 진(秦)나라는 하늘을 두려워하지 않았기에
누런[115] 휘장을 친 옥좌가 높았네.[116]
영웅과 호걸을 다 어지럽게 죽이니
택중(澤中)[117]에는 어린아이가 많았다네.

---

111) 漠漠은 자욱한 모양이다.
112) 亭亭은 우뚝 솟은 모양, 높이 솟은 모양, 외롭게 홀로 서 있는 모양이다.
113) 留遲는 머물러 지체하는 것이다.
114) 秦은 중국 周나라 때의 제후국의 하나로 戰國時代에는 七雄의 하나가 되었으며, 始皇帝 때에 최초로 중국을 통일하였다.
115) 黃帕는 황색의 장막인데, 황색은 唐 高宗 때부터 黃袍가 황제의 전용복장이 된 데 유래하여 황제를 상징하는 빛깔이다.
116) 巍然은 높고 큰 모양이다.

狂秦不怕天　黃帕座巍然
亂殺英豪盡　澤中多少年

02-07 만월대[118]에 들르다
02-07 過滿月臺

만사가 잘못 되었건만 차가운 안개 속에서도 풀은 향기로운데
나그네[119]는 저물녘[120]에 옛 돈대에 오르네.
보검과 패물[121]을 찼던 수많은 관원들은 지금 어디에 있는가?
새 한 마리 울지 않아도 봄은 절로 돌아오네.

芳草寒烟萬事非　古臺斜日上征衣
千官劒佩今何處　一鳥不鳴春自歸

02-08 대행왕[122]께 휘[123]를 올린 뒤에 중추[124]를 맞아 성수절[125]이 처음으로 돌아왔으므로, 달을 바라보며 느낌이 있어서
02-08 大行王奉諱後中秋, 聖壽節初回, 望月有感

117) 澤中은 草澤과 같은 말로 초야, 민간을 가리킨다.
118) 滿月臺는 경기도 개성 松嶽山 남쪽 기슭에 있는 고려시대의 궁궐터인데, 919년 정월에 고려 태조가 송악산 남쪽 기슭에 도읍을 정하고 궁궐을 창건한 이래 공민왕 10년(1361) 홍건적의 침입으로 소실될 때까지 국왕의 주된 거처였다.
119) 征衣는 나그네의 옷이다.
120) 斜日은 夕陽이다.
121) 劒佩는 寶劒과 佩玉이다.
122) 大行王은 왕이나 왕비가 죽은 뒤에 아직 諡號를 정하기 전에 높여 부르던 칭호인데, 여기에서는 肅宗(1661~1720)을 가리킨다.
123) 諱는 죽은 제왕·웃어른의 이름인데, 여기에서는 諡號·廟號·殿號를 가리킨다. 재위 46년인 1720년 6월 8일에 薨去한 숙종에게는 6월 15일에 諡號로 章文憲武敬明元孝, 廟號로 肅宗, 殿號로 孝寧이 올려졌다.
124) 中秋는 음력 8월 보름날인데, 肅宗은 1688년 중추절에 출생하였다.
125) 聖壽節은 제왕의 생일에 대한 경칭이다.

해마다 중추가 되면 만세(萬歲)[126]를 축원하였는데
올해에는 달을 바라보면서 슬픔을 이길 수가 없네.
구리거울[127]과 같이 밝지만 장차 어찌 바치랴?
오궁(烏弓)[128]처럼 꽉 차려 하더니 갑자기 놓친 듯하네.
하늘 위에서는 맑은 빛[129]이 이 밤에 뛰어난데
사람세상에서는 좋은 명절이 지난 시절과 다르네.
새벽에 용루(龍樓)[130]를 희미하게[131] 비추지 말라.
엄려(嚴廬)[132]에 계신 분의 효사(孝思)[133]를 촉발할까 두려우니까.

每歲中秋祝萬歲　今年望月不勝悲
明如金鏡將何獻　滿擬烏弓怳若遺
天上淸輝長此夜　人間佳節異前時
依依莫照龍樓曉　恐向嚴廬觸孝思

* 또는 "차마 새벽에 용루를 희미하게 비추어, 다시 주나라의 임금께서 능침[134]에 문안의 의례를 올리시게 하지 말라."라고 한다.
* 一作依依忍照龍樓曉, 無復周王問寢儀.

02-09 이웃사람[135] 이생을 애도하다

126) 萬歲는 長壽를 축원하는 말이다.
127) 金鏡은 구리거울로 달을 비유한다.
128) 烏弓은 烏號같은 말로 까마귀가 앉았다가 날려고 하면 휘어졌다가 펴지는 반동으로 날지 못하고 운다는 산뽕나무의 이름인데, 그것으로 만든 화살이나 활, 또는 좋은 활을 두루 가리킨다.
129) 淸輝는 맑은 빛으로 주로 햇빛이나 달빛을 가리킨다.
130) 龍樓는 漢代의 太子宮으로 太子・太子宮을 대유한다.
131) 依依는 희미한 모양, 어렴풋한 모양이다.
132) 嚴(儼)廬는 喪主가 거처하는 廬幕이다.
133) 孝思는 효성스러운 생각, 또는 효도에 대한 생각이다.
134) 陵寢은 제왕의 陵墓에 있는 寢廟이다.
135) 比隣은 이웃이다.

02-09 比隣李生挽

꿈에서도 어린아이로 여겼거늘 갑작스럽게[136] 죽어[137] 버리니
눈에는 어제처럼 늘어뜨린 두 갈래 다팔머리[138]가 남아 있네.
염습(斂襲)할[139] 때에는 신랑의 복색을 깨끗하게 입히고
초빈(草殯)[140]한 곳에는 전날의 강유(講帷)[141]를 비슷하게[142] 둘렀네.
다음 봄에 시험에 나아갈[143] 사람을 차마 보랴?
뒷날에 아우가 낳을 아이를 또한 기대한다네.
다시 동쪽담장에 가까이 가서 앉음을 견딜 수가 없건만
서쪽의 강물은 아침저녁으로 구슬프게 흐느끼며 우네.[144]

倏忽存亡夢幼疑　眼中如昨兩髦垂
斂時鮮潔新郎服　殯處依俙舊講帷
忍見明春人赴試　且期他日弟生兒
不堪更近東墻坐　朝暮西河咽咽悲

* 죽은 이가 발해(發解)[145]하여 내년 봄의 복시(覆試)[146]에 나아가고자 하였으므로 제5구에서 일렀다.
* 亡人發解, 將赴明春覆試, 故第五云.

---

136) 倏忽은 '갑자기, 문득'이다.
137) 存亡은 삶과 죽음이다.
138) 髦는 눈썹까지 내려뜨린 어린아이의 다팔머리이다.
139) 斂襲은 시신을 씻긴 다음에 옷을 입히고 홑이불로 싸는 일이다.
140) 草殯은 장례를 빨리 치르지 못할 경우에 임시로 棺을 바깥에 놓고 이엉 따위로 그 위를 덮어 두는 일, 또는 그렇게 덮어 둔 것이다.
141) 講帷는 講壇이나 강의를 듣는 곳에 친 휘장이다.
142) 依俙(稀)는 髣髴한 모양이다.
143) 赴試는 과거를 보러 감. 과거에 응시하는 것이다.
144) 咽咽은 흐느껴 우는 소리이다.
145) 發解는 鄕試에 급제하는 것이다.
146) 覆試는 고려・조선시대에 初試에 합격한 사람이 이어서 보던 과거이다.

02-10 되는 대로 읊다[147)]
02-10 漫吟

지난날에는 급제[148)]가 늦어질 것을 두려워하였는데
과거에 오른 뒤에는 근심이 하제(下第)하였을[149)] 때보다 깊네.
마음 속의 끝이 없는 일[150)]을 알지 못하고서
꾀꼬리는 한 바탕 울면서 높은 나뭇가지를 지나가네.

昔年科第恐來遲　登第憂深下第時
不識心中無限事　一聲黃鳥過喬枝

02-11 윤유월 초이렛날 저녁에 우녀[151)]를 읊다
02-11 閏六月初七日夕, 咏牛女

말없이[152)] 반짝거리는[153)] 물을 사이에 두고 가을[154)]을 기다리건만
해와 달[155)]은 일부러 장난[156)]을 쳐서 늦추네.[157)]
두 별은 마치 누런 버들이 액운을 겪는[158)] 것과 같은데

---

147) 漫吟은 漫興·漫成과 같은 말로 詩作을 할 때에 고심하여 공교로움을 구하지 않고 흥이 일어나는 대로 가볍게 읊는 것이다.
148) 科第는 科擧試驗·科擧及第·科擧出身을 뜻한다.
149) 下第는 과거에 낙방하는 것이다.
150) 無限事는 세상의 모든 일, 우주 만물에 대한 모든 것이다.
151) 牛女는 牽牛와 織女의 합칭이다.
152) 脈脈(脉脉)은 말없이 잠잠한 모양이다.
153) 盈盈은 맑고 투명한 모양, 반짝반짝 빛나는 모양이다. <古詩十九首> 중 <迢迢牽牛星>에 "반짝거리는 한 물을 사이에 두고, 묵묵히 한 마디의 말도 하지 못하네.(盈盈一水間, 脈脈不得語.)"라는 구절이 있다.
154) 素秋는 가을인데, 五行說에서 가을이 金에 속하면서 흰빛에 해당하는 데서 생긴 말이다.
155) 羲舒는 해의 神인 羲和와 달의 神인 望舒의 합칭으로 해와 달을 가리킨다.
156) 戲劇은 장난, 놀이이다.
157) 淹留는 지연시킴, 만류함, 붙잡아 둠이다.

한 달은 붉은 대화성(大火星)을 내려가게[159] 하여 매우 늦추네.
까막까치는 반짝이는[160] 은하수를 한가로이 지나가는데
오동나무는 저녁의 바람[161]을 교묘하게 견디네.
내일아침[162]에는 도리어 지나간 기약이 있다고 위안받을 수 있으니
헤어진 뒤에 가을하늘[163]에서 근심하는 것보다는 오히려 나으리.

脉脉盈盈待素秋　羲舒戲劇故淹留
雙星恰似黃楊厄　一月差遲赤火流
烏鵲閑過河耿耿　梧桐巧耐暮飂飂
明朝還慰前期在　猶勝蕭晨別後愁

02-12 칠석[164]
02-12 七夕

은한[165]은 고요히 넘실거리고[166]
별들은 선명하게[167] 밝네.

---

158) 黃楊厄閏은 黃楊木이 閏年에는 자라지 않고 오히려 키가 준다는 속설을 뜻하는 말로 처지가 곤궁함을 비유한다.
159) 流火는 大火星이 내려간다는 뜻으로 대화성이 음력 칠월에 서쪽으로 옮겨감을 가리키며, 칠월의 더위가 물러가고 가을이 다가옴을 비유한다. 『詩經』「豳風」 <七月>에 "칠월에 대화성이 내려가니, 구월에 옷을 주네.(七月流火, 九月授衣.)"라는 구절이 있다.
160) 耿耿은 밝은 모양. 빛나는 모양이다.
161) 飂飂는 바람이 거센 모양이다.
162) 明朝는 다음날 아침이다.
163) 蕭晨은 맑은 가을하늘이다.
164) 七夕은 陰曆 칠월 초이렛날을 名節로 이르는 말로, 이 날 밤에 은하수 동쪽에 있는 牽牛星이 서쪽에 있는 織女星과 烏鵲橋를 건너 일년에 한 번씩 만난다고 하며, 乞巧와 曝暑의 풍습이 있었다.
165) 河漢은 은하수이다.
166) 溶溶은 물이 성대하게 흐르는 모양이다.
167) 的的은 선명한 모양, 명백한 모양이다.

이 사이에서 무슨 일이 있는가?
세상사람의 감정은 천고[168]에 같으리.

河漢溶溶靜　星辰的的明
此中有何事　千古世人情

02-13 사경[169]의 시에 차운하여 여러 군자에게 보여 주다. 2수
02-13 次思卿韻, 示諸君子二首

시인이 바야흐로 저녁에 앉아 있노라니
뜰의 나무에서는 가을의 향기가 나네.
여기서 산의 고요한 모습을 마주하면서
달의 서늘한 기운을 아우르네.
구름과 노을은 절로 예나 이제나 같은데
기러기와 제비는 각각 나아가고 숨네.[170]
난간에 기대어 길게 웃고 나니
몸과 정신이 몹시 아득해지네.[171]

詩人方夕坐　庭木有秋香
對此山容肅　兼之月氣凉
雲霞自今古　鴻燕各行藏

---

168) 千古는 영구한 세월, 또는 오랜 옛적이다.
169) 思卿은 조선 후기의 문신 姜必愼(1687~1756)의 자로 본관은 晉州, 호는 慕軒, 蔡彭胤의 문인이다. 문과에 급제하여 史官으로 있으면서 經筵에 자주 출입하였고, 李麟佐의 난에 수비책을 제시한 공로로 原從一等功臣에 책록되었다. 장령으로 있으면서 노론과 불화를 겪던 끝에 관직을 내놓고 고향으로 돌아가 오직 시문에만 전념했으며, 『慕軒集』을 남겼다.
170) 行藏은 나아가서 道를 행하고 물러나서 숨는 것이다.
171) 莽蒼은 아득한 모양이다.

倚檻成長笑 形神極莽蒼

날이 맑게 개기에 헌창(軒窓)을 열어 놓고서
느긋하게[172] 잠[173]을 한숨 자고 나니 편안해지네.
가을의 눈길 밖에는 빈 들판이요
저녁의 근심 끝에는 먼 산이네.
달이 비치는 물 가에는 외로운 기러기가 늦은데
서리가 내린 산에는 수많은 나무가 차갑네.
삼돌을 돎은 무슨 일 때문인가?
국화 위에는 둥글게[174] 이슬이 맺혀 있네.

澄霽軒窓闢 蕭然一枕安
野空秋眺外 雲遠夕愁端
汀月孤鴻晚 山霜萬木寒
巡階爲何事 菊上露團團

02-14 청명일[175]에 길을 가다가
02-14 淸明道中

날이 개자[176] 연기에 싸인 느릅나무와 삶은 듯한 살구꽃이 고우니
물색(物色)[177]이 사랑할 만하고 또한 놀랄 만하네.
새는 날마다 전날보다 많이 지저귀고

172) 蕭然은 여유로움, 소탈함이다.
173) 一枕은 한 번 누워 잠이 드는 것이다.
174) 團團은 아주 둥근 모양이다.
175) 淸明은 24절기의 하나로 春分과 穀雨 사이에 있는데, 양력 4월 5·6일에 든다.
176) 新晴은 날씨가 오래 좋지 않다가 햇빛이 나는 것이다.
177) 物色은 자연의 경치이다.

꽃은 해마다 지난해와 비슷하게 정겹네.
가로놓인 언덕이 이지러진 곳에는 무슨 봉우리가 솟아 있는가?
큰 들판이 열린 곳에서는 먼 물이 환하네.
여윈 말은 마치 시(詩)의 경계(境界)[178]를 아는 듯이
아름다운 경물을 만나면 곧 가기를 멈추네.

楡烟杏賁媚新晴　物色堪憐亦可驚
日日鳥添前日語　年年花作去年情
橫崖缺處何峯出　大野開時遠水明
羸馬似知詩境界　偶逢佳景卽停行

02-15 영암[179]의 사군[180] 정내중[181]을 보내다
02-15 送靈巖使君鄭來仲

뜰 앞에는 버드나무가 무성한데[182]
꺾어 보면 꽃이 눈과 같았네.
아침에 태수(太守)[183]와 작별할 때에도 선물로 주고
저녁에 태수와 작별할 때에도 선물로 주었지.
버드나무가 이미 민둥하게 가지가 없어지니
이어서 향기로운 난초를 꺾어 주네.

---

178) 境界는 詩·書·畵의 意境이나 정서이다.
179) 靈巖은 전라남도 서남부에 있던 고을로 원래는 백제의 月奈郡이다. 신라 때 영광군으로, 고려 成宗 14년에 朗州安南都護府로 고쳐치고, 玄宗 9년에 다시 강등되어 영암군이 되었다.
180) 使君은 임금의 命을 받들고 외국이나 지방에 나간 使臣의 존칭이다.
181) 來仲은 조선 후기의 문신 鄭來周(1680~1745)의 字이다. 본관은 東萊, 호는 東溪이며, 숙종 30년(1704)에 문과에 급제하여 병조참판에 이르렀다.
182) 肺肺는 무성한 모양이다.
183) 太守는 郡守의 별칭이다.

버들가지는 오히려 쉬 시들지만
난초의 향기는 끝내 사라지지 않는다네.

肺肺庭前柳　折之花如雪
朝贈太守別　暮贈太守別
柳禿已無枝　繼以芳蘭折
柳枝猶易衰　蘭香竟不滅

02-16 은와[184] 선생께서 풍악산[185]으로 떠나신다는[186] 소식을 듣고 삼가 드리다(9수)
02-16 聞恩窩先生理屐楓岳, 謹呈[187]

커다란 마음[188]을 지닌 분이건만 사해(四海)[189]에서 오로지[190]
뭇 산의 조종(祖宗)인 금강산만은 보지 못하셨다네.

---

184) 恩窩는 조선 후기의 문신 蔡彭胤(1669~1731)의 호로 본관은 平康, 자는 仲耆, 다른 호는 希菴이다. 증광문과에 갑과로 등제하여 검열이 되고 이어서 곧 사가독서하였으며, 시로 숙종의 인정을 받아 禁中에 노닐 때에는 언제나 내시가 따라다니며 시를 베껴 올리는 등 詩名을 날렸다. 東宮官을 거쳐 정언으로 있으면서 弘文錄에 올랐으나, 李珥·成渾의 文廟黜享을 주장한 李玄齡의 상소에 동참하였다고 하여 삭제되었다. 남인이었던 탓에 甲戌換局 후에 관직을 떠나 거의 야인으로 살다가 숙종 44년(1718)에 舒川郡守로 관직에 복귀한 뒤에 대사간·도승지·예문제학 등을 거쳐 병조참판으로 있다가 타계하였다. 『希菴集』을 남겼고 『昭代風謠』의 편찬자라는 기록이 있으며, 글씨에도 빼어나서 海南의 頭輪山大花寺重創碑와 大興寺事蹟碑의 글씨가 남아 있다. 1698년경부터 寓居 詠恩窩에 서재를 열고 東壁壇詩社를 결성하여 權賁·吳光運 등 청남계 신진들에게 학문과 문사를 가르쳤다.
185) 楓岳은 金剛山의 별칭으로 특히 가을철의 이 산을 가리킨다.
186) 理屐은 나막신을 수리한다는 뜻으로 길을 떠남을 가리킨다.
187) 이 작품은 1722년에 지어진 希菴의 차운시에서 '前秋'에 받은 시라고 언급한 점으로 보아 1721년에 지어진 작품인 듯하다.
188) 心胸은 心中, 內心이다.
189) 四海는 中國의 四方에 있는 바다나 異族이 사는 지역으로 천하를 가리킨다.
190) 除非는 '오직 …만'을 뜻한다.

끝없이 푸른 바다를 달이 끝없이 비추고
푸른 하늘에는 일만이천봉이 솟아 있네.

除非四海大心胷　不見金剛衆岳宗
無盡滄溟無限月　青天一萬二千峯

관아[191]에서 아름다운 비단을 마음대로[192] 마름질하시다가[193]
옮겨서 티끌에 물들지 않은 시를 지어 자루에 넣으시리.
만이천봉이 말의 앞에서 맞이할 텐데
어떤 봉우리가 먼저 비단주머니[194]에 들어갈까?

公堂美錦刃游裁　移製詩囊不染埃
萬二千峯迎馬首　何峯先入錦囊來

하늘의 규벽(奎璧)[195]의 정채로운 빛이 고개를 비추면
산의 신령도 구름과 안개를 쓸어낼 뜻이 많겠지.
옥으로 빚은 연꽃과 같은 만이천봉이 솟아 있다는데
봉우리의 꼭대기마다 시 백편을 남기시리.

奎璧[196]精光照嶺天　山靈多意掃雲烟

191) 公堂은 官衙이다.
192) 刃游는 자유자재로 칼을 놀임이다.
193) 裁錦은 비단을 마름질한다는 뜻으로 政事를 돌봄을 비유한다.
194) 錦囊은 비단으로 만든 자루인데, 中唐의 시인 李賀가 아침마다 弱馬를 타고 어린 종 奚奴에게 오래 된 비단자루를 지고 따르게 하고서, 시를 얻을 때마다 적어서 넣었다는 일화에서 유래하여, 詩稿를 담는 그릇을 가리킨다.
195) 奎璧은 奎宿와 壁宿의 합칭으로 두 별이 文運을 주관한다는 데서 유래하여 文苑, 또는 문원의 領袖를 비유한다.
196) 원전의 '璧'은 문맥으로 보아 '壁'의 착오이다.

玉蓮萬二千峯出　　每箇峯頭詩百篇

만 길이나 되는 비로봉(毗盧峯)[197]에서 옷깃을 터실[198] 때에
하늘에 꽂힌 봉우리의 형세는 날아갈 듯하리.
괴이쩍게도[199] 적수성(積水星)[200]에 광망(光芒)[201]이 적음은
별을 따서 소매에 가득하게 담아 돌아가셨기 때문이라네.

萬丈毗盧一振衣　揷天峯勢欲飛飛
恠來積水兊芒少　摘得星辰滿袖歸

오리의 신발[202]로 허공을 넘어 푸른 산[203]에 올라
중천에서 구슬[204]과 같은 이슬[205]로 양치질하실 테지.
산승이 시를 지어 남긴 곳을 쉽게 알게 하려고
푸른 벼랑에서는 환한 햇빛 아래 소나기[206]가 날리리.

鳧舃凌空入翠微　中天沆瀣嗽珠璣

197) 毗(毘)盧峯은 금강산의 主峯으로 連峰의 중앙에서 약간 서쪽으로 치우쳐 있는데, 바위 무늬가 오랜 동안 산기운과 안개로 인하여 눈빛처럼 알록달록하며, 금강산의 별칭인 皆骨은 이 때문에 생긴 말이다.
198) 振衣는 옷의 먼지를 터는 것으로 衣冠을 깨끗하게 함을 가리킨다.
199) 恠來는 놀랍고도 의아스러움, 너무 괴이쩍음이다.
200) 積水는 여덟 개로 이루어진 별자리인 天船[天潢・天横] 중의 한 별이다.
201) 兊(光)芒은 빛살의 끝이다.
202) 鳧舃(부석)은 물오리와 신발로 신선의 신발이나 縣令을 비유한다. 後漢의 河東人 王喬가 葉縣令으로 있을 때에 매월 朔望마다 입조하였는데, 수레나 말이 없이 두 마리의 집오리가 날아오는 것만 보이기에, 그물로 오리를 잡아 보니 한 짝의 신발만 있었다는 고사에서 유래한다.
203) 翠微는 먼 산에 엷게 낀 푸른 기운. 또는 山氣가 푸르러서 아롱아롱하게 보이는 빛이다.
204) 珠璣는 珠玉이다.
205) 沆瀣는 한밤중의 이슬 氣運, 또는 북쪽의 夜半의 氣運이다.
206) 虹雨는 여름철의 소나기로 흔히 비가 내린 뒤에 무지개가 생기기 때문에 생긴 말이다.

山僧易識留題處　白日蒼崖虹雨飛

해약(海若)[207]이 금을 녹여 태양을 목욕시킬 때에
새벽의 아득한[208] 임궁(琳宮)[209]에서 학이 사람을 부르네.
수많은 골짜기의 서리에 젖어 불타는 단풍빛이
선생의 금수간장(錦繡肝腸)[210]을 다 물들게 하리.

海若鎔金浴太陽　琳宮曉鶴喚蒼茫
烘霜萬壑楓林色　染出先生錦繡腸

높다란[211] 봉래산(蓬萊山)[212] 꼭대기에 오르신 이는
풍진에서 오래 남들을 매우 놀래킨 종적을 지니셨네.
영랑(永郞)[213]은 회피하지 말지니
요대(瑤臺)[214]에서 함께 명부(名簿)에 있었던 분이라오.

縹緲蓬萊頂上身　猛驚蹤跡久風塵
永郞莫用相廻避　同是瑤臺籍裏人

---

207) 海若은 楚辭 <遠游>에 나오는 전설적인 海神이다.
208) 蒼茫은 아득함, 망망함이다.
209) 琳宮은 寺院이다.
210) 錦繡腸은 錦繡肝腸(臟)의 준말로 훌륭한 시문을 잘 지음을 비유한다. 從弟 紫雲仙(僊)이 李白에게 "형님의 심간과 오장은 모두 수놓은 비단입니까? 그렇지 않다면 어찌 입을 열면 글을 이루고 붓을 휘두르면 안개가 흩어집니까?(兄心肝五臟皆錦繡耶? 不然, 何開口成文揮翰霧散也?)"라고 한 말에서 유래한다.
211) 縹渺는 높고 먼 모양이다.
212) 蓬萊山은 金剛山의 별칭인데, 특히 여름철의 이름이라고 한다.
213) 永郞은 신라 효소왕 때의 화랑으로 述郞・安詳・南郞(南石行)과 더불어 四仙으로 불리었다.
214) 瑤臺는 신선들이 사는 玉으로 만든 집, 또는 훌륭한 궁전이다.

우객(羽客)[215]이 공에게 서적 한 권을 주었는데
문자가 세간의 것과는 서로 같지 않았다네.
펼쳐보고 마음으로 분명히[216] 이해하셨으니
알겠노라, 전생에 익히 읽은 나머지인 때문임을.

羽客貽公一卷書　世間文字不相如
披來了了心中解　知是前生熟讀餘

오비(鰲扉)[217]의 풍월이 봉래산의 안개 속에 계신데
안팎에서 군은(君恩)을 누리고 가는 곳마다 신선이었다네.
한밤중에 정양사(正陽寺)[218]에서 종소리[219]가 울리면
꿈에서 깨어나 오래 즐기신들 어떠랴?

鰲扉風月蓬山烟　內外君恩到處仙
半夜正陽鍾漏響　何如長樂夢醒邊

(02-16) 차운시를 붙임(9수)
(02-16) 附次韻

* 지난해 가을에 영백[220] 정자[221]가 내가 금강산에 간다는 말을 듣고 절구 9수를

215) 羽客은 신선, 方士이다.
216) 了了는 분명함, 명백함이다.
217) 鰲(鼇)扉는 鰲署와 같은 말로 翰林苑·翰林學士院의 별칭이다. 여기에서는 조선시대의 藝文館을 가리키는데, 채팽윤은 24세 때에 잠시 藝文翰林[待敎·檢閱]을 지낸 바 있다.
218) 正陽寺는 강원도 회양군 내금강면의 금강산 表訓寺의 북쪽에 있는 절로 백제 武王 원년(600)에 觀勒과 隆雲이 창건하였고, 661년에 元曉가 중창하였다.
219) 鍾漏는 시각을 알리는 종소리이다.
220) 永伯은 吳光運의 자이다.
221) 正字는 조선시대 校書館·弘文館·承文院의 정9품 관직이다.

보내주었는데, 대개 전한 사람의 착오 때문이었다. 그러나 시어가 상쾌하여[222) 벽하담[223) 위에 있는 듯하기에 구슬이 튀고 옥이 뿜어나오는 것을 마음껏 보다가, 상자에 넣어 둔 지 오래 되었다. 올해 봄에 비로소 정양사의 누각에 올라서 그 시에 보운하여[224) 사례하였다.

* 前秋, 永伯正字聞余理屐金剛, 寄惠九絶, 盖傳之者誤也. 然詩語爽朗, 若在碧霞潭上, 縱看跳珠噴玉, 留諸篋久矣. 今春始登正陽寺樓, 步其韻以謝之.[225)

나의 가슴 속에는 조그만 겨자씨만 한 먼지도 없는데[226)
천하의 사람들은 부질없이 대종(岱宗)[227)이 있는 줄 안다네.
천만 길 가파른 바위로 된 것은 마찬가지이지만[228)
어떻게 일찍이 봉우리를 옥과 같이 만들 수 있었을까?

了無些子芥吾胷　天下徒知有岱宗
一種巉巖千萬仞　何曾得似玉爲峯

구름조각[229)은 연꽃을 여러 가지[230)로 말라 놓은 듯한데
바다 위의 반공에는 뜬 먼지가 없네.
다만 난참(鸞驂)[231)이 홀로 갈 수 있는 곳이기에
물오리의 신발 또한 날아오는지 시험삼아 보네.

---

222) 爽朗은 상쾌함, 명랑함, 소탈함이다.
223) 碧霞潭은 금강산 골짜기에 있는 못이다.
224) 步韻은 타인이 지은 시의 韻字를 따서 화답하는 시를 짓는 것이다.
225) 이 글은 希菴이 지은 차운시의 제목인데, 1722년작으로 『希菴集』 권17에 실려 있다.
226) 了無는 전혀 없음이다.
227) 岱宗은 중국 泰山의 별칭으로 五嶽의 으뜸이자 모든 산의 宗主라 하여 붙은 말이다.
228) 一種은 한 종류, 한 가지이다.
229) 雲葉은 구름조각, 구름송이이다.
230) 色色은 가지가지, 여러 가지이다.
231) 鸞驂은 신선이 타는 수레이다.

雲葉蓮花色色裁　海中天半絶浮埃
可但鸞驂能獨往　試看鳧舃亦飛來

우뚝한[232] 봉우리들이 모두 하늘로 들어가는데
안개 속의 제주(齊州)[233]가 아홉[234] 개의 점으로 눈에 들어오네.
바람을 치는 붕새[235] 밑에는 먼지와 아지랑이[236]가 있어
『남화경(南華經)』[237] 제1편과 우연히 부합되네.[238][239]

玉立峯峯盡入天　齊州九點眼中烟
塵埃野馬摶鵬底　暗印南華第一篇

봄날인데도 옷에서 얼음과 눈이 생기려 하고
다리 밑에서는 떠다니는 구름이 조각조각 날리네.
용솟음치는 못에서는 종일토록 검은 용이 소리치는데[240]

---

232) 玉立은 우뚝 솟음, 우뚝함이다.
233) 齊州는 中州와 같은 말로 중국을 가리킨다.
234) 九點은 중국의 九州가 멀어서 아홉 개의 점처럼 작음을 가리키는데, 九州는 옛날에 중국이 아홉 개의 州로 나뉘었던 데서 유래하여 천하를 가리킨다. 『史記』「封禪書」에 "우왕이 구목의 쇠를 거두어 구정을 만들었다.(禹收九牧之金 鑄九鼎)"라는 글이 있다.
235) 鵬은 莊子가 말한 상상적인 큰 새의 이름인데, 『莊子』「逍遙遊」에 기괴한 이야기를 잘 아는 齊諧가 "붕이 南冥으로 옮길 때에는 물결이 三千里나 솟구친다. 회오리바람을 치면서 날아오르기를 九萬里나 하고, 여섯 달을 간 뒤에야 쉰다.(鵬之徙於南冥也, 水擊三千里. 摶扶搖而上者九萬里, 去以六月息者也.)"라고 말했다는 글이 있다.
236) 野馬는 아지랑이로 피어오르는 모습이 말이 달리는 것과 같아서 생긴 말이다. 『莊子』「逍遙遊」에 "아지랑이와 먼지는 생물들이 서로 불어대는 입김이다.(野馬也, 塵埃也, 生物之以息相吹也)"라는 글이 있다.
237) 『南華經』은 『莊子』의 別稱으로 『南華眞經』이라고도 한다.
238) 暗印은 暗合과 같은 말로 우연히 부합됨이다.
239) 이 구절은 『莊子』의 첫 번째 편인 「逍遙遊」에서 곤과 붕을 설명한 바로 다음에 野馬와 티끌에 대하여 언급한 것을 가리키고자 한 것이다.
240) 이 구절은 금강산의 九龍淵을 읊은 것인데, 『新增東國輿地勝覽』 권45 高城郡條에서는 고을 남쪽 3리에 있는 南江이 금강산의 水岾에서 나와, 동쪽으로 흘러서 九龍淵이 되

텅 빈 누대에는 어느 때에나 푸른 학이 돌아오랴?[241]

春天氷雪欲生衣　脚下遊雲片片飛
潭洶黑龍終日吼　臺空靑鶴幾時歸

사람이 지나가는 여라(女蘿)[242]가 있는 길이 실처럼 가느다란데
층층의 높은 폭포에서는 옥구슬[243]이 흩어지네.
눈이 흐릿하여 참된 산의 운치[244]를 살피지 못하는데
말들은 모두 매처럼 날아가고자 하는 듯하네.

蘿逕通人一線微　層層高瀑散瓊璣
眼迷不省眞山骨　似馬如鷹盡欲飛

수많은 골짜기 한 가운데에 정양사(正陽寺)가 있는데
부여잡고 올라서 보니 천지가 넓고 아득하네.
비로봉(毘盧峯)의 기세와 중향봉(衆香城)[245]은 빛깔이
십년 동안 진토(塵土)에서 오염된 창자를 다 씻어 주네.

는데, 민간에서 전해지는 말에, "옛날에 용 아홉 마리가 숨어 있던 못을 메우고, 楡岾寺를 지으니 용이 여기로 옮았기 때문에 그렇게 이름하였다."라고 하였다.

241) 이 구절은 李白의 <登金陵鳳凰臺>에 "봉황대 위에서는 봉황이 놀았는데, 봉은 가고 대는 텅 빈 채 강물은 절로 흐르네.(鳳凰臺上鳳凰遊, 鳳去臺空江自流.)"라는 구절을 점화한 것이다.

242) 女蘿는 松蘿科의 地衣類 식물로 이끼의 일종이며, 주로 松柏에 寄生하여 실처럼 아래로 드리워진다.

243) 瓊璣는 아름다운 옥으로 흔히 아름다운 詩文을 비유한다.

244) 山骨은 산의 바위, 또는 산의 고상한 운치이다.

245) 衆香城은 금강산 속에 있는 지명인데, 『維摩詰經』의 「香積佛品」 제10권에 "이름이 중향이란 나라가 있는데 佛號는 香積이라 한다."라고 한 데서 유래한 말로, 흔히 온갖 꽃이 활짝 피어 있는 곳을 비유한다.

萬壑中央是正陽 登攀天地浩茫茫
毗盧氣勢衆香色 洗盡十年塵土膓

꿈 속에서는 자부(紫府)[246]의 신선의 반열[247]에 있던 몸이건만
근래에 푸른 바다에서는 몇 번이나 먼지가 날아올랐던가?[248]
늘그막에 비로소 봉래산(蓬萊山)의 꼭대기에 올랐건만
수풀 아래 쪽에서는 손뼉을 칠[249] 수 있는 사람이 없다네.

紫府仙班夢裏身 邇來滄海幾揚塵
白頭始到蓬萊頂 林下能無撫掌人

산의 이름이 패서(貝書)[250]에 있다는 말을 듣고서
참선을 하는 벗에게 진여(眞如)[251]를 물어 보았네.
비록 담무갈(曇無竭)[252]을 만나지 못했을지라도

246) 紫府는 신선이 사는 곳이다.
247) 仙班은 신선의 行列(항렬), 신선의 무리이다.
248) 揚塵은 飛塵과 같은 말로 먼지가 날아오른다는 뜻이며, 東晋 葛洪의 『神仙傳』 <麻姑>의 다음 고사에서 유래하여 世事의 변천을 비유한다. 麻姑仙女가 東海가 세 번 桑田으로 변하고 蓬萊山 부근의 물이 전보다 얕아졌으니 언제 또 山陵이 陸地가 되겠느냐고 말하니, 王方平이 "성인들이 모두 바다에서 다시 먼지가 날아오를 것이라고 말하였다.(聖人皆言海中復揚塵也)"라고 답하였다. 한편, 滄海가 江陵의 옛 이름이고 시인이 襄陽府使인 점에서는, 시인이 강릉에서 俗事에 골몰하느라고 먼지를 자주 일으켰음을 뜻한 구절로 읽을 수도 있다.
249) 撫掌은 손뼉을 침으로 기뻐하거나 득의함을 비유한다.
250) 貝書는 貝葉書의 준말로 佛經을 가리킨다.
251) 眞如는 사물의 있는 그대로의 모습이라는 뜻으로, 宇宙萬有의 본체인 평등하고 차별이 없는 絶對眞理를 가리키며, 實相·法界라고도 한다.
252) 曇無竭은 衆香城의 城主인 보살인데, 그가 『般若波羅蜜多經』을 설법하니 常啼菩薩이 와서 들었다고 한다. 李穀은 <刱置金剛都山寺記>(『稼亭集』 권3)에서 불경에 담무갈보살이 금강산에 거주했다는 설이 있어 세상에서는 이곳을 人間淨土라 한다고 하였고, <金剛山長安寺重興碑>(권6)에서는 『華嚴經』에서 동북쪽 바다 가운데에 있는 금강산에서 담무갈보살이 만이천의 보살과 함께 항상 『般若經』을 說法했다'고 한 곳이 바로 이곳

고요한 사람은 오히려 의취가 넉넉할 수 있다네.

聞說山名在貝書　試從禪侶問眞如
縱然不遇曇無竭　靜者猶能意有餘

바위에 기대고 여라를 부여잡으며 자줏빛 안개 속을 오르니
풍진(風塵)의 늙은이에게 또 신선이라는 억지이름이 붙으리.
구루(勾漏)[253]의 현령이라 단사(丹砂)[254]를 얻음에 능한 것뿐만 아니라
하늘의 누대에 있는 계수나무 옆에 도달할 수도 있다네.

倚石攀蘿躡紫烟　風塵老更强名仙
能於勾漏丹砂外　得到天臺桂樹邊

02-17 숙직하면서 설봉[255]의 운[256]을 뽑다[257]
02-17 直中拈薛逢韻

문 밖에 시끄러운 세상[258]이 있음을 상관하지 않고

이라고 말한 바 있다.

253) 勾漏(岣屚)는 옛날 중국의 交趾郡에 두었던 縣인데, 『晉書』 <葛洪傳>에 갈홍이 늘그막에 煉丹하여 장수하고자 교지에 단사가 난다는 말을 듣고 勾漏令이 되기를 바라니, 武帝가 資品이 높은 자리라는 이유로 허락하지 않았는데, 홍이 영달하기 위함이 아니라 단사가 있기 때문이라고 말하니 좇았다는 글이 있다.

254) 丹砂는 수은과 유황의 화합물인 붉은빛 광물로서 仙藥·漢方藥으로 쓰이며, 丹砂·丹矸(단안)이고도 한다.

255) 薛逢은 晩唐의 시인으로 자는 陶臣이며 蒲州 河東人이다. 會昌 원년(841)에 진사가 되어 교서랑를 거쳐 시어사·상서랑·비서감을 지냈다. 7언율시에 빼어났으며, 많은 저작을 남겼으나 일실되고 『全唐詩』에 90수의 시, 『全唐文』에 15편의 산문이 남아 있다.

256) 설봉의 원운은 『全唐詩』 권549에 실린 <賀楊收作相>이다.

257) 拈韻은 시를 지을 때에 운자를 뽑아 시를 짓는 것이다.

258) 囂塵은 떠들썩하고 먼지가 많음으로 시끄러운 속세, 혼란스러운 속세를 가리킨다.

천지에서 마음껏 읊조리며[259] 자유롭게[260] 사는 몸이네.
오늘밤의 별과 은하수는 어제와 같은데
백년[261]의 시와 술은 앞사람과 다르네.
고요한 즈문 산에서는 귀뚜라미가 신음하고 학이 우는데
신령스러운 한 원기(元氣)[262]는 이슬이 내리고 바람이 시원하게 하네.
누가 누대에서 아름다운 풍경[263] 속에 머물고 있는가?.
내일 아침에는 또 수레[264]가 길을 잃으리.[265]

不妨門外有囂塵　嘯傲乾坤自在身
今夜星河如昨日　百年詩酒隔前人
蛩吟鶴唳千山靜　露下風泠一氣神
誰向樓臺駐淸景　明朝軒盖又迷津

02-18 직려[266]에서 상원[267]의 학울음을 듣고 느낌이 있어
02-18 直廬, 聞上苑鶴唳有感

늙은 학이 때때로 그윽한 동산에서 우는데
거리의 등불과 성곽의 수풀은 다 근심이 생기게 하네.
구름의 뜻이 달의 아름다운 누대[268]에 있는지 묻지 말라.

---

259) 嘯傲는 거리낌없이 마음껏 읊조리거나 노래하는 것으로 외물에 구속되지 않고 放逸하게 사는 삶을 형용한다.
260) 自在는 自由로움, 拘束이 없음이다.
261) 百年은 一生이다.
262) 一氣는 천지의 조화를 일으키는 만물의 元氣이다.
263) 淸景은 맑고 아름다운 경치이다.
264) 軒盖(蓋)는 고관이 타는 수레이다.
265) 迷津은 나루를 잃고 헤매는 것으로 길을 잃음을 가리킨다.
266) 直廬는 관료가 숙직하는 것, 또는 그 방을 말한다.
267) 上苑은 秦·後漢 때의 天子의 동산 이름으로 제왕의 동산을 대유한다.
268) 瓊樓는 瓊樓金闕·瓊樓玉宇의 준말로 달에 있다는 전설상의 누각이다.

신선의 꿈은 비로소 가을의 흰 이슬[269]에 놀라서 깨네.
날개[270]는 만리의 하늘을 끝까지 알고
정신은 삼주(三洲)[271]의 바다를 마침내 따른다네.
직려에는 마침 창랑(滄浪)[272]으로 갈 나그네[273]가 있어
한밤중에 듣고서 조각배[274]를 생각하네.

老鶴時鳴上苑幽　街燈郭樹摠生愁
雲情莫問瓊樓月　仙夢初驚玉露秋
羽翮極知天萬里　精神終是海三洲
直廬適有滄浪客　中夜聞之憶片舟

02-19 허혼[275]의 운[276]을 뽑다
02-19 拈許渾韻

푸른 오동과 파란 여지(荔枝)[277]에 비가 막 지나가니
신선의 거처는 분명히[278] 나의 거처와 같으리.
바둑의 적수는 우연히 만나 지난날의 기보를 논하는데

269) 玉露는 흰 이슬이다.
270) 羽翮은 새의 깃으로 날개를 가리킨다.
271) 三洲는 三神山이다.
272) 滄浪은 중국의 漢水의 지류로 강을 대유한다.
273) 滄浪客은 江湖를 떠돌아다니는 사람이다.
274) 片舟는 조각배이다.
275) 許渾(791~854)은 晩唐의 시인으로 자는 用晦·仲晦이다. 감찰어사·睦州刺史 등을 지냈고, 율시에 능하였으며, 현실비판에 뜻을 둔 회고시를 많이 지었고, 『丁卯詩集』을 남겼다.
276) 허혼의 원운은 『丁卯詩集』 권상에 실린 <再遊姑蘇玉芝觀>이다.
277) 荔枝는 박과에 딸린 한해살이 덩굴풀로 줄기가 덩굴손으로 감아 오른다. 여름과 가을에 노란 꽃이 잎겨드랑이에서 하나씩 피고 열매는 긴 타원형인데, 어린 과일은 식용하고 관상용으로 재배하며, 고유어로는 여주라고 한다.
278) 端的은 분명함, 확실함이다.

도(道)의 벗[279]은 서로 찾아 새로운 책을 찾네.
산의 빛은 골고루 물들어[280] 짙고 옅음이 적당하고
소나무의 그림자는 헤아려 보니[281] 빽빽하고 성긂이 알맞네.
매우 한탄하노라, 동쪽이웃에게서 그물을 빌림이 어긋나서
가을이 왔는데도 아직 시내의 물고기 먹는 일을 저버림을.

青梧碧荔雨過初　端的仙居似我居
棋敵偶逢論舊譜　道朋相訪索新書
山光均抹宜濃淡　松影商量適密踈
最恨東隣違借網　秋來尙負食溪魚

* 서너 분의 친지와 서교[282]에서 물고기를 잡기로 약속하였으나, 어망이 없어서 이루지 못하였다.[283]
* 與數三親知, 爲西郊獵魚之約, 而無網未果.

02-20 이백[284]의 운[285]을 뽑다
02-20 拈李白韻

북궐(北闕)[286]의 풍운 때문에 성군(聖君)과 떨어져 있건만

279) 道朋은 道友와 같은 말로 의기가 투합하고 지향이 같은 사람이다.
280) 均抹은 골고루 물른 모양, 곱게 물든 모양, 잘 칠해진 모양이다.
281) 商量은 잘 생각하여 헤아림, 짐작함이다.
282) 西郊는 國都나 城市의 서쪽 교외이다.
283) 未果는 아직 실현하지 못함, 또는 아직 달성하지 못함이다.
284) 李白(701~762)은 盛唐의 시인으로 자는 太白, 호는 靑蓮居士이다. 吳筠의 천거로 한림원에 들어가서 賀知章에게서 謫仙人이라고 칭찬받았으며, 환관 高力士의 모함을 받아 3년 만에 장안을 떠났고, 安史의 난 때 永王의 반군에 가담했다가 유배되었다.『李太白集』을 남겼으며, 대시인으로 詩仙으로 일컬어지고, 杜甫와 함께 李杜로 병칭되었다.
285) 이백의 원운은『李太白集』권13에 실린 <別中都明府兄>이다.
286) 北闕은 宮闕이다.

헛된 명성287)이 세간에 퍼짐을 부끄러워하네.
가을의 오동잎 소리288)는 학의 꿈을 깨게 하고
밤중의 벌레소리는 사람의 감정을 느껍게 하네.
엄고(嚴鼓)289)가 고요해지자290) 곧 달이 뜨는데
빈 처마에서는 이따금 구름을 만날 수 있네.
백년의 심사가 오늘밤과 같다면
응당 갈매기떼 속에서도 무리를 어지럽히지 않으리.

北闕風雲隔聖君　虛名羞向世間聞
梧聲鶴夢驚秋到　虫語人情感夜分
嚴皷寥寥乃生月　虛簷往往得逢雲
百年心事如今夕　應入江鷗不亂羣

02-21 촛불을 잡고 장소291)를 읽으시다 * 십운배율로 문신정시292)에 입격한 것인데, 상으로 호피를 하사하셨다.

02-21 秉燭讀章疏293) * 十韻排律, 文臣庭試入格, 賞賜虎皮.

궁궐294)에서 자나 깨나295) 현량(賢良)296)을 생각하시느라고

287) 虛名은 거짓 명성, 실제와 부합하지 않는 명성이다.
288) 梧聲은 오동잎에서 나는 소리인데, 오동나무는 立秋가 되면 잎이 지므로 가을이 옴을 제일 먼저 알려주기 때문에, 예로부터 "오동잎이 하나가 지면, 천하의 사람들이 다 가을임을 아네.(梧桐一葉落, 天下盡知秋.)"라고 하였다.
289) 嚴鼓는 임금의 행차를 알리는 북이다.
290) 寥寥는 외롭고 쓸쓸한 모양이다.
291) 章疏는 신하가 임금에게 올리는 글이다.
292) 庭試는 조선시대에 나라 안이나 중국에 경사가 있을 때 실시한 특별과거의 하나로, 임금이 친림한 가운데 성균관의 유생이나 扈從官員을 대상으로 시행되었는데, 선발인원은 특별히 정하지 않고 文·武科로 구분하여 실시하였다. 급제자 중 우수한 성적을 얻은 관원은 加階·陞職시키거나 하사품을 내렸으며, 未入仕者의 경우에는 直赴會試·直赴殿試의 특전을 주었다.
293) 이 작품은 문신정시에 급제하였던 1723년에 지어진 것이다.

한밤중의 침석[297]에서도 주무시지 않노라면 시각[298]이 더디네.

내수(內豎)[299]가 문득 상소[300]를 전하여 올리면

궁아(宮娥)[301]는 모르는 사이[302]에 바삐 옷을 올리네.

옥음(玉音)[303]으로 연달아 금련(金蓮)[304]을 잡으라고 재촉하시노라면

단혈(丹血)[305]이 먼저 어두운 방을 환하게 하네.

야기(夜氣)[306]로 맑아진 정신으로 넓게 받아들이시니[307]

임금의 마음이 촛불로 변화여 봉장(封章)[308]을 비추네.

진술한 조목 가운데 특히 저궁(儲宮)[309]을 계도하는 일이 급한데

극기복례[310]로 화본(化本)[311]을 바르잡음이 분명히 마땅하리.

촛농[312]은 나라를 근심하는 눈물처럼 쏟아지고

---

294) 重辰은 여러 겹으로 된 辰居로 궁궐을 가리킨다.
295) 寤寐는 깨어 있는 때와 자는 때이다.
296) 賢良은 덕행과 재능을 지닌 신하이다.
297) 丙枕은 丙夜의 枕席인데, 병야는 三更 즉 子時이다.
298) 刻漏는 漏刻과 같은 말로 물시계의 하나인데, 가는 구멍에서 새어 떨어지는 물의 양을 漏壺 속에 세운 漏箭의 눈금으로 읽어서 時刻을 알게 했던 장치이다.
299) 內豎는 內侍·宦官이다.
300) 投匭(匱)는 신하·백성이 군왕에게 글월을 올림을 뜻하는데, 唐 則天武后가 조정에 4개의 구리상자[銅匭]를 비치하여 모든 상소를 던져넣게 한 데서 유래한다.
301) 宮娥는 궁중에서 일하는 여자인 宮女이다.
302) 不覺은 깨달음이 미치지 못함, 모르는 사이이다.
303) 玉音은 임금의 음성·말이다.
304) 金蓮은 꽃무늬가 있는 종이로 만든 燈籠이다.
305) 丹血은 丹心과 같은 말로 정성스러운 마음이다.
306) 夜氣는 밤에 길러지는 기운으로, 『孟子』「告子 上」의 "어지럽히는 일을 되풀이하면 밤에 길러지는 기운이 보존될 수 없다. 밤에 길러지는 기운이 보존될 수 없다면 금수와 어긋남이 멀지 않을 것이다.(梏之反覆, 則其夜氣不足以存, 夜氣不足以存, 則其違禽獸不遠矣.)"라는 글에서 유래하여, 저녁에 조용히 생각하면서 産生한 良知善念을 가리킨다.
307) 聽納은 남의 말을 받아들이는 것이다.
308) 封章은 제왕에게 올리는 글이다.
309) 儲宮은 太子·世子가 거처하는 궁전으로 태자를 가리킨다.
310) 克復은 克己復禮의 준말로 私慾을 이기고 天理로 돌아감이다.
311) 化本은 敎化·王化의 근본이다.
312) 蠟淚는 蜜蠟으로 된 눈물이라는 뜻으로 촛농을 비유한다.

등불의 심지는 복수를 견디는 창자같이 타네.
활을 들면 운림(雲林)[313]이 먼 것을 참으로 안타까워하시고
소장을 읽을 때에는 살쩍과 머리털이 검은가 살피고자 하시네.
서안 위에 쌓인 재로 밤이 깊었음을 알면서도
연기에 그을린 종이 위에서 글을 상세히 해석하시네.
다음날 아침이면 산국(散局)[314]에서 도리어 죽음을 기다릴[315] 뿐
어젯밤의 헛된 말[316]이 어찌 임금을 바로잡으랴?
삼가 옥촉(玉燭)[317]이 빛나는 창신(昌辰)[318]을 축원하나니
어수(魚水)의 일당(一堂)[319]에서 성청(聖聽)[320]을 넓게 여소서.[321]

重辰寤寐想賢良　丙枕無眠刻漏長
內豎忽傳投匭進　宮娥不覺獻衣忙
玉音連促金蓮秉　丹血先令暗室光
夜氣澄神恢聽納　君心化燭照封章
條陳尤急儲宮導　克復端宜化本匡
蠟淚傾如憂國涕　燈心燃似忍讐腸
招弓正恨雲林遠　讀疏疑看鬓髮蒼
燼積案頭知夜久　烟熏紙上繹文詳

313) 雲林은 구름이 덮인 숲이다.
314) 散局은 官名만 있고 직무가 없는 관직인 散官을 배속시킨 관서이다.
315) 垂命은 목숨이 거의 다함이다.
316) 空言은 빈말로 실제와 맞지 않는 헛된 말을 가리킨다.
317) 玉燭은 옥이 반짝이고 촛불이 빛나는 것처럼 사철의 기후가 순조로워 日月의 빛이 밝게 빛남으로 太平盛世를 비유한다.
318) 昌辰은 盛世이다.
319) 魚水堂은 昌慶宮의 不老門 안에 있던 전각으로 孝宗朝에 세워진 것이다.
320) 聖聽은 제왕이 신하의 말을 들음이다.
321) '聖聽張'은 諸葛亮의 <前出師表>의 "진실로 마땅히 성청을 크게 열어 선제께서 남기신 덕을 빛내고 지사의 의기를 넓게 여셔야 합니다.(誠宜開張聖聽, 以光先帝遺德, 恢弘志士之氣.)"라는 글을 점화한 표현이다.

明朝散局飜垂命　昨夜空言豈格王
恭祝昌辰輝玉燭　一堂魚水聖聽張

02-22 이열도[322]의 <추소유회>에 수답하다 * 유주[323]의 운[324]을 써서 보내왔다.

02-22 酬李悅道秋宵有懷 * 用柳州韻見寄.

상로(霜露)의 기운은 축축하고[325]
임목(林木)의 떨기는 무성하네.[326]
회포를 서늘한 밤에 드러내노라니
긴 휘파람 소리가 흐르는 바람에 들어가네.
구름 속의 달이 달리는 것을 쳐다보노라니
천고에 아득하여 끝이 없네.
이러한 경물(景物)을 만남이 드물기에
마음이 같아지기를 바라네.
누가 마음을 알 수 있으랴?
나의 오동나무로 만든 녹기금(綠綺琴)[327]을 연주하네.
오동잎 소리는 어찌 저리 감동을 주는가?

---

322) 李悅道(1538~1581)는 조선 후기의 문신으로 본관은 眞寶, 자는 靜可, 호는 遇巖으로 退溪 李滉의 從孫子이다. 宣祖 9년(1576)에 別試丙科에 장원급제하여 禮曹佐郞을 지냈다.

323) 柳州는 中唐의 문장가 柳宗元(773~819)의 별칭으로 자는 子厚, 河東人, 별칭은 柳河東·柳柳州이다. 監察御史를 거쳐 禮部員外郞이 되어 王叔文의 개혁정치에 동참했다가 실패하여 柳州刺史로 폄적되어 죽었다. 학문·시문에 다 능하였고, 특히 고문에 뛰어나서 韓愈와 쌍벽을 이루었으며, 뒤에 唐宋八大家의 하나로 꼽혔고, 『河東先生集』을 남겼다.

324) 柳州韻은 『河東先生集』 권44에 실린 <秋夜坐贈吳武陵>이다.

325) 塗塗는 축축한 모양이다.

326) 翳翳는 초목이 무성하여 그늘진 모양이다.

327) 綠綺琴은 前漢 때에 梁王이 <玉如意賦>를 지은 司馬相如를 표창하여 하사하였던 금으로 흔히 琴을 대유한다.

뜰의 나무들은 잎이 져서[328] 텅 비었네.

이 곡조는 누구에게 전하려는 것인가?

공효(功效)는 바다와 산에 달렸으리.

곡이 끝나자 한 번 부앙(俯仰)하면서

그대의 귀가 밝음에 감탄하네.

塗塗霜露氣　翳翳林木叢

懷抱凉夜發　長嘯入流風

仰視雲月馳　千古莽無窮

所遇罕此物　願言中心同

疇能喩中心　奏我綠綺桐

桐聲一何感　庭樹摵以空

是曲傳者誰　海山有其功

曲終一俯仰　歎息子耳聰

02-23 사첨[329]씨와 말을 나란히 타고[330] 화교에 천렵하러[331] 나가다가, 도중에 즉석에서 지은 것을 적다
02-23 與士瞻氏聯轡赴花郊川獵, 書道中卽事

좋은 때[332]인데도 어둑하여 저물려는 듯하지만

아름다운 모임[333]이라 어길 수가 없네.

---

328) 摵(색)은 나뭇잎이 지는 소리이다.

329) 士瞻은 권3의 <安侄廷弼立後, 有感題眎從兄安士瞻>과 약산의 모친이 安氏인 점으로 보아 약산의 外從兄의 자인 듯하다.

330) 聯轡는 聯騎와 같은 말로 말을 나란히 타고 감이다.

331) 川獵은 시내에서 물고기를 잡는 것이다.

332) 良辰은 좋은 때, 길한 날이다.

333) 嘉會는 高雅한 모임, 즐거운 모임이다.

가서 장차 적막함[334]을 씻으려고
채찍을 휘둘러[335] 교기(郊畿)[336]로 나가네.
동지(同志)가 있음을 좋아하여[337]
덕망[338]을 지닌 이들과 단단히[339] 교결(交結)한다네.
구불구불[340] 가는 나그네의 말은 지치는데
구부러진 들판의 길은 조그만하네.
산비탈에 올라 멀리 눈길을 보내노라니[341]
나란한 시내에 깨끗한 빛이 떠 있네.
문득 강의 한 구비가 보이더니
간혹 사방이 에워싸인[342] 산으로 들어가네.
골짜기 입구로 나가니 탁 트였는데[343]
아침햇살이 나의 옷을 쏘네.
문득 가을바람이 빠르게 불고[344]
구름이 어둑하게 높은 산[345]을 스치네.
오리와 기러기는 벼논에서 시끄러운데
닭과 개는 마을의 삽짝에서 조용하네.
단풍나무가 선 언덕은 아름다워 완상할 만한데
국화꽃이 핀 울타리 또한 아름답네.[346]

---

334) 幽默은 적막함, 고요함이다.
335) 振策은 채찍을 휘둘러 말을 달림이다.
336) 郊畿는 畿甸·畿內와 같은 말로 王城을 중심으로 하여 사방으로 뻗어 나간 일정한 행정구역의 안이다.
337) 惠好는 좋아함. 사랑함이다.
338) 風徽는 훌륭한 풍채와 아름다운 덕. 또는 모범이 되어 영향을 미침이다.
339) 綢繆는 단단하게 얽어맨 모양이다.
340) 逶迤는 구불구불한 가는 모양, 구불구불 이어진 모양이다.
341) 遠目은 멀리 바라봄이다.
342) 四圍는 사방이 둘러싸임이다.
343) 曠然은 탁 트인 모양. 너르고 큰 모양이다.
344) 高厲는 높고 빠름이다.
345) 崔巍는 높고 험준한 산이다.

때마침 촌락[347]의 안에서 보이는 것은
서 있는 농부의 희미한[348] 모습이네.
대삿갓을 쓰고 누런 송아지를 몰면서도
일생 동안 시비를 따짐이 없다네.
나의 마음도 몰래 즐기기는 하지만
돌아보고 부끄러운[349] 것은 아직도 속세에 얽매임[350]이네.
지나는 곳마다 자주 정신을 모으면서[351]
돌아가기를 잊고 편안히 소요하네.
더욱이 별서(別墅)[352]에 이르면
익은 술에 살진 시내의 물고기가 있다네.

良辰曖欲暮　嘉會不可違
逝將盪幽默　振策出郊畿
惠好有同志　綢繆結風徽
逶迤客馬倦　屈曲野逕微
陟坡送遠目　並溪挹淨輝
乍見江一曲　或入山四圍
曠然出谷口　朝日射我衣
秋風忽高厲　雲陰拂崔巍
鳧鴈鬧稻田　鷄犬靜村扉
楓岸佳可賞　菊籬亦芳菲

346) 芳菲는 화초가 무성하고 아름다움이다.
347) 墟落은 村落이다.
348) 依依는 희미한 모양, 어렴풋한 모양이다.
349) 顧慚은 자신을 돌아보고 부끄러워함이다.
350) 塵鞿는 속세의 구속이다.
351) 會神은 정신을 집중함이다.
352) 別墅는 전장이 있는 곳에 지은 別莊으로 別業이라고도 한다.

時見墟落間　田夫立依依
箬笠驅黃犢　一生無是非
余心竊樂之　顧慚猶塵羈
經過多會神　逍遙憺忘歸
何況到別墅　酒熟溪魚肥

02-24 천렵
02-24 川獵

북해(北海)353)에는 거대한 곤(鯤)354)이 있고
동해(東海)355)에는 거대한 자라356)가 있다네.
무지개로 낚싯대를 삼아서
푸르고 높은 하늘에서 드리웠네.
다만 나는 이런 뜻을 지닐 뿐
속세의 연고에 괴롭게 서로 얽혀 있네.
마음을 알아 주는357) 이를 어찌 꼭 먼 데서 찾으랴?

---

353) 北海는 北溟과 같은 말로 북방의 먼 곳에 있는 바다이다.

354) 鯤은 상상적인 거대한 물고기인데, 『莊子』「逍遙遊」에 "북명에 물고기가 있어 그 이름을 鯤이라 하는데, 그 크기가 몇 천리나 되는지 모른다. 변하여 새가 되면 그 이름을 鵬이라고 하는데, 붕의 등은 몇 천리나 되는지 모른다. 힘찬 기세로 날면 그 날개는 하늘에 드리운 구름과 같다. 이 새가 바다 기운이 움직이면 곧 남명으로 옮겨가려 하는데, 남명은 곧 천지이다.(北冥有魚, 其名爲鯤, 鯤之大不知其幾千里也. 化而爲鳥, 其名爲鵬, 鵬之背不知其幾千里也. 怒而飛其翼若垂天之雲. 是鳥也, 海運則將徙於南冥, 南冥者, 天池也.)"라는 글이 있다.

355) 東海는 중국의 동쪽바다로 시대에 따라 가리키는 곳에 차이가 있는데, 여기에서는 先秦時代에 일컫던 渤海를 가리킨다.

356) 鰲는 전설상의 신선의 거처인 鼇(鰲)山에 있다는 큰 바다거북인데, 『列子』「湯問」에 의하면 渤海 동쪽의 큰 바다 속에 있는 鰲山은 땅의 뿌리와 연결되어 있지 않아 늘 물결에 떠다녔으므로, 西極으로 흘러갈 것을 염려한 天帝가 큰 바다거북으로 하여금 머리로 이고 있게 하여 움직이지 않게 되었다고 한다.

357) 會心은 마음을 알아 줌, 마음이 맞음이다.

바람에 맞는 이를 가는 곳마다 만난다네.
담박하게 좇는 두세 분의 벗은
다닐 때마다 복수(濮水)[358]와 호수(濠水)[359]에서 멈추네.
동쪽이웃에서는 그물[360]을 빌리고
서쪽이웃에서는 두레박틀[361]을 빌리네.
두레박틀로는 못의 물[362]을 다 퍼내고
그물로는 시내의 물결을 가로막네.
못의 붕어는 금빛북[363]과 같고
시내의 물고기는 은빛칼[364]과 같네.
힘을 다함[365]에 능한 사내종이
엎드려 숨어[366] 있으니 장차 어디로 도망가랴?
백사장에 잉어[367]를 던지면
바람결[368]에 비린내가 진동하네.
향기로운 파는 금빛소반에 흩어져 있고
붉은 나뭇잎은 언덕의 숲에서 불타네.
죽을 쑤어 쌀밥의 반찬으로 삼고
회를 떠서 국화술의 안주로 하네.
마을사내들이 다 환호하고

---

358) 濮水는 중국의 河南省 長垣縣 서쪽을 흐르는 강이다.
359) 濠水는 중국의 安徽省 북동쪽에 있는 강이다.
360) 網罟는 漁網인데, 罟는 촘촘한 그물이다.
361) 桔槔(皐)는 한쪽 끝에 두레박을 매달고 다른 쪽 끝에는 돌을 매달아 우물의 물을 퍼내게 만든 두레박틀이다.
362) 澤瀦는 못과 웅덩이, 또는 못에 가두어진 물이다.
363) 梭(사)는 베를 짤 때 날의 틈을 오가면서 씨를 푸는 구실을 하는 도구로, 고유어로는 북이라고 한다.
364) 銀刀는 흰빛의 칼로 흰빛이 도는 칼 모양의 물고기를 비유한다.
365) 窴力은 힘을 다함이다.
366) 潛伏은 埋伏이다.
367) 錦鱗은 아름다운 비늘이나 물고기로 흔히 잉어·쏘가리의 별칭으로 쓰인다.
368) 颼颼는 바람소리의 의성어이다.

나 또한 취흥이 도도하네.369)
초탈한 이370)는 방생하기를 좋아하건만
탐욕스러운 이는 게걸스레 먹기만 하네.371)
물고기의 즐거움을 안다고 강변하느라고
장자(莊子)372)와 혜시(惠施)373)는 또 수고로웠다네.374)
물고기를 잊고 또 말을 잊고서
담담하게375) 잠시 소요하네.

北海有大鯤　東海有巨鰲
虹蜺作釣竿　拂之青天高
顧我抱玆懷　世故苦相綢
會心何必遠　愜願隨所遭
薄從二三友　行行止濮濠
東鄰借網罟　西隣借桔槹
桔槹竭澤瀦　網罟截川濤
澤鮒似金梭　川魚似銀刀

369) 陶陶는 술에 취한 모양이다.
370) 夸者는 세속을 초월한 사람이다.
371) 饞饕(참도)는 음식을 탐하는 것이다.
372) 莊子는 전국시대의 도가사상가로 宋나라 태생이며 이름은 周, 자는 子休이다. 老子의 학설을 계승하여 道를 천지만물의 근본원리로 보고 그 無爲自然을 긍정하는 학설을 폈으며, 사상과 언행을 담긴 『莊子』를 남겼다. 『장자』는 원래 52篇이었는데, 현재는 晉代의 郭象이 刪修한 內篇 7편, 外篇 15편, 雜篇 11편이 전해진다.
373) 惠施(약 370~310 B.C.)는 전국시대 宋의 사상가로 梁의 惠王·襄王을 섬기며 재상을 지내다가 縱橫家 張儀에게 배척당하여 楚로 망명했다가 송으로 돌아갔다. 명가의 대표적인 인물로 『莊子』에 여러 차례 등장한다.
374) 이 두 구절은 莊子가 濠水의 다리 위에서 물고기를 보고 "피라미가 나와서 조용히 헤엄치니, 이것이 물고기의 즐거움일세(鯈魚出遊從容, 是魚樂也.)"라고 말하자 惠施가 "그대는 물고기가 아니거늘 어떻게 물고기의 즐거움을 아는가?(子非魚, 安知魚之樂?)"라고 물었다는 『莊子』「秋水」의 일화를 가리킨 것이다.
375) 澹焉은 澹然과 같은 말로 澹(淡)泊하여 명예·이익을 탐하지 않는 모양이다.

僕夫能寘力　潛伏將焉逃
白沙擲錦鱗　腥風動颾颾
香葱灑金盤　紅葉爇林皐
作羹侑粲飯　切鱠佐菊醪
村夫盡歡呼　吾亦醉陶陶
夸者好放生　貪者惟饞饕
强辯知魚樂　莊惠亦云勞
忘魚復忘言　澹焉聊逍遙

02-25 물고기 잡는 것을 보면서 바위 밑에서 쉬다가 산승을 만나다

02-25 觀漁憇巖下, 逢山僧

어량(漁梁)[376]이 차갑다고 말하지 않고
들길이 멀다고 말하지 않네.
대삿갓으로 나의 머리를 덮고
절룩거리는 나귀[377]에 나의 몸을 실었네.
더구나[378] 어망(漁網)을 가지고 들어가랴?
물고기가 있고 없음을 묻지 않네.
물고기가 있으면 또 물고기를 먹고
물고기가 없으면 또한 술병을 기울이네.
울퉁불퉁한[379] 푸른 바위 하나가
어량의 모퉁이에 불끈 솟아[380] 있네.

376) 魚(漁)梁은 물을 막아 한 곳으로 흐르게 하고서 통발을 놓아 물고기를 잡는 설비이다.
377) 蹇驢는 절룩거리고 둔한 나귀이다.
378) 且는 況且의 준말로 '하물며, 더욱이, 더군다나'를 뜻한다.
379) 叉牙는 갈라져서 가지런하지 아니함이다.
380) 斗起는 불끈 솟아오름이다.

이를 기회로 문득 고기잡기를 잊고
어루만지고[381] 또 어정거리네.[382]
이어서 또 바위를 베고 잠들었다가
일어나서 보니 산에서 해가 저무네.[383]
우연히 숲에 사는 스님을 만났는데
모습이 늙고 파리하네.
나에게 왜 앉아 있느냐고 묻기에
중에게 왜 왔느냐고 물었네.
대답하고자 하다가 둘 다 말을 잊고서
다만 마음이 기쁘고 즐거움을 깨닫네.
이 스님이 꼭 고매한 이는 아니고
이 바위가 꼭 특수한 것은 아니리.
나의 마음이 마침 서로 맞기에
경계를 따라 흥취가 외롭지 않네.
그물을 올리는 어부를 내려다보니
웃으며[384] 한창 환호(懽呼)하네.

不道漁梁寒　不言野逕迂
篛笠覆我首　蹇驢駄我軀
且持漁網入　勿問魚有無
有魚且食魚　無魚亦傾壺
叉牙一青巖　斗起漁梁隅
得此却忘漁　摩挲復踟躕

381) 摩挲는 두 손으로 어루만짐이다.
382) 踟躕는 배회하면서 머뭇거리는 모양, 느릿느릿 가는 모양이다.
383) 晡는 申時로 오후 3시부터 5시 사이인데, 대개 저녁이나 밤을 가리킨다.
384) 咥咥(질희)는 웃는 모양. 비웃는 모양이다.

因復枕巖眠　起視山日晡
偶然値林僧　形貌古而癯
問余何爲坐　問僧何爲徂
欲答兩忘言　只覺心欣愉
此僧未必高　此巖未必殊
余心適相會　隨境興不孤
下視擧網夫　啞啞方懽呼

02-26 백도라지[385)]

02-26 白花桔梗

봉도(蓬島)[386)]에서는 금광초(金光草)[387)]가 나고
화산(華山)[388)]의 샘에서는 푸른 연꽃이 핀다네.
길이 멀어서 아무도 이르지 못하니
헛된 생각이 산천에 차 있네.
도라지는 흰 꽃을 드리우고서
바로 궁벽한 절벽의 꼭대기에서 사네.
뿌리가 늙으면 인삼과 같고
꽃의 색깔은 흰 눈처럼 곱네.
조금만 먹어도 질병을 치료할 수 있고
오래 복용하면 신선이 될 수 있다네.
이를 들은 나는 몰래 사모하여

---

385) 白花桔梗은 흰 꽃이 피는 도라지로 고유어로는 백도라지・흰꽃도라지라고 한다. 도라지는 초롱꽃과에 딸린 다년초로 잎은 어긋나고 길둥글며, 여름에 흰빛 또는 자줏빛 종 모양의 꽃이 피며, 뿌리는 원뿔꼴로 먹거나 약재로 쓰인다.
386) 蓬島는 三神山의 하나인 蓬萊山의 별칭이다.
387) 金光草는 전설상의 神仙草로 복용하면 장수한다고 한다.
388) 華山은 중국 陝西省 華陰縣에 있는 산으로 五嶽의 하나이다.

몸소[389] 뜰 앞에 심었네.
손이 와서 주인에게 묻기에
문득 또 한 번 웃네.[390]
'가령[391] 이 말을 믿는다면
누가 팽전(彭籛)[392]을 부러워하지 않으랴?
아마 집집마다 이를 복용한다면
땅 위에는 인연(人烟)[393]이 드물어지리.'
도라지 또한 손을 보고 웃으면서
여름벌레가 겨울하늘을 말한다고 하네.
'입에는 다섯 가지 맛[394]이 상쾌한데도
마음 속에는 기름불[395]이 탑니다.
어찌 날마다 대추를 기대하겠습니까?
수명을 연장한들 무슨 소용이겠습니까?
부귀한 집에서는 간혹 이름 내기를 좋아하여
나를 금빛계단 옆에 옮겨심지요.
백여 가지 화초 가운데
도라지가 꼭대기를 독차지한답니다.
도라지는 눈이 꾀하는 것을 따르지만
팔진(八珍)[396]은 입의 이로움을 따르지요.

---

389) 委身은 자신에게 맡기는 것으로 몸소 행함을 가리킨다.
390) 囅(천)은 웃는 모양이다.
391) 倘令은 倘使와 같은 말로 '가령, 혹시'이다.
392) 彭籛은 堯임금의 신하로 殷末까지 팔백세를 살았다는 彭祖를 가리키는데, 姓이 籛이고 彭에 봉해졌기 때문에 붙은 이름이다.
393) 人烟은 집에서 炊事하는 연기로 人家를 가리킨다.
394) 五味는 辛(매운맛)·酸(신맛)·鹹(짠맛)·苦(쓴맛)·甘(단맛)의 다섯 가지 맛이다.
395) 膏火는 기름에 붙은 불인데, 『莊子』「養生主」에 "산의 나무는 쓸모가 있어 자신을 해치고, 기름은 불이 붙기 때문에 자신을 태운다.(山木自寇也, 膏火自煎也.)"라는 글이 있다.
396) 八珍은 八珍味와 같은 말로 성대한 음식상에 갖춘다는 여덟 가지 珍味로 淳母·淳熬·炮牂·炮豚·擣珍·熬·漬·肝膋, 또는 龍肝·鳳髓·免胎·鯉尾·鶚炙·猩脣·熊掌·酥

여러 해 동안 먹히기를 바랐건만
향기로운 것을 부질없이 스스로 버립디다.
비록 다행히 한 번 맛보더라도
쓰고 매워서397) 목으로 겨우 넘기지요.
가축398)들 또한 다투어 나를 차 버리는데
저도 달고 누린 것은 피한답니다.
마음과 입이 다 담박한 것을 좋아함은
이렇게 어진 주인을 만난 때문입니다.
아침 내내399) 그 꽃이 빛나니
약옥(藥玉)400)으로 만든 술잔401)에 띄우십니다.
늘 꿇어앉아서 고당(高堂)402)에 바치니
얼굴빛이 늘 좋으시지요.'
주인이 도라지에게 사례하고서
북돋우어 가꾸기403)를 감히 어기지 못하네.
어찌 남쪽뜰에 난초가 없으랴?
이를 아름답게 여겨 장수(長壽)를 끌어오리.

蓬島産金光　華井出碧蓮
路遠莫致之　虛想彌山川
桔梗垂白華　乃在窮崖顚
根老如人參　花色玉雪姸

略이다.
397) 辛烈은 쓰고 매움, 매우 매움이다.
398) 芻豢은 풀을 먹는 가축[芻]과 곡식을 먹는 가축[豢]이다.
399) 終朝는 새벽부터 아침밥을 먹을 때까지의 시간이다.
400) 藥玉은 돌을 약물로 처리하여 광택이 나게 만든 것이다.
401) 船은 술잔이다.
402) 高堂은 높고 넓은 집으로 부모를 비유한다.
403) 培植은 북돋우어 가꿈이다.

少餐可療疾 久服能作仙
聞余竊相慕 委身植庭前
客來問主人 輒復一囅然
倘令斯言信 孰不羨彭籛
家家應服此 地上少人烟
桔梗亦笑客 夏虫語氷天
口有五味爽 心有膏火煎
日服安期棗 何益壽命延
貴家或好名 移我金堦邊
花草百餘種 桔梗上頭專
桔梗與眼謀 八珍與口便
歷年冀見食 芳菲空自捐
雖幸一嘗之 辛烈僅下咽
芻豢競蹴我 我亦避甘羶
心口淡相宜 得此主人賢
終朝采其華 泛之藥玉船
長跪獻高堂 容顏長好娟
主人謝桔梗 培植不敢愆
豈無南陔蘭 懿此引長年

02-27 화교 별업[404]의 새벽 잠자리에서 들으니 계창우명[405]과 절구질 소리가 번갈아 창화하여[406] 은연중에 일부[407]의 음악을 이루기에, 우연히 절구 한 편을 짓고서 사첨[408]씨에게

404) 別業은 전장이 있는 곳에 지은 別莊으로 別墅라고도 한다.
405) 鷄唱牛鳴은 닭의 노래와 소의 울음이다.
406) 迭和는 번갈아 唱和함이다.
407) 一部는 唐代에 驃局의 樂工을 四部로 나누거나 敎坊樂을 坐部・立部로 나눈 가운데 한 部隊・部類이다.

말해 주다

02-27 花郊別業曉枕, 聞鷄唱牛鳴與春聲迭和, 隱然作一部樂, 偶成一絶, 語士瞻氏

꼬끼오[409] 하는 마을의 닭울음 소리가 돌절구 소리에 화답하고
또 소울음 소리가 때마침 황종궁(黃鍾宮)[410]으로 울리네.
알아듣고 새로운 악보를 만들 사람이 없는데
지는 달은 아득히 먼 봉우리 아래로 떨어지네.

喔喔村鷄和石舂　牛鳴時復動黃鐘
無人解聽成新譜　落月蒼茫下遠峯

02-28 괴성[411]에 들어가는 특은을 입고[412] 자다가 일어나서 홰나무를 읊다

02-28 特[413]被槐省, 睡起咏槐

성(省)[414] 안에서 새울음 소리에 놀라 꿈에서 깨고 나니
파란 산과 푸른 물이 있는 모퉁이에서 돌아온 듯하네.
뜰에 있는 나무는 고사(高士)의 뜻을 알지 못하고

---

408) 士瞻은 권3의 <安侄廷弼立後, 有感題眎從兄安士瞻>과 약산의 모친이 安氏인 점으로 보아 약산의 外從兄의 자인 듯하다.

409) 喔喔은 닭의 울음소리를 형용하다.

410) 黃鍾宮은 雅樂의 十二律 가운데 첫 번째 율로 가장 기본이 되는 율이다.

411) 槐省은 조선시대에 다른 나라와의 외교관계에 관한 문서를 맡아보던 관청인 承文院의 별칭이다.

412) 特被槐省은 약산이 경종 3년(1723)에 文臣庭試에 급제한 뒤에 승문원의 정8품 관직인 著作에 제수된 일을 가리킨다.

413) 원전의 '持'는 문맥으로 보아 '特'의 착오인 듯하다.

414) 省은 官府이다

혼백이 개미굴[415]에서 머물다가 오게 해 주었네.[416]

省中啼鳥夢驚回　回自青山綠水隈
庭樹不知高士意　安排蟻穴待魂來

02-29 복청현[417]의 부성[418] 밖에 있는 동산에 유화동이 있었는데, 당나라[419]의 나무꾼인 남초가 사슴 한 마리를 좇아 석문 안으로 들어가니, 닭과 개와 사람이 사는 마을이 있었다. 한 늙은이를 만나니, '이 곳은 진나라[420]를 피하여 온 땅인데, 그대를 머물 게 할 수 있겠는가?'라고 말하였다. 초가 '돌아가서 아내와 자식과 하직하고 곧 오겠습니다.'라고 말하였다. 석류꽃 한 송이를 주기에 가지고 나왔다가, 나중에 다시 찾아갔으나 길을 잃었다. 사적이 『방여지』[421]에 보이는데, 도원[422]과 서로 비슷하다. 그러나 드러내고 가린[423]

---

415) 蟻穴은 개미의 소굴인데, 여기에서는 槐樹와 蟻穴이 등장하는 晚唐 李公佐의 傳奇小說 <南柯太守傳>의 다음과 같은 내용을 가리키고자 언급되었다. 唐나라 德宗 때 廣陵에 살았던 선비 淳于棼이 술에 취하여 집에서 잠이 들었는데, 公主와 혼인하고 大槐安國 南柯郡의 太守가 되어 20여년 동안 온갖 영화와 고난을 겪었다. 잠에서 깨어 보니 주위는 조금 전과 다름이 없어 겪은 일이 다 一場春夢임을 깨닫고서, 집 앞 홰나무 밑을 살펴보니 커다란 개미굴이 있었다.

416) 安排는 알맞게 배치하거나 늘어놓음이다.

417) 福淸縣은 五代十國 때에 지금의 福建省 福淸市 지역에 두었던 縣의 이름이다.

418) 府城은 府廳의 소재지이다.

419) 唐은 五代十國의 하나로 937년 李昪이 金陵에서 칭제하고 세운 나라로 南唐 이라고도 하며, 975년에 北宋에 망하였다.

420) 秦은 중국 周나라 때의 제후국의 하나로 戰國時代에는 七雄의 하나가 되었으며, 始皇帝 때에 최초로 천하를 통일하였다.

421) 『方輿誌』는 宋 祝穆이 편찬한 『方輿勝覽』을 가리키는데, 이 이야기는 이 책 권10의 「福建路」 <福州>에 실려 있다.

422) 桃源은 桃花源의 준말로 東晋 陶潛의 <桃花源記>에 등장하는 武陵山에 있었다는 理想鄕인데, 秦의 暴政을 피해서 숨은 이들의 후손들이 君主의 착취가 없고 풍속이 순후한 곳에서 자급자족하면서 안락한 공동생활을 하였다고 한다.

것이 있음은 홀로 도원량[424]의 고사와 대응되지 않는다. 드디어 원량의 <도원시>[425]의 운을 밟는다[426]

02-29 福淸縣府城外東山, 有榴花洞, 唐樵者藍超逐一鹿, 入石門內, 有雞犬人烟. 見一翁, '此避秦地也, 留卿可乎?' 超曰, '歸別妻子乃來.' 與榴花一枝而出, 後再訪之則迷矣. 事見方輿誌, 與桃源相類. 而有顯晦者, 獨不遇陶元亮故也. 遂步元亮桃源詩韻

골짜기에는 구름이 예나 그때나 비껴 있었는데
동천(洞天)[427]은 속인의 세상과 막혀 있었네.
속세에서 살다가 마음이 편안하지 않아
자취를 감추고[428] 골짜기 안으로 갔네.
샘에 가서 옷과 수건을 씻고 나서
구름을 헤치고 황폐한 땅을 개간하였네.
그윽한 마음은 어찌 그리 상쾌하였던가?
깊숙한[429] 곳은 모두 쉴 만하였다네.
즐겁게[430] 이웃과 결사(結社)하고[431]
석류꽃을 사랑하여 부지런히 심어서 가꾸었네.[432]

---

423) 顯晦는 숨어사는 것을 드러냄인데, 여기에서는 이 전설이 나무꾼을 다시 오라고 함으로써 그들의 삶을 드러내고자 한 데 대하여, <桃花源記>에서는 바깥세상 사람들에게 말하지 말라고 한 점을 대비하여 가리킨 말이다.

424) 元亮은 東晉의 시인 陶潛(365~427)의 자로, 다른 자 또는 호는 淵明이다. 29세에 관직에 나아갔다가 곧 사직하였고, 41세에 彭澤縣令이 되었으나 두 달 만에 사직하고 전원으로 돌아갔다. <歸去來辭>가 유명하다.

425) <桃源詩>는 陶潛의 <桃花源記>에 붙여 놓은 32구로 이루어진 5언고시이다.

426) 步韻은 타인이 지은 시의 韻字를 따서 화답하는 시를 짓는 것이다.

427) 洞天은 골짜기 안의 別天地라는 뜻으로 道敎에서 말하는 神仙의 거처이다.

428) 滅跡은 자취·흔적을 없앰으로 행방을 감추거나 물러나서 숨음을 가리킨다.

429) 窈窕는 깊은 모양, 신비스러운 모양이다.

430) 歡言은 즐거워함, 또는 즐거운 모양, 기뻐하는 모양으로, '言'은 虛字이다.

431) 結社는 뜻을 같이 하는 사람들이 단체를 만듦이다.

432) 樹藝는 심어서 가꿈, 재배함이다.

석류[433]의 꽃은 진(秦)나라의 비를 가려 주고
석류의 열매에는 진나라의 세금이 없었네.
꽃과 열매에 절로 광음(光陰)[434]이 흐르고
신선의 삽살개는 일찍이 짖은 적이 없었네.
산의 늙은이가 사슴 한 마리를 길렀는데
방일(放逸)하여[435] 제압할 수 없었네.
골짜기를 나가더니 나그네를 이끌고
갑자기[436] 숲 속의 집으로 왔네.
집을 그리워하느라고 생각[437]이 얽혔으니
도를 배움을 어찌 평소에 힘썼으랴?
꽃이 피면 다시 서로 만나자기에
다음 해를 가리키며 힘을 쓰기로 하였네.
주었던 꽃은 손에 잡을 수 있었지만
길을 기억함에는 눈이 밝지 못하였네.
신선과 범인(凡人)은 벌써 길이 다르기에
조물(造物)[438]이 영계(靈界)[439]의 문을 닫았으리.
산 바깥에서는 일월(日月)[440]이 빠를 때에
산 속은 안개와 놀에 가려져 있었네.

---

433) 石榴는 석류나뭇과에 딸린 낙엽활엽교목으로 인도·페르시아가 원산지이며 우리나라 남부지방에서도 자란다. 잎은 긴 타원형이나 거꾸로 된 달걀 모양으로 가지 끝에 피며 광택이 난다. 6월에 짙은 등홍색의 六瓣花가 가지 끝이나 잎겨드랑이에서 피고, 열매는 10월에 익으며 속에 있는 붉은 알맹이는 먹는다. 뿌리와 열매의 껍질은 이질 따위의 약이나 구충제로 쓰인다

434) 光陰은 빛과 그늘로 세월을 비유하며, 炛은 光의 古字이다.

435) 放逸은 방종하여 얽매이지 않음이다.

436) 忽漫은 '갑자기, 뜻밖에'를 뜻한다.

437) 分慮는 分別과 思慮이다.

438) 造物은 造物者의 준말로 천지만물을 창조하고 관장하는 神이다.

439) 靈界는 神靈이 사는 곳이다.

440) 日月은 해와 달로 歲月을 비유한다.

다만 나는 속세의 그물[441]에 떨어졌기에
생각을 시원한 바람의 밖에 의탁할 뿐이네.
자연자(紫淵子)[442]는 힘써서
신령과 손잡고 교제하시라.[443]

洞雲橫古今　洞天限人世
處世心不夷　滅跡洞中逝
臨泉濯衣巾　開雲墾荒廢
幽情一何愜　窈窕皆可憩
歡言結隣社　愛榴勤樹藝
榴花隔秦雨　榴實無秦稅
花實自光陰　仙狵未曾吠
山翁養一鹿　放逸不能制
出洞引樵客　忽漫林莊詣
思家糾分慮　學道奈素厲
花開復相見　努力指來歲
贈花手堪把　記逕眼未慧
仙凡旣殊塗　造物閟靈界
山外日月駛　山裏烟霞蔽
顧我墜世網　寄想泠風外
勖哉紫淵子　携手作神契

02-30 유화동 절구. 15수
02-30 榴花洞絶句十五首

441) 世網은 세상의 그물로 세상사의 번거로움이나 구속을 비유한다.
442) 紫淵子는 깊은 못 가에서 은거하는 사람인데, 여기에서는 시인 자신을 가리킨다.
443) 神契는 神交와 같은 말로 神靈과 교제함, 神靈을 통하여 교제함이다.

선계(仙界)의 문을 두드리는[444] 그대는 누구인가?
불을 빌리러 온 동쪽이웃의 아이가 처음으로 말하였다네.
조금 지나자[445] 소리가 들리기에 놀라 일어나 앉았더니
말소리가 옛날 진나라 때와는 조금 달랐네.

仙扉剝啄爾爲誰　始道東隣乞火兒
少頃聞聲驚起坐　語音稍別古秦時

꽃그늘에 온 몸이 덮여 요단(瑤壇)[446]에 누운 사람이라
속세의 예절을 버렸기에 절하려고 일어나기 어려웠으리.
단액(丹液)[447]이 손님의 식성에 어긋날 것을 걱정하여
신선의 소반에 닭고기와 기장밥을 억지로 늘어놓았다네.

滿身花影卧瑤壇　俗禮拋來拜起難
丹液恐違賓食性　强將鷄黍飣仙盤

날리는 속세[448]의 먼지는 구름 속[449]에 이르지 못하거늘
오늘 그대를 만나니 문득 마음이 처량해지네.
진(秦)・한(漢)・수(隋)・당(唐)에 대한 긴 말이 끝나자
달은 석류나무 서쪽으로 옮겨져 있네.

---

444) 剝啄은 '똑똑, 딱딱'에 해당하는 의성어로 문을 두드리는 소리, 새가 나무를 쪼는 소리, 바둑을 두는 소리 등을 형용한다.
445) 少頃은 잠시. 잠깐 동안이다.
446) 瑤壇은 옥으로 높이 쌓은 대로 흔히 신선이 사는 곳을 비유한다.
447) 丹液은 붉은 빛이 나는 액체로 道家에서 長生不死하고자 먹는 藥이다.
448) 劫塵은 永劫의 塵世라는 뜻으로 人間・人生世間・俗世에 해당하는 불교어이다.
449) 雲棲는 구름 속에 산다는 뜻으로 은거하는 곳을 가리킨다.

刼塵飛不到雲棲　今日逢君意忽悽
秦漢隋唐長語了　月輪移在石榴西

동남동녀를 봉래(蓬萊)450)와 영주(瀛洲)451)에 들여보내고도
장생하려는452) 진(秦) 황제의 계획은 이루어지지 않았네.453)
나는 세상을 도피하여 가서 살고픈 생각이 없건만
무생(無生)454)에서 바야흐로 장생을 배울 수 있다네.

童男童女入蓬瀛　秦帝長生計未成
我欲無生逃世去　無生方得學長生

산 속에는 책력(冊曆)455)이 없어도 절후가 절로 바뀌니
봄이 오고 가을이 감을 내가 어찌 알랴?
뜰 앞에서 석류꽃이 새로 피는 것을 본 것이
사월의 일이었음을 어렴풋이 기억한다네.

無曆山中節自移　春來秋去我何知
庭前新見榴花發　記得依俙四月時

부르지 않았는데도 한가로이 놀던 흰 사슴을 타고 오더니

---

450) 蓬萊山은 전설상의 신선이 산다는 산인 三神山 가운데 하나이다.
451) 瀛洲山은 전설상의 신선이 산다는 산인 三神山 가운데 하나이다.
452) 長生은 오래 삶, 영원히 삶이다.
453) 이 두 구절은 진시황이 方士 徐市[또는 徐福]으로 하여금 童男童女 수천명을 거느리고 불사약을 구하러 東海에 있다는 三神山으로 보냈으나 그들이 돌아가지 않은 일을 가리키고자 한 것이다.
454) 無生은 생멸이 없음을 뜻하는 불교어로, 모든 法의 實相은 태어나고 없어짐이 없음을 가리킨다.
455) 冊曆은 옛날의 달력으로 日曆이라고도 하였다.

동쪽의 이웃과 서쪽의 집으로 걸음이 이어졌네.
나무꾼은 헤어질 때에 괴로워함을 고이히 여기지 말지니
팔백년 만에 처음으로 이별을 겪는다오.

白鹿閑遊不喚騎 東隣西舍步相隨
樵郎莫恠臨分苦 八百年來始別離

진세(塵世)와 이어진 머나먼 선계의 길에서
산새들도 속인의 복장을 괴상스레 보았으리.
운장(雲莊)[456]에선 곡식을 심지 않고[457] 다리 옆엔 버들이 있었는데
다만 석류꽃을 꺾어서 떠나는 이에게 주었다네.

仙路迢迢接世塵 山禽恠看俗衣巾
雲莊不種河橋柳 只折榴花贈去人

물 가 부근에 감히 석류나무를 심지 않음은
물에 뜬 꽃이 수많은 산을 지나감을 두려워한 때문이네.
끝내 나무꾼의 손에 말미암아 누설되고 말았으니
봄을 갈무리하려고[458] 헛되이 마음을 쓴[459] 일을 문득 웃네.

不敢栽榴近水潯 恐浮花去度千岑
終然漏洩樵人手 却笑藏春枉費心

---

456) 雲莊은 운무에 휩싸인 마을이다.
457) 不種은 씨앗을 심지 않음이다.
458) 藏春은 봄의 기운이나 陽氣를 가두어서 간직하는 것이다.
459) 枉費는 헛되이 소비함이다.

안개가 겹겹이 푸른 산을 가둔 곳에 있을 때에는
인세에 떨어져 영고(榮枯)를 겪은[460] 일을 뉘우쳤으리.
돌아보니 선동(仙童)이 간절하게[461] 말하기를
'이제부터는 등한하여 작은 사슴을 풀어놓지 않아야지' 하네.

烟霧重重鎖碧山　悔將消息落人間
丁寧顧向仙童語　小鹿從今莫放閑

깊숙한 돌문 안에서는 나무꾼의 도끼자루가 다 썩었는데[462]
인세에 돌아가 보니 세월이 많이 흘러 있었다네.
손에 있는 석류꽃이 보이지 않았다면
응당 꿈에 간 탓에 길을 알았다[463]고 판단하였으리.

樵柯爛盡石門幽　歸去人間歲月流
不是榴花看在手　判應知道夢中遊

돌문 안의 깊숙한 곳에서 만날 약속을 하였는데[464]
푸른 산이 어렴풋이[465] 보이자 다시 이르렀구나 하였네.

---

460) 消息은 사라지고 자라남으로 榮枯·盛衰·增減을 가리킨다.
461) 丁寧은 말이 懇切한 모양이다.
462) 爛柯는 도끼자루가 썩는다는 뜻으로, 南朝 梁나라 任昉의 『述異記』에 나오는 다음 고사에서 유래하여, 세월이 흘러 인사가 바뀜을 비유한다. 晉의 王質이 산에 나무하러 가서 두 童子가 바둑두는 것을 구경하다가, 대추씨처럼 생긴 것을 하나 주기에 먹었더니 배고픔을 느끼지 못하였는데, 동자가 왜 돌아가지 않느냐고 묻기에 일어나서 보니 도끼자루가 다 썩어 있었고, 집에 돌아가니 당시 사람이 아무도 없었다.
463) '知道夢中遊'는 鄭나라의 어떤 사람이 나무를 하다가 사슴을 잡아 감추어 두고는 너무 기쁜 나머지 그 장소를 잊은 채 길을 가면서 '꿈에 겪은 일인가' 하고 중얼거렸더니, 이를 엿들은 사람이 사슴을 찾아서 가지게 되었다는 『列子』「周穆王」의 고사를 가리키고자 한 표현이다.
464) 佳期는 남녀가 만나기로 약속한 시기나 기약이다.

골짜기466)에는 흰 구름과 향기로운 풀이 가득하고
바위이끼는 여전히 사슴을 따라 지나갈 때와 같았으리.

石門深處有佳期 隱隱青山再到疑
芳草白雲迷洞壑 巖苔猶似鹿過時

신선의 집에 이틀을 묵은467) 것 또한 선인(仙因)468)인데
신선의 집을 본 사람인들 몇이나 있었으랴?
무릉(武陵)469)과 같은 승지(勝地)에서도 맨손으로 돌아갔을 뿐
일찍이 한 가지의 봄꽃도 가지고 간 적이 없다네.

仙莊信宿亦仙因 薄470)見仙莊有幾人
勝似武陵徒手返 不曾携去一枝春

요적(瑤籍)471)에는 생각을 속세에 둔 이의 이름이 없거늘
어찌 신령스러운 산에 자주 이를 수 있었으랴?
남초(藍超)의 유골은 어느 곳의 무성한 봄풀472)에 묻혔기에
길이 선옹(仙翁)의 웃음거리 속에 나오는 사람이 되었는가?

---

465) 隱隱은 분명하지 않은 모양, 어렴풋한 모양이다.
466) 洞壑은 깊은 골짜기, 또는 仙人이 사는 골짜기이다.
467) 信宿은 이틀밤을 묵는 것인데, 信은 이틀, 이틀밤을 뜻한다.
468) 仙因은 仙緣과 같은 말로 仙人과의 인연, 또는 도를 닦아 신선이 되는 연분이다.
469) 武陵은 漢代에 湖南省 溆浦縣 남쪽에 두었던 군 이름인데, 여기에서는 東晋 陶潛의 <桃花源記>에 등장하는 이상적 선경인 武陵桃源을 가리킨다.
470) 奎章閣本 原典의 匡郭 위의 '薄은 得인 듯하다.(薄恐得)'라는 교정기록이나 의미맥락으로 보아 '薄'은 '得'의 착오인 듯하다.
471) 瑤籍은 仙籍과 같은 말로 신선의 名簿이다.
472) 春蕪는 무성하게 짙푸른 봄날의 풀이다.

瑤籍無名念有塵　靈山那得到來頻
春蕪何處藍超骨　長作仙翁笑裏人

세상의 바깥473)에 살아도 의관474)을 차림이 옛날의 제도이기에
또 응당 경적(經籍)475)에도 주(周)나라가 남긴 자취가 있네.
나무꾼은 다만 석류꽃을 지니고 나갔을 뿐
진(秦)나라의 화로에 타지476) 않은 책은 찾지 않았다네.

古制衣冠世表居　也應經籍有周餘
樵郎只把榴花出　未索秦爐火外書

태평한 시절을 살아서 만나매 감정을 누를 수 없기에477)
은거한다면서도 여전히 스스로 경성이 가까운 데서 산다네.
석류꽃 그림자 속에 속세의 자질구레한 일478)이 없다면
사람세상 어느 곳인들 청복(淸福)479)이라 하지 않으랴?

聖世生逢未忘情　隱居猶自近京城
榴花影裏無塵事　何處人間不福淸

02-31 저녁에 앉아 있다가 운을 부르기에480)

473) 世表는 이 세상의 바깥이다.
474) 衣冠은 선비의 옷과 갓으로 선비·벼슬아치·文明禮敎를 비유한다.
475) 經籍은 儒家의 經書나 옛날의 圖書를 가리킨다.
476) 秦爐火는 秦始皇이 학자들의 정치비평을 금하기 위하여 經書를 태우고 학자들을 구덩이에 生埋葬한 일인 焚書坑儒를 가리킨다.
477) 忘情은 자기의 감정을 억제하지 못함이다.
478) 塵事는 속세의 자질구레한 일이다.
479) 淸福은 조용하고 한가로이 지내는 행복이다.
480) 呼韻은 唱韻과 같은 말로 남이 부르는 운에 따라 시를 짓는 것이다.

02-31 夕坐呼韻

술을 마신 뒤에는 얼굴에 문득 엄숙함이 풀리었건만
어찌하여 쓸데없는 근심[481]이 눈썹 끝에 올라오게 하는가?
궁통(窮通)[482]을 떠나 임금을 그리워하기에 아직도 속세에 머물고
처음부터 끝까지[483] 산을 보려고 발을 내리지 않네.
솔숲은 먼 곳의 시끄러운[484] 바람소리[485]를 머금고
매화나무는 가느다랗게 안온한[486] 달빛[487]을 받네.
청의(靑衣)[488]에게서 우연히 빌린 새 책이 이르렀으니
응당 밤에 등불을 쓰려면 심지 하나를 보태야 하리.

酒後容顔却解嚴　閑愁寧遣上眉尖
窮通戀主仍留世　終始看山不下簾
隱隱松含天籟遠　徐徐梅得月鉤纖
靑衣偶借新書至　應費宵燈一炷添

02-32 이백숭이 부친 시에 차운하다
02-32 次李伯崇見寄

도성 남쪽의 거리에 눈이 쌓이니
그 때문에 갠 하늘의 달[489]이 신선해지네.

---

481) 閑愁는 한가하여 생기는 시름, 또는 괜히 생기는 뜻없는 근심이다.
482) 窮通은 막힘과 통함으로 곤궁과 현달을 가리킨다.
483) 終始는 시작과 끝, 처음부터 끝까지이다.
484) 隱隱은 우레·수레 등의 의성어이다.
485) 天籟는 새소리·바람소리·물소리 등 자연이 내는 소리이다.
486) 徐徐는 느릿한 모양, 安穩한 모양이다.
487) 月鉤는 낚시바늘처럼 생긴 달로 초승이나 그믐께의 달을 가리킨다.
488) 靑衣는 푸른빛의 옷으로 儒生·道士나 신분이 낮은 사람이 입던 것이다.

이 밤이 마침 고요하고 그윽하니[490]
고상한 사람[491]은 절로 비고 깨끗해지네.[492]
진세에서는 꿈을 꾸면 꿈에 대하여 점을 치는데[493]
운산(雲山)[494]은 웃으면서 얼굴을 찌푸리지 않네.
유하혜(柳下惠)와 백이(伯夷)[495]는 비록 성품이 달라도
다 곧은 도리를 지니고 가난을 편안하게 여겼네.

積雪城南巷　因之霽月新
靚幽當此夜　虛白自高人
塵世夢占夢　雲山嚬不嚬
惠夷雖異性　直道盡安貧

02-33 갑진년[496] 대전[497]의 춘접자[498] * 으뜸을 차지하니[499] 상으로 상

---

489) 霽月은 갠 날의 달, 밝은 달이다.
490) 靚幽는 幽靜과 같은 말로 그윽하고 고요함, 맑고 고요함이다.
491) 高人은 高士와 같은 말로 志行이 고상한 사람이다.
492) 虛白은 마음이 깨끗하고 욕심이 없음이다.
493) 占夢은 꿈을 점치는 것으로 꿈의 길흉을 판단함을 가리킨다.
494) 雲山은 구름이 덮인 산으로 塵世를 멀리 떠난 곳, 隱者나 出家한 사람의 거처를 비유한다.
495) 惠夷는 柳下惠와 伯夷의 합칭이다. 柳下惠는 춘추시대 魯나라의 大夫 展禽을 가리키는데, 柳下에 采邑을 가지고 있고 謚號가 惠인 데서 붙은 이름이다. 伯夷는 殷末 孤竹君의 장자로 周 武王이 紂王을 정벌하고 천하를 차지하자, 周나라 곡식을 먹지 않겠다고 하여 수양산에 들어가 고사리를 캐먹다가 죽었다. 『孟子』「公孫丑 上」에 "柳下惠는 더러운 임금을 부끄럽게 여기지 아니했고, 작은 관직을 낮다고 여기지 아니했다. 나아가서 자신의 현명함을 숨기지 아니하고 반드시 자기의 올바른 도리로써 일했다. 버림을 받아도 원망하지 아니하고, 곤궁하여서도 민망히 여기지 아니하였다.", "伯夷는 도량이 좁고, 柳下惠는 태도가 불공하다. 도량이 좁고 태도가 불공함을, 군자는 취하지 아니한다."라는 글이 있다.
496) 甲辰年은 경종 4년(1724)이다.
497) 大殿은 중요한 儀式을 거행하거나 사신・대신을 접견하는 궁전이다.
498) 春帖子는 立春日에 대궐 안의 각 殿閣 기둥에 써 붙이는 柱聯으로, 製述官에게 명하여 하례하는 시를 지어 올리게 하고 꽃무늬가 든 종이에 써서 붙였다.
499) 居魁는 우두머리를 차지함. 또는 그런 사람이다.

현궁[500]을 하사하셨다.

02-33 甲辰大殿春帖子 * 居魁, 賞賜上弦弓.

눈이 다 녹은 봉래산[501]에는 오색구름[502]이 나지막한데
옥폐[503]에서는 새 봄을 맞이하느라고 채색의장[504]이 가지런하네.
화악루(花萼樓)[505]에서는 봄날에 할미새[506]가 나란히 날고
장추궁(長秋宮)[507]에서는 새벽에 닭이 비로소 분주하네.
진년(辰年)에 요임금 시절[508]의 위대함을 다시 보는데
인월(寅月)[509]에 한나라의 조서를 지으려고 다투어 잡아당기네.
이영(邇英)[510]의 강석[511]에서 세 번 접견[512]을 마치시고 나자
상서로운 빛이 오문(午門)[513]의 서쪽으로 옮겨 내려가네.

蓬萊雪盡五雲低　玉陛迎新彩仗齊
華萼樓春飛並鶺　長秋宮曉趁初鷄.

---

500) 上弦弓은 옛날에 벼슬아치들에게 상으로 주던 상현궁처럼 생긴 질이 좋은 활이다.
501) 蓬萊山은 동해의 동쪽에 있는 仙人이 산다는 산으로 三神山의 하나이다.
502) 五雲은 오색을 띤 상서로운 구름이다.
503) 玉陛는 궁전의 섬돌로 궁궐을 가리킨다.
504) 彩仗은 채색으로 장식한 儀仗이다.
505) 華(花)萼樓는 唐나라의 玄宗 때 세워진 宮樓이다.
506) 鶺은 할미새로 형제를 비유하는데, 『詩經』「小雅」 <常棣>에 "할미새가 언덕에 있는데, 형제는 급할 때에 구제하네.(鶺鴒在原, 兄弟急難.)"라는 구절이 있다.
507) 長秋宮은 漢代의 궁전으로 처음에는 高祖가 기거하다가, 뒤에 황후가 기거하였으므로, 흔히 황후의 별칭으로 쓰였다.
508) 堯天은 堯임금 때와 같은 태평한 세상이나 시절이다.
509) 寅月은 음력 정월이다.
510) 邇英은 군주가 英才를 가까이 한다는 뜻으로 붙인 宋代에 禁苑宮에 두었던 전각의 이름인데, 여기에서는 經筵이 열린 전각을 가리킨다.
511) 講席은 講論하는 자리인데 여기에서는 經筵을 가리킨다.
512) 三接은 晝日三接의 준말로 군주가 하루 낮에 세 번 접견하였음을 뜻하며, 군주의 총애와 예우를 깊게 입음을 가리킨다.
513) 午門은 宮城의 정문으로 群臣이 조회나 교지를 기다리던 곳이다.

辰年復見堯天大　寅月爭攀漢詔題[514)]
講席邇英三接寵　瑞暉移下午門西

＊ 연초[515)]에 농사를 권장하는 비망기[516)]를 내리셨다.
＊ 歲首, 降勸農備忘記.

02-34 고당[517)] 외침[518)]의 춘첩자
02-34 高堂外寢春帖

평생의 뜻이 본래 사치스럽지 않기를 바라시기에
안개와 놀 속[519)]에 편안히 누워서[520)] 세월[521)]을 보내시네.
문 앞의 길[522)]에는 의객(醫客)[523)]의 도착이 끊어짐이 없고
대청의 자리에는 벗의 시끄러움이 늘 있네.
신선의 집에는 날마다 붉은 석류나무 그림자가 머무는데
축수의 술[524)]은 봄날에 하얀 도라지꽃 옆에서 익네.
어버이[525)]의 젊으신 얼굴[526)]에는 자주 웃음이 떠오르는데
어린 손자들이 지은 춘첩자는 글자가 갈가마귀와 같네.

---

514) 姜浚欽의 『三溟詩話』에서 임금이 몸소 批點과 貫珠를 가한 연이라고 한 부분인데, '寅月爭'은 '寅月重'으로 되어 있다.
515) 歲首는 年初로 한 해의 첫째 달을 가리킨다.
516) 備忘記는 임금이 명령이나 의견을 적어 承旨에게 전하던 문서이다.
517) 高堂은 높고 큰 집으로 父母의 처소를 가리키며, 흔히 부모를 비유한다.
518) 外寢은 正寢의 별칭인데, 여기에서는 사랑채의 寢所이다.
519) 烟霞는 안개와 놀로 아름다운 산수를 비유한다.
520) 高枕은 베개를 높이 베는 것으로 편안하게 눕거나 한가한 곳에 몸을 붙임을 비유한다.
521) 歲華는 세월, 또는 봄 경치이다.
522) 門巷은 門戶와 문으로 들어가는 좁은 길이다.
523) 醫客은 醫員이다.
524) 壽酒는 장수를 축하하는 술이다.
525) 鶴髮은 老人의 白髮로 부모를 비유한다.
526) 韶顔은 예쁜 얼굴로 젊음을 비유한다.

平生意望本非奢　高枕烟霞送歲華
門巷斷無醫客到　堂筵長有友朋譁
仙家日住紅榴影　壽酒春濃白梗花
鶴髮韶顏頻帶笑　小孫題帖字如鴉

02-35 이화중[527]이 부친 <조춘시>에 차운하다
02-35 次李和仲早春詩見寄

글짓는 모임과 바둑두는 자리에서 맺은 정을 잊지 않고 있는데
이른 <조춘시>를 보니 영접하기[528]를 바라시네.
강의 모습에서는 이미 멀리 갈 돛의 기세가 생겨나고
들의 뜻은 바야흐로 온갖 풀의 싹이 솟아오르게 하네.
사주(蜡酒)[529]와 납매(臘梅)[530]는 어제의 꿈과 같은데
산비둘기[531]와 갠 날의 새는 새로운 소리를 드날리네.
다만 뜰에서 높이 사흘이나 늦어짐을 안타까워하나니
일을 좋아한[532] 후파(侯芭)[533]는 억지로 책을 끼고[534] 갔다네.

527) 和仲은 조선 후기의 문신 李重協(1681～?)의 자이다. 본관은 慶州, 正言 瀷의 증손이다. 숙종 39년 증광문과에 갑과로 급제하여 정언·지평을 거쳐 동지사 서장관으로 淸에 다녀왔다. 경종 때 사간·수찬·교리 등을 역임한 뒤, 대간의 도리를 어긴 일로 海南에 유배되었다가 慶源으로 이배되었다. 영조 초에 승지를 거쳐 江春道觀察使를 지내고, 대사간·공조참판을 거쳐 도승지에 올랐다
528) 逢迎은 영접함, 접대함이다.
529) 蜡酒는 臘祭에 쓰는 술인데, 臘祭는 섣달에 종묘와 사직에 지내던 제사로 중국에서는 동지 후 세 번째 戌日에, 우리나라에서는 세 번째 未日에 지냈다.
530) 臘梅는 음력 섣달에 꽃이 피는 매화이다.
531) 雨鳩는 산비둘기의 별칭으로 비가 오려고 하면 급하게 우는 데서 붙은 말이다.
532) 好事는 일거리를 만들기 좋아함이다.
533) 侯芭는 前漢 말의 학자로 揚雄의 門人이 되어 『太玄經』·『法言』을 전수받았는데, 스승이 죽자 心喪三年의 예를 갖추었다.
534) 挾經은 책을 옆에 낌이다.

文社棋場未忘情　早春詩到要逢迎
江容已作長帆勢　野意方掀百草萌
蜡酒臘梅如昨夢　雨鳩晴鳥揔新聲
園遊剛恨遲三日　好事侯芭强挾經

* 화중이 나를 초대하여 한적한 정원의 풀밭에 앉아서 담화를 나누기를 바랐다. 그러나 마침 가르침을 청하는535) 사람이 와서, 마땅히 사흘 동안 공부를 해야 하겠기에 마지막 구절에서 언급하였다.
* 和仲邀我要作閑園藉草之話. 而有問字人適至, 當費三日工夫, 故末句及之.

02-36 우연히 바닷가 마을의 벗의 정사536)에 이르러 삼각봉537)을 바라보다
02-36 偶到海村友人精舍, 望三角峯

푸른 하늘에 겹쳐진 푸른 그림자가 반쯤 떨어지고538)
오천 길 너머에는 옥빛 부용(芙蓉)539)이 솟아 있네.
뜬 구름 한 무더기가 공중에 솟아오르니
네 번째 높다란540) 봉우리가 보태지네.

半落靑天翠影重　五千仞外玉芙蓉

535) 問字는 남에게 학문을 배우거나 가르침을 청함으로, 前漢의 劉棻이 古文奇字를 많이 아는 揚雄을 찾아가서 글자를 물은 고사에서 유래한다.
536) 精舍는 학문을 닦거나 독서를 하는 곳이다.
537) 三角峯은 三角山을 가리키는데, 서울 북쪽에 있는 산으로 白雲臺 · 萬景臺[國望峯] · 仁壽峯의 세 봉우리가 있어서 붙은 이름이며, 北漢山 · 華山 · 華嶽으로도 불린다.
538) 半落靑天은 李白의 <登金陵鳳凰臺>의 頸聯인 "삼산은 푸른 하늘 밖에 반쯤 떨어지고, 이수는 백로의 섬을 중간에서 나누네.(三山半落靑天外, 二水中分白鷺洲.)"에서 蹈襲한 구절이다.
539) 芙蓉은 연꽃의 별칭, 또는 木蓮이다.
540) 崑嶢는 산이 높은 모양이다.

浮雲一朶空中出　添作岧嶤第四峯

02-37 다시 조계[541])의 폭포를 바라보다
02-37 又望曹溪瀑

꼭 우레소리가 베개 부근까지 시끄러운 것은 아니지만
다만 남겨진 무지개 그림자가 발을 걷게 하네.
구천(九天)[542])의 은하수는 아직도 속세를 싫어하기에
조용히 폭포[543])를 마주하고[544]) 있건만 한 마디 말이 없네.

不必雷聲近枕喧　但敎虹影捲簾存
九天銀漢猶嫌俗　淨對飛流無一言

02-38 한식날에 은와[545]) 선생께서 현산[546])에서 보내신 서찰을 받았는데, 서찰에 이르기를 '바닷가의 풍기[547])가 매우 나빠

541) 曹溪는 漢陽 近郊의 시내나 사찰 이름인 듯하다.
542) 九天은 높은 하늘, 하늘의 가장 높은 곳, 방위에 따라 나눈 아홉 하늘이다.
543) 飛流는 飛泉과 같은 말로 瀑布이다.
544) 淨對는 고요히 마주함이다.
545) 恩窩는 조선 후기의 문신 蔡彭胤(1669~1731)의 호로 본관은 平康, 자는 仲耆, 다른 호는 希菴이다. 증광문과에 갑과로 등제하여 검열이 되고 곧 賜暇讀書했으며, 시로 숙종의 인정을 받아 禁中에서는 언제나 내시가 따라다니며 시를 베껴 올리게 하였다고 한다. 東宮官을 거쳐 정언으로 있을 때 弘文錄에 올랐으나, 李珥・成渾의 文廟黜享을 주장한 李玄齡의 상소에 동참한 일로 삭제되었다. 남인인 탓에 甲戌換局 후에 관직을 떠나 거의 야인으로 살다가 숙종 44년(1718)에 舒川郡守로 복관한 뒤에 대사간・도승지・예문제학 등을 거쳐 병조참판을 마지막으로 타계했다. 『希菴集』을 남겼고, 『昭代風謠』의 편찬했다고도 하며, 글씨에도 빼어나서 大花寺重創碑와 大興寺事蹟碑의 글씨가 남아 있다. 1698년경부터 寓居 詠恩窩에 서재를 열고 東壁壇詩社를 결성하여 吳光運을 비롯한 청남계 신진들에게 학문과 문사를 가르쳤다.
546) 峴山은 강원도 襄陽의 옛 이름인데, 채팽윤은 1721년 12월부터 1724년 11월까지 4월까지 양양부사를 지냈다.
547) 風氣는 공기와 바람으로 대개 기후를 가리킨다.

서 질병이 그칠 때가 없거늘, 그대[548]는 어찌하여 시 한 편을 나에게 부쳐서 나의 근심스럽고 답답함을 위로하여 트이게 하지 않는가?'라고 하셨다. 인편에 주느라고 바쁘고 다급하여 소략하게 율시 한 편을 드린다

02-38 寒食, 得恩窩先生在峴山書, 書曰, "海上風氣殊惡, 疾病無已時, 賢何不以一詩寄我, 慰豁我愁鬱乎?" 臨便忙卒, 畧呈一律

세 해나 관산(關山)[549]에 머무느라고 길이 아득하여[550]
구름 낀 바다 끝에서 향수(鄕愁)[551]가 끝이 없으시리.
서신이 제비의 뒤를 따르자 한식(寒食)[552]이 왔는데
땅이 오산(鰲山)[553]의 꼭대기에 닿으니 냉관(冷官)[554]이 사네.
경국(京國)[555]의 연화(烟花)[556]는 헤어져 작별함에 익숙하게 하였건만
습지(習池)[557]의 풍경은 취하고 깨기가 어렵게 하였으리.
멀리서도 알겠네, 금련(金蓮)[558]의 궁촉[559]이 그림자를 지으면서

---

548) 賢은 2인칭의 존칭이다.
549) 關山은 관문이나 요새 주변의 산이다.
550) 杳漫은 아득히 멂이다.
551) 鄕愁는 고향을 그리워하는 마음이나 시름이다.
552) 寒食은 冬至로부터 105일째 되는 날에 드는 節氣로 양력으로는 4월 5·6일쯤인데, 나라에서는 宗廟·陵園에 祭享을 올리고 민간에서는 조상의 무덤에 제사를 지냈다.
553) 鰲山은 전설상의 신선이 산다는 산인데, 『列子』「湯問」에 따르면 渤海 동쪽의 큰 바다 속에 있으며, 땅의 뿌리와 연결되어 있지 않아 늘 물결에 떠다녔으므로, 西極으로 흘러갈 것을 염려한 天帝가 큰 바다거북으로 하여금 머리로 이고 있게 하여 움직이지 않게 되었다고 한다.
554) 冷官은 추위를 맡은 관료라는 뜻으로 추위를 비유한다.
555) 京國은 京都이다.
556) 烟(煙)花는 안개 속의 꽃, 아름다운 봄철의 경치이다.
557) 習池는 習家池의 준말로 지금의 湖北省 襄陽縣 峴山의 남쪽에 있었던 연못인데, 西晉 때의 시인 山簡이 그 옆에서 술을 즐겨 마셨다고 하며, 高陽池라고도 하였다. 여기에서는 양양에 있었던 연못이기 때문에 언급하였다.
558) 金蓮은 꽃무늬가 있는 종이로 만든 燈籠이다.
559) 宮燭은 궁중에서 쓰는 밀초이다.

금당(琴堂)560)에서 꿈561)을 깨실 때까지 실컷 비출 것을.

三歲關山路杳漫　鄕愁無極海雲端
書隨燕後來寒食　地接鰲頭住冷官
京國烟花離別慣　習池風景醉醒難
遙知宮燭金蓮影　厭照琴堂宦夢闌

02-39 북사562)가 끊임없이 이어짐563)을 나라에서 감당할 수 없기에, 장난으로 지어 채붕564)을 구경하는 아이들에게 보여주다

02-39 北使絡繹, 國不能堪, 戲題示觀棚兒童

백년 동안에 호족(胡族)553)의 운수가 궁색해진 적이 없으니
압록강(鴨綠江)554)이 어찌 북동쪽의 한계555)가 될 수 있으랴?
끊임없이556) 여진(女眞)557)의 사신을 싣고 오니
뽐내면서558) 대명궁(大明宮)559)으로 들어가네.

---

560) 琴堂은 거문고를 타는 방으로 흔히 州·府·縣의 수령이 집무하는 곳을 가리킨다.
561) 宦夢은 벼슬살이하는 사람의 꿈, 또는 벼슬에 대한 꿈이다.
562) 北使는 북쪽에서 오는 使臣인데, 여기에서는 淸나라의 사신을 가리킨다.
563) 絡繹은 끊임없이 이어짐, 왕래가 끊이지 않음이다.
564) 彩(綵)棚은 나라에 경사가 있거나 중국의 사신이 올 때에 歌舞百戲를 공연하기 위하여 갖가지 채색으로 아름답게 꾸민 다락처럼 만든 무대로 山臺라고도 하였다.
553) 胡는 옛날에 중국의 북서쪽에 살던 이민족을 통칭하는데, 여기에서는 淸나라를 세운 女眞族을 가리킨다.
554) 鴨綠江은 白頭山에서 시작되어 우리나라와 중국의 경계를 이루며 황해로 흘러 들어가는 강으로, 길이는 790km이며 馬訾水라고도 한다.
555) 限은 限界·境界이다.
556) 漠漠은 빽빽하게 깔려 있는 모양, 널리 퍼져 있는 모양이다.
557) 女眞은 옛날에 중국 滿洲의 동북쪽에 살았던 퉁구스계 부족이다.
558) 揚揚은 만족하는 모양, 뽐내는 모양이다.
559) 大明宮은 唐 太宗 때 陝西省 長安縣에 건립한 궁궐로 蓬萊宮이라고도 했다.

아이들은 다만 산대(山臺)의 채붕이 아름다움을 말하는데
갈로(羯虜)[560]는 어찌하여 지부(地部)[561]가 없음을 싫어하는가?[562]
서생이라 심담(心膽)[563]이 작다고 비웃지 말라.
칼의 기운이 계문(薊門)[564]에다 무지개를 만들 수도 있으니까.[565]

百年胡運未曾窮　鴨綠那能限北東
漠漠馱來女眞使　揚揚入去大明宮
兒童只說山棚好　羯虜寧嫌地部空
莫笑書生心膽小　劒氣能作薊門虹

02-40 유거즉사
02-40 幽居卽事

비가 지나간 산길에는 먼지 하나 없는데
편안히 누워 거문고와 책[566]을 즐기노라니 흥이 외롭지 않네.
깊고 얕은 산의 모습을 궤안(几案)[567]에 기대어 바라보고
짧고 긴 봄날의 꿈에 새를 청하여 지저귀게 하네.
살구꽃이 핀 천기(天氣)[568]라 술이 무르익는데[569]

---

560) 羯虜는 羯胡와 같은 말로 중국 북방의 이민족에 대한 통칭이다.
561) 地部는 조선시대에 戶口·貢賦·錢糧·食貨 등을 담당하던 중앙관서인 戶曹의 별칭인데, 여기에서는 그 屬官을 가리킨다.
562) 이 구절은 선물이나 뇌물을 바칠 戶曹의 관속이 없음을 청나라의 사신이 싫어한다는 뜻을 표현하고자 한 것인 듯하다.
563) 心膽은 심장과 쓸개로 담력을 비유한다.
564) 薊門은 중국 北京城의 서남쪽에 있던 관문으로, 德勝門의 서쪽에 있는 土城關이 그 遺址라고 하며, 薊丘라고도 하였는데, 여기에서는 淸의 수도인 燕京을 가리킨다.
565) 이 구절은 사신의 화를 돋우면 죄인을 잡아가서 살륙하는 바람에, 연경에 핏빛으로 물든 무지개가 생기게 할 수도 있음을 가리키고자 한 표현으로 보인다.
566) 琴書는 거문고와 책으로 文人·雅士가 벗으로 여기던 것이다.
567) 几案은 几席과 書案이다.

버들빛이 있는 마을의 둑은 그림이 아름답네.[570]
놀잇배[571]의 값을 애써 찾음을 괴이하게 여기지 말라.
벗을 데리고 강호에 배를 띄우고자 함이니까.[572]

雨過山徑一塵無 高枕琴書興不孤
深淺山容憑几望 短長春夢倩禽呼
杏花天氣濃濃酒 柳色村堤艶艶圖
莫恠勤探遊舫價 携朋準擬泛江湖

02-41 내한[573] 조이보[574]가 오대산[575]에 쇄사하러[576] 가게 되어 시전[577]을 보내어 송별의 말을 애써 청하기에, 드디어 2수를 써서 주다(2수)

568) 天氣는 日氣・氣候이다.
569) 濃濃은 程度가 깊음을 형용한다.
570) 艶艶(豔豔)은 맑고 아름다운 모양이다.
571) 遊舫은 놀잇배, 또는 뱃놀이를 함이다.
572) 準擬는 희망함, 기대함이다.
573) 內翰은 조선시대 藝文館의 정7품직 奉敎, 정8품직 待敎, 정9품직 檢閱의 범칭으로 翰林이라고도 하였다.
574) 彝甫는 조선 후기의 문신 曺命敎(1687~1753)의 자이다. 본관은 昌寧, 호는 澹雲, 判決使 夏奇의 아들이다. 1719년 증광문과 병과로 급제, 검열로 있다가 辛壬士禍로 파직당했다. 영조 즉위 후 복직하여 소론을 논척하는 데 앞장섰고, 승지・대사간・이조참의・개성유수를 지냈으며, 대사헌으로 冬至副使가 되어 淸에 다녀온 뒤, 호조참판・이조참판을 거쳐 예문관제학에 올랐다. 글씨에 뛰어나 楞伽寺事蹟碑・領議政崔奎瑞墓表・工曹參判曺文秀碑 등에 글씨를 남겼다.
575) 五臺山은 강원도 平昌・洪川・襄陽에 걸쳐 있는 산인데, 동쪽의 滿月, 남쪽의 麒麟, 북쪽의 象王, 중앙의 智爐 등 다섯 봉우리가 고리처럼 보여서 붙은 이름이다.
576) 曬史는 史庫에 보관하던 史書를 꺼내어 햇볕을 쬐어 말리는 것이다. 史庫는 옛날에 史書 등 국가의 중요한 서적을 갈무리하기 위하여 두었던 창고로, 고려시대에는 壽昌宮・忠州, 조선 전기에는 春秋館・忠州・全州・星州, 임란 후부터 광해군 때까지는 春秋館・摩尼山・太白山・妙香山・五臺山, 그 뒤에는 春秋館・赤裳山・鼎足山・太白山・五臺山에 두었다.
577) 詩箋은 시를 적은 종이이다.

02-41 曹內翰彛甫作五臺曬史之行, 送詩牋勤索別語, 遂書贈二首

다섯 송이의 부용이 하늘 가에 피어 있다는데
빼어난 유람[578]은 응당 자장(子長)[579]의 재주를 도우리.
맑은 구름은 늘 운향(芸香)[580]을 갈무리한 방을 보호하는데[581]
환한 해는 특별히 간책(簡冊)[582]을 말리는 돈대를 비춘다네.
다려서 말린 공복(公服)[583]은 산의 아지랑이에 젖고
무릅쓰고 도착한[584] 일참(馹驂)[585] 곁에는 바다의 갈매기가 오리.
신선과 같은 관리 또한 영주(瀛州)[586]의 나그네이니
영랑(永郞)과 술랑(述郞)[587] 여러 낭도께서는 피하지 마시라.

---

578) 勝遊는 빼어난 遊覽, 쾌적한 유람이다.
579) 子長은 前漢의 史家로 『史記』를 편찬한 司馬遷(145~80 B.C.)의 자이다. 陝西省 夏陽 출신으로 20세 때에 전국을 돌아다니며 지리 · 역사 · 고적 · 풍속 등을 익히고 민간전승을 채집하였고, 太史令이었던 부친의 일을 돕다가 이어서 태사령이 되었다. B.C. 98년 匈奴族에 항복한 李陵 장군을 변호하다가 武帝의 노여움을 사서 宮刑을 받았고, 출옥 후 中書令에 임명되어 『史記』를 완성했다. 여기에서는 史官인 曺命敎를 비유하는 말로 쓰였다.
580) 芸香은 다년초로 늦여름에 지은 향기가 나는 노란 꽃이 피는데, 그 향은 책이 좀먹는 것을 방지하는 효과가 있다.
581) 이 구절은 천문을 관측하고 절기와 날씨를 살피며 물시계를 관리하는 일을 맡아보던 관서인 書雲館에서 曬史의 날짜를 정하였음을 가리키고자 한 것이다.
582) 簡冊은 典籍 · 史冊이다.
583) 公服은 관리의 正服인데, 朝服과 冠 · 帶 · 笏 · 佩玉 등을 아울러 가리킨다.
584) 衝着은 어려움을 무릅쓰고 도착함이다.
585) 馹驂은 驛馬이다.
586) 瀛州는 『史記』 「秦始皇紀」 · 「武帝紀」에 나오는 동해의 동쪽에 있는 仙人이 산다는 산으로 蓬萊 · 方丈과 함께 三神山의 하나인데, 여기에서는 강릉의 옛 이름인 臨瀛을 가리킨다.
587) 永述은 永郞 · 述郞의 합칭으로 신라시대에 강원도 高城의 三日浦 등 金剛山 지역을 유람하였다는 네 國仙을 가리키는데, 『고려사』 「세가」 예종 11년 4월조에서는 四仙을 永郞 · 述郞 · 安祥 · 南石行이라 하였고, 洪萬宗의 『海東異蹟』에서는 남석행을 南郞이라고 하였다.

天畔芙蓉五朶開　勝遊應助子長才
晴雲常護藏芸室　白日偏明曬簡臺
公服熨乾山靄濕　騶驂銜着海鷗來
仙官亦是瀛洲客　永遮諸郎莫避廻

푸른 상자[588]에 넣은 아름다운 시첩이 맑은 허공을 비추고
아울러 햇볕에 말린 뭇 책들이 뱃속에 들어가리.
벼루를 씻는 금빛 못에서는 용이 먹물을 마시고
시를 짓는 달빛 어린 산에서는 학이 무지개에 놀라리.
술이 깨는 구름 가의 높은 누각은 멀고
꽃이 핀 거울 속[589]의 먼 포구[590]는 붉다네.
녹음 속에서 기다릴 테니 나는 말[591]로 돌아오시라.
서로 만나자 말자 먼저 풍성한 비단주머니[592]를 살펴야 하니까.

青箱玉牒照晴空　兼曬羣書在腹中
洗硯金潭龍吸墨　題詩月嶠鶴驚虹
雲邊酒醒高樓迥　鏡裏花開極浦紅
待得綠陰飛騎返　相逢先閱錦囊豊

02-42 서운수각[593]에서 돌아오는 길에 수언[594]에게 화답하다

588) 青箱은 대나무로 엮은 서책을 갈무리하는 상자이다.
589) 鏡裏는 맑고 잔잔한 물을 뜻하는 鏡水의 속을 뜻하는데, 여기에서는 鏡浦臺를 가리키고자 한 말로 보인다.
590) 極浦는 아득히 먼 물 가이다.
591) 飛騎는 나는 듯이 빨리 달리는 말이다.
592) 錦囊은 비단으로 만든 자루인데, 中唐의 李賀가 아침마다 弱馬를 타고 어린 종 奚奴에게 오래 된 비단자루를 지고 따르게 하고서, 시를 얻을 때마다 적어서 거기에 넣었다는 일화에서 유래하여, 詩稿를 담는 자루나 그릇을 가리킨다.
593) 棲雲水閣은 한양 근교의 樓亭 이름인 듯한데, 洪世泰의 『柳下集』에도 <與玄道以諸人,

02-42 棲雲水閣, 歸路和綏彦

저물녘에 절의 문에서 섭섭하게 헤어지고서
머리를 돌리니 높은 정자는 푸른 기운[595] 속에 있네.
봉우리 꼭대기에서는 스님이 외로운 전나무에 기대어 바라보고
꽃그늘에서는 동자가 댓가지 하나를 메고 돌아가네.
남은 향기[596]에 물든 소매에는 나비가 자주 올라오는데
돌아가는 새가 부딪히는 연기 속에서는 나귀가 함께 달려가네.
복숭아꽃이 피는 사월로 다음 기약[597]을 남겨 둔 것은
산 속에는 특별히[598] 봄빛이 오래 머물기 때문이라네.

斜陽悵別寺門扉　回首高亭在翠微
峯頂僧憑孤檜望　花陰童荷一箇歸
殘芳染袖蝶頻上　返翼衝烟驢共飛
四月桃開留後約　山中特地住春暉

02-43 다시 수언에게 화답하다. 2수
02-43 復和綏彦二首

긴 낮에 깊은 뜰에서 삽짝을 닫고 있노라니

登棲雲水閣>이라는 제명의 시 3수가 실려 있다.

594) 綏彦은 조선 후기의 문신 蔡膺萬(1677~?)의 자로 본관은 平康, 다른 자는 幼言, 호는 玄巖, 希菴 蔡彭胤의 중형인 成胤의 아들이다. 숙종 43년(1717)에 진사시에 급제하고, 경종 3년(1723)에 증광문과에 병과로 등제하여 지평을 지냈다. 李玄紀의 딸에게 장가들었고, 樊巖 蔡濟恭의 伯父이며, 그 딸은 약산의 장남 大觀에게 출가하였다.

595) 翠微는 먼 산에 엷게 낀 푸른 기운이나 山氣가 푸르러서 아롱아롱하게 보이는 빛이다.

596) 殘芳은 殘花와 같은 말로 지지 않고 남아 있는 꽃, 곧 떨어지려는 꽃이다.

597) 後約은 뒷날에 만날 약속이다.

598) 特地는 '특별히', '일부러'를 뜻하는데, 地는 虛字이다.

이별의 정서가 마음을 흔들어 흥취가 점점 미묘해지네.
북쪽기슭의 진흙 흔적에는 쌍으로 된 신발자국이 있었건만
남쪽하늘 아래 풀빛 속에는 한 사람이 돌아갔네.
꽃을 날리는[599] 바람은 어느 마을로부터 오는가?
비를 띤 구름은 별난 봉우리로 옮겨 날아가네.
윤년에는 늘 향기로운 화초가 조금 늦게 피기에
뒷날에 또 아름다운 봄빛에 나아가기를 기약하네.

庭深晝永掩柴扉　別緖撩心興轉微
北麓泥痕雙屐在　南天草色一人歸
吹花風自何村至　帶雨雲移別峀飛
閏歲芳菲常較晚　後期猶趁豔陽暉

흰 판자문[600] 밖에는 버들숲이 깊디깊어서
절로 이는 약한 바람이 소매에 가볍게 불어오네.
숲 속에 남은 꽃은 마땅히 잠시 머물겠지만
비가 온 뒤에는 늦봄도 반드시 아주 가리.[601]
반려와 약속한 호수의 정자에는 안개에 묻힌 수면이 넓은데
사람을 그리워하는 고개의 마루에는 저녁구름이 날아가네.
한가하여 여러 분의 시집(詩什)[602]을 점검해 보니
뱃속에 꽉 찼던 구슬[603]을 토해낸 것이라 빛이 곱네.

楊柳深深白板扉　淡風吹袖自輕微

599) 吹花는 바람에 날리는 꽃, 또는 바람이 꽃에 불어옴이다.
600) 白板은 칠을 하지 않은 판자, 그것으로 만든 문이다.
601) 大歸는 만물이 필연적으로 나아가는 방향이나 귀결점이다.
602) 詩什은 詩篇·詩歌이다.
603) 珠璣는 珠玉으로 훌륭한 詩文·繪畫를 비유한다.

樹間殘藥權宜住　雨後餘春大決歸
約伴湖亭烟水濶　懷人嶺嶠暮雲飛
閑來點檢諸君什　滿腹珠璣吐艷暉

02-44 이참판 ＊ 정[604]이다. 의 만사
02-44 李參判 ＊ 楨. 挽詞

얼굴이 해맑고 덕이 두터운 분이니 복이 온전해야 마땅하거늘
일리(一理)[605]가 넓고 멀어[606] 간혹 그렇지 않다네.
연방(蓮榜)[607]과 계방(桂榜)[608]을 번갈아 빛냈던 옥수[609]는 꺾이고
표주박과 희생[610]을 아울러 두었던 곳이 영연(靈筵)[611]으로 바뀌네.
자신과 세상의 일로 웃고 울은 원만한 경계가 아니기에
집과 마을에 하례하고 조상함은 심원한 하늘에 묻네.
기사(耆社)[612]에 또 한 걸음 차질이 생긴 것을 한탄하여
남쪽의 별[613]과 동쪽의 달도 갑자기 운행을 거르네.

---

604) 李楨은 행적을 밝히기 어려운 사람인데, '이참판'이라 한 것으로 보아, 경종 2년에 李健命 등 老論四大臣의 치죄를 요구한 三司의 伏閤上疏에 참여한 '戶曹參判 李楨'과 동일인인 듯하다.
605) 一理는 하나의 이치로 만물을 지배하는 근원적인 원리・법칙을 가리킨다.
606) 滄茫은 넓고 멀어 끝이 없는 모양이다.
607) 蓮榜은 進士試・生員試의 榜目이다.
608) 桂榜은 文科의 榜目이다.
609) 玉樹는 풍채나 재주가 뛰어난 사람을 비유한다.
610) 巹牢는 合歡酒를 마시고 犧牲을 먹음으로 혼례를 가리키는데, 『禮記』「昏禮」에 "신부가 이르면 신랑이 신부에게 읍하고 들어가서, 함께 희생을 먹고 표주박의 술을 각각 마시고 입가심을 하니, 몸을 합치고 존비를 같이 함으로써 가까워지기 위함이다.(婦至, 壻揖婦以入, 共牢而食, 合巹而酳, 所以合體同尊卑以親之也.)"라는 글이 있다.
611) 靈筵은 靈床(牀)과 같은 말로 죽은 이를 위하여 생시와 똑같이 베풀어 둔 자리이다.
612) 耆社는 耆老社의 준말로 조선시대에 연로한 정2품 이상의 문신들을 예우하기 위하여 설치한 일종의 경로당으로 耆老所・耆老司라고도 하였다.
613) 南星은 南極星의 준말로 장수를 상징하는 별인데, 2월께에 남쪽 지평선 위로 보이는 남극 하늘에 가까이 있는 별로 南極老人星・老人星・壽星으로도 불리며, 이것이 나타

粹容厚德福宜全　一理蒼茫或未然
蓮桂交輝摧玉樹　盇牢重設換靈筵
笑咷身世非圓界　賀吊堂閭問邃天
耆社更嘆蹉一步　南星□[614]月遽空躔

02-45 강릉[615]의 사군[616] 권장을 송별하다 * 세항[617]이다.
02-45 別江陵使君權丈 * 世恒.

맑은 조정[618]에서 큰 재주를 펼치지 못하게 하니
옥제(玉除)[619]에서 묵수(墨綬)[620]를 받아 바삐[621] 멀리 가네.
차를 달이는 부뚜막[622]의 연기 속에서 새 문서[623]를 다스리고
임금님이 내리신 향로의 향기 속에서 묵은 옷섶[624]을 만지리.
해당화가 핀 성근 빗속에서는 갈매기가 길에서 영접하고
비단구름[625]이 뜬 높은 누각에서는 이속(吏屬)이 허공을 걸으리.
봉래산[626] 선계(仙桂)[627]의 가지가 짧음을 괴이하게 여기지 말라.

나면 나라가 태평하고 임금이 장수한다고 한다.
614) □는 원전에 결락이 있는 글자이다.
615) 江陵은 지금의 강원도 江陵市 지역에 두었던 府이다.
616) 使君은 임금의 命을 받들고 외국이나 지방에 나간 使臣의 존칭이다.
617) 權世恒(1665~1725)은 조선 후기의 문신으로 본관은 安東, 자는 汝久, 정랑 以經의 아들이다. 숙종 19년(1693)에 알성문과에 을과로 급제하여 사서·장령·수찬·헌납 등을 지내고 弘文錄·都堂錄에 올랐으며, 1717년에 重試에 급제하여 승지가 되었다. 경종 2년(1722)에 경주부윤으로 나갔을 때 宋時烈의 影堂을 철거하고, 이를 반대하는 선비들을 감옥에 가두었다.
618) 淸朝는 맑고 깨끗한 朝廷이다.
619) 玉除는 옥돌로 깎아 만들거나 옥으로 장식한 섬돌로 궁궐·조정을 비유한다.
620) 墨綬는 검은색 인끈으로 지방관이나 그 직권을 상징한다.
621) 棲遑은 바빠서 편안하지 못함, 바쁘게 다니느라고 안정되지 못함이다.
622) 茶竈는 차를 달이는 작은 부뚜막이다.
623) 簿牒은 文書·帳簿이다.
624) 衣裾는 옷섶·옷자락이다.
625) 雲錦은 구름무늬를 넣어 짠 비단, 또는 아침놀이다.

두 번째 남아 있는 윗가지를 당겨서 꺾었다네.[628]

清朝不遣大才舒　墨綬棲遑遠玉除
茶竈烟中新簿牒　御爐香裏舊衣裾
棠花跦雨鷗迎路　雲錦高樓吏步虛
莫恠蓬山仙桂短　再經攀折上枝餘

* 권공이 중시(重試)[629]에 등제하였다.
* 權公登重試.

02-46 능성[630]의 사군 채장의 전별연에서 즉석에서 홍대이[631]의 시에 차운하다
02-46 綾城使君蔡丈餞宴, 卽席次洪大而韻

덧없는 세상[632]이라 한 번 웃을 일을 만나기가 어려운데
이별의 연석[633]에는 밤이 다하도록 가득 채운 술잔[634]이 있네.
짝짓던 오리가 떠남에 머물면서[635] 참으로 아쉬워하는데

---

626) 蓬萊山은 金剛山의 별칭으로 특히 여름철의 이 산을 가리킨다.
627) 仙桂는 달에 있다고 하는 전설상의 계수나무인데, 여기에서는 科擧에 급제함을 비유한다.
628) 攀折은 잡아당겨서 꺾음이다.
629) 重試는 조선시대에 堂下文官을 대상으로 실시하였던 文科의 특별시험으로, 합격한 이는 정3품 당상관으로 승진시키는 특전을 주었다.
630) 綾城은 지금의 전라남도 和順郡 綾州面에 두었던 縣이다.
631) 大而는 조선 후기의 문신 洪景輔(1692~1745)의 자로 본관은 豊山, 호는 蒼厓, 重夏의 아들이다. 1723년 증광문과에 병과로 급제하여 정언·부수찬을 거쳐, 대사간·온성부사·우승지가 되었다. 전라도관찰사를 거쳐 冬至副使로 청나라에 다녀와서 대사헌으로 있을 때 인재등용에 무능한 대신들을 강하게 비판하였다. 병조참판·대사헌·경기감사를 역임한 뒤 대사간을 지냈다. 시호는 忠獻이다.
632) 浮世는 덧없는 세상이다.
633) 離筵은 이별의 宴席이다.
634) 深盃(杯)는 가득 채운 술잔, 또는 깊고 큼직한 술잔이다.

한 필의 말이 돌아옴에 슬픔636)을 어찌 견디랴?
춤추는 황창(黃昌)637)의 검무(劒舞)에는 무지개가 오르내리고
전해지는 <금루의(金縷衣)>638)의 노래에는 달이 배회하네.
헤어질 때에 정회로 괴로워함을 괴이히 여기지 말지니
장정(長亭)639)에서는 채색복장640)으로 따르는 이가 함께 송별할 테니까.

浮世難逢一笑開　離筵竟夕有深盃
留連正惜雙鳧去　惆悵那堪匹馬廻
劒舞黃昌虹上下　歌傳金縷月徘徊
臨岐莫恠情懷苦　兼送長亭彩服陪

02-47 대비전641)의 단오642)첩자643) * 으뜸을 차지하였다.
02-47 大妃殿端午帖字 * 居魁.

635) 留連은 머뭇거리며 떠나기를 아쉬워함이다.
636) 惆悵은 실망하여 슬퍼하고 괴로워하는 것이다.
637) 黃昌은 신라시대의 舞童으로 劒舞에 뛰어났는데, 15·6세 때에 왕에게 백제의 왕을 죽이겠다고 약속하고, 백제로 들어가서 궁중에서 劒舞를 추다가 왕을 죽인 뒤 붙잡혀 죽었다. 이 소식을 들은 모친이 실명하자 그가 돌아와서 검무를 춘다고 속여서 눈이 밝아졌다고 한다.
638) <金縷衣>는 唐代 이래의 詞牌로 <金縷曲>·<賀新郎>·<乳燕飛>라고도 하였으며, 元代 이후에는 散曲으로도 불리었다. 唐나라 때 金陵의 杜秋娘이 15세에 李錡의 妾이 되어 詞를 지어, "낭군께 권하노니 금실로 짠 옷을 아끼지 마시고, 낭군께 권하노니 반드시 소년시절을 아끼시라. 모름지기 꽃이 피어 꺾을 만하거든 바로 꺾으시고, 꽃이 없어진 뒤에 부질없이 가지를 꺾지 마소서.(勸君莫惜金縷衣, 勸君須惜少年時. 花開堪折直須折, 莫待無花空折枝.)"라고 노래한 데 기원을 둔다.
639) 長亭은 옛날에 驛路에 두었던 여관인데, 보통 5리마다 작은 宿舍인 短亭을 두고, 10리마다 큰 숙사인 장정을 두었다.
640) 彩裝의 彩色服裝이다.
641) 大妃殿은 先王의 后妃가 거처하는 궁전이다.
642) 端午는 음력 5월 5일로 수릿날·天中節이라고도 한다.
643) 端午帖字(子)는 端午日에 대궐 안의 각 殿閣 기둥에 써 붙이는 柱聯으로, 製述官에게 명하여 하례하는 시를 지어 올리게 하고 꽃무늬가 들어 있는 종이에 써서 붙였다.

법연(法筵)[644]이 끝나자 말자 평안하신지 문후를 올렸고
절기가 천중(天中)[645]에 다다르니 또 모시고 즐기시네.
구관조[646]의 혀는 <몽금척(夢金尺)>[647]의 곡조를 잘 훔치는데
창포[648]주[649] 술잔은 옥도[650]를 담은 소반과 비로소 바뀌네.
열녀도[651]에 쭉 나열되었거늘[652] 어찌 거울이 필요하랴?
욕란탕(浴蘭湯)[653]을 하지 않아도 자애로운 교화가 향기롭다네.
봉연(鳳輦)[654]이 앞에 가고 푸른 가마가 뒤따를 때에
석류꽃 그늘 속에서 해를 세 번이나 쳐다보네.

法筵纔罷候平安　節届天中更奉歡
鸜舌工偸金尺曲　蒲觴初換玉桃盤

644) 法筵은 法度나 常規에 따라 차린 筵(宴)席이다.
645) 天中은 端午의 별칭이다.
646) 鸜(구)는 九官鳥로 찌르레깃과에 속하는 앵무새처럼 사람의 말을 잘 흉내내는 새이다.
647) 金尺은 금으로 만든 자로 하늘로부터 왕권을 받음을 상징하는 것인데, 여기에서는 <夢金尺>을 가리킨다. <몽금척>은 조선 초기의 악장의 곡조 이름으로, 太祖 2년에 鄭道傳이 지은 가사를 써서 鼓吹樂으로 사용하다가, 世宗 때 朱熹의 『儀禮經傳通解』의 旋律을 차용하여 雅樂으로 썼고, 成宗 때에는 唐樂呈才로 개조하여 궁중의식에 사용하였다.
648) 菖蒲는 天南星科에 딸린 다년초로, 줄기와 잎은 액즙을 내어 술을 담그거나 단오날에 머리를 감는 데 쓰이고, 뿌리는 약재로 쓰인다.
649) 菖蒲酒는 菖蒲의 액즙을 넣어 빚은 술이다.
650) 玉桃는 선경에 있다는 복숭아이다.
651) 女圖는 각종의 모범 여성을 그린 그림인데, 여기에서는 『三綱行實圖』 중 「烈女圖」를 가리킨다. 이 책은 세종 13년(1431)에 集賢殿副提學 偰循 등이 왕명에 따라 조선과 중국의 서적에서 君臣·父子·夫婦 등 三綱의 모범이 될 만한 충신·효자·열녀를 각각 35명씩 뽑아 그 행적을 그림과 글로 칭송한 3권 1책으로 이루어진 목판본으로, 각각의 사실에 그림을 붙이고 한문으로 설명한 다음에, 7언절구 2수의 詠歌와 4언1구의 贊을 붙였고, 그림 위에는 한문과 같은 뜻의 한글을 달아 놓은 것이다. 성종 12년(1481)에 한글로 번역되어 간행되었고, 이어서 여러 차례 중간되어 도덕서로 활용되었다.
652) 森列은 많이 늘어놓음이다.
653) 浴蘭湯은 난초를 우려낸 물로 몸을 씻는 것인데, 난초가 부정을 제거한다고 여겨진 탓에 흔히 제사를 지내기 전의 齋戒에 쓰였다.
654) 鳳輦은 꼭대기에 黃金의 鳳凰을 장식한 임금이 타는 가마이다.

女圖森列何須鏡　慈化馨香不浴蘭
鳳輦在前靑駕後　榴花影裏日三看

02-48 오언율시[655]
02-48 五言律詩

북극(北極)[656]의 정성[657]에 감읍하고
동조(東朝)[658]의 강복(康復)[659]을 하례드리네.
곤전(坤殿)의 화육[660]이 한창 바닷물처럼 적시거늘
기다리는 구름[661]은 아직도 하늘에 있네.
수명은 금루(金縷)[662]처럼 길 텐데
덕은 연군(練裙)[663]에서 빛나네.
동관(彤管)[664]으로 후세에 남길 뿐 아니라[665]
만백성이 다투어 노래로 전파하네.[666]

---

655) 이 작품은 내용으로 보아 <大妃殿端午帖字>의 시체를 달리 한 제2수인데, 편차과정에서 다른 작품처럼 처리되어 <五言律詩>라는 어색한 제목이 붙은 듯하지만, 이 역주본에서는 원래의 상태를 존중하여 별도의 작품으로 처리하였다.
656) 北極星은 天球의 北極에 위치하는 작은곰자리의 移動星으로 帝位를 비유한다.
657) 忱誠은 精誠이다.
658) 東朝는 東宮과 같은 말로 태자가 거처하는 궁전이다.
659) 康復은 건강이 회복됨이다.
660) 坤化는 땅의 化育, 또는 坤殿의 敎化이다.
661) 需雲은 기다리는 구름이라는 뜻으로『周易』需卦 象辭의 "구름이 하늘로 올라가는 것이 수이니, 군자는 마시고 먹고 잔치하며 즐긴다.(雲上於天, 需, 君子飮食宴樂.)"라는 글에서 유래하여, 임금과 신하가 잔치를 벌이며 즐김, 또는 백성에게 베풀어지는 朝廷의 은택을 비유한다.
662) 金縷는 금으로 된 실, 금실로 짠 옷이다.
663) 練裙은 흰 명주로 만든 치마, 또는 부녀자의 흰 치마이다.
664) 彤管은 붓대에 붉은 칠을 한 붓으로 옛날에 女史[女史官]가 궁중의 일을 기록하는 데 쓰였다.
665) 不獨은 '~뿐만 아니라'이다.
666) 爭騰은 다투어 전파함 · 널리 알림이다.

忱誠感北極　康復賀東朝
坤化方涵海　需雲尙在霄
年隨金縷永　德以練裙昭
不獨垂彤管　爭騰萬姓謠

02-49 장안고의를 본뜨다
02-49 效長安古意[667)]

장안(長安)[668)]의 큰 길은 푸른 하늘과 같은데
용수산[669)]과 종남산[670)]이 파수[671)]와 위수[672)]처럼 얽혀 있다네.
주(周)나라 문명의 옛 풍속이 진(秦)나라의 날뜀에서 회복시키니
유풍이 초의 굴원(屈原)[673)]과 제의 전횡(田橫)[674)]에게서 나타났네.

---

667) <長安古意>는 南朝 梁 簡文帝 이래로 무수히 지어졌던 악부시제인 <長安道>를 계승한 의고악부로 初唐四傑의 1인인 盧照鱗(637경~680경)의 <장안고의>(『盧昇之集』 권2)가 대표적 작품이다. 후대의 의작은 흔하지 않아서 『四庫全書』에는 明 洪武年間의 문신인 周是修의 『芻蕘集』에 실린 작품이 보일 뿐이며, 우리나라에서도 姜晉相의 사위인 鄭麟重이 "어릴 때에 시에 능하다는 명성이 있어, 당인의 <장안고의>를 차운하여 한 시절에 전송되었다.(幼有能詩聲, 次唐人長安古意, 一時傳誦.)"라는 기록이 보일 뿐 약산 이외의 작가가 지은 작품은 보이지 않는다.

668) 長安은 중국 西安市 지역에 있었던 고을 이름으로 漢代부터 唐代까지 수차 首都로 삼았던 탓에 唐代 이후에는 都城의 통칭으로 쓰였다.

669) 龍首山은 開城府의 남쪽 2리쯤에 있는 산으로 고려의 수도인 開京의 鞍山에 해당하는 산이며, 龍巒・龍山・龍岫山이라고도 하였다.

670) 終南山은 漢陽의 남쪽에 있는 산으로 도성의 鞍山에 해당하며 南山・木覓山・引慶山이라고 하였다.

671) 灞水는 중국의 陝西省 중부에 있는 강으로 長安의 서쪽으로 지나간다.

672) 渭水는 黃河 중류의 지류로 甘肅省에서 발원하여 陝西省을 거쳐 黃河로 흘러 들어간다.

673) 原은 중국 고대의 문장가인 屈平(343년경~277년경 B.C.)의 자이다. 그는 周나라 말기 楚의 왕족으로 懷王에게 간언을 하다가 도리어 讒訴를 받아 면직되었고, 頃襄王 때 유배되어 湘水 근처에서 방황하다가 스스로 汨羅水에 빠져 죽었으며, 楚辭의 대가로 <離騷>・<漁父歌> 등을 남겼다.

674) 田橫은 秦나라 말기 齊나라의 장수로 齊王 田榮의 아우인데, 영이 죽자 그 아들 廣을 세우고 재상이 되었다가, 광이 韓信의 군사에게 사로잡히자 스스로 왕이 되었으나, 漢

천 길이나 되는 백 개의 치첩(雉堞)[675]을 지닌 금용(金墉)[676]은 우뚝하고
오극(五劇)[677]과 삼조로(三條路)[678]가 교외의 길[679]로 이어지네.
천지에는 당(唐)[680]나라의 해와 달이 높이 걸리고
관산(關山)[681]에는 한(漢)[682]나라의 바람과 안개[683]가 다하지 않았네.
해와 달이 바람과 안개에 가려지니 도성과 궁궐이 혼미하였는데
수씨(隋氏)[684]가 머문 시간[685]은 너무 빨랐다네.[686]
금빛의 지붕모서리는 위로 높이 솟아 먼 데서 꿩이 나는[687] 듯하고
열려 있는 수놓은 궁궐문에서는 용뇌(龍腦)[688]의 향기가 풍겨나왔네.
기린각(麒麟閣)[689]의 그림에는 칼과 패옥[690]이 씩씩하고

이 楚를 멸망시키고 韓信이 齊王이 되어 터전이 없어지자, 무리 5백여명과 함께 동해의 섬에 들어갔다. 오지 않으면 군사를 보내어 주살하겠다는 협박을 받고 洛陽으로 가다가, 30리를 앞두고 劉邦을 섬길 수 없다면서 자결하자, 무리들도 다 따라 죽었으므로 후대에 高節로 크게 칭송받았다.

675) 雉堞은 성가퀴이다.

676) 金墉은 金城과 같은 말로 쇠로 만든 것처럼 견고한 성이다.

677) 五劇은 다섯 방향으로 통하는 길이다.

678) 三條는 三條路의 준말로 세 줄기의 큰 길이다.

679) 紫緬은 都城 교외의 길이다.

680) 唐은 隋나라 大業 13년(617)에 太原留守 李淵이 長安을 점령하고 隋를 멸망시키고 세운 왕조로 장안을 도읍으로 하여 290년 동안 존속하였다.

681) 關山은 관문이나 요새 주변의 산이다.

682) 漢은 對秦蜂起軍의 장수인 劉邦이 項羽의 군사를 물리치고 B.C. 202년에 長安에 도읍으로 하여 세운 왕조로, 王莽의 新나라 통치 기간 16년을 경계선으로 하여 前漢과 後漢으로 나뉘며, 24명의 황제에 의하여 406년 동안 통치되었다.

683) 風烟(煙)은 바람과 안개로 전쟁·전란을 비유한다.

684) 隋氏는 隋나라를 가리키는데, 무장 출신인 楊堅이 581년에 北周의 靜帝를 폐위시키고 興城을 도읍으로 하여 세운 왕조로 존속기간은 37년이다. 西晉의 멸망 후 300여년 동안 지속된 南北朝時代를 종식시키고 통일왕조를 세웠으나, 제2대 황제인 煬帝의 暴政으로 인해 唐나라에 멸망당하였다.

685) 蘧廬는 역참을 지나가는 사람이 쉴 수 있도록 마련한 집인데, 여기에서는 거기에서 머문 시간을 가리킨다.

686) 倏忽은 시간이 빨리 흐름을 형용한다.

687) 翬飛(휘비)는 꿩이 날아간다는 뜻으로 궁실의 화려함을 비유한다.

688) 龍氣는 龍腦香의 향기인데, 龍腦香은 龍의 腦樹에서 취하는 향기롭고 무색투명한 결정체로 氷片이라고도 한다.

영관(瀛館[691])의 신선들에게서는 잠(簪[692])과 홀(笏[693])이 빛났네.
누각 앞에는 자주빛 말이 와서 어정거리고[694]
거리에는 얼룩무늬 추마(騅馬[695])가 빨리[696] 달려가네.
두 말이 서로 만나자 길 가에서 읍을 하고 나서
수레를 내려 함께 왕후(王侯[697])의 집으로 들어가네.
뜰 앞에는 일흔 마리 자줏빛 원앙(鴛鴦[698])이요
장막 입구에는 백 마리 금빛 봉황(鳳凰[699])일세.
봉황과 원앙이 분명히 서로 만났으니
보장(寶帳[700])과 유소(流蘇[701])를 창문[702]에 늘어뜨렸으리.
무지개가 솟은 은빛다리에는 흰 달빛이 비치고
이슬이 싸늘한 금빛연못[703]에는 가을바람이 부네.
<추풍(秋風)>[704] 한 곡조에 흥망성쇠가 달라져서

689) 麒麟閣은 漢代의 전각 이름으로 前漢 武帝가 기린을 얻은 것을 기념하여 지은 것인데, 宣帝 때 郭光 등 功臣 11인의 화상을 봉안하였던 곳이다.
690) 劒佩는 寶劍과 佩玉이다.
691) 瀛館은 唐 太宗 때 설치한 經籍을 비치하던 전각인 文學館의 별칭이다.
692) 簪은 冠이 벗어지지 않도록 관의 끈을 꿰어 머리에 꽂는 비녀이다.
693) 笏은 官僚가 지니는 玉・象牙・대나무 등으로 만든 手板인데, 원래 임금의 敎命이 있거나 아뢸 것이 있으면 그 위에 써서 備忘으로 삼았던 것이다.
694) 逶迤는 주저하며 배회하는 모양, 또는 천천히 가는 모양이다.
695) 班騅는 斑騅와 같은 말로 얼룩무늬 騅馬인데, 추마는 검푸른 털과 흰털이 섞인 말이다.
696) 滅沒은 말이 매우 빨리 달림을 형용한다.
697) 王侯는 천자와 제후, 왕작과 후작으로, 흔히 지위가 높고 존귀한 사람을 두루 가리킨다.
698) 鴛鴦은 鴛鴦을 가리킨 듯하다. 원앙은 오릿과에 딸린 물새로 원은 수컷이고 앙은 암컷인데, 암수가 늘 붙어다녀 사이가 좋으므로, 흔히 화목하게 지내는 부부를 비유한다.
699) 鳳凰은 전설상의 瑞鳥로 天時를 알아보기 때문에 임금이 聖德이 있으면 나타난다고 하며, 흔히 帝王을 비유한다.
700) 寶帳은 화려한 揮帳이다.
701) 流蘇는 수레・깃발・휘장 등의 가장자리에 장식으로 늘어뜨린 줄이다.
702) 戶牖는 집의 창문, 또는 지게문과 창문이다.
703) 掌은 연못, 또는 늪이다.
704) <秋風>은 漢 武帝의 <秋風辭>와 唐 玄宗의 <秋風高曲>을 가리킨다. <추풍사>는 武帝가 河東을 순행하면서 后土에 제사지낸 뒤, 汾水에 배를 띄우고 신하들과 주연을 할 때 지은 것인데, 모두 9구로 옛일을 회상하고 늙음을 탄식한 슬픈 정조로 되어 있다. <秋

한(漢)의 붉은 빛이 나고 당(唐)의 잎은 떨어졌네.
향기로운 궁궐에서는 음악소리[705]가 밤하늘에 시끄럽고
회화나무가 있는 길[706]에서는 풍진이 낮에 땅을 덮었네.
땅을 덮고 하늘에 시끄럽도록 음악이 끝나지 않을 때에
천문만호(千門萬戶)에는 봄빛이 영롱하였지.
물결이 이는 태액지(太液池)[707]에서는 비단돛이 바람을 탔는데
취미궁(翠微宮)[708]에서는 난여(鸞輿)[709]가 더위를 피하였네.
신풍(新豊)[710]에서는 2월에 분유사(枌楡社)[711]에서 연회하였고
선덕궁(宣德宮)[712]에서는 삼원(三元)[713]에 채단과 주옥이 모였다네.
만방(萬方)[714]이 즐기는 일로는 신경(神京)[715]이 제일이어서
팔절(八節)[716]에 남긴 풍습이 역대에 빼어났네.
저녁에는 붉은 탄환[717]이 긴 옷을 피로 물들이더니
새벽에는 서리 같은 칼날이 무원형(武元衡)[718]의 두개골을 잘랐네.

風高曲>은 현종이 지은 가곡인데, 가을날에 이 곡을 연주할 때마다 먼 데서 바람이 천천히 불어와서 뜰의 나뭇잎이 한꺼번에 떨어지게 했다고 한다.

705) 絃管은 현악기와 관악기로 음악을 가리킨다.
706) 槐路는 길 가에 회화나무를 심은 큰 길인데, 長安의 天街가 이것으로 특히 유명하였다.
707) 太液池는 漢 武帝 때에 長安에 만든 큰 못이다.
708) 翠微宮은 唐나라 때에 長安의 終南山에 두었던 궁전 이름이다.
709) 鸞輿는 천자가 타는 수레로 鸞駕라고도 한다.
710) 新豊은 陝西省 臨潼縣의 북동쪽에 있던 현으로 漢 高祖가 고향을 그리워하는 부친을 위로하고자 고향인 豊縣을 본떠 붙인 이름이다.
711) 枌楡社는 漢 高祖가 新豊縣에 설치한 사당인데, 고향인 풍현 枌邑에 있던 사당에서 이름을 본뜬 것이다.
712) 宣德宮은 漢나라 長樂宮 안에 있던 궁전 이름이다.
713) 三元은 음력 정월 초하룻날, 또는 정월·칠월·시월의 보름날을 가리키는데, 전자는 年·月·日의 처음이기 때문에 생긴 말이고, 후자는 上元·中元·下元을 합칭한 말이다.
714) 萬方은 모든 제후국, 또는 여러 제후이다.
715) 神京은 皇城·帝都·首都·王都이다.
716) 八節은 여덟 개의 節氣로 立春·春分·立夏·夏至·立秋·秋分·立冬·冬至를 가리킨다.
717) 赤丸은 붉은 탄환이다.
718) 武元衡은 唐 憲宗 때의 문신으로 자는 伯蒼, 시호는 忠愍이다. 헌종 때에 평장사·臨淮郡公이 되어 軍國機務를 관장하였는데, 반란을 일으켰던 吳元濟의 사면을 반대하자 李

닭싸움으로 멋대로 도박하느라고 천금을 다 없애고
바다를 움직이고 산을 옮기려고 큰 쓸개를 바쳤네.[719)]
진 · 괵(秦虢)[720)]의 향기로운 자리에서는 계주(桂酒)[721)]를 따르고
김 · 장(金張)[722)]의 화려한 연회[723)]에는 난고등(蘭膏燈)[724)]이 빽빽하였네.
길거리에서 버드나무를 스치는 이는 장경조(張京兆)[725)]요
저자길 가[726)]에서 꽃에 미혹되는 이는 이한림(李翰林)[727)]이었네.
수놓은 비단을 두른 누각에서는 계수나무를 쪼개고 황금을 태우며
피리소리와 노래가 있는 장막에서는 벌이 시끄럽고 나비가 머물렀네.
백옥으로 침상을 삼으니 홀로 잠을 치욕으로 여기고
황금으로 주발을 만들매 외롭게 마심을 부끄러워하였네.
백년을 모두 웃는 가운데 끝마치고
죽기 전에는 한 시각이라도 선뜻 그치지 않았네.
사람마다 부유함을 찾느라고 푸른 바다를 좁게 여기고
선비마다 영화를 탐닉하느라고 밝은 해가 옮겨가듯이 하였네.

師道가 자객을 보내어 사살하고 두개골을 잘라갔다.

719) 輸膽은 輸肝剖膽의 준말로 간을 바치고 쓸개를 쪼갠다는 뜻으로 충성을 다함을 비유한다.

720) 秦 · 虢은 唐 玄宗의 황후였던 楊貴妃의 언니들의 封號인 秦國夫人과 虢國夫人의 합칭인데, 진국부인은 여덟째 언니였고 괵국부인은 셋째 언니였다.

721) 桂酒는 계수나무의 껍질을 넣어 빚은 술로 향기로운 술을 대유한다.

722) 金 · 張은 前漢 때의 寵臣인 金日磾와 張安世의 합칭으로, 흔히 현달한 관리를 대유한다. 金日磾는 匈奴 休屠王의 太子로 武帝初에 귀부하였는데, 累遷하여 侍中에 올라 수십년 동안 보필하면서 과실이 없어 車騎將軍이 되고, 武帝로부터 霍光과 함께 輔政하도록 遺詔를 받았다. 張安世는 郎으로 있다가 없어진 책 세 상자[亡書三篋]의 일에 대한 武帝의 물음에 자세히 응답하였는데, 책을 찾은 뒤에 조금도 틀리지 않음을 안 무제가 기이하게 여겨 尙書令에 발탁한 데 이어 光祿大夫를 제수하였고, 昭帝 때에 右將軍에 오르고 富平侯에 봉해졌으며, 宣帝 때 定策의 공으로 大司馬를 제수받았다.

723) 綺宴은 화려하고 풍성한 잔치이다.

724) 蘭燈은 좋은 향기가 나는 기름인 蘭膏를 태우는 등불, 또는 정교하게 만든 등불이다.

725) 京兆는 京師와 같은 말로 首都를 뜻하는데, 여기에서는 수도의 시장인 京兆尹을 가리키며, 張京兆는 漢 宣帝 때 경조윤을 지낸 張敞을 가리킨다.

726) 市上은 市內, 市街이다.

727) 李翰林은 吳筠의 천거로 翰林院에서 일한 데서 생긴 盛唐 때의 시인 李白의 별칭이다.

전・두(田竇)[728]의 문정[729]에는 달이 찼다가 이지러지고
우・이(牛李)[730]의 대청자리[731]에는 꽃이 활짝 피었다가 시들었네.
높은 수레가 길 위에서 엎어짐을 보자 말자
또 큰 집이 하늘 가운데에서 위태로워짐을 보네.
스스로 공업(功業)이 하산(河山)[732]같이 비호한다고 말하고
스스로 번화(繁華)가 금석(金石)처럼 단단하다고 일렀네.
하산과 금석을 누가 자부할 수 있으랴?
부귀와 호사는 어린아이라도 잠을 깨어서도 꿈꾼다네.
누각에서 노래하고 대사(臺榭)에서 춤추더니 이제 어찌 되었는가?
봉전(鳳殿)[733]과 용루(龍樓)[734] 또한 기장과 벼[735]일 뿐이네.
지난날 대도회(大都會)[736]의 문물이란 것은
푸른 눈동자[737]의 호추(胡雛)[738]를 탁타(橐駝)[739]로 기른 것이네.

---

728) 田・竇는 前漢 때의 田蚡과 竇嬰의 합칭인데, 이들은 황실의 척족으로 늘 서로 권력을 다투었다. 전분은 景帝의 비 王皇后의 同母異父弟로 두영의 盛時에는 아비처럼 섬기다가 竇太后의 사후에 丞相・武安侯로 권력을 얻자 두영・灌夫를 무고하여 죽게 하였다. 竇嬰은 文帝의 비 竇皇后의 조카로 경제 때 대장군이 되어 吳楚七國의 난을 평정하고 魏其侯에 봉해졌다. 武帝 때 승상이 되어 儒學을 높이다가 황후의 노여움을 사서 파직되고, 뒤에 전분의 모함을 받아 죽었다.

729) 門庭은 대문과 중문 안에 있는 뜰이다.

730) 牛・李는 唐나라 貞元年間의 재상인 牛僧孺와 李德裕의 합칭인데, 이들은 穆宗 때부터 宣宗 때까지 이어진 牛李黨爭을 일으킨 당파의 수령들이다. 우승유는 文宗 때 兵部尙書同平章事로 있으면서 李派에게 배척받았고, 武宗 때에 폄적되었다가 宣宗 때 복권되었다. 이덕유는 中書門下平章事로 있을 때에 牛黨을 견제하였지만, 선종이 즉위하여 우당이 득세하자 수차 폄적되던 끝에 적소에서 죽었다.

731) 堂筵은 대청에 마련된 자리, 대청이나 마루의 별칭이다.

732) 河山은 黃河와 泰山의 합칭이다.

733) 鳳殿은 鳳闕과 같은 말로 漢代의 궁궐이름인데, 문 위에 구리로 만든 봉황을 장식한 데 말미암은 이름이다.

734) 龍樓는 제왕의 궁전이다.

735) 黍禾는 기장과 벼로 농작물의 범칭인데, 여기에서는 군왕이란 곡식을 생산하는 백성을 바탕으로 한 존재이므로 애민에 힘써야 한다는 뜻으로 언급한 듯하다.

736) 大都會는 큰 도시이다.

737) 碧眼은 푸른 눈동자로 오랑캐나 白人을 가리킨다.

화악(華岳)[740]에 서린 빽빽하게[741] 푸르디푸른[742] 기운이
천년만세에 이를지라도 작은 장안일 따름이네.
북쪽을 바라보며 슬프게 <하천(下泉)>[743]의 노래를 부르노라니
성문(星文)[744]과 지맥(地脉)이 동한(東韓)[745]으로 쏟아지네.

長安大道如靑天　龍首終南灞渭纏
舊俗周文復秦勇　遺風楚屈與齊田
千尋百雉金墉屹　五劇三條紫陌連
天地高懸唐日月　關山不盡漢風烟
風烟日月迷城闕　隋氏籧廬太倏忽
金觚上矗翬飛逈　繡闥中開龍氣發
繪畫麒麟壯劒佩　神仙瀛舘輝簪笏
樓前紫馬來逶迤　陌上班騅去滅沒
兩騎相逢揖路傍　下車共入王侯堂
庭前七十紫鴛鴦　帳額一百金鳳凰
鳳凰鴛鴦宛相遇　寶帳流蘓垂戶牖
虹矗銀橋素月中　露凄金掌秋風後
秋風一曲興衰異　漢火生輝唐葉墜
蘭宮絃管夜喧天　槐路風塵晝羃地
羃地喧天樂不窮　千門萬戶春玲瓏

738) 胡雛는 호인의 아이, 또는 호인의 노복이다.
739) 橐駝는 駱駝이다.
740) 華岳(嶽)은 漢陽의 鎭山인 華山의 별칭으로 三角山이라고도 하였다.
741) 鬱鬱은 무성한 모양이다.
742) 蔥蔥은 초목의 푸른빛이 무성함이다.
743) <下泉>은 『詩經』「曹風」의 편명으로 曹나라 사람들이 악정을 미워하여 明王과 賢相에 의하여 잘 다스려졌던 시대를 그리워한 노래라고 한다.
744) 星文은 별빛, 별의 현상이다.
745) 東韓은 우리나라의 별칭이다.

錦帆乘風太液浪, 鑾輿避暑翠微宮
新豊二月宴枌楡 宣德三元結綵珠
萬方樂事神京最 八節遺風歷代殊
赤丸暮染袁絲血 霜鋩曉斷元衡顱
闘雞縱博千金盡 轉海移山大膽輸
秦虢芳茵桂酒斟 金張綺宴蘭燈深
街頭柳拂張京兆 市上花迷李翰林
斫桂燒金錦繡閣 蜂喧蝶駐笙歌幕
白玉爲床恥獨眠 黃金作盌羞孤酌
百歲皆從笑裏過 一時不肯死前休
人人求富滄溟窄 士士耽榮白日流
田竇門庭月滿虧 牛李堂筵花盛衰
纔見高車道上覆 復看豊屋天中危
自言功業河山護 自謂繁華金石固
河山金石誰能恃 富貴豪奢幼夢寤
歌臺舞榭今如何 鳳殿龍樓亦黍禾
昔時文物大都會 碧眼胡雛牧槖駞
欝欝葱葱華岳盤 千年萬歲小長安
北望悲歌下泉什 星文地脉注東韓

02-50 경도팔경
02-50 京都八景[746)]

746) 洪世泰(『柳下集』 권8), 李德壽(『西堂私載』 권2) 역시 小題와 每首의 韻脚 2字가 같은 작품을 남겼는데, 전자에는 제하에 '月課代作', 후자에는 '月課'라고 협주된 것으로 보아, 이 작품도 월과의 소산인 듯하다. 약산의 이 작품이 景宗의 만사 바로 앞에 실려 있고, 홍세태가 영조 1년에 사망한 점으로 보아, 경종조의 文臣月課에서 부과된 시제였던 듯하다.

02-50-01 위의 시는 <기전산하>[747]이다
02-50-01 右畿甸山河

상서로운 놀 사이로 태을성(太乙星)[748]이 호위하고[749]
왕경(王京)의 안과 밖에는 시내와 산이 장대(壯大)하네.
청수한[750] 땅은 문명(文明)[751]의 교화를 증험해 주고
감싸안은[752] 하늘은 겹쳐진[753] 관문을 이루네.
형세는 팔방을 끌어당겨 두극(斗極)[754]을 높이고
기운은 많은 인재를 모아서 조정의 반열을 채우네.
고려와 신라[755]가 모두 지엽[756]을 도읍지로 삼은 것은
신이 우리나라를 위하여 오래 숨겨 아낀[757] 때문이리.

太乙鉤陳瑞靄間　王京表裏壯河山
秀淸地驗文明化　廻抱天成複疊關
勢挹八方尊斗極　氣鍾多士滿朝班
麗羅卜宅皆枝葉　神爲吾邦久閟慳

---

747) <畿田山河>를 비롯한 八景의 명칭은 鄭道傳의 <新都八景詩>(『三峯集』 권1)에서 비롯되어, 權近의 <新都八景, 次三峯鄭公韻>(『陽村集』 권8) 이후 계속 계승된 것이다.
748) 太乙星은 북극성에 가장 가까이 있는 별로 陰陽家에서 兵亂·災禍·生死 따위를 맡아 다스린다고 말하는 신령한 별로 太一星·帝星·北極二라고도 한다.
749) 鉤陳은 하늘의 紫微垣의 外營에 펼쳐진 별로 천자의 六軍을 비유하는데, 여기에서는 궁성을 호위하는 군사를 가리킨다.
750) 秀淸은 수려하고 청아함, 빼어나고 아름다움이다.
751) 文明은 文德이 빛남, 文治에 의한 敎化이다.
752) 廻抱는 감싸안음이다.
753) 複疊은 重疊이다.
754) 斗極은 北斗星과 北極星으로 천하의 사람들이 추앙하는 사람이나 사물을 비유한다.
755) 卜宅은 卜居와 같은 말로 살 만한 곳을 가려서 정함이다.
756) 枝葉은 나무의 가지와 잎인데, 여기에서는 風水地理說의 용어로 主脈에서 갈려나온 자잘한 산들을 가리킨다.
757) 閟慳은 閟惜과 같은 말로 숨기고 아낌, 감추어 두고 소중하게 돌봄이다.

02-50-02 위의 시는 <도성궁원>이다

02-50-02 右都城宮苑

만년의 상서로운 기운[758]이 큰 도성에 자욱한데
공중을 가로지른 성가퀴[759]는 형세가 구불구불하네.[760]
위엄이 무거운 한(漢)나라의 궁궐에는 산꿩과 새들이 씩씩하고
검소함이 지나친 주(周)나라의 원유[761]에는 사슴과 물고기가 없네.
짙은 봄[762]의 꽃과 버들은 승평(昇平)[763]의 그림이요
엉긴 새벽[764]의 구름과 안개는 덕화(德化)[765]의 조짐[766]이네.
해가 금림(禁林)[767]으로 옮겨가면 궐문을 마음대로 드나드니[768]
온 성의 푸른 산에서는 숭호(嵩呼)[769]가 진동하네.

萬年佳氣藹鴻都　雉堞橫空勢欝紆
威重漢宮翬鳥壯　儉過周囿鹿魚無
濃春花柳昇平畫　凝曉雲烟德化符
日轉禁林門軼蕩　滿城山翠動嵩呼

---

758) 佳氣는 상서로운 기운, 아름다운 풍광이다.
759) 雉堞은 몸을 숨겨 적병을 치기 위하여 성 위에 쌓은 낮은 담으로 城堞·女墻·垜口라고도 하며, 고유어로는 성가퀴라고 한다.
760) 欝紆는 구불부불한 모양이다.
761) 園囿는 王家의 花園·東山이다.
762) 濃春은 깊은 봄이다.
763) 昇平은 太平이다.
764) 凝曉는 이슬이나 안개가 엉겨 있는 새벽이다.
765) 德化는 德教와 같은 말로 도덕의 교화이다.
766) 符는 징조·조짐을 뜻하는데, 여기에서는 證據·證票를 뜻하는 符驗으로 볼 수도 있다.
767) 禁林은 황실·왕실의 東山이다.
768) 軼(佚·逸)蕩은 초탈하여 구속되지 않음, 제멋대로 하여 절제가 없음인데, 여기에서는 궐문의 출입이 자유로움을 가리킨 듯하다.
769) 嵩呼는 漢 武帝가 嵩山에 올라 封禪을 행할 때 吏卒들이 모두 들었다는 萬歲三唱 소리로, 臣民들의 제왕을 송축하는 만세소리를 비유한다.

02-50-03 위의 시는 <열서성공>이다

02-50-03 右列署星拱

궁궐을 두른 조사(曺司)[770]들은 하늘[771]의 형상을 본뜬 것이라
찬란한 뭇별[772]이 신극(辰極)[773]에 공수(拱手)하는[774] 듯하네.[775]
궁궐 위의 구름은 화성(畵省)[776]의 화로 옆으로 가까이 오는데
금중의 누각(漏刻)[777]소리는 푸른 비단[778]에서 꿈을 깬 뒤에 듣네.
늘어선 산봉우리의 형세는 나뉘어 태악(泰嶽)[779]을 향하고
수많은 시내의 줄기는 갈라져서 푸른 바다로 나아가네.
힘쓰고 삼간[780] 뭇 공인(工人)의 뜻을 알고자 하면
새벽의 거리에 늘어선 횃불들을 살피시라.

環闕曺司象紫冥　拱來辰極燦繁星
宮雲畫省爐邊近　禁漏靑綾夢後聽
列岀勢分宗泰岳　百川派別赴滄溟
欲知勤恪羣工意　看取晨街列炬熒

---

770) 曺(曹)司는 官署이다.
771) 紫冥은 하늘이다.
772) 繁星은 빽빽이 늘어선 뭇별이다.
773) 辰極은 北極星이다.
774) 拱手는 두 손을 가슴 앞에 겹쳐모으고 올리는 절, 또는 그렇게 하는 것이다.
775) 拱星은 뭇별이 북극성을 중심으로 하여 에워싸고서 拱手하듯이 도는 것으로, 임금이 제자리에 있으면 모든 신민이 그를 높이 받듦을 비유한다.
776) 畫省은 그림을 그려 놓은 省이라는 뜻으로, 漢代에 胡粉을 바른 尙書省의 벽에 烈士의 초상을 그린 데서 유래하여 상서성을 가리키며, 粉省·粉署라고도 한다.
777) 禁漏는 宮漏와 같은 말로 궁중의 漏刻[물시계]이다.
778) 靑綾은 푸른 바탕에 무늬를 수놓은 고급의 비단이다.
779) 泰嶽은 중국 山東省 奉安縣에 있는 산으로 五嶽의 하나인 泰山의 별칭이다.
780) 勤恪은 부지런히 힘쓰고 勤愼함이다.

02-50-04 위의 시는 <제방기포>이다

02-50-04 右諸坊基[781)]布

한 시대의 번화함이 구규(九逵)[782)]에 펼쳐져 있고
들쑥날쑥한[783)] 여러 방(坊)[784)]이 바둑돌처럼 빽빽하네.
우레소리[785)]를 내는 수레와 말로 아침마다 북적거리는데[786)]
버들이 드리워진 문항(門巷)[787)]과 길은 곳곳이 닮았네.[788)]
가관(歌管)[789)]의 소리 속에서는 바람이 화창하고[790)]
누대의 그림자 속에서는 해가 더디네.[791)]
평명[792)]이면 물건값[793)]을 부르느라고 시끄럽건만[794)]
집집마다[795)] 순박한 백성이라 절로 속이지 않는다네.

一代繁華布九逵　諸坊錯落密如棊
轟雷車馬朝朝熱　垂柳門街處處疑
歌管聲中風澹蕩　樓臺影裏日舒遲

---

781) 원전의 '基'는 시 본문의 내용으로 보아 '棋'의 착오이다.
782) 九逵는 都城에 있는 四通八達의 큰길로 九街라고도 한다.
783) 錯落은 들쑥날쑥하여 정연하지 않은 모양이다.
784) 坊은 고려 · 조선시대에 도성의 5部를 다시 나눈 행정구역 단위이다.
785) 轟雷는 큰 우레소리이다.
786) 熱은 떠들썩함, 북적거림이다.
787) 門巷은 집의 문과 그 앞에 이르는 길이다.
788) 處處疑는 곳마다 비슷함을 뜻하는데, 申欽의 『象村集』 권14 <松都>의 頷聯에 "한산한 꽃과 잔디풀은 해마다 비슷하고, 갑제의 이름난 동산은 곳곳이 닮았네.(閑花細草年年似, 甲第名園處處疑.)"라는 구절이 있다.
789) 歌管은 노래와 피리소리로 음악을 가리킨다.
790) 澹蕩은 和暢함이다.
791) 舒遲는 느림, 더딤이다.
792) 平明은 해가 돋을 무렵의 아침이다.
793) 市價는 시장에서 매매되는 가격이다.
794) 喧嘩는 시끄러움, 떠들썩함이다.
795) 比屋은 사는 집이 서로 이웃함, 또는 '집집마다'이다.

平明市價喧嘩地　比屋醇氓自不欺

02-50-05 위의 시는 <동문교장>이다
02-50-05 右東門教場

나라의 문 동쪽에는 옥 같은 길이 구불구불한데
다섯 교위[796]가 아홉 번 공격함[797]을 익히도록 주선하네.[798]
바람과 구름을 압도하는 진영에서는 얼굴이 엄숙하고[799]
비호(貔虎)[800]처럼 날아오르는 무사들은 기운이 용맹스럽네.[801]
천둥 같은 북소리는 큰 들판을 뒤집고
무지개 같은 칼빛은 반공에서 춤추네.
척씨(戚氏)[802]가 남긴 방책으로는 북쪽을 방비하기 어려운데
때에 맞는 변통(變通)[803]은 원융(元戎)[804]에게 달려 있다네.

逶迤玉道國門東　五校周旋習九攻
陣壓風雲容整肅　士騰貔虎氣驍雄
鼓聲霹靂掀長野　劒色虹霓舞半空

796) 五校는 前漢 武帝 때에 둔 다섯 校尉로 步兵・屯騎・長水・越騎・射聲(석성)을 가리킨다.
797) 九攻은 아홉 번 공격하는 것인데, 전국시대에 魯의 巧人 公輸般이 楚나라를 위하여 雲梯械를 만들어 城을 아홉 번 공격하였으나 墨子가 잘 방어하였으므로 墨守라는 말이 생겼다.
798) 周旋은 돌보아 줌이다.
799) 整肅은 엄숙함, 단정하고 장중함이다.
800) 貔虎는 범과 비슷한 짐승인 貔와 범으로 용맹한 무사를 비유한다.
801) 驍雄은 용맹하고 위풍이 있음이다.
802) 戚氏는 明初의 무장 戚繼光(1528~1587)을 가리킨다. 자는 元敬, 호는 南塘으로 都督을 지냈고, 왜구를 무찌르고 시를 잘 짓는 것으로 이름이 높았으며, 兵書인 『紀效新書』를 남겼다.
803) 通變은 變通과 같은 말로 常規에 얽매이지 않고 형편에 따라 잘 처리함이다.
804) 元戎은 큰 兵車로 元帥를 비유한다.

戚氏遺方難備北　隨時通變在元戎

02-50-06 위의 시는 <서강조박>이다
02-50-06 右西江漕泊

제로(諸路)[805]의 조운선(漕運船)[806]이 이 강에 모이는데
산과 가지런한 양식[807]은 서울[808]의 장관이라네.
즈문 사내의 노력으로 남묘(南畝)[809]에서 거두어오고
골 곡(斛)[810]의 배로 서강(西江)[811]에 모아서 쌓네.
나라를 부유하게 하는 바람은 날아가는 돛[812]에 불어오고
백성을 행복하게 하는 별은 걸린 봉창[813]을 비추네.
뱃사공과 창리(倉吏)[814]는 다투어 시끄럽게 떠드는데[815]
거마가 길을 메우고 항아리에는 술이 가득하다네.

諸路漕輸湊此江　齊山粒米壯京邦
收來南畝千夫力　簇立西汀萬斛艭

---

805) 諸路는 모든 道路로 모든 道, 모든 地方을 가리킨다.
806) 漕輸는 배로 물건을 실어나름이다.
807) 米粒은 쌀알로 흔히 양식을 범칭한다.
808) 京邦은 京都地域이다.
809) 南畝는 남쪽에 있는 밭으로 농토를 가리키는데, 『詩經』「國風」<七月>에 "정월에는 보습을 잡고, 2월에는 발을 드네. 나의 며느리와 아이를 데리고, 저 남쪽밭에서 들밥을 먹네.(三之日于耜, 四之日擧趾. 同我婦子, 饁彼南畝.)"라는 대목이 있다.
810) 斛은 용량을 재는 도구로 고유어로는 휘라고 하며, 용량의 단위로도 쓰였는데 시대에 따라 열 말[斗] 또는 다섯 말을 가리켰다.
811) 西汀은 서쪽에 있는 강인데, 여기에서는 서울 서쪽의 麻浦地域에 있는 漢江인 西江을 가리킨다.
812) 席帆은 배[船]의 돛이다.
813) 蓬窓은 쑥이 자라는 곳을 마주하고 있는 窓이다.
814) 倉吏는 창고를 지키는 관리이다.
815) 喧閙(훤뇨)는 시끌벅적함이다.

皐國風吹飛席帆　福民星照揭蓬窓
篙工倉吏爭喧閙　車馬塡塗酒滿缸

02-50-07 위의 시는 <남도행인>이다
02-50-07 右南渡行人

끊임없이 흐르는[816] 강에서는 송별과 영접이 잦은데
북쪽으로 가고 남쪽에서 오는 이들이 뱃사공[817]을 부르네.
물결 위의 새는 종일토록 벼슬아치[818]를 구경하는데
모래언덕에는 사철 말과 수레[819]의 자취가 새겨지네.
높다란 돛[820]은 그림자가 있기에 늘 애써 바라보지만
물 가의 버들은 가지가 없어도 봄에 얹혀살 수 있다네.
바람이 자고 안개가 걷히니 노[821]를 젓기가 평온한데
누가 또 손짓하여 부르며[822] 나루터를 잃었다[823]고 탄식하는가?

江流袞袞送迎頻　北去南來喚渡人
終日波禽閱冠盖　四時沙岸印蹄輪
雲帆有影長勞望　汀柳無枝可寄春
風定烟開舟楫穩　招招誰復歎迷津

---

816) 袞袞은 끊이지 않는 모양이다.
817) 渡人은 渡夫와 같은 말로 뱃사공이다.
818) 冠蓋는 禮帽와 車蓋로 벼슬아치를 비유한다.
819) 蹄輪은 발자국과 수레바퀴로 말과 수레를 비유한다.
820) 雲帆은 높은 돛, 또는 구름처럼 흰 돛이다.
821) 舟楫은 배와 노로 배를 가리키며, 제왕을 보좌하는 신하를 비유하기도 한다.
822) 招招는 손짓하거나 소리쳐서 부르는 모양인데, 『詩經』「邶風」<匏有苦葉>에 “손짓하여 부르는 뱃사공이여, 남들은 건너도 나는 건너지 않으려네.(招招舟子, 人涉卬否.)”라는 구절이 있다.
823) 迷津은 나루를 잃고 헤매는 것으로 길을 잃음을 비유한다.

02-50-08 위의 시는 <북교목마>이다
02-50-08 右北郊牧馬

정북쪽[824]의 교외[825]에는 비단구름[826]이 펼쳐져 있는데
만필의 기주(冀州)[827]의 양마(良馬)가 거침없이 달리네.[828]
아득한 평원은 발굽을 멋대로 놀리도록 넓고
우거진[829] 봄풀은 마음껏[830] 자라네.
들판에 가득한 바람과 우레를 들으면서 마시고 먹으며
허공을 뒤집는 별빛과 번개를 보면서 뛰어넘어 나아가네.[831]
방정(房精)[832]이 다행히 문치(文治)를 숭상하는[833] 때를 만났기에
화양(華陽)[834]의 일처럼 해마다 한가롭게 방목된다네.

直北郊墟雲錦張　縱橫萬匹冀州良
平原漠漠隨蹄濶　春草離離滿意長
殷野風雷聽飮齕　翻空星電見超驤
房精幸値修文日　閑放年年似華陽

824) 直北은 正北이다.
825) 郊墟는 교외의 들판이다.
826) 雲錦은 彩雲, 또는 아침놀이다.
827) 冀州는 옛날 중국의 九州의 하나로 陝西와 山西 사이의 黃河 동쪽, 河南과 山西 사이의 황하 북쪽, 山東 북서부와 河北 남동쪽 지역을 가리키는데, 그 북쪽 들판인 冀野는 좋은 말의 생산지로 이름이 높았다.
828) 縱橫은 제멋대로 행동하여 꺼림이 없음이다.
829) 離離는 초목의 잎·꽃·열매 등이 많고 무성한 모양이다.
830) 滿意는 滿足이다.
831) 超驤은 세차게 앞으로 나아가는 모양이다.
832) 房精은 房星의 精氣로 말의 별칭인데, 二十八宿 중 房宿의 四星이 말을 관장하는 天駟로 불리는 데 유래한다.
833) 修文은 文治를 숭상하고 시행함이다.
834) 華陽은 華山의 남쪽인데, 여기에서는『書經』「武成」에서 周 武王이 殷 紂王를 친 뒤에 다시는 전쟁을 하지 않겠다는 뜻으로 말들을 화양으로 보내고, 소를 桃林의 들에 풀어 놓았다고 한 일을 가리키고자 언급하였다.

02-51 춘방[835]에서 숙직하다가 조자여의 시에 차운하다
02-51 春坊直中, 次趙子餘

깨끗한 대청에서 도생(桃笙)[836]에 앉아 우선(羽扇)[837]을 부치노라니
비가 찌는 듯한 더위[838]를 씻고 바람은 탑상(榻床)을 지나가네,
땅이 구소(九霄)[839]에 가까우니 풍경이 아름다운데
뜻이 천고에 관계되니 담화가 기네.
아침이 다하도록[840] 서질(書帙)[841]을 만져도 관서 안이 덥지 않더니
밤이 들자 호산(湖山)[842]으로 가니 꿈 또한 시원하네.
이속(吏屬)들이 흩어지고 텅 빈 뜰에서는 금약(金鑰)[843]이 울리는데
상림원(上林園)[844]의 구름빛은 황혼[845]을 띠고 있네.

桃笙羽扇淨中堂　雨滌蒸炎颯過床
地近九霄風景麗　意關千古話言長
終朝書帙官非熱　入夜湖山夢亦凉
吏散空庭金鑰響　上林雲色帶曛黃

02-52 경종대왕[846]의 만사. * 심상서[847]를 대신하여 짓다.

835) 春坊은 조선시대 世子侍講院의 별칭이다.
836) 桃笙은 桃枝竹으로 엮어 짠 대자리이다.
837) 羽扇은 새털로 만든 부채이다.
838) 蒸炎은 매우 더운 것이다.
839) 九霄는 九天과 같은 말로 아주 먼 하늘, 먼 공중을 뜻하며 흔히 궁궐을 비유한다.
840) 終朝는 새벽부터 아침밥을 먹을 때까지의 시간이다.
841) 書帙은 책이 상하지 않도록 덧입히는 물건으로 고유어로는 책가위라고 하는데, 여기에서는 書冊을 가리킨다.
842) 湖山은 호수와 산으로 강산을 가리킨다.
843) 金鑰은 金으로 象嵌한 관악기이다.
844) 上林園은 秦始皇이 長安의 서쪽에 만든 園林으로 흔히 제왕의 정원을 대유한다.
845) 曛黃은 황혼이다.
846) 景宗(1688~1724)은 조선조의 제20대왕의 시호이다. 諱는 昀, 자는 輝瑞, 肅宗의 장자,

02-52 景宗大王挽 ＊ 代沈尙書作.

국상을 입은848) 뒤에 나는 외임으로 있었기 때문에 만사를 짓는 반열에 참여하미 못하였다. 그러나 이웃어른이 마침 부탁하신 바 있어. 나의 문사가 거칠고 졸렬하여 비록 하늘을 모사하고 해를 그림으로 그림849)에 능하지 못하지만, 상여를 붙잡는850) 말에 기대어 욕의851)의 아픔을 작게 쏟아낼 따름이다.

奉諱以後, 余以外任, 不得與於製挽之列. 而隣丈適有所托, 余文詞蕪拙, 雖不能摹天畫日, 而聊憑攀輴之辭, 小洩褥蟻之慟云爾.

삼황(三皇)852) 이후에 누가 이 분처럼 위대하셨으랴?853)
번거로운 예의854)를 단번에 쓸어내고 큰 기업(基業)을 정하셨네.

생모는 禧嬪張氏, 妃는 沈浩의 딸 端懿王后, 계비는 魚有龜의 딸 宣懿王后이다. 생모 문제로 少論의 지지를 받고 노론의 반대에 부딪히면서 3세에 세자로 책봉되었으며, 1717년 대청청정을 맡을 때에도 노론에 반대를 받았으나 숙종의 승하 후 곧 즉위했다. 원년에 노론의 요구로 延礽君을 世弟로 책봉했으나 대리청정까지 요구하는 데 소론이 격렬하게 반발함으로써 金昌集 등 노론사대신을 賜死하고 소론에 정권을 맡긴 辛壬士禍를 치르는 등 곤경을 겪다가 재위 5년 만에 훙서했다. 능은 지금의 성북구 석관동에 있는 懿陵이다.

847) 尙書는 조선시대 六曹의 장관으로 정2품직인 判書의 별칭인데, 沈尙書는 1724년에 예판이었던 沈檀(1645～1730)과 병판이었던 沈壽賢(1663～1736)을 상정해 볼 수 있으나, 전임판서일 수도 있어 누구를 가리키는지는 미상이다.

848) 奉諱는 부모·군왕 등에 대한 喪中에 있는 것으로, 그 이름을 부르기를 기피한 데서 유래한 말이다.

849) 摹畫는 그려냄이다.

850) 攀輴은 상여를 붙잡는 것으로 『史記』「封禪書」의 다음 고사에서 유래하여 제왕의 죽음을 애도함을 비유하는 말인 攀髥의 뜻으로 쓰였다. 黃帝가 荊山에서 鼎을 주조하고 나서 용이 되어 승천할 때에, 群臣과 後宮 70여명이 따라갔는데, 용을 타지 못한 小臣들이 붙잡은 수염이 뽑히면서 황제의 활과 함께 땅에 떨어졌다.

851) 褥蟻는 殷나라의 士喪禮에서 棺을 덮은 붉은 천으로 된 홑이불[褚幕·褥]의 네 모서리에 그려 놓은 개미무늬[蟻結]로, 왕을 위하여 따라 죽음을 비유한다.

852) 三皇은 중국 고대의 세 명의 신화적 제왕으로 대개 天皇·地皇·人皇을 가리키지만, 문헌에 따라서는 伏羲·神農·黃帝나 燧人·祝融·女媧라고도 하였다.

853) 熙熙는 광대한 모양이다.

854) 繁文은 번거로운 예의이다.

움직이는 곳에서는 주(周)나라의 왕같이 큰 낯빛이 없고
침묵할 때에는 은(殷)나라의 임금처럼 깊은 생각이 있으셨네.
본성[855]은 곧 서리와 이슬 같아서 모두 하늘의 부림을 받고
인물[856]은 저절로 곱고 추할[857] 뿐 어찌 거울이 사사로우랴?
완염(琬琰)[858]과 간편(簡編)[859]으로도 다 쓸 수 없거니와
해동(海東)의 백성은 천고가 되도록 영원히 슬픔을 품으리.

三皇以後此熙熙　一掃繁文奠泰基
運處周王不大色　嘿中殷辟有深思
仁行霜露天皆敎　物自姸媸鏡豈私
琬琰簡編書弗盡　東民千古永含悲

인심(人心)[860]을 경계하시며[861] 추기(樞機)[862]에 드나드시고
밤낮으로 자신을 공손히 하면서 엄숙히 옷을 드리우셨네.[863]
밝음이 해와 달 같은데도 오히려 때를 기다리셨고[864]
헤아림은 하늘과 땅보다 커서 에워쌀 수 없었네.
봄기운을 머금은 도덕의 바다는 뭇 사물을 적셔 주고
구멍으로 소통된[865] 정교(政敎)의 현악기는 큰 음악을 베푸셨네.

---

855) 仁은 사람의 본성이다.
856) 物은 사람의 외모이다.
857) 姸媸(蚩)는 姸醜와 같은 말로 곱고 추함이다.
858) 琬琰은 琬珪와 琰珪로 碑石의 미칭인데, 여기에서는 碑文을 가리킨다.
859) 簡編은 竹簡과 그것을 꿴 끈으로 책·서적을 가리키는데, 여기에서는 行狀을 가리킨다.
860) 人心은 사람의 私慾的인 마음, 육체의 욕구에서 생기는 마음으로 道心·天理에 대비되는 성리학적 개념이다.
861) 儆戒는 警戒와 같은 말로, 『書經』「虞書」<大禹謨>의 "아, 경계하시라. 근심이 없을 때에 경계하시라.(吁! 戒哉. 儆戒無虞.)"라는 글에서 유래한다.
862) 樞機는 사물의 가장 중요한 부분이다.
863) 垂衣는 옷을 늘어뜨림으로 제왕이 다스리지 않아도 교화됨을 비유한다.
864) 遵晦는 은거하며 때를 기다림인데, 여기에서는 世子로 있었던 기간이 깊을 가리킨다.
865) 踈(疏)越은 瑟 바닥에 구멍을 내어 소리를 느릿하게 함인데, 越은 슬 바닥의 구멍이다.

복록이 없어짐[866]에 신민들은 하늘을 믿기 어려우니
하늘에 영명을 기원하라[867]는 「주서(周書)」[868]의 큰 이치도 어긋났다네.

儆戒人心出入機 夙宵恭己儼垂衣
明同日月猶遵晦 量過乾坤不可圍
德海涵春羣物潤 政絃疏越大音希
臣民無祿天難信 祈永周書一理違

기무(機務)[869]가 한가한 때에도 환관과 궁첩(宮妾)을 멀리 하고
화평하게[870] 단정히 앉아 있노라면 옥황(玉皇)[871]과 같으셨네.
연초(年初)에는 은근히[872] 농사를 걱정하는 조서(詔書)를 내리고
조회(朝會) 뒤에는 조용히 사냥을 간한 상서(上書)[873]를 읽으셨네.
황금을 흙처럼 보시니 풍속이 이미 바뀌었고
백골에도 은혜를 베푸시니 병역(兵役)이 비로소 넉넉해졌다네.
살펴보시라, 검소한 덕행이 신우(神禹)[874]를 넘어서
한 벌의 산룡(山龍)[875]도 남기시지 않았음을.

機務閑時宦妾踈 穆淸端坐玉皇如

866) 無祿은 불행함, 복록이 없음으로 상을 당함을 가리킨다.
867) 祈永은 祈天永命의 준말로 하늘에 나라의 운명이 영원할 것을 기원함을 뜻하는데, 『書經』「周書」「召誥」에 "왕께서 그 덕의 쓰임을 마땅하게 하셔서 하늘에 永命을 기원하소서.(王其德之用, 祈天永命.)"라는 글이 있다.
868) 「周書」는 『書經』의 편명이다.
869) 機務는 機密에 속하는 중요한 사무로 흔히 國政·軍政의 큰 일을 가리킨다.
870) 穆淸은 평화로운 모양, 태평스러운 모양이다.
871) 玉皇은 玉皇上帝의 준말로 道敎의 최고의 神이다.
872) 殷慇(勤懃)은 정이 깊고 두터움이다.
873) 諫獵書는 前漢의 司馬相如가 武帝에게 사냥에 빠지지 않도록 간한 上奏文이다.
874) 神禹는 夏나라의 시조 禹임금에 대한 존칭이다.
875) 山龍은 산과 용의 무늬를 넣은 袞服이다.

殷勤歲首憂農詔　寂寞朝端諫獵書
土視黃金風已革　恩覃白骨役初舒
請看儉德逾神禹　一襲山龍不復餘

<십잠(十箴)>[876]의 훌륭한 교훈을 영왕(寧王)[877]께 받으면서
유충(幼冲)한 나이[878]에 글을 익히니 덕행이 날로 나아가셨네.
대리(代理)하실[879] 때에는 은밀하게 심법[880]의 운용을 전수받았는데
시탕(侍湯)하실[881] 때에는 남몰래 수명[882]의 길이가 손상되셨네.
마굿간의 용(龍)[883]은 다만 선릉(先陵)으로 가는 길만 알았고
법주(法酒)[884]는 오로지 수전(壽殿)[885]의 잔에 따를 따름이었네.
새벽에도 동조(東朝)[886]께서 문안을 올렸거늘[887]
신선의 말[888]은 백운향(白雲鄉)[889]을 오르내리고[890] 있네.

---

876) <十箴>은 열 가지 경계할 일을 적은 글인데, 『國朝寶鑑』 권49에 따르면 숙종 20년에 임금이 몸소 <儆戒十箴>을 지어 세자에게 내렸다고 한다.
877) 寧王은 천명을 받아 나라를 세운 임금으로 대개 周나라의 文王·武王을 일컫는데, 여기에서는 숙종을 가리킨다.
878) 冲(沖)歲는 어린 나이이다.
879) 代理는 어떤 직무를 일시적으로 대신함인데, 여기에서는 景宗이 숙종 43년(1717)부터 세자로 代理聽政한 일을 가리킨다.
880) 心法은 마음을 성찰하고 수양하는 방법이다.
881) 侍湯은 부모의 병환에 약을 써서 시중을 드는 것이다.
882) 夢齡은 長壽함이다.
883) 龍은 키가 八尺 이상인 駿馬이다.
884) 法酒는 官府의 법정규격에 맞게 빚은 술이다.
885) 壽殿은 축수를 위한 전각이다.
886) 東朝는 世子인데, 여기에서는 王世弟 延礽君을 가리킨다.
887) 承候는 웃어른을 보살피고 문안함이다.
888) 仙驂은 신선이 타는 驂馬로 亡者를 태우는 말이나 수레를 비유하는데, 참마는 수레를 끄는 말 네 필 가운데 끝채 바깥쪽의 두 필을 가리킨다.
889) 白雲鄉은 『莊子』「天地」의 "저 흰 구름을 타고 하늘에서 논다.(乘彼白雲, 游于帝鄉.)"라는 글에서 유래한 말로 仙鄉을 가리킨다.
890) 陟降은 왕래함, 오르내림이다.

十箴徽訓受寧王　冲歲溫文德日將
代理密承心法運　侍湯潛損夢齡長
彪龍只識先陵路　法酒惟斟壽殿觴
曉色東朝承候地　仙驂陟降白雲鄉

분명히 깊은 뜻[891]으로 큰 기업[892]을 맡으신 이래로
조정의 하례하는 신선의 음악에는 질나발과 저[893]를 썼다네.
마음을 전수하는 비결은 오묘하여 밤에 이불을 함께 하고
아픔을 나눈 인정은 깊어 때마다 쑥을 태우셨다네.[894]
영소(靈沼)[895]에는 모두 나란히 짝지은 할미새[896]가 날고
상림원(上林園)[897]에는 가지가 이어지지[898] 않은 나무가 없었네.
기무(機務)가 한가한 때에는 매번 이연(離筵)[899]의 강론을 듣고자
몇 번이나 동루(銅樓)[900]로 어탑을 옮기셨던가?

斷自淵衷付大基　賀庭仙樂用塤篪
傳心訣妙同衾夜　分痛情深灼艾時
靈沼有飛皆並鴒　上林無樹不聯枝

891) 淵衷은 深衷과 같은 말로 못처럼 깊은 속마음이다.
892) 大基는 큰 基業으로 흔히 제왕의 기업을 가리킨다.
893) 塤篪는 질나발과 저로 형제의 화목을 비유하는데, 형은 질나발을 불고 아우는 이에 화답함을 塤(壎)篪相和라 한다.
894) 灼艾는 쑥을 태워 뜸질을 함이다.
895) 靈沼는 周 文王의 정원에 있던 연못으로 흔히 제왕의 은택이 미치는 곳을 비유한다.
896) 鴒은 할미새로 형제를 비유하는데, 『詩經』「小雅」<常棣>에 "할미새가 언덕에 있는데, 형제는 급할 때에 구제하네.(鶺鴒在原, 兄弟急難.)"라는 구절이 있다.
897) 上林園은 秦始皇이 長安의 서쪽에 만든 園林으로 흔히 제왕의 정원을 대유한다.
898) 聯枝는 連理枝를 가리키는데, 연리지는 두 나무의 가지가 서로 닿아 이어져서 자라는 나무로 상서로운 징조로 여겨졌다.
899) 離筵은 書筵과 같은 말로 왕세자에게 학문을 강론하는 자리이다.
900) 銅樓는 銅龍을 장식한 누각으로 太子宮・世子宮을 가리키며 銅龍樓・銅龍館이라고도 한다.

機閑每聽離筵講　幾向銅樓御榻移

다섯 해 만에 창오산(蒼梧山)[901]에서 해가 다시 저무니
네 조정를 섬긴 남은 물건은 조그만한 마음[902]이 타네.
교서를 내리심에는 갑자기 잃은 보검[903]을 잡은 듯하였건만
신(臣)의 축수(祝壽)가 어찌 미나리를 바침[904]을 본뜰 수 있었으랴?
거울을 진상하였던 절일(節日)[905]은 지난날과 달리 돌아오는데
해골을 비는[906] 상소는 선향(仙鄕)의 구름 너머에 있네.
따라 죽고자[907] 하면서도 머뭇거리며[908] 아직 잔명을 잇고 있으니
사람세상의 모든 일에서 성군을 저버리네.

五載蒼梧景再曛　四朝餘物寸心焚
賜書恍似攀遺劒　臣壽那能效獻芹
進鏡節回非舊日　乞骸䟽在隔仙雲
遲遲蟻褥猶殘命　萬事人間負聖君

---

901) 蒼梧는 중국의 湖南省에 있는 산으로 九疑라고도 하며 舜임금이 崩御한 곳인데, 흔히 제왕의 崩御를 비유한다.

902) 寸心은 사방 한 치의 조그만 마음으로 사람의 속에 품은 작은 뜻을 가리킨다.

903) 遺劒은 보검을 잃음, 또는 잃은 보검이다.

904) 獻芹은 햇볕을 임금께 바치면 포상받을 것이라는 농부의 말을 들은 부자가 미나리를 맛본 豪族이 쓴 맛과 복통을 원망하니 바친 자가 부끄러워했다고 말했다는『列子』「楊朱」의 고사에서 유래하여, 군왕에게 바치는 작은 정성이나 菲薄한 예물을 비유한다.

905) 節日은 명절이나 제삿날인데, 여기에서는 경종의 탄일을 가리킨 듯하다. 경종은 숙종 17년(1688) 10월 27일에 탄생하였고, 4년(1724) 8월 25일에 홍거하여 같은 해 12월 16일에 懿陵에 안장되었다.

906) 乞骸는 乞身·乞退와 같은 말로 관료가 辭職을 청하는 것이다.

907) 褥蟻는 殷나라의 士喪禮에서 棺을 덮은 붉은 천으로 된 홑이불[褚幕·褥]의 네 모서리에 그려 놓은 개미무늬[蟻結]로 왕을 위하여 따라 죽음을 비유한다.

908) 遲遲는 머뭇거리며 결정하지 못함이다.

02-53 서행잡영. 3수
02-53 西行雜咏三首

북풍이 천지에 가득하거늘
그대909)는 어디로 가고자 하는가?
관문 밖910)에는 얼음과 눈이 많고
경성(京城) 안에는 이별이 넉넉하네.
아쉬워하며911) 마을912)을 나가서
발걸음마다 익숙한913) 곳을 지나가네.
오로지 임금과 어버이를 염려할 뿐이니
긴 여정에 이르는 곳마다914) 머물리.

北風滿天地　之子欲何之
關外多氷雪　京中足別離
依依出里巷　步步落情知
惟有君親念　長程著處隨

맑은 새벽에 잠을 깨어 앉아 있노라니
마을의 모습이 참으로 음산하네.915)
말의 그림자는 별 옆에서 움직이고
닭의 울음소리는 눈 속에 많네.

---

909) 之子는 이 사람, 이 아들, 이 자식을 뜻하는데, 『詩經』「豳風」<九罭>에 "우리가 이 분을 만났는데, 곤의와 수상을 입으셨네.(我覯之子, 袞衣繡裳.)"라는 구절이 있다.
910) 關外는 京城 이외의 지역, 또는 關門의 밖이다.
911) 依依는 아쉬워함, 그리워함이다.
912) 里巷은 마을의 길거리로 마을을 가리킨다.
913) 情知는 깊이 앎, 분명히 앎이다.
914) 隨處는 '이르는 곳마다, 어느 곳이나, 도처'를 뜻한다.
915) 陰森은 어두침침하고 쓸쓸함이다.

길은 천리의 형세를 이루는데
나그네는 오경의 마음을 지니네.
하물며 또 한 해[916]가 저묾에랴?
혼자서 차가운 잔에 스스로 술을 따르네.

罷眠坐淸曉　村色正陰森
馬影星邊動　雞聲雪裏深
路成千里勢　客有五更心
況復年華暮　寒盃獨自斟

자욱하게[917] 음침한[918] 날에
멀리[919] 도성을 떠나는 몸이네.
넓은 교외에서는 만나는 사람이 없는데
먼 나무는 문득 사람처럼 보이네.
관새(關塞)[920]에서 외롭게 휘파람부는 신세가 되었지만
경화(京華)[921]에는 평소의 친지[922]가 있다네.
이 행차가 쌀 다섯 말[923] 때문은 아니니
백리의 땅[924]에서 경륜[925]을 시험해 보리.

漠漠窮陰日　迢迢去國身

916) 年華는 세월·나이·봄빛이다.
917) 漠漠은 자욱한 모양이다.
918) 窮陰은 매우 陰沈한 天氣로 겨울의 마지막 시기를 가리킨다.
919) 迢迢는 먼 모양, 아득한 모양이다.
920) 關塞는 邊境의 관문이나 要塞이다.
921) 京華는 京師·都城이다.
922) 素親은 평소의 친지·친구이다.
923) 五斗는 五斗米의 준말로 얼마 안 되는 祿俸이다.
924) 百里는 한 縣이 관할하는 땅으로 縣이나 縣令·縣監을 비유한다.
925) 經綸은 일을 조직적으로 계획하는 것으로 흔히 천하·나라를 다스림을 가리킨다.

曠郊無所遇　遠樹忽如人
關塞成孤嘯　京華有素親
此行非五斗　百里試經綸

02-54 판여를 모시다.[926] 2수
02-54 奉板輿二首

어찌하면 몸과 그림자[927]를 나누어
나의 몸을 두 개로 만들 수 있을까?
하나는 남아서 아버지를 모시고
하나는 다니면서 어머니를 따랐으면.

安得分形影　作吾兩箇身
一留陪嚴親　一行隨慈親

그림자 속에 또 그림자가 있어서
몸이 세 개가 되기를 바라네.
몸 하나는 군왕을 받들고
몸 둘은 어버이를 모시리.

影中又有影　願作三箇身
一身奉君王　兩身侍兩親

926) 板輿는 사람의 힘으로 모는 수레로 대개 노인을 태울 때에 쓰였으며, 관리가 임지에서 부모를 맞이하여 봉양함을 비유하는데, 여기에서는 늙으신 부모를 봉양하는 일을 가리킨다.
927) 形影은 몸과 그림자이다.

02-55 행차가 기성[928]에 도착하다
02-55 行到箕城

하늘은 높고 들은 멀며 숲은 아득한데[929]
섬에 의지하고 있는 마을에는 연기가 점점이 푸르네.
대동강(大同江)[930]의 물은 얼음 밑에서 우는 소리를 내고
연광정(練光亭)[931]은 눈 속에 날아가는 그림자로 서 있네.
인물은 씩씩하고 호기로워[932] 변새의 기상이 많은데
운산(雲山)[933]은 기이하고 수려하여 성령(性靈)[934]을 지니고 있네.
남은 터[935]로 가서 옛날의 자취를 찾고 싶기에
나그네는 마음이 급해져서[936] 술이 깨기 시작하네.

天高野逈樹冥冥　依島村烟點點靑
氷下鳴聲大同水　雪中飛影練光亭
麄豪人物多邊氣　奇秀雲山有性靈
欲向遺墟尋古迹　客心悃悵酒初醒

---

928) 箕城은 平壤의 별칭으로 箕子朝鮮의 도읍지였다는 데서 유래한다.
929) 冥冥은 아득함, 깜깜함이다.
930) 大同江은 평안남도 寧遠郡의 小白山에서 발원하여 평양・鎭南浦와 황해도 黃州 등지를 거쳐서 서해로 흘러 들어가는 강이다.
931) 練光亭은 대동강에 접한 평양성 위에 있는 정자로 고구려가 평양성을 건설하면서 처음 세웠다고 한다. 지금의 정자는 현종 11년(1670)에 지은 것으로 '天下第一江山'이라고 쓴 현판이 걸려 있다. 예로부터 關西八景의 대표적 명승지로 꼽힌 만큼 수많은 문인과 명사가 이곳을 즐겨 찾았다.
932) 麄(麤)豪는 씩씩하고 호기로움이다.
933) 雲山은 山川이다.
934) 性靈은 정신・사상・감정 등 사람의 내면의 세계이다.
935) 遺墟는 남아 있는 터, 황폐한 옛터이다.
936) 悃悵은 황급함, 급작스러움이다.

02-56 백운상인[937]의 시축[938]에 차운하다. 2수 * 상인이 환악[939]으로부터 와서 만이천봉의 승경을 말하여, 사람으로 하여금 아득히 정신으로 유람하게 하였다.

02-56 次白雲上人詩軸二首 * 上人自桓岳來說萬二千峯勝, 令人杳然神遊.

봉악(蓬岳)[940]의 안개와 놀을 보기를 평소에 기대하였으면서도
무엇 때문에 풍진에서 살쩍이 실이 되기에 이르렀는가?
스님은 담담정(淡淡亭)[941]에서 보는 경치를 말하면서
다만 행자(行者)[942]가 소년시절에 쉬기에 좋았다고만 하네.

蓬岳烟霞有素期　風塵何事鬢成絲
僧言淡淡亭中景　只合行人憇少時

* '다만 좋았다(只合)'는 또는 '차라리(耐可)'라고도 한다.
* 只合一作耐可.

공문(公門)[943]의 일에 기한이 있다고 말하지 말라.
담담정의 봄빛은 아지랑이[944]이가 한창이네.
이속(吏屬)이 흩어진 뒤에 새울음 속에 향을 사르고 앉아 있노라니
어찌하여 숲 속의 절에서 물러난 중과 같은가?

---

937) 上人은 知德이 뛰어난 佛弟子로 보통 승려의 존칭으로 쓰인다.
938) 詩軸은 시를 적어 놓은 두루마리이다.
939) 桓岳은 金剛山의 별칭이다.
940) 蓬岳은 金剛山의 별칭인 蓬萊山의 역칭이다.
941) 淡淡亭은 황해도 殷山縣에 있던 정자인데, 姜栢年의 <送柳殷山命賢之任>(『雪峯遺稿』 권21)에 "은산에 담담정이 있기 때문에 제3련에서 언급하였다.(殷山有淡淡亭, 故第三聯及之.)"라는 글이 있다.
942) 行人은 行者와 같은 말로 佛道를 닦는 사람이다.
943) 公門은 官衙이다
944) 遊絲는 아지랑이, 또는 화로에서 피어오르는 연기이다.

休說公門事有期　淡亭春色正遊絲
鳥啼吏散焚香坐　何似林僧退院時

02-57 은산[945]을 출발하여 살수[946]를 지나다가 한식[947]을 만나다
02-57 發殷山過薩水, 逢寒食

변새[948]에서 스무날[949]이나 누워서 앓는 사람이거늘
누가 또 말을 타고 붉은 먼지를 덮어쓰게 하는가?
은산(殷山)에서는 가랑비 속에서 고비와 고사리가 생장하는데
살수(薩水)에는 거친 구름 속에 귀신이 있네.[950]
들불[951]을 보고도 한식(寒食)의 절기인 줄을 알지 못하는데
피리소리 속의 매화는 꼭 고원(故園)[952]의 봄과 같네.
몇 해 전에는 망녕되게 근심이 없는 나그네라고 자부하였건만
오늘은 관문에서 늙으신 어버이를 그리워하네.

塞上兼旬卧病人　誰令騎馬又紅塵
殷山雨細生薇蕨　薩水雲荒有鬼神
野燒不知寒食節　笛梅稍似故園春
年前妄許無愁客　今日關門憶老親

---

945) 殷山은 지금의 平安南道 殷山面에 두었던 縣이다.
946) 薩水는 평안남도와 평안북도의 경계를 흘러 서해로 들어가는 淸川江의 옛 이름이다.
947) 寒食은 명절의 하나로 冬至가 지난 뒤 105일 되는 날인데, 양력으로 4월 5일이나 6일 쯤 든다.
948) 塞上은 邊境地域이다.
949) 兼旬은 20일, 20일 동안이다.
950) 이 구절은 고구려 嬰陽王 23년(612) 1월에 내침한 隋나라의 대군을 乙支文德이 지휘한 고구려 군사가 대파한 薩水大捷으로 인한 원혼이 아직 많다는 뜻이다.
951) 野火는 들풀을 태우기 위하여 놓는 불이다.
952) 故園은 옛집의 庭園으로 고향을 비유한다.

02-58 장차 사객[953]에게 지공[954]하고자 가산[955]의 역참[956]으로 가는 길에 안릉[957]에 이르러 읊다
02-58 將支使客, 向嘉山站, 至安陵有吟

살수(薩水)의 물 가에는 유적이 많이 펼쳐져 있기에
좌해(左海)[958]의 외로운 신하는 온갖 감회가 새롭네.
서새(西塞)[959]의 누대는 지난날과 같은데
황화(皇華)[960]의 길에 있는 저 분은 어떤 사람인가?
삭방[961]의 기운[962]은 어둑하여[963] 늘 저녁과 같은데
산의 꽃은 이따금 절로 봄을 이루네.
말 위에서 책을 보다가 한 번 웃는 것은
누구인가 수레를 몰아 땔감을 옮기기에 애쓰기 때문이라네.

祈張遺迹薩江濱　左海孤臣百感新
西塞樓臺猶舊日　皇華道路彼何人
陰陰朔氣常如暮　往往山花自作春
馬上看書成一笑　被誰驅去輾勞薪

953) 使客은 외국의 使臣이나 외국으로 가는 사신이다.
954) 支供은 供給이다.
955) 嘉山은 지금의 평안북도 博川郡 嘉山面 일대에 두었던 郡이다.
956) 驛站은 왕명・공문의 전달, 稅・貢物 등 관물의 수송, 사신의 왕래와 地方使行에 따른 迎送과 支供 등에 관한 이용을 위하여 국가가 일정한 지역에 설치한 客舍이다.
957) 安陵은 황해도 載寧郡의 옛 이름이다.
958) 左海는 渤海의 왼쪽으로 우리나라를 가리킨다.
959) 西塞는 서쪽의 邊塞인 關西인데, 관서는 摩天嶺 서쪽의 평안도와 지금의 평안남도 지역으로 대개 평안도를 가리킨다.
960) 皇華는『詩經』「小雅」의 편명인 <皇皇者華>의 준말로 임금이 사신을 보낼 때 부른 노래이며, 天子의 使臣[勅使]를 비유한다.
961) 朔方은 북방이다.
962) 朔氣는 북방의 추운 기운이다.
963) 陰陰은 어둠침침한 모양이다.

02-59 안릉[964]의 원님 강사경[965]과 베개를 나란히 하고 이야기를 하다가 사경[966]에 이르자, 바람과 비가 처량하고 사방에서 닭이 우는 소리가 들렸으니, 이런 경지와 이런 회포는 오직 나와 사경만이 알 뿐일 것이다

02-59 與安陵倅姜思卿, 聯枕談到四鼓, 風雨凄凄, 四面雞聲喔喔, 此境此懷, 惟吾與思卿知之耳

동이술로 서로 바라보노라니 촛불을 켠 밤이 깊어지는데
사경에 이르자 변새의 구름은 끝이 없이 어둑해지네.
닭울음이야 타향이라고 다르지 않건만
지사는 마음을 관산(關山)[967]에 이는 비바람에 두네.

樽酒相看一燭深　塞雲無際四更陰
雞聲不是他鄉別　風雨關山志士心

02-60 저녁에 현재[968]의 동헌에 앉아 있노라니, 집 밖에 있는 한 큰 살구나무에 꽃이 활짝 피었고, 막 떠오른 밝은 달이 공교롭게도 꽃이 빽빽한 곳에 닿은 것이 매우 기묘한 광경이었다

02-60 夕坐縣齋東軒, 軒外有杏花一大樹盛開, 而明月初上, 巧當花深處, 甚奇景也

964) 安陵은 황해도 載寧郡의 옛 이름이다.
965) 思卿은 조선 후기의 문신 姜必愼(1687~1756)의 자로 본관은 晋州, 호는 慕軒, 蔡彭胤의 문인이다. 1718년에 등제하여 注書·佐郎을 거친 뒤 安州縣監이 되었다. 戊申亂의 평정에 공을 原從一等功臣에 책록되었고, 만년에는 벼슬을 버리고 낙향하여 시문에 전념하였으며 『慕軒集』을 남겼다.
966) 四鼓는 四更과 같은 말로 지금의 새벽 1시부터 3시 사이이다.
967) 關山은 要塞나 關門의 주변의 산이다.
968) 縣齋는 縣令·縣監이 거주하는 처소이다.

봄을 맞아 처마에 닿은 늙은 살구나무에 꽃이 활짝 피었는데
문득 아름다운 빛[969]이 탑상(榻床)의 자리에 들어옴에 놀라네.
나로 하여금 꽃 사이에서 달을 만나게 하도록
당시에 살구나무를 심은 이는 누구인가?[970]

老杏當軒爛熳春　忽驚虹暈入床茵
花間令我得明月　誰是當年種杏人

02-61 담담정 옆 시냇가에 버드나무 한 포기[971]를 심다
02-61 淡淡亭川邊, 植一行柳

외로운 담담정이 구름 너머로 날아오르는데
가마[972]는 비 온 뒤의 봄빛을 빨아들이네.
후세에 남겨서 전할[973] 좋은 치적(治績)[974]이 전혀 없기에[975]
다만 시냇가에 푸른 버들을 심을 뿐이라네.

淡淡孤亭雲外翔　藍輿雨後挹春光
了無嘉績留傳後　只向川邊種綠楊

02-62 장차 애창[976]의 환곡[977]을 나누어 주려고 가는 길에서 화

969) 虹暈은 무지갯빛, 아름다운 빛이다.
970) 이 구절은 白居易가 忠州刺史로 부임하여 "장차 충주에서 지낼 삼년의 계책으로, 살구나무와 봉숭아나무를 심은 것은 꽃을 기대하고자 함이네.(忠州且作三年計, 種杏栽桃擬待花.)"라고 읊은 일을 염두에 둔 표현이다.
971) 一行은 한 줄기, 또는 한 줄이다.
972) 藍輿는 대로 만든 가마이다.
973) 留傳은 남겨서 전함, 流布함이다.
974) 嘉績은 훌륭한 功績·治績이다.
975) 了無는 전혀 없음, 조금도 없음이다.

류 속에 있는 시골집[978]의 장식[979]이 매우 꼼꼼함을 보고 마음에 쏙[980] 들기에[981] 읊다

02-62 將往艾倉分糴, 道中見花柳中村庄粧點頗密, 犂然當心, 有吟

푸른 산구비에 있는 시골집이 숨었다 나타났다 하는데[982]
길은 깊디깊은 옥동(玉洞)[983]으로 구부러지네.
땅을 덮은 버드나무 그늘에 가려 사람은 보이지 않고
시내에 가득한 봄물에는 꽃이 떠서 내려오네.

村莊掩暎碧雲隈　玉洞深深路轉廻
羃地柳陰人不見　滿溪春水泛花來

02-63 애창으로 가는 길에 본 것을 기록하다[984]
02-63 艾倉道中記所見

산길을 오르고 올라 층진 구름 속으로 들어가니
깊은 골짜기[985]와 위태로운 바위가 구비마다 이어지네.
사람은 십리길을 꽃그림자를 뚫고 가는데
새들은 아침이 다하도록[986] 물소리를 따라서 대답하네.

---

976) 艾倉은 함경도 孟山縣治 북쪽 40리에 있던 官倉이다.
977) 分糴은 春窮期 등 곡식이 떨어졌을 때에 백성에게 貸與하였다가 수확 뒤에 도로 받아들이는 官穀으로 還穀·糶糴이라고도 하였다.
978) 村莊(庄)은 시골집·農家, 또는 村落이다.
979) 粧點은 단장함, 장식함이다.
980) 犂(犁)然은 자득하는 모양, 또는 의혹이나 꺼림칙한 마음이 싹 가심이다.
981) 當心은 마음에 맞음, 합당하게 여김이다.
982) 掩映은 숨었다 나타났다 함, 가려지기도 하고 드러나기도 함이다.
983) 玉洞은 神仙·隱者가 사는 곳이다.
984) 이 작품은『大東詩選』권6에 선발되어 있다.
985) 絶壑은 깊고 험한 계곡이다.

어리석은 백성들은 돌을 쌓다가 귀신이 되었는데
자빠진 버드나무는 계곡에 가로놓여 중을 건너게 하네.[987]
감히 남여[988]로 안온하게 지나감을 기뻐하랴?
가마꾼들은 늘 가슴을 쓰다듬으며[989] 속[990]으로 탄식한다네.

登登山路入雲層　絶壑危巖曲曲仍
十里人穿花影去　終朝禽與水聲膺
愚氓累石因成鬼　僵柳橫谿遂渡僧
敢喜藍輿經歷穩　僕夫長歎撫心膺

02-64 담담정 옆 시냇가에서 떨어진 꽃을 완상하다
02-64 淡亭川邊, 賞落花

물 위에 떨어진 꽃은 어느 곳으로 가는가?
물결을 따라 점 하나가 한들거리네.[991]
흘러가다가 정이 많은 해오라기를 만나면
입에 물고 청산의 그림자 속으로 날아가리.

水面落花何處歸　隨波一點正依依
中流逢著多心鷺　含向青山影裏飛

02-65 강선루[992]

986) 終朝는 새벽부터 아침밥을 먹을 때까지의 시간이다.
987) 이 연의 因과 遂는 둘 다 '곧, 그래서'이다.
988) 藍輿는 대로 만든 가마이다.
989) 撫心은 가슴을 쓰다듬음이다.
990) 膺은 가슴으로 內心을 비유한다.
991) 依依는 가볍게 흔들리는 모양이다.

02-65 降仙樓

술이 반쯤 취하여 나는 듯한 누각에 옮겨와 기대어 있는데
방여(方輿)[993]의 책 속에서 전에 보아서 안다네.
화장한 이[994]는 걸핏하면 물 위를 걷는[995] 그림자로 변하고
푸른 기운[996]은 모두 꿈에 들어와 구름이 되네.
손과 주인은 신선이 되고자 흰 학을 부르는데
강과 산은 그림과 마찬가지로 황혼[997]을 띠고 있네.
뭇 봉우리 하나하나가 사람의 뜻에 맞거늘
어찌 억지로 열둘이라고 이해할 필요가 있으랴?

徙倚飛樓酒半醺，方輿書裏舊知聞
粉粧愛作淩波影　嵐氣渾成入夢雲
賓主欲仙呼白鶴　江山如畵帶黃曛
羣峯箇箇當人意　十二何須強解分

＊ 봉우리의 이름이 십이이지만, 수가 실제로는 더 많기 때문에 결어에서 일렀다.
＊ 峯名十二，而數實過之故結語云.

02-66 순상[998] 이공 ＊ 정제[999]이다. 이 기자[1000]의 정전[1001][1002]을

992) 降仙樓는 지금의 평안남도 成川郡 成川邑에 있는 누각으로 關西八景의 하나인데, 고려 忠惠王 4년(1343)에 府使 吳長松이 창건하였고, 조선 光海君 때 불에 탔다가 동왕 5년(1613)에 중건되었다.
993) 方輿는 大地・地球이다.
994) 粉裝(粧)은 粉으로 化粧함으로 젊은 여인을 비유한다.
995) 淩波는 물 위를 걷는 것으로 흔히 미인의 걸음걸이가 경쾌함을 비유한다.
996) 嵐氣는 저녁 무렵에 먼 산에 떠오르는 푸르스름한 기운으로 고유어로는 이내라고 한다.
997) 黃曛은 曛黃과 같은 말로 黃昏이다.
998) 巡相은 조선시대에 한 道의 軍務를 맡은 관직인 巡察使의 별칭이다.
999) 李廷濟(1670～1737)는 조선 후기의 문신으로 본관은 富平, 자는 仲協, 호는 竹湖이다.

수복1003)하고, 또 기자단1004)을 쌓은 일을 조치회1005) 내한1006)이 근체시로 칭송하였는데, 이공께서 꺼내어 나에게 보여 주고 화창을 요구하시기에 즉석에서 보운1007)하다

02-66 巡相李公 * 廷濟. 修復箕子井田, 又築箕子壇, 趙內翰稚晦以近體頌之, 李公出示余要和, 卽席步韻

숙종 26년(1700)에 春塘臺文科에 병과로 급제하여 정언·지평·사간 등을 지냈고, 노론 중신들을 탄핵한 일로 파직되었다. 경종 때 충주목사를 지냈으며 영조 즉위 후 노론이 집권하자 삭직되었다가 복직하여 경기도관찰사·대사헌·형조판서·호조판서 등을 거쳐 지중추부사에 이르렀다. 시호는 孝貞이다.

1000) 箕子는 중국 殷末의 賢人으로 姓은 子, 이름은 胥餘로 殷의 마지막 임금인 紂王의 숙부이다. 紂에게 자주 간하다가 벌을 받고 종이 되었으나, 은나라가 망한 뒤에 도망하여 동방으로 와서 箕子朝鮮을 창업하였다고 한다.

1001) 井田은 중국의 夏·殷·周 三代에 실시된 토지제도, 또는 그에 따라 구획된 농경지인데, 井田法은 사방 1리인 '井'字 모양의 토지 九百畝를 9등분하여, 公田인 중앙의 百畝를 8호가 공동경작하여 조세로 납부하고, 私田인 그 주위의 八百畝를 8戶가 百畝씩 경작하게 하던 제도이다.

1002) 箕子井田은 箕子가 東來하여 平壤에 설치하였다는 정전으로 평양성의 外城 남쪽에서 대동강변에 이르는 지역에 설치되었던 것인데, 광복 직전까지도 그 흔적이 남아 있었다고 한다.

1003) 修復은 修理하여 原狀을 복구함이다.

1004) 箕子壇은 箕子를 제사하기 위한 祭壇인데, 여기에서는 箕子祠를 가리킨 듯하다. 기자사는 기자의 위패를 모셨던 사당으로 지금의 평양시 箕林里에 있는 箕子陵 앞에 두었던 사당으로 고려 숙종 7년(1102)에 건립되었으,며, 조선 광해군 4년(1612)에 이름이 崇仁殿으로 고쳐졌다.

1005) 稚晦는 조선 후기의 문신 趙顯命(1690~1752)의 자로 본관은 豊壤, 호는 歸鹿이다. 1719년에 급제하여 검열·교리 등을 거쳐 李麟佐의 난에 吳命恒의 종사관으로 공을 세워 공신이 되고 豊原君에 봉해졌으며, 대사헌·도승지를 거쳐 경상도·전라도 관찰사를 지냈다. 어영대장·부제학, 이조·병조·호조의 판서를 역임한 뒤 우의정·좌의정을 거쳐 영의정으로 均役法 제정을 총괄하다가 閔百祥에게 탄핵받아 물러났다. 趙文明·宋寅明과 함께 영조조 전반의 노소탕평을 주도하였다. 『歸鹿集』을 남겼고, 『海東歌謠』에 시조 1수가 전해지며, 시호는 忠孝이다. 『귀록집』 권16에 약산의 신도비명인 <贈吏曹判書吳公神道碑銘>이 실려 있다.

1006) 內翰은 조선시대 藝文館의 정8품직인 待敎와 정9품직인 檢閱의 범칭으로 翰林이라고도 하였다.

1007) 步韻은 타인이 지은 시의 韻字를 따서 시를 짓는 것이다.

인자하고 어진 도덕의 교화가 이 나라에 유전되거늘[1008]
은대(殷代)의 의례를 어찌 꼭 송대(宋代)[1009]에서 찾을 것 있으랴?[1010]
후관(冔冠)[1011]을 닮은 산은 수없이 펼쳐져 있고
흰말과 같은 강은 동쪽 끝에서 달려오네.
예로부터 정전의 원류는 대개[1012] 낙읍(洛邑)[1013]으로 통하지만
지금은 전지의 척도로 주제(周制)를 쓰지 않네.
수양산(首陽山)[1014]의 고비와 고사리를 어찌 부러워할 만하랴?
서쪽밭[1015]에 있는 보리에는 시원한 바람이 불어오네.

仁賢德化此邦流　殷禮何須向宋求
山似冔冠羅億數　江如白馬走東頭
井源從古羞通洛　田尺于今不用周
薇蕨首陽奚足羡　清風吹麥在西疇

* 제5구는 기자의 정전을 말한 것이고, 제6구는 공이 가례[1016]에 옛날의 척도[1017]를 쓴 일을 말한 것인데, 공이 처음에는 주나라의 척도로 토지를 잼[1018]이 합당하지 않다고 여기다가, 마침내 『예경』[1019]에서 옛날의 척도를 얻어서 재어 보니

1008) 流傳은 전해져서 퍼짐이다.
1009) 宋은 960년부터 1127년까지 존속하였던 중국의 왕조이다.
1010) 이 구절은 南宋의 朱熹가 『儀禮』를 經으로 하고 『禮記』 등의 古典을 傳으로 하여 편집한 『儀禮經傳通解』를 가리키고자 한 표현인 듯하다.
1011) 冔(후)는 殷代의 冠 이름이다.
1012) 원전의 '羞'는 의미맥락과 對偶關係로 보아 '대략'을 뜻하는 '差'의 착오인 듯하다.
1013) 洛邑은 지금의 中國 河南省을 흐르는 洛河의 河曲盆地에 있던 고을 이름으로 周代의 都邑이다.
1014) 首陽山은 중국의 山西省 永濟縣 남쪽에 있는 산으로 西山이라고도 하는데, 武王이 殷의 紂王을 쫓아내고 周나라를 세우자, 賢人 伯夷·叔齊 형제가 무도한 나라의 백성이 될 수 없다면서 들어가 고사리를 먹다가 죽었다고 하는 곳이다.
1015) 西疇는 서쪽에 있는 밭의 두둑으로 흔히 밭을 가리킨다.
1016) 家禮는 家內의 儀禮이다.
1017) 尺度는 길이를 재는 표준이다.
1018) 量田은 田地를 측량함이다.

부절1020)처럼 합치되었다고 한다. 대개 주나라 때에 고척이라고 일컬을 것은 반드시 은나라 때의 척도일 것이다.

* 第五說箕子井, 第六說公用家禮古尺事, 公初以周尺量田不合, 遂於禮經得古尺制量之, 如合符節, 盖周時稱古尺者必殷尺也.

02-67 즉석에서 또 순상의 시에 차운하다
02-67 卽席, 又次巡相韻

누가 서쪽으로 나갔다가 다시 동쪽으로 돌아오게 하는가?
말안장 위에서 덧없는 삶을 한 번 웃어 보네.
좋은 비는 일찍이 몇 번이나 심은 버들을 무성하게 하였던가?
흰 구름은 전부터 응당 깃든 산을 감쌌으리.
혜강(嵇康)1021)의 장복(章服)1022)은 마침내 게으름을 방해하였고
구루(句漏)1023)의 단사(丹砂)1024)는 또한 한가롭지 않게 하였네.
오늘 공의 예수(禮數)1025)가 넉넉함에 힘입어서

1019) 『禮經』은 儒敎의 儀禮에 관한 경전인 『儀禮』의 별칭으로 『周禮』·『小戴禮』와 함께 三禮로 일컬어지는데, 편찬자가 周公 또는 孔子라는 양설이 있으며, 주공의 저술을 공자가 修整하였다고도 하는데, 춘추·전국시대에 걸쳐 이루어졌다고 보는 것이 통설이다.

1020) 符節은 금속·대나무·옥 등에 문자를 새겨서 둘로 나누어 한 쪽씩 가지고 있다가 맞추어서 증빙하던 信標이다.

1021) 嵇康은 삼국시대 魏나라의 문인으로 자는 叔夜, 竹林七賢의 우두머리였으며, 詩·書·畵·琴에 두루 능하고, 老莊의 학문을 좋아하였으며, 『嵇中山集』을 남겼다.

1022) 章服은 해·달·별 등의 무늬를 수놓아 신분을 나타낸 예복인데, 혜강의 <與山巨源絶交書>에 "마땅히 장복을 입고 상관에 읍배해야 함이 세 번째 견딜 수 없는 일이다.(而當裹以章服, 揖拜上官, 三不堪也,)"라는 글이 있다.

1023) 句(勾)漏(茍屚)는 옛날 중국의 交趾郡에 두었던 縣인데, 『晉書』 <葛洪傳>에 갈홍이 늘그막에 煉丹하여 장수하고자 교지에 단사가 난다는 말을 듣고 勾漏令이 되기를 바라니, 武帝가 資品이 높은 자리라는 이유로 허락하지 않았는데, 홍이 영달하기 위함이 아니라 단사가 있기 때문이라고 말하니 좇았다는 글이 있다.

1024) 丹砂는 수은과 유황의 화합물인 붉은빛 광물로서 仙藥·漢方藥으로 쓰이며, 丹砂·丹矸(단안)이고도 한다.

1025) 禮數는 신분에 맞추어 예의를 갖춤이다.

저녁햇빛이 스러질 때까지 숲 속의 못[1026] 가에 앉아 있네.

誰令西出又東還　一笑浮生鞍馬間
好雨幾滋曾種柳　白雲應護舊栖山
嵇康章服終妨嬾　句漏丹砂亦不閑
今日荷公寬禮數　林塘坐到夕陽殘

* 순상께서 공복을 벗고 안온하게 대화하도록 하셨기 때문에 제5구와 결어에서 일렀다.
* 巡相令脫公服穩話, 故第五結語云.

02-68 대동[1027]의 독우[1028]와 함께 을밀대[1029]에 올라 입으로 불러[1030] 김중유[1031]의 시에 차운하다
02-68 與大同督郵登乙密臺, 口占次金仲綏韻

거만하게[1032] 굽어보는 부벽루(浮碧樓)[1033]는

1026) 林塘은 숲과 못, 또는 숲 속의 못이다.
1027) 大同은 평양 동쪽지역의 大同門 안에 두었던 驛 이름이다.
1028) 督郵는 漢代에 두었던 벼슬로 太守를 보좌하여 관할하는 縣을 순찰·감독하여 관리의 과실을 조사하는 일을 맡았는데, 여기에서는 역참의 이속을 가리킨 듯하다.
1029) 乙密臺는 평양 북쪽의 錦繡山의 乙密峯에 세운 평양성의 北將臺로 6세기 중엽에 처음 건립되었는데, 사방이 탁 트여 있어 주위를 한눈에 바라볼 수 있어 四虛亭으로도 불리었다.
1030) 口占은 즉석에서 입으로 불러 시를 짓는 것으로 口呼라고도 한다.
1031) 仲綏는 조선 후기의 문신 金履萬(1683~1758)의 자로 본관은 禮安, 호는 鶴皐·東厓이다. 숙종 39년(1713)에 增廣試 병과 제2인으로 급제하여, 博士·典籍·監察을 거쳐 兵曹佐郎을 있다가 모친상으로 벼슬을 떠났다. 平安都事로 복직하여 務安郡守·兵曹正郎·司藝를 거쳐 梁山郡守로 나갔으며, 宗簿寺正·正言·掌樂院正에 이어 掌令에 임명되었다. 瑞山郡守·執義·軍資監正를 지내고, 1756년에 70세가 넘은 시종신을 우대하는 시책에 따라 堂上官階인 通政大夫로 가자되고 僉知中樞府事에 이르러 타계하였다. 『鶴皐先生文集』을 남겼다.
1032) 居然은 倨慢스러움이다.

웅장한 풍모가 제일인 누대이네.
능라(綾羅)[1034]는 다림질하고 또 다림질한 듯한데
모란(牧丹)[1035]은 핀 것도 있고 피지 않은 것도 있네.
먼 곳의 물은 아두(丫頭)[1036]처럼 합쳐지고
외로운 성은 을자(乙字)로 굽이치네.
그대여 흥망에 대하여 묻지 말라.
온 천지에 가득 채운 술잔이 있으니까.

浮碧居然下　雄風第一臺
綾羅熨復熨　牧丹開未開
遠水丫頭合　孤城乙字廻
興亡君莫問　天地有深盃

* 능라는 섬 이름이고, 모란은 봉우리 이름이다.
* 綾羅島名, 牧丹峯名.

02-69 연광정[1037]. 2수

1033) 浮碧樓는 平壤 牡丹臺 밑의 절벽 위에 있는 누각으로 고려 초에 永明寺의 南軒興和尙이 창건하였다. 大同江에 닿아 있어서 마치 물 위에 떠 있는 듯한 느낌을 주기 때문에, 고려 睿宗이 群臣과 더불어 盛宴을 베푼 때 李顔에게 명하여 지은 이름이라고 하며, 중국 사신의 접대와 관원의 飮宴의 장소로 널리 사용되었다.
1034) 綾羅는 비단의 범칭인데, 여기에서는 綾羅島를 가리키고자 한 것이다. 능라도는 대동강 안에 있는 沖積島로 그 안에 있는 능수버들이 비단을 펼쳐놓은 듯이 아름다운 데서 붙은 이름인데, 경치가 수려하여 箕城八景의 하나로 꼽혔고, 錦繡山 쪽의 浮碧樓·永明寺·乙密臺 등의 빼어난 경치가 바라보이는 곳이다.
1035) 牧丹峯은 금수산의 한 봉우리로 산의 생김새가 모란꽃처럼 생겼다고 하여 붙은 이름이다.
1036) 丫頭는 丫字 모양의 두발로 丫鬟이라고도 하며 계집종·시녀를 비유한다. 丫는 두 개의 뿔 모양으로 둥글게 틀어올려 묶은 여자아이의 두발 모양이다.
1037) 練光亭은 평양의 대동강에 접한 평양성 위에 있는 정자로 고구려가 평양성을 건설하면서 처음 세웠다고 한다. 지금의 정자는 현종 11년(1670)에 지은 것으로 '天下第一江山'이라고 쓴 현판이 걸려 있다. 예로부터 關西八景의 대표적 명승지로 꼽힌 만큼 수많은

02-69 練光亭二首

웅장한 성곽과 거대한 들판이 둘 다 좋고[1038]
청승(淸勝)[1039]과 번화가 각각 기이함을 다투네.
강은 눈길 끝까지[1040] 한 필의 비단으로 가로지르고
산은 조용히 천 마리 누에의 눈썹[1041]으로 스치네.
평평한 숲[1042]은 긴 안개 너머로 짙고 옅은데
수많은 집은 저녁별 비칠 때에 높고 낮네.
본래[1043] 화공(化工)[1044]이 오색필(五色筆)[1045]로 만든 것이거늘
사람세상에서는 모름지기 그림과 시로 망친다네.

雄城鉅野兩相宜　淸勝繁華各鬪奇
極目江橫一疋練　從容山掃千蛾眉
平林濃淡長烟外　萬戶高低夕照時
自是化工生色筆　人間須廢畫兼詩

난간에 기대어 흰 명주가 가로지름을 보고 한 번 웃노라니
십리에 이르는 안개 속 모래밭이 섬을 두르고 있네.
해와 달이 맑고 밝은 기자(箕子)의 나라요
산과 시내가 크고 고운 대동강(大同江)[1046]의 성이네.

문인과 명사가 즐겨 찾았던 곳이다.
1038) 相宜는 적합함, 알맞음이다.
1039) 淸勝은 勝景・勝地이다.
1040) 極目은 視力이 미치는 데까지 보는 것이다.
1041) 蛾嵋는 누에처럼 생긴 눈썹으로 먼 산을 비유한다.
1042) 平林은 평평한 숲, 평원에 있는 숲이다.
1043) 自是는 '본래, 원래'이다.
1044) 化工은 천부적인 재주, 또는 조물주이다.
1045) 色筆은 五色筆의 준말로 여러 가지 빛깔의 붓, 또는 다섯 가지 빛깔을 띤 좋은 붓이다.
1046) 大同江은 平安南道 寧遠郡에서 발원하여 平壤・鎭南浦 및 黃海道 黃州 등지를 지나서

용은 한가하여 걸핏하면 붉은 누각[1047]의 그림자를 안고
갈매기는 익숙한데도 도리어 옥피리 소리에 놀라네.
저물녘에 술이 깨어 층계를 내려가노라니
맑은 시냇가의 향기로운 풀도 뜻을 말하는[1048] 듯하네.

憑欄一笑練光橫　十里烟沙島嶼縈
日月淸明箕子國　山河壯麗大同城
龍閑愛抱朱樓影　鷗慣猶驚玉笛聲
酒醒斜陽下梯去　晴川芳草若爲情

02-70 부벽루에 오르다
02-70 登浮碧樓

동남쪽의 갠 하늘빛[1049]이 참으로 아름다운데[1050]
온통 파란 건곤(乾坤)에 뜻이 아득해지네.[1051]
퍼덕거리는[1052] 새는 장차 물을 건너려 하고
떠 있는[1053] 절벽은 마치 구름에 들어가서 걸린 듯하네.
나무는 어느 해부터 성의 그림자를 높이 넘었던가?
배는 종일토록 산의 빛을 가득 싣고 있네.
바람결에 울던 기린마(麒麟馬)[1054]는 이제 보이지 않는데

西海로 흘러 들어가는 강이다.
1047) 朱樓는 화려한 누각이다.
1048) 爲情은 爲心과 같은 말로 뜻을 표현함이다.
1049) 霽色은 맑게 갠 하늘빛이다.
1050) 嬋娟은 자태가 아름다운 모양이다.
1051) 渺然은 매우 넓고 아득한 모양이다.
1052) 拍泊은 새가 날려고 퍼덕거리는 소리이다.
1053) 浮浮는 떠 있는 모양, 유동하는 모양이다.
1054) 麒麟馬는 高句麗의 始祖 東明王이 하늘에 朝會하러 다닐 때 탔다고 하는 말이다.

안개 속의 조천석(朝天石)[1055])은 옛날에도 늙었다네.[1056])

東南霽色正嬋姸　一碧乾坤意渺然.
拍拍島[1057])將超水去　浮浮壁似入雲懸
高過城影何年木　滿載山光盡日船
麟馬嘶風今不見　朝天石老古時烟

02-71 영명사[1058])를 유람하다
02-71 遊永明寺

구불구불한[1059]) 석잔(石棧)[1060])이 푸른 허공으로 올라가는데
등나무 지팡이를 짚고 천천히 걸어 선궁(禪宮)[1061])에 이르네.
뜬 누각은 단우(斷雨)[1062])와 잔홍(殘虹)[1063]) 바깥에 있고
늙은 스님은 산광(山光)과 수색(水色)[1064]) 속에 있네.
사람은 뚜렷한[1065]) 탑의 그림자 속에 홀로 서[1066]) 있고

1055) 朝天石은 東明王이 그 위에서 麒麟馬를 타고 하늘에 조회하러 다녔다고 하는 平壤에 있던 바위이름이다.

1056) 이 두 구절은 이색의 <浮碧樓>(『牧隱詩藁』 권2)의 "빈 성에는 한 조각 달이 걸려 있고, 늙은 돌 위에는 千秋의 구름이 떠 있네. 기린마는 떠나서 돌아오지 않는데, 천제의 손자께서는 어디에서 노니시는가?(城空月一片, 石老雲千秋. 麟馬去不返, 天孫何處遊?)"라는 대목을 점화한 것이다.

1057) 원전의 '島'는 의미맥락으로 보아 '鳥'의 착오인 듯하다.

1058) 永明寺는 平壤 錦繡山의 서쪽 麒麟窟 위에 있는 절로 高句麗 광개토왕 2년(392)에 東明王의 九梯宮의 옛터에 창건한 것이다.

1059) 縈紆는 빙 돌아 얽힘, 또는 빙 둘러쌈이다.

1060) 石棧은 산 속의 돌을 뚫고 나무를 걸쳐서 만든 棧道이다.

1061) 禪宮은 절이다.

1062) 斷雨는 이따금 내리는 비이다.

1063) 殘虹은 사라지지 않고 남아 있는 무지개, 스러져 가는 무지개이다.

1064) 山光水色은 山水의 景色이다.

1065) 儼然은 엄숙하고 장중한 모양, 뚜렷한 모양이다.

1066) 迥立은 우뚝 섬, 홀로 섬이다.

새는 아득한[1067] 풍경소리 속에서 날기를 다하네.
지난날의 흥망에 관한 일을 누구에게 물으랴?
풀에 묻힌 동타(銅駝)[1068]는 저녁햇빛 속에서 붉네.

石棧縈紆上碧空　一藤徐步到禪宮
樓浮斷雨殘虹外　僧老山光水色中
塔影儼然人立迴　磬聲超忽鳥飛窮
興亡往事憑誰問　草沒銅駞夕照紅

02-72 세인홍
02-72 洗印紅

수의[1069] 가운데 백간[1070]으로 수재[1071]를 논핵하는 이가 서로 이어지니[1072], 맞이하고 송별하는 일이 많아서[1073] 백성들이 명령을 감당하지 못하건만, 새로 온 이가 반드시 전의 사람보다 낫지는 않으니, 이는 근본을 바로잡지 않고 말단을 바로잡기 때문이다. 내가 마침 외읍[1074]에 있을 때 그 폐단을 목도하였기에, 드디어 <세인홍>을 지어서 수재가 새로 도임하여 관인의 인주를 씻어내는[1075] 상례를 노래한다.

1067) 超忽은 멀어서 아득한 모양이다.
1068) 銅駝는 前漢 때에 洛陽의 宮門 앞에 세웠던 구리로 만든 낙타로 京師나 宮廷을 비유한다.
1069) 繡衣는 暗行御史의 별칭이다.
1070) 白簡은 관원을 탄핵하는 上奏文이다.
1071) 守宰는 守令이다.
1072) 相繼는 서로 이어짐으로 끊이지 않고 지속됨을 가리킨다.
1073) 紛紜은 많고 성한 모양, 복잡하고 어지러운 모양이다.
1074) 外邑은 지방의 고을이다.
1075) 洗印紅은 洗印과 같은 뜻의 우리식 성어인 듯한데, 세인은 지방수령의 관인을 씻는 일을 가리킨다. 『唐書』「百官志」의 “절도사가 경내에 들어가면 주현의 수령들은 관인을 휴대하고 길 가에서 맞이하고, 일을 처리하는 셋째 날에 관인을 씻어서 그것이 이지러졌는가를 살핀다.(節度使入境, 州縣齎印迎於道左, 視事之三日洗印, 視其刓缺.)”라는 글이 있어 참고가 된다.

繡衣白簡論守宰者相繼, 迎送紛紜, 民不堪命, 而新者不必勝舊, 此不救本而救末也. 余適在外邑, 目見其弊, 遂作洗印紅以歌之守宰新到洗印紅例也.

지난해에 관인을 씻었는데
올해에도 관인을 씻네.
절대로 자주 씻지 말라.1076)
도장이 이지러져서 글자가 흐릿해지니까.1077)
도장이 이지러짐은 그래도 괜찮거니와
백성이 이지러지면 누가 보수(補修)하랴?1078)
지나간 인주는 전부터 종이에 있나니
번번이 찍은 것이 천장백장이나 되네.
장마다 백성을 근심하게 하고
장마다 백성을 울게 하였다네.
새로운 인주가 또 종이에 찍혔는데
새 종이는 새 명령을 시행하라는 것이네.
인주는 씻겨도 검은 빛은 씻기지 않기에
새로운 명령이 지난날의 명령과 같다네.

去年洗印紅　今年洗印紅
且莫頻洗紅　印刓字朦朧
印刓尙云可　民刓誰補葺
舊紅曾在紙　番番千百葉
葉葉使民愁　葉葉使民泣
新紅又在紙　新紙行新令

1076) 且莫은 '절대로 ~하지 말라'[千萬不要]를 뜻한다.
1077) 朦朧(曚曨)은 희미하여 분명하지 않은 모양이다.
1078) 補葺은 補修이다.

洗紅不洗黑　新令如舊政

02-73 백상루[1079][1080]

02-73 百祥樓

관산의 저녁은 고요한데[1081]
느릅나무와 버드나무의 숲이 늘어서[1082] 있네.
추운 기운[1083]이 강 가로 와서
나의 나그네 옷깃을 흔드네.
높은 누정을 한 번 끝까지 보노라니
봄빛이 차갑고 음산하네.[1084]
이 춥고 음산함은 어떤 기운인가?
술잔을 마주하여도 헤아릴 수 없네.
듣자니 옛날에 수가(隋家)[1085]의 병졸이
살수(薩水)[1086]의 가에서 패전하여 죽었다고 하네.[1087]
싸움터에서 도깨비불[1088]이 생겨나고

1079) 百祥樓는 평안남도 安州 북쪽의 淸川江 가에 있던 누정으로, 고구려 嬰陽王 26년(615)에 건립되었다고 하며, 關西八景의 하나이다.

1080) 이 작품은 『大東詩選』 권6에 선발되어 있다.

1081) 漠漠은 고요한 모양, 자욱한 모양이다.

1082) 歷歷은 줄지어 늘어선 모양, 분명한 모양이다.

1083) 朔氣는 북방의 추운 기운이다.

1084) 寒陰은 춥고 음산함이다.

1085) 隋家는 隋나라를 가리키는데, 무장 출신인 楊堅이 581년에 北周의 靜帝를 폐위시키고 興城을 도읍으로 하여 세운 왕조로 존속기간은 37년이다. 西晉의 멸망 후 300여년 동안 지속된 南北朝時代를 종식시키고 통일왕조를 세웠으나, 제2대 황제인 煬帝의 暴政으로 인해 唐나라에 멸망당하였다.

1086) 薩水는 평안남도와 평안북도의 경계를 흘러 서해로 들어가는 淸川江의 옛 이름이다.

1087) 이 두 구절은 薩水大捷을 가리킨 것이다. 이 싸움은 고구려 嬰陽王 23년(612) 1월에 隋煬帝가 이끈 113만명의 대군을 乙支文德이 지휘한 고구려 군사가 살수 부근에서 대파한 것이다.

쌓인 해골이 산봉우리를 이루었다지.
큰 강은 물결이 솟구치고
새와 짐승도 매우 슬피 울었다네.
나그네는 머리카락이 갓을 찌르고[1089)]
갑 속의 칼은 용의 울음[1090)]을 토하네.
을지문덕(乙支文德)[1091)]은 어떤 사람이기에
오랜 세대[1092)] 동안 사람의 마음을 감동시키는가?
만약 이 분이 다시 살아난다면[1093)]
선우(單于)[1094)]를 산 채로 잡을 수 있으리.
진(秦)나라[1095)]에 사람이 없다[1096)]고 이르지 말라.
광악(光嶽)[1097)]은 옛날과 지금이 다르지 않으니까.

漠漠關山夕　歷歷楡樫林
朔氣江上來　振我遊子衿
高樓一極望　春色寒以陰

1088) 鬼燐(磷)은 도깨비불, 귀신불로 鬼火·陰火·燐火라고도 하며, 밤에 무덤이나 축축한 땅, 또는 고목이나 낡고 오래된 집에서 燐 따위의 작용으로 저절로 번쩍이는 푸른빛의 불꽃이다.

1089) 衝冠은 머리카락이 곤두서서 갓을 밀어올리는 것으로 몹시 극도로 분노함을 비유한다.

1090) 龍吟은 용이 우는 것으로 소리가 웅장함을 비유한다.

1091) 乙支文德(?~?)은 고구려 嬰陽王 때의 名將으로 영양왕 23년(612)에 隋 煬帝의 대군을 살수에서 대파하였으며, 隋將 于仲文에게 보낸 시 <贈隋右翊衛大將軍于仲文>을 남겼다.

1092) 曠世는 오랜 세대, 또는 空前絶後이다.

1093) 復作은 다시 살아남, 復活함이다.

1094) 單于는 匈奴族의 임금인데, 여기에서는 淸나라의 임금을 비유한다.

1095) 秦은 중국 周나라 때의 제후국의 하나로 전국시대에는 七雄의 하나가 되었으며, 始皇帝 때에 중국 최초로 천하를 통일하였다.

1096) 秦無人은 춘추시대 晉나라의 大夫 士會가 秦나라에 망명했다가 귀국할 때에, 秦의 繞朝가 채찍을 주면서 사회의 진짜 의도를 다 알고 있다는 뜻으로, "그대는 진에 사람이 없다고 이르지 말라. 마침 나의 계책이 쓰이지 않았을 따름이다.(子無謂秦無人, 吾謀適不用也.)"라고 하였다는 『春秋左氏傳』 文公 13년조의 글에서 유래한 말이다.

1097) 光嶽(岳)은 三光과 五岳의 준말로 天地를 가리킨다.

陰寒此何氣　對酒不能斟
昔聞隋家卒　敗死薩江潯
鬼燐生戰場　積骸成山岑
大江激其波　鳥獸多悲音
遊子髮衝冠　匣劒吐龍吟
乙支何如者　曠世感人心
此兒如復作　單于可生擒
毋謂秦無人　光嶽無古今

02-74 서경[1098]의 유야랑[1099]
02-74 西京遊冶

번화함이 융성한 서경(西京)에는
물색(物色)[1100]을 지닌 예쁜 꽃[1101]이 많다네.
여자들은 단장하기[1102]를 좋아하여
취전(翠鈿)[1103]을 꽂고 명월주(明月珠)[1104] 귀고리를 다네.
남자도 단장하기를 좋아하여
은빛안장을 얹고 자줏빛 고삐를 잡네.
동쪽이웃은 노씨가(盧氏家)의 막수(莫愁)[1105]요

1098) 西京은 고려시대 三京의 하나인 平壤을 가리키는데, 태조 원년에 平壤大都護府로 삼았다가 4년에 서경으로 고친 바 있으며, 그 뒤에는 留守官·府·萬戶府 등을 오가며 수차 바뀌었다.
1099) 遊冶郎은 가무와 여색에 빠져 방탕하게 노는 사내이다.
1100) 物色은 형상·용모이다.
1101) 姸芳은 예쁜 꽃이다.
1102) 粧束은 화장함·단장함이다.
1103) 翠鈿은 翡翠玉으로 만든 머리장식물이다.
1104) 明月珠는 달빛처럼 광택이 영롱한 구슬, 또는 밤에도 빛나는 구슬이다.
1105) 莫愁는 옛날 중국의 洛陽, 또는 復州 竟陵의 石城村 출신의 기녀로 가요에 능하였으며 盧氏家에 시집갔는데, 『古詩紀』 등에 실린 무명씨작의 樂府 吳聲歌曲 <莫愁樂>의 제재

서쪽이웃은 소소(蘇小)[1106] 아가씨이네.
사람마다 주현(朱絃)[1107]을 타고
집집마다 옥술잔[1108]을 날리네.
백금으로 사서 함께 취하고
천금으로 사서 함께 잠자네.
금은 장사꾼의 몸을 길러내고
돈은 창녀의 마음[1109]을 길러내네.
'나는 뽕잎을 먹이지 않아도
명주실이 절로 광주리를 채웁니다.
나는 베틀에 오르지 않아도
비단이 절로 상자를 채운답니다.'
감사(監司)[1110]는 부벽루(浮碧樓)에서 잔치를 하고
사신(使臣)[1111]들은 연광정(練光亭)에서 노네.
아침에는 영명사(永明寺)를 구경하고
저녁에는 애련당(愛蓮堂)[1112]을 완상하네.
긴 강에는 푸른 물[1113]이 쏟아지는데
물 가운데에는 채색한 배가 떠 있네.

가 되었다.

1106) 蘇小는 南朝 齊나라 錢塘 출신의 名妓로 본래의 이름은 蘇小小이며, 흔히 가무에 능한 기녀를 대유하는데, 『古詩紀』 등에 실린 樂府 雜歌謠辭 <蘇小小歌>의 제재가 되었다.

1107) 朱絃은 삶은 명주실로 만든 붉은 실로 된 琴의 絃으로, 琴 · 瑟 등의 현악기를 대유한다.

1108) 瓊觴은 옥술잔 · 玉杯로 술잔의 미칭이다.

1109) 腸(膓)은 창자로 內心 · 마음을 비유한다.

1110) 監司는 조선시대의 정2품 외직인 觀察使의 이칭이다.

1111) 使星은 君王의 使者인데, 後漢 和帝가 微服차림의 使者로 하여금 風謠를 채집하게 할 때에 두 사자가 益州에 이르자, 이합이 별을 가리키며 "두 사성이 익주 구역으로 향하였다.(有二使星, 向益州分野.)"라고 말하였다는 『後漢書』 <李郃傳>에서 유래한 말이다.

1112) 愛蓮堂은 평양 大同門 안의 風月樓 앞 연못 중간의 작은 섬에 있던 정자로 중종 37년(1542)에 건립된 것이다.

1113) 碧油는 청록색의 油布로 만든 장막으로 흔히 푸른 물을 가리킨다.

한쪽에서는 술과 고기를 싣고
한쪽에서는 화장한 여인[1114]들을 싣네.
언덕 위의 느릅나무와 버드나무 그늘에서는
누가 자줏빛 월따말[1115]을 타고 배회하는가?[1116]
가인이 문득 눈길을 보내는[1117] 이는
그 여자가 어젯밤을 함께 보낸 사내이리.
노래와 피리소리로 천지가 들끓고
우스개와 웃음으로 세월이 기네.
달사(達士)[1118]는 즐거움이 극도에 이름을 두려워하고
군자는 지나치게 편안함을 경계한다네.
어떤 사람이 호미를 잡고 고생하는가?
어떤 사람이 북을 만지느라고[1119] 바쁜가?
어떤 사람이 백번이나 기운[1120] 옷을 입는가?
여곽(藜藿)[1121]을 고량(膏粱)[1122]으로 여긴다네.
정전(井田)[1123]에서 잡초[1124]가 생장하기에
잠이 깨어 탄식하노라니 나의 마음이 슬프네.

1114) 粉裝(粧)은 粉으로 화장을 하는 것으로 젊은 여인을 가리킨다.
1115) 騮는 털빛이 붉고 갈기가 검은 말로 고유어로는 월따말이라고 하며, 흔히 駿馬를 가리킨다.
1116) 旁羊(傍佯)은 徘徊함이다.
1117) 流眄은 눈동자를 굴려서 봄, 또는 흘긋 쳐다봄이다.
1118) 達士는 널리 사리에 통달한 선비, 또는 이치에 밝아 사물에 얽매이지 않는 선비이다.
1119) 弄杼는 베틀의 북을 만지작거린다는 뜻으로 베를 짬을 가리킨다.
1120) 百結은 찢어진 옷을 여러 번 기움, 또는 누덕누덕 기운 옷이다.
1121) 藜藿은 명아주와 콩잎으로 변변치 못한 거친 음식을 비유한다.
1122) 膏粱은 기름진 고기와 좋은 곡식으로 만든 맛있는 음식이다.
1123) 井田은 井田法이 적용된 토지인데, 여기에서는 중국 殷나라의 현인 箕子가 평양에 와서 설치한 정전인 箕子井을 가리킨 듯하다. 평양성의 外城 남쪽에서 대동강변에 이르는 지역에 설치되었는데, 광복 직전까지도 그 흔적이 남아 있었다고 한다.
1124) 萊草는 무더기로 난 잡초인데, 『詩經』「小雅」 <十月之交>에 "우리 집이 다 헐리고, 전지는 다 물이 말라 풀밭이 되었다.(徹我牆屋, 田卒汙萊.)"라는 구절이 있다.

西京盛繁華　　物色多姸芳
女子好粧束　　翠鈿明月鐺
男兒好粧束　　銀鞍紫絲韁
東隣盧莫愁　　西隣蘇小娘
人人撫朱絃　　戶戶飛瓊觴
百金買同醉　　千金買同床
金鑄賈客身　　錢鑄倡女腸
儂不食桑葉　　有絲自盈筐
儂不上織機　　有帛自盈箱
監司宴浮碧　　使星遊練光
朝觀永明寺　　暮賞愛蓮堂
長江瀉碧油　　中流浮彩航
一頭載酒肉　　一頭載粉粧
岸[1125]上楡柳陰　　紫騮誰旁羊
佳人忽流眄　　是儂昨夜郞
歌管天地沸　　諧笑日月長
達士懼樂極　　君子戒太康
何人把鋤苦　　何人弄杼忙
何人衣百結　　藜藿當膏粱
草萊生井田　　寤歎我心傷

02-75 황화[1126]가
02-75 皇華歌

1125) 원전의 '厈'은 의미맥락으로 보아 '岸'의 착오인 듯하다.
1126) 皇華는 『詩經』「小雅」의 편명인 <皇皇者華>의 준말로 임금이 사신을 보낼 때 부른 노래이며, 天子의 使臣인 勅使를 비유한다.

초(楚)나라[1127]의 곡조는 결코 연주하지 말고[1128]
오(吳)나라[1129]의 노래는 결코 자랑하지 말라.
사좌(四座)[1130]는 모름지기 귀를 기울여서
나의 황화(皇華)의 노래를 들으시라.
황화의 노래는 무엇에서 유래하는가?
천왕(天王)[1131]의 국가(國家)에서 유래한다네.
천왕께서는 편방(偏邦)[1132]을 보살피시고
조사(詔使)[1133]는 동쪽의 영주(瀛洲)[1134]를 빛내네.
풍속을 관찰하러 산천을 유력(遊歷)하노라면
배신(陪臣)[1135]이 영접하고 송별하네.
천사(天使)는 신중하여 편벽되지 않고[1136]
배신은 가볍게 말하지 않네.
한 번 장막[1137]에서 영사(靈蛇)[1138]를 주고받으면
사해(四海)[1139]가 곧 형과 아우가 되네.

1127) 楚는 周나라의 제후국의 하나로 五帝의 하나인 顓頊의 후손인 熊繹이 周 成王에게서 分封받아 丹陽을 도읍지로 하여 세워진 나라이다. 춘추시대에 이르러 武王이 왕을 자칭하고, 文王 때에 도읍을 郢으로 옮겼으며, 莊王 때에 覇者가 되었다. 전국시대에 이르러 七雄의 하나가 되어 위세를 떨쳤으나 B.C. 223년에 秦나라에 멸망하였다.

1128) 且莫은 '절대로 ~하지 말라[千萬不要]'이다.

1129) 吳는 춘추시대의 열국 중의 하나로 周 文王의 伯父인 太伯이 남방의 이민족을 규합하여 세웠다고 한다. 장강 유역을 거점으로 성장하여 이웃한 楚・越과 세력을 다투었고, 闔閭가 왕일 때에 楚를 물리치는 등 위세를 떨쳤으며, 그 아들 夫差 때에 패자가 되었으나 월왕 句踐에게 B.C. 473년에 패망하였다.

1130) 四座(坐)는 사방의 좌석, 또는 거기에 있는 사람들이다.

1131) 天王은 天子이다.

1132) 偏邦은 멀리 떨어져 있는 작은 나라이다.

1133) 詔使는 天子의 使臣으로 天使라고도 한다.

1134) 瀛洲는 신선이 산다고 하는 전설상의 산인 三神山의 하나로 중국의 東海에 있다고 한다.

1135) 陪臣은 신하의 신하라는 뜻으로, 제후의 신하가 천자에게 자신을 일컫거나 외국에 나간 사신이 상대국의 군주에게 자신을 일컫는 칭호이다.

1136) 不倚는 한쪽으로 기울지 아니함, 편벽되지 아니함이다.

1137) 握은 幄의 通字로 장막을 뜻한다.

1138) 靈蛇는 신이한 뱀으로 흔히 훌륭한 文才나 문장을 비유한다.

한 번 보면 새로 알게 됨을 즐거워하고
두 번 보면 간담(肝膽)[1140]을 쏟아내네.
부벽루(浮碧樓)에서 풍성한 술자리[1141]를 펼치면
종이와 먹[1142]이 어지럽게 섞이네.[1143]
빈경(儐卿)[1144]은 천사에게 양보하고
천사는 빈경에게 양보하네.
읍(揖)하고 물러나서[1145] 붓을 잡고
그 다음에야 먼저 시를 읊네.[1146]
빈경이 천사의 시를 두고 말하기를
옥패(玉佩)[1147]와 경거(琚瓊)[1148]라고 하네.
천사는 빈경의 시를 두고 말하기를
산호(珊瑚)[1149]와 수정(水晶)[1150]이라고 하네.
담소가 끝나지도 않았는데
사방의 기둥 옆에서는 새기느라고 한창이네.[1151]
좋은 때[1152]가 얼마[1153] 되지 않았는데도
황성(皇城)[1154]에서는 해와 달이 잠기네.

1139) 四海는 中國의 四方에 있는 바다로 온 천하를 가리킨다.
1140) 肝膽은 간과 쓸개로 속마음을 비유한다.
1141) 華筵은 풍성한 연회·술자리이다.
1142) 觚墨은 木簡과 먹으로 文辭를 비유한다.
1143) 縱橫은 뒤섞이는 모양, 어지러운 모양, 흩어진 모양이다.
1144) 儐卿은 손님을 맞이하여 인도하는 벼슬아치이다.
1145) 却略은 뒤로 물러나는 것으로 공손함을 표하는 행위이다.
1146) 先鳴은 먼저 우는 것으로 먼저 시를 읊음을 가리킨다.
1147) 玉佩는 옥으로 만든 패물이다.
1148) 瓊琚는 아름다운 佩玉으로 훌륭한 시문을 비유한다.
1149) 珊瑚는 바다에 사는 珊瑚虫의 뼈가 모여 나뭇가지 모양을 이룬 것으로 장식용으로 쓰인다.
1150) 水晶은 六角圓柱形의 무색투명한 광석으로 石英의 일종이다.
1151) 剞劂은 글자·그림을 칼로 새김이다.
1152) 良時는 良辰과 같은 말로 좋은 때이다.
1153) 須臾는 짧은 시간이다.

성 안에서는 낙타[1155]를 기르건만
음산한 북방의 기운[1156]으로 몹시 춥네.[1157]
천자의 사신을 어느 때에나 또 만나랴?
패수(浿水)[1158]는 공연히 반짝거리네.[1159]
내가 이 노래를 끝내려 함은
이 노래에 괴로운 말이 많기 때문이네.
누가 가엾게 여기랴? 이비장(李飛將)[1160]이
원숭이팔[1161]을 가지고도 늦게 태어남을 슬퍼하였음을.

楚調且莫奏　吳謳且莫誇
四座須傾耳　聽我歌皇華
皇華自何來　來自天王家
天王眷偏邦　詔使光東瀛
觀風歷山川　陪臣有送迎
不倚天使重　不道陪臣輕

1154) 皇城은 天子國의 도성이다.
1155) 橐駞는 駱駝이다.
1156) 朔氣는 북방의 추운 기운이다.
1157) 峥嵘은 매섭게 추움이다.
1158) 浿水는 鴨綠江・大同江・禮成江의 옛 이름인데, 여기에서는 대동강을 가리킨다.
1159) 盈盈은 맑고 투명한 모양, 반짝반짝 빛나는 모양인데, <古詩十九首>의 <迢迢牽牛星>에 "반짝거리는 한 물을 사이에 두고, 묵묵히 한 마디의 말도 하지 못하네.(盈盈一水間, 脈脈不得語.)"라는 구절이 있다.
1160) 李飛將은 飛將軍으로 불린 西漢의 무장 李廣을 가리킨다. 그는 文帝 때에 匈奴를 치는 데 세운 공으로 郎騎常侍가 되고, 武帝 때에 北平太守가 되어 흉노와 70여회나 싸워 공적을 세웠으나 운수가 기박하여 封侯되지 않았다. 뒤에 大將軍 衛靑을 따라 흉노를 치다가 길을 잃어 問責당하게 되자 스스로 목을 찔러 죽었다. 飛將軍은 그가 북평태수가 되어 右北平에 부임한 것을 들은 흉노가 '漢飛將軍'이라고 부르면서 수년 동안 피하여 감히 그곳에 들어가지 않았다고 한 데서 유래하는 말이다.
1161) 猿臂는 원숭이의 긴 팔로 활의 명인을 비유하며, 西漢의 명장 李廣이 원숭이처럼 팔이 길어 천성적으로 활을 잘 쏘았던 데서 유래한다.

靈蛇一在握　四海卽弟兄
一見新知樂　再見傾肝膽
浮碧敞華筵　觚墨紛縱橫
儐卿讓天使　天使讓儐卿
却略持毫揖　然後有先鳴
儐言天使詩　玉佩與琚瓊
使言儐卿詩　珊瑚與水晶
談笑未及竟　剞劂爛四楹
良時不須臾　日月沒皇城
城中牧槖駞　朔氣陰崢嶸
皇華那復見　浿水空盈盈
吾欲竟此曲　此曲多苦聲
誰憐李飛將　猿臂悲晚生

02-76 기성염곡[1162]
02-76 箕城艷曲

남아는 저마다 변방말을 쓰는데
여자는 사람마다 서울말을 하네.
똑같이 먼 데서 온 사람이거늘 어찌 저럴 수 있는가?
소랑(蕭郎)[1163]은 한양(漢陽)에서 온 이가 많건만.

男兒箇箇邊方語　女子人人京國聲

1162) 艷曲은 남녀 사이의 사랑을 내용으로 한 노래이다.
1163) 蕭郎은 아름다운 남자, 또는 여자와 사랑에 빠진 남자를 가리키는데, 唐 元和年間의 秀才 崔郊가 사모하는 하녀에게 준 <贈去婢>의 "문에서 기다리다가 한 번 들어가니 바다처럼 깊기에, 이로부터 소랑은 행인이 되었다네.(侯門一入深如海, 從此蕭郎是路人.)"라는 구절에서 유래한다.

同是遠人那得爾　蕭郎多自漢陽城

02-77 채련곡. 정지상[1164]의 시[1165]에 차운하다. 2수
02-77 采蓮曲. 次鄭知常韻二首

강 가에는 서로 만난 여자짝[1166]이 많아서
<채련가(采蓮歌)>[1167]에 <채릉가(采菱歌)>로 화답하네.
다만 푸른 마름이 푸른 물결을 덮고 있을 뿐이거늘
어찌하여 연꽃은 멀리 물결 너머로 가는가?

江上相逢女伴多　采蓮歌答采菱歌
青菱只覆青波面　何似蓮花逈出波

'한 번 헤어져 용사(龍沙)[1168]로 가신 세월이 오래 되었기에
배 위에서 연밥을 딸 때마다 오가(吳歌)[1169]를 부른답니다.
백번씩 싸우는 남정네는 마음이 어찌 그리 씩씩합니까?

1164) 鄭知常(?~1135)은 고려 중기의 문신으로 초명은 之元, 호는 南湖, 平壤 출신이다. 급제하여 正言・司諫을 거쳐 起居注에 이르렀고, 拓俊京을 탄핵하여 유배시켰으며, 妙淸의 난에 연루되어 참살당하였다. 빼어난 시인으로서 『東文選』에 13수의 시가 실려 있다.
1165) 鄭知常의 원운은 『東文選』 권19에 실린 <送人>이다.
1166) 女伴은 여자인 짝이나 벗이다.
1167) <採蓮曲>은 樂府 相和歌辭 중 淸商曲辭의 하나로, 宋 郭茂倩의 『樂府詩集』에 따르면 "강남에서는 연꽃을 딸 수 있나니, 연잎은 얼마나 빽빽한가?(江南可採蓮, 蓮葉何田田?)"라는 구절로 시작되는 漢代의 <江南曲>에 근원을 둔 것인데, 대개 남녀의 염정을 읊었으며, 南朝 梁 武帝의 <江南弄> 이후 <採蓮曲>・<採菱曲> 등의 제목으로 된 무수한 작품이 지어졌다.
1168) 龍沙는 중국 서북쪽의 天山南路에 있는 白龍堆의 沙漠, 또는 河北省 喜峰口 밖의 盧龍山 뒤에 있는 사막으로, 흔히 북쪽의 변경이나 사막을 가리킨다.
1169) 吳歌는 중국의 강남지역인 吳의 民歌인데, 五代人 劉兼의 시 <錢塘霽望>에 "연밥을 따던 여자들이 흩어지자 오의 노래는 끝나고, 비취를 줍던 사람들이 돌아가자 초나라의 비는 개네.(採蓮女散吳歌闋, 拾翠人歸楚雨晴.)"라는 구절이 있다.

저는 약한 바람에 흰 물결만 일어도 절로 놀라건만.'

一別龍沙歲月多　采蓮舟上唱吳歌
男兒百戰心何壯　妾自微風畏白波

02-78 대동강 가에서 작별하다
02-78 大同江上別

부벽루 안에서 술잔을 다 기울이고 나니
대동강 가에는 날렵한 버드나무가 꽉 차 있네.
가엾게도 행인의 손에 다 꺾이고 말아서
봄이 와도 가지가 없어 꾀꼬리를 감싸지 못하리.

浮碧樓中酒已傾　大同江上柳輕盈
可憐折盡行人手　枝禿春來不庇鶯

02-79 은산[1170]의 사민[1171]과 작별하다
02-79 別殷山士民

은주(殷州)[1172]의 산은 구불구불 이어지고[1173]
은주의 시내는 넓고 아득하네.[1174]
그 안에 높은 정자 하나가 있는데
그 편액(扁額)[1175]에 담담(淡淡)[1176]이라고 적혀 있네.

1170) 殷山은 조선시대에 지금의 平安南道 殷山面에 있던 縣 이름이다.
1171) 士民은 사대부와 일반백성, 또는 사대부이다.
1172) 殷州는 殷山의 별칭이다.
1173) 邐迤(이이)는 구불구불 이어진 모양이다.
1174) 浩渺는 수면이 넓고 아득함이다.

정자 안에는 화려한 대자리가 있고
정자 안에는 훌륭한 술이 있었네.
벼랑에서 나는 벌꿀은 흰 눈과 같고
구운 꿩[1177]은 황금빛이었네.
지현(知縣)[1178]은 아주 즐거워하지는 않았으면서도
돌아보며[1179] 전의 거처[1180]가 그립다고 말하네.
손을 흔들며[1181] 사민(士民)과 작별하고서
훌쩍[1182] 돌아가는구나 하고 읊네.
사민들이 꿇어앉아서[1183] 묻기를
'그대가 살던 곳은 과연 어떠합니까?' 하네.
'나의 집은 참으로 알기 쉽나니
알기 쉽기에 또 잊기 어렵지요.
곧바로 숭례문을 나서면
뜰의 숲이 울창한 곳입니다.
소나무 두 그루가 나의 대문에 그늘을 지우고
온갖 꽃들이 나의 대청을 비춘답니다.
경전(經傳)과 사서(史書) 수천권이
동쪽과 서쪽의 곁채[1184]에 쌓여 있지요.

1175) 扁額은 廳堂・軒齋・亭榭 등의 처마 밑에 가로로 글씨를 써서 걸어 놓은 액자로 懸板이라고도 한다.

1176) 淡淡亭은 황해도 殷山縣에 있던 정자인데, 姜栢年의 <送柳殷山命賢之任>(『雪峯遺稿』 권21)에 "은산에 담담정이 있기 때문에 제3련에서 언급하였다.(殷山有淡淡亭, 故第三聯及之.)"라는 글이 있다.

1177) 鷸雉는 꿩이다.

1178) 知縣은 縣의 長官인 縣監・縣令이다.

1179) 瞻言은 돌아보며 말함, 또는 돌아봄[言은 虛字]이다.

1180) 故居는 전에 살던 집・곳이다.

1181) 揮手는 손을 흔드는 것으로 헤어짐을 비유한다.

1182) 浩然은 막을 수 없는 모양, 얽매이지 않는 모양이다.

1183) 長跪는 허리를 꼿꼿이 펴고 꿇어앉는 것으로 敬意를 표함을 비유한다.

1184) 箱(廂)은 곁채・곁방이다.

뜰에서는 흰 학이 울다가
날개를 당겨 춤을 주기도 했지요.[1185)]
푸른 옷[1186)]을 입은 예닐곱 사람이
책[1187)]을 끼고 나의 탑상 옆에 올라왔답니다.
정밀한 말로 수사(洙泗)[1188)]에 대하여 토론하고
큰 소리로 당우(唐虞)[1189)]를 논했답니다.
주인이 하는 일이 없으니
금(琴)을 타는[1190)] 일은 반에도 이르지 못했답니다.'[1191)]

邐迤殷州山　浩渺殷州川
中有一高亭　淡淡爲其扁
亭中有華筵　亭中有美酒
白雪崖蜂液　金色鷸雉炙
知縣殊不樂　瞻言懷故居
揮手別士民　浩然咏歸歟
士民長跪問　君居果何如
吾居誠易知　易知復難忘
直出崇禮門　園林欝蒼蒼
雙松蔭我門　百花暎我堂

1185) 蹡蹡은 춤추는 모양, 뛰어오르는 모양이다.
1186) 靑衿은 옛날의 깃이 푸른 겉옷으로 學生·書生을 비유한다.
1187) 筞은 '莢'의 古字로 竹簡·木簡이며 書冊을 가리킨다.
1188) 洙泗는 춘추시대 魯나라의 영토 안에 있던 강인 山東省의 洙水와 泗水의 합칭으로, 孔子가 그 지역에서 강학한 데서 유래하여 공자, 또는 儒家를 가리킨다.
1189) 唐虞는 堯임금과 舜임금의 합칭으로 堯임금이 陶唐氏이고 舜임금이 有虞氏인 데서 생긴 말이다.
1190) 調琴은 琴을 탐인데, 여기에서는 금을 타고 시를 읊는 것을 뜻하는 絃誦과 같이 학문에 힘씀을 비유한다.
1191) 未央은 반이 되지 않는 것으로 다하지 못함을 뜻한다.

經史數千卷 堆積東西箱
白鶴鳴中庭 引翅舞蹡蹡
青衿六七人 挾策登我床
精語討洙泗 大語論虞唐
主人無所爲 調琴方未央

02-80 경사로 가는 도중에 짓다
02-80 向京師道中作

경성(京城) 안에 빽빽하게[1192] 늘어선
갑제(甲第)[1193]는 얼마나 높고 넓은가?[1194]
물어 보노라[1195], 어느 주택이
공(公)과 경(卿)[1196]의 것인가를.
은빛촛불[1197]은 자맥(紫陌)[1198]에서 빛나고
옥패(玉佩)[1199]는 쨍그랑[1200] 울리네.
수레와 말[1201]을 타고 마음대로 놀고
가갈(呵喝)[1202]이 낮부터 저녁까지[1203] 이어지네.
봄철[1204]의 빛나는[1205] 나무가

1192) 鬱鬱은 매우 많은 모양, 무성한 모양이다.
1193) 甲第는 甲觀과 같은 말로 훌륭한 저택이다.
1194) 崢嶸은 높고 넓음이다.
1195) 借問은 시험삼아 물음, 감히 물어 봄이다.
1196) 公卿은 三公九卿의 준말로 高官을 가리킨다.
1197) 銀燭은 환한 촛불이다.
1198) 紫陌은 都城 교외의 길이다.
1199) 玉佩는 옥으로 만든 패물이다.
1200) 琤琤은 옥이 서로 부딪히는 소리이다.
1201) 輪蹄는 수레바퀴와 말발굽으로 수레와 말을 가리킨다.
1202) 呵喝은 존귀한 사람의 행차 앞에서 驅從別陪가 큰 소리로 행인의 통행을 금지하는 일, 또는 그 사람을 말하며, 喝道·辟除라고도 한다.
1203) 明曛은 낮과 저녁이다.

한때에야 어찌 번성하지 않으랴?
영화로움은 오래 믿기 어려운 것이라
뜻밖에도[1206] 풍우가 어지럽기[1207] 마련이네.
바다가 하루 아침에 뽕밭[1208]으로 변하기에
금세 겁화(刼火)[1209]에 놀란다네.
오늘 낮에는 음악[1210]이 시끄럽지만
내일 아침이면 풀무더기[1211]가 생기네.
본래 명리객(名利客)[1212]이 아니면서도
무엇 때문에 이 길로 향하는가?
영수(靈脩)[1213]의 출처(出處)[1214]를 그리워하지만
깊이 숨을 곳은 또 성시(城市)와 가깝네.
도성과 가까워도 더러운 먼지가 없으니
참된 본성을 길러서[1215] 외물이 가벼움을 깨달으리.
금원(禁苑)[1216]의 숲은 분명하고[1217]
금종(禁鍾)[1218]의 소리는 희미하겠지.

1204) 陽春은 따뜻한 봄이다.
1205) 灼灼은 빛나는 모양, 환히 드러나는 모양이다.
1206) 嘗은 '뜻밖에, 의외로'이다.
1207) 縱橫은 뒤섞여 어지러운 모양이다.
1208) 溟桑은 桑田碧海와 같은 말로 뽕나무밭이 푸른 바다로 바뀌는 것과 같이 世事가 크게 바뀜을 비유하는데, 晉 葛洪의 『神仙傳』「麻姑」에서 麻姑가 東海가 세 번 桑田으로 되는 것을 보았다는 고사에서 유래한다.
1209) 刼火는 불교에서 세계가 파멸되는 壞刼 때 일어난다고 하는 화재이다.
1210) 歌鍾은 노래와 編鍾(鐘)으로 노래에 맞추어 치는 편종, 또는 노래와 악기의 소리이다.
1211) 草萊는 草莽과 같은 말로 풀무더기이다.
1212) 名利客은 명예를 추구하고 이익을 도모하는 사람이다.
1213) 靈脩는 명철하고 덕망이 있는 사람이다.
1214) 出處는 벼슬에 나아가고 물러남이다.
1215) 養眞은 타고난 眞性을 기름, 또는 본성을 수양함이다.
1216) 禁苑은 궁궐 안의 동산으로 흔히 왕궁을 비유한다.
1217) 歷歷은 분명한 모양이다.
1218) 禁鍾은 궁궐 안의 종이다.

이제부터 빛[1219]을 가까이 하고
길이 잠영(簪纓)[1220]을 하직하리.

鬱鬱京城裏　甲第何崢嶸
借問誰家宅　云是公與卿
銀燭晃紫陌　玉佩鳴琤琤
輪蹄恣遊戲　呵喝亘曛明
灼灼陽春木　豈不一時榮
榮華難久恃　風雨會[1221]縱橫
溟桑一朝變　刦火須臾驚
今日歌鍾喧　明朝草萊生
自非名利客　何爲向此程
出處懷靈脩　深藏亦近城
近城無塵染　養眞覺物輕
歷歷禁苑樹　依依禁鍾聲
以此近耿光　永言謝簪纓

1219) 耿光은 光明・光輝이다.
1220) 簪纓은 官員이 冠에 꽂는 비녀와 갓끈으로 士族, 또는 현달함을 비유한다.
1221) 원전의 '會'는 의미맥락으로 보아 '曾'의 착오인 듯하다.

약산만고 권지삼
藥山漫稿卷之三

시
詩

03-01 보운하여 벗에게 사례하며 보여 주다. 2수
03-01 步韻謝友人見示, 二首

고해(苦海)[1]의 풍파[2] 속에서는 살 수 없는 법이니
먼저 근심이라는 한 가지 생각을 또한 없애야 하리.
천지에 시야가 트인[3] 군실(君實)[4]은 없지만[5]
영욕으로 목숨을 마치는[6] 자허(子虛)[7]는 있다네.

---

1) 苦海는 괴로움의 바다로 괴로운 환경, 힘든 현실을 비유한다.
2) 風波는 바람과 물결로 흔히 세상살이의 어려움이나 고통을 비유한다.
3) 開眼은 눈을 뜨는 것으로 시야가 넓어 식견이 높음을 가리킨다.
4) 君實은 北宋의 학자·정치가·역사가인 司馬光(1016~1086)의 자로 陝州 涑水鄕 출신, 자호는 迂叟, 세칭 涑水先生으로 불리었다. 仁宗 때에 등제하여 한림학사·어사중승을 지내면서 王安石의 新法에 반대하다가 실각한 뒤에 『資治通鑑』을 편찬하였다. 哲宗이 즉위한 뒤에 복직하여 문하시랑·상서좌복야를 지냈으며, 시호는 文正이다.
5) 이 구절은 司馬光이 <獨樂園記>에서 삶의 즐거움을 관직에서 찾지 않고 독락원에서 홀로 소요하며 책을 읽는 데서 찾는다는 뜻을 밝힌 일을 가리킨 듯하다.

산의 새는 기약이나 한 듯이 술통8) 옆으로 오는데
한낮의 바람은 자는 이를 업신여겨 상 위의 책을 흔드네.
벗이 나를 사랑하는 마음이 진중하기에9)
문득 새로 지은 시로 처지(初志)를 이룬10) 것을 하례하네.

苦海風波不可居　先憂一念亦消除
乾坤開眼無君實　榮辱終頭是子虛
山鳥如期當酒榼　午風欺睡擺床書
故人愛我情珍重　却把新詩賀遂初

몸이 튼튼하고 마음이 한가로우면 두어 무(畝)11)에서 살더라도
화수(華綏)12)와 장검(長劒)을 가진 삶과 같다네13)
솔숲에서 매미가 시끄러우면 뜰은 더욱 조용해지고
차부엌14)에서 연기가 사라지면 골짜기는 절로 텅 비네.
푸른 산을 조용히 마주하며 웃음과 말을 잊는데
밝은 달은 높이 걸려 거문고와 책을 비추네.
돌아오자 말자 또 부모님15)을 위로드리노라면

---

6) 終頭는 최후를 마침으로 죽음을 가리킨다.
7) 子虛는 烏有先生과 함께 後漢 司馬相如의 <子虛賦>에 등장하는 架空的 인물로 楚王을 위해 齊에 사신으로 가서 초나라의 승경과 왕의 사치스러운 행락을 자랑하지만, 오유 선생에게 제나라의 승경과 행락이 그보다 낫다고 반박당한다. 이 두 사람의 주장은 <상림부>에 등장하는 亡是公에 의하여 상림의 승경과 거기서 遊獵하는 漢帝의 행락은 제·초와 비할 비가 아니지만, 천자가 스스로 절제하여 그칠 줄 안다는 말로 부정당한다.
8) 酒榼은 술통이다.
9) 珍重은 정중함, 또는 매우 사랑하고 아낌이다.
10) 遂初는 처음의 뜻을 이룸으로 벼슬에서 물러나 은거함을 가리킨다.
11) 畝는 땅의 넓이의 단위로 사방 여섯 자의 넓이인 步[후대의 坪]의 百倍에 해당한다.
12) 綏는 수레에 오를 때 잡는 끈이다.
13) 乘除는 곱하고 나눔으로 상쇄함, 비김을 비유한다.
14) 茶竈는 차를 끓이는 작은 부뚜막이다.

지난해 겨울 처음 벼슬길에 나아가던[16] 때보다 훨씬 나으리.[17]

身健心閑數畝居 華綏長劒可乘除
松林蟬噪壇逾靜 茶竈烟消洞自虛
淨對靑山忘笑語 高懸明月照琴書
新歸且慰憑閭望 絶勝前冬捧檄初

03-02 슬픔을 술회하다[18]
03-02 述哀

산의 북쪽에서 울던 학이
배회하면서[19] 그 새끼를 돌보네.
네 살에 『천자문(千字文)』[20]을 외우고
다섯 살에는 여강(廬江)[21]의 사서(史書)[22]를 배웠네.

---

15) 憑閭望는 부모가 마을 어귀의 문에 기대어 자식이 돌아옴을 기다림으로 부모를 비유한다.
16) 捧檄은 官에서 徵召하는 글인 檄을 받든다는 뜻인데, 여기에서는 다음 고사에서 유래하여 부모를 위하여 뜻을 굽히고 벼슬길에 나아감을 비유한다. 後漢의 廬江人인 毛義가 모친의 생시에는 守令으로 삼는다는 府檄을 받고 기뻐하며 나아갔지만, 돌아가시자 물러나서 賢良公車로 徵召해도 응하지 않았다.
17) 絶勝은 매우 나음, 훨씬 월등함이다.
18) 이 작품은 아홉 살이던 아들 昌錫을 저승으로 보낸 슬픔을 읊은 것인데, 전체가 288구 144운, 1,440자에 이르는 장편으로 약산의 시 가운데 가장 거편이다.
19) 躑躅은 배회하면서 나아가지 않는 모양이다.
20) 『千字文』은 南朝 梁나라의 周興嗣(470?~521)가 武帝의 명을 받아 지은 책으로 초학자에게 한자·한문·습자를 교육시키는 데 쓰인 교과서이다. 한자 一千字를 4언시 250구절로 중복된 글자 없이 읊은 것으로 天地玄黃에서 시작하여 焉哉乎也로 끝나며, 당초에 東晉의 명필 王羲之의 필체를 모아 편찬되었다고 한다.
21) 廬江은 廬陵의 별칭으로 중국 江西省 吉安縣의 남쪽에 있던 縣 이름인데, 여기에서는 그곳 태생인 『十八史略』의 편찬자 曾先之를 가리킨다.
22) 廬江史는 曾先之의 『十八史略』을 가리킨다. 증선지는 廬陵人으로 자는 從野이고, 宋末에 진사시에 급제하였으며, 元初에 『十八史略』을 편찬하였다. 이 책은 『史記』·『漢書』

때때로 여러 형의 붓을 훔쳐서
크게 천지(天池)라는 글자를 썼지.
여섯 살에 『통감(通鑑)』[23]을 배웠는데
몇 달 만에 너덧 권을 떼었네.
일곱 살에 『당음(唐音)』[24]을 배우고서는
순식간에 몇 편을 붓을 휘둘러 지었지.
여덟 살에는 글이 더욱 진보되고
아홉 살에는 두각(頭角)을 나타내었네.[25]
태도가 매우 엄숙하여[26] 덕성을 이룬 듯하고
몸가짐[27]은 화기가 가득한 봄날이었네.
하루에 백 줄을 외우는데도
아비[28]는 오히려 더딤을 싫어하였네.
한 편에 경어(警語)[29]가 열 개나 있어도
아비는 기이하다고 칭찬하지 않았지.
외우고 읽는 게 더딘 게 아니라
아비가 너에게 지나치게 기대한 때문이네.
어구(語句)가 기이하지 않은 게 아니라
자식이 소홀해질까[30] 보아 그랬지.

·『唐書』·『五代史』 등 17종의 正史와 宋代의 『資治通鑑』 등에서 내용을 발췌하여 엮은 2권으로 된 책으로 初學者의 학습용 독본이다.

23) 『通鑑』은 北宋末에 江贄가 엮은 『通鑑節要』의 준말인데, 北宋의 司馬光이 편찬한 『資治通鑑』을 요약한 책으로, 옛날에 초학자들이 역사를 공부하는 교재로 사용되었다

24) 『唐音』은 『唐音精選』의 준말로 조선조에 元末의 楊士宏이 편찬한 『唐音』에서 5언만 뽑아 엮은 책이며, 초학자들이 시를 학습하는 교재로 쓰였다.

25) 嶄然은 보통보다 뛰어남, 두각을 나타냄이다.

26) 凝儼(嚴)은 매우 엄숙함이다.

27) 周旋은 몸가짐이나 起居動作이다.

28) 阿爺는 아버지이다.

29) 警語는 警句와 같은 말로 사람을 감동시킬 만한 기발한 어구이다.

30) 容易는 疎忽·輕率·草率이다.

밤에는 할머니의 옆에서 자고
아침과 낮에는 할아버지를 따랐네.
아비가 서쪽의 고을을 얻었을[31] 때에는
떠날까 머물까를 두고 너의 마음이 괴로웠지.
머물려니 아버지가 그리울 테고
가려니 할아버지가 그리울 테니까.
할아버지께서 손자[32]에게 물으시기를
'반드시 너의 뜻을 잠깐 말해 보거라' 하셨네.
너는 두 눈썹을 찡그리면서
한참 동안 할아버지를 바라보았네.
'원컨대 잠깐 아버지를 따라갔다가
곧 할아버지를 뵈러 돌아오겠습니다.'
할아버지께서 듣고 시뻐하시면서
'너의 말이 어찌 그리 아름다우냐?' 하셨네.
아쉬워하면서[33] 할아버지께 절하고서
행장을 꾸려서[34] 교자(轎子)[35]에 올랐네.
봄풀처럼 파란[36] 겉옷을 입고
발에는 오사리(烏絲履)[37]를 신었지.
피부는 옥설(玉雪)처럼 희고
머리카락은 까마귀새끼 빛이었네.
미목(眉目)[38]이 그림보다 나아서[39]

---

31) 西邑은 海西・關西의 고을을 가리키는데, 약산은 경종 4년(1724)에 海西인 황해도의 殷山縣監으로 부임하였다가 이듬해에 사임하였다.
32) 阿兒는 아들・손자이다.
33) 依依는 아쉬워함, 그리워함이다.
34) 裝束은 行裝을 꾸림, 길 떠날 준비를 하는 것이다.
35) 轎子는 두 사람이 앞뒤에서 메는 가마로 肩輿・藍輿라고도 한다.
36) 이 구절은 옛날의 유생이 깃이 푸른 겉옷인 靑衿을 입었음을 표현한 것이다.
37) 烏絲履는 검은 헝겊으로 만든 신발이다.

큰 서각(犀角)[40]이 반짝거렸네.[41]
길을 가던 수많은 사람이
하나같이 네가 잘 생겼다고 칭찬하였지.
머뭇거리며[42] 감탄을 발하느라고
세상 밖의 보물을 만난 듯하였네.
어떤 이는 와서 종자(從者)에게 묻기를
'나이가 몇 살인가?' 하였네.
사람들은 다만 그 외모만 상찬(賞讚)할 뿐
어찌 그 재주를 알아볼 수 있었으랴?
비록 그 재주룰 알게 하더라도
어찌 그 심덕을 알아볼 수 있었으랴?
아비는 말없이[43] 기뻐하면서
문호가 썩 불운하지는[44] 않으리라고 여겼네.
'할아비는 너를 보낸 뒤로
자나깨나[45] 늘 근심한단다.
아침에도 너를 기다리며 울고
저녁에도 너를 기다리며 운단다.'
백여 글자로 된 서신이 왔는데
글자마다 아이에 대한 생각이었네.
아비는 할아버지를 본받아서

38) 眉目은 눈썹과 눈으로 얼굴·용모를 비유한다.
39) 畵不如는 그림도 미치지 못함을 뜻한다.
40) 犀角은 이마 위 머리털이 난 곳에 불룩하게 튀어나온 뼈로 관상술에서 귀인의 상으로 여긴다.
41) 盈盈은 맑고 투명한 모양, 반짝반짝 빛나는 모양이다.
42) 躊躇(주저)는 머뭇거림이다.
43) 默默(嘿嘿)은 말이 없음, 고요하여 소리가 없음이다.
44) 不薄은 불운함, 불행함이다.
45) 食息은 음식을 머고 호흡을 하는 것으로 일상의 기거를 비유한다.

드디어 인끈을 던지고 길이 돌아왔지.
나는 할아버지를 부축하고
할아버지는 아이를 안으셨네.
할아버지는 갈증이 풀린 듯하시고
아이는 배고픔이 가신 듯하였네.
아이를 서쪽창 밑에 앉게 하시더니
아이에게 꿀과 엿을 먹이셨네.
한창 책을 살필[46] 때에
질병이 쳐들어왔었지.
도성 동쪽에서 으뜸 의원을 부르고
도성 북쪽에서 그 다음 의원을 맞이하였네.
백 가지 약이 하나도 효험이 없어[47]
몇 달 동안이나 끙끙 앓았네.[48]
아이의 상(相)으로는 절대 걱정할 게 없건만
어찌 아비에게 복이 없는가?[49]
아비가 신명(神明)을 저버렸기에
아이가 오늘 죽고[50] 말았네.
효우(孝友)와 총명을 지닌 아이가
묶여서 관 하나에 들어가네.[51]
할아버지가 시신을 안고 곡하시면서
'네가 어찌하여 이렇게 되었느냐?
네 살에 『천자문』을 외우고

46) 點檢은 살핌, 고찰함, 검사함, 조사함이다.
47) 不幸은 병이 낫지 않음이다.
48) 沉沉은 무성한 모양, 깊은 모양이다.
49) 沒福은 복이 없음, 운이 없음이다.
50) 冥漠은 죽음, 또는 저승세계이다.
51) 就木은 棺 속에 들어감, 사망함이다.

다섯 살에는 여강의 사서를 배웠다.
때때로 여러 형의 붓을 훔쳐서
크게 천지라는 글자를 썼지.
여섯 살에 『통감』을 배웠는데
몇 달 만에 너덧 권을 떼었구나.
일곱 살에 『당음』을 배우고서는
순식간에 몇 편을 붓을 휘둘러 지었다.
여덟 살에는 글이 더욱 진보되고
아홉 살에는 두각을 나타내었더랬지.
태도가 매우 엄숙하여 덕성을 이룬 듯하고
몸가짐은 화기가 가득한 봄날이었느니라.
한 편에 경어가 열 개나 있고
하루에 백 줄을 외웠더니라.
그래서 우리 가문을 크게 하고
세상에 마룻대와 들보가 되리라고 일렀다.
왜 부모를 속이고
갑자기 금방 길이 사라지느냐?
성행(性行)[52]이 어찌 요(夭)[53]에 가까우냐?
골법(骨法)[54]이 어찌 상(殤)[55]에 가까우냐?
네가 은산으로 가는 것을 바라보던 날에는
오히려 너를 볼 기약이 있었다.
네가 은산에 있을 때에는
마음으로 나를 만날 기약을 알았다.

---

52) 性行은 性品과 行實이다.
53) 夭는 일찍 죽음, 단명함이다.
54) 骨法은 骨相의 특징이다.
55) 殤은 成年이 되기 전에 죽는 것으로 대개 冠禮를 치르는 20세 이전에 죽음을 가리킨다.

내가 지금 너를 안고 누워서
너를 보거늘 너는 알지 못하느냐?
너를 보는 것이 오늘뿐이요
만고에 볼 기약이 없구나.' 하셨네.
할머니께서 시신을 쓰다듬으며 통곡하시면서
'너를 믿었거늘 너는 왜 저버리느냐?
이와 같이 옷을 만들었거늘
너를 장가보내지도[56] 못하고 말았구나.
이렇게 술과 과일을 차린들
네가 한 번 맛볼 수 있겠느냐?
지난날에는 할미의 옆에서 자고
지난날에는 할아버지의 뒤를 따랐다.
할미가 누워도 네가 없고
할아버지가 앉아도 네가 없구나.
허겁지겁[57] 너를 부르고자 하거늘
너는 지금 어디로 가느냐?
위로 할아버지와 할미를 위로한다마는
아비와 어미가 너의 일을 견딜 수 있겠느냐?
비록 눈 가의 눈물은 막지만
마음 속[58]에서야 어찌 눈물을 막겠느냐?
일마다 떠올라 어지럽게 하여
방울방울 마음 속에 떨어지는구나.
너의 아주 붉은[59] 궤안(几案)에서는

56) 聘娶는 장가감, 正室을 들임이다.
57) 皇皇은 두렵고 불안한 모양, 갈팡질팡 어찌할 바를 모르는 모양이다.
58) 心頭는 마음, 마음 속이다.
59) 猩紅은 猩猩이의 피처럼 매우 붉은빛이다.

문방구가 찬란하게 서로 비추는구나.
색깔을 칠한 붓 수십 자루는
푸른빛과 붉은 빛으로 각각 자루가 다르다.
검은 칠을 한 것도 수십 자루인데
넓고 두껍기가 손바닥과 같구나.
연경(燕京)[60]의 시장에서 구한 계란처럼 매끄러운 종이는
휘황한 빛깔로 겹겹이 쌓여 있구나.
네가 살아 있을 때에 애완하던 것이지만
사람이 죽었으니 누가 물건을 완상하랴?
거두어 하인[61]에게 맡겨
너를 매장할 곳에서 태우게 하리.
또 작은 가마가 하나 있으니
일찍이 서쪽으로 갈 때 네가 탔던 것이니라.
가엾게도 가마 위의 아이가
잘 생긴 모습[62]을 누가 다시 보랴?
또한 깊이 치워서 갈무리하도록 명하여
차마 남들이 보지 못하게 해야지.
다만 한 작은 권자(卷子)[63]는 남기리니
너의 시에다 너의 글씨이다.
가문에 전하면서 뒷사람에게 보여 주면
영향(影響)[64]이 만에 하나라도 남으리.
늙은 부모가 날마다 곡읍(哭泣)하면서[65]

---

60) 燕京은 淸나라의 首都로 지금의 北京이다.
61) 蒼頭는 奴僕이다.
62) 玉貌는 아름다운 용모이다.
63) 卷子는 두루마리로 된 책이다.
64) 影響은 그림자와 소리로 자취·蹤迹을 대유한다.
65) 哭은 소리를 내며 슬피 우는 것이고, 泣은 소리를 삼키고 눈물을 흘리는 것이다.

너의 영구(靈柩)[66]를 어찌 오래 놓아두겠느냐?
너는 만리길을 가야 하니
서로 이별함이 다만 오늘밤뿐이구나.
오늘밤은 어찌 이리 짧은가?
닭의 울음은 어찌 이리 재촉하는가?
서쪽으로 기우는 밝디밝은 달빛이
가슴 속으로 들어와 더욱 서성거리게 한다.
문 앞에서 상여소리[67]를 부르니
이제 영결하노니 부디 잘 가거라.
아비는 늙으신 부친을 부축하느라고
감히 너의 상여[68]를 따르지 못한다.' 하셨네.
통곡은 골목 어귀에서 그치고
상여를 따르는 이는 오직 계부(季父)[69]뿐이었네.
멀리 모화관(慕華館)[70]으로 나갔으니
관서(關西)의 고을에서 돌아올 때의 길이네.
가고 가서 신원(新院)[71]에 이르러
상여[72]가 우연히 잠시 머물렀다네.
계부가 마음 속으로 문득 놀라서

---

66) 靈柩는 시신이 안치된 棺이다.

67) 薤歌는 <薤露>를 가리키는데, 樂府 相和曲의 이름으로 고대의 挽歌나 喪歌이다. 戰國時代 楚나라 屈原의 <對楚王問>에 그 이름이 보이고, 晋 崔豹의 『古今注』에 <蒿里>와 함께 喪歌의 하나로 실려 있다.

68) 紼은 상여를 끄는 끈, 또는 관을 광중에 내릴 때 쓰는 끈이다.

69) 季父는 막내 숙부, 또는 작은 아버지인데, 여기에서는 약산의 아우로 백부에게 출계한 弼運을 가리킨다. 그는 숙종 41년(1715)의 식년 진사시에 2등으로 급제하고 문음으로 출사하여 直長・參奉을 지냈다.

70) 慕華館은 조선시대에 明・淸의 사신을 영접하던 곳으로 敦義門 밖 서북쪽에 있었으며 太宗 7년(1407)에 지어졌다.

71) 新院은 경기도 高揚에 있던 院의 이름인 듯하다.

72) 素輦는 喪輿이다.

말을 멈추고 오래 사방을 둘러보았네.
지난날 관서에서 돌아오던 일을 기억해 보니
아이가 마침 배가 매우 고프다고 아뢰었지.
이 곳에 가마를 멈추고
후량(餱糧)[73]과 장음(漿飮)[74]을 주라고 명하였지.
영구가 머물게 된 곳이 또 이 곳인데
산의 형세가 완연히 지난날과 같았네.
너는 아느냐 모르느냐?
지난날을 생각하며 머뭇거렸단다.[75]
상여는 가마가 아니니
후량과 장수를 어찌 다시 주었으랴?
황양(黃壤)[76]에 너를 모질게 묻고 나면
천년 동안 부모를 보러 오지[77] 못하리.
아비는 아직도 돌아오기를 바라느라고
밤낮으로 문득 미혹되네.
낮에는 부모님 때문에 얼굴이 온화하지만
밤에는 아들 때문에 눈물로 젖네.
간혹 친척이 알고는
부드러운 말로 위로하고 타이르네.
'아이를 아들이라고 부르지 말지니
아이는 이제 그대의 아들이 아니라오.'
아비가 친척에게 응대하기를
'그대는 어찌하여 그런 말을 하는가?

73) 餱糧은 乾糧이다.
74) 漿飮은 漿水와 같은 말로 약간 신맛이 나는 옛날의 음료이다.
75) 踟躕는 배회하면서 머뭇거리는 모양, 느릿느릿 가는 모양이다.
76) 黃壤은 황색의 토양으로 흔히 저승을 가리킨다.
77) 歸寧은 돌아가 부모를 뵙는 것이다.

자식[78]이 늘 옆에서 모신다면
백년인들 어찌 따질 필요가 있겠소?
아홉 해 동안 부자의 정의(情誼)가
남들의 백년보다 낫다오.
이승에서는 길이 끝나 버렸지만
내생(來生)에는 다음 인연을 맺을 것이오.
내생에 또 내생이 있다면
세상마다 아비와 자식이 될 것이오.
산에서는 교목(喬木)과 재목(梓木)[79]이 될지니
나는 교목이 되고 아이는 재목이 되어야지.
물에서는 민물조개와 진주[80]가 될지니
나는 민물조개가 되고 아이는 진주가 되어야지.
내생에는 참으로 정의가 좋게 될 테지만
이승에서야 어떻게 하겠소?'라고 하네.
저녁이면 늙으신 어버이의 잠자리를 펴 드리고[81]
쓸쓸히 나의 침상으로 가네.
갑야(甲夜)[82]에 너를 보지 못하면
을야(乙夜)[83]에 잠을 잘 수 없네.
을야에 너를 보지 못하면
병야(丙夜)[84]에 꿈을 꾸지 못하네.

---

78) 豚犬은 자기 자식의 謙稱, 또는 아버지에 대한 자기 자신의 謙稱으로 豚兒라고도 한다.
79) 喬梓는 큰 나무인 喬木과 낮은 나무인 가래나무로 『尙書大傳』의 다음 고사에서 유래하여 아버지와 아들을 비유한다. 周公의 아들인 伯禽과 아우인 康叔이 주공을 세 번 뵙고 세 번 다 笞杖을 맞은 뒤에 현인인 商子에게 부자의 도리를 물었더니, 상자가 아버지는 높이 솟은 교목이고 아들은 낮게 숙인 재목과 같아야 한다고 하였다.
80) 蚌은 민물조개, 珠는 蚌珠를 가리키는데, 蚌珠는 민물조개 안에서 나오는 진주이다.
81) 昏定은 저녁에 부모의 이부자리를 펴 드리는 것으로 어버이의 안부를 살핌을 가리킨다.
82) 甲夜는 初更과 같은 말로 오후 7시부터 9시 사이이다.
83) 乙夜는 二更과 같은 말로 오후 9시부터 11시 사이이다.

북두성이 기울면 비로소 꿈에 너를 보는데
목소리와 얼굴이 완연히 평소와 같네.
때로는 침상의 요 위에 눕고
때로는 앉아서 책을 보네.
때로는 나의 한 팔을 베고
때로는 나의 두 무릎을 쓰다듬네.
간혹 평안한 날이면
너에게 외우고 읽기를 부과하네.
간혹 병이 생긴 날이면
너에게 탕약(湯藥)[85]과 환약(丸藥)[86]을 권하네.
깨어서[87] 급히 너를 쓰다듬노라면
네가 나의 옆에 없네.
창을 밀치면 아득한 하늘뿐이니
혼백을 어디에서 찾으랴?
꿈꿀 때에는 너무 빨리 지나기에[88]
간절한 정[89]을 풀지 못하네.
말 한 마디 부치지 못한 것을 안타까워하여
깬 뒤에 명부[90]의 어두움을 힐책하네.
우리 집의 녹봉(祿俸)이 박하지 않기에
아비는 악행을 쌓지 않았네.
또[91] 몸을 보호하고 아꼈기에[92]

---

84) 丙夜는 三更과 같은 말로 오후 11시부터 오전 1시 사이이다.
85) 湯藥은 달여서 먹는 약이다.
86) 丸藥은 알로 된 약이다.
87) 覺來는 잠이 깨어남, 깨어난 뒤이다.
88) 湔汩(즐율)은 빨리 지나가는 모양, 물이 거세게 출렁이는 모양이다.
89) 綢繆는 情意가 간절한 모양이다.
90) 冥府는 저승, 저 세상이다.
91) 抑亦은 '그렇지 않으면, 혹은, 또한'을 뜻한다.

먼 길에 병의 빌미가 생기지도 않았네.
이 또한 아비의 죄이니
누구를 원망하고 또 누구를 탓하랴?
당초에 네가 막 죽었을 때에는
갑작스런 일[93]이라 매우 멍했네.[94]
슬픈 듯도 하고 슬프지 않은 듯도 하였는가 하면
오장(五臟)[95]이 모두 없어진 듯하였네.
세월이 오래 지남에 말미암아
마음은 안정되지만 슬픔은 더욱 절실해지네.
누가 일렀던가? 슬픔은 잊는 것이 좋은 술법이요
세월이 좋은 약이라고.
눈길에 부딪히는 것이 다 그리움이 되니
억지로 밀어내어도 또한 소용이 없네.
꽃이 피면 네가 생각나고
잎이 지면 네가 생각나네.
풀이 푸르러지면 네가 그립고
새가 울면 네가 그립네.
달이 밝아도 너를 생각하고
빗방울소리가 들려도 너를 생각하네.
바람이 불든 눈이 내리든 흐리든 개든
어느 때인들 생각이 촉발되지 않으랴?
주렁주렁[96] 열린 석류나무 밑에

92) 保嗇은 몸을 보호하고 아낌이다.
93) 倉卒은 '별안간, 갑자기, 다급히'를 뜻한다.
94) 恍惚은 흐릿하여 확실하지 않은 모양, 멍한 모양이다.
95) 五臟은 五內와 같은 말로 사람의 배 안에 있는 心臟・肝臟・脾臟・肺臟・腎臟 등 다섯 臟器를 가리킨다.
96) 離離는 벼이삭이나 과일이 드리워진 모양이다.

지난날의 행적이 또렷하네.[97]
나의 창석(昌錫)의 모습이 어렴풋하기에[98]
나무 옆에 기대어 꽃을 꺾네.
근사한[99] 나의 창석이
열매를 따서 할아버지 앞에 바치네.
하물며 또 아들과 조카가
지난날[100]처럼 늘어앉아 있음에랴?
네 번째 자리를 둘러보니
자리가 비어 사람이 보이지 않네.
너의 형과 아우의 이름을 부를 때에
때때로 틀리게 불러 너를 부르네.
소리를 내어 대답하면[101] 눈물이 샘물처럼 솟으니
자리에 가득한 이들이 참혹하여 아무 말도 못하네.
서사(書社)[102] 위에는 밝은 해가 있기에
멈추지 않고 말을 빨리 달려가네.[103]
모임 안의 글을 읽는 아이들은
무리마다 모두 장성한 이들이네.
어린애가 동자(童子)[104]가 되고
동자가 관자(冠者)[105]가 되리.
관자가 실가(室家)[106]를 가지면

---

97) 宛宛은 또렷한 모양이다.
98) 依俙(稀)는 어렴풋한 모양, 비슷한 모양이다.
99) 髣髴(彷彿)은 비슷함, 近似함이다.
100) 夙昔은 지난날이다.
101) 應聲은 소리를 내어 대답하는 것이다.
102) 書社는 글씨를 쓰거나 글을 읽는 모임이다.
103) 疾馳는 빨리 달림이다.
104) 童子는 성년이 되지 않은 사내아이이다.
105) 冠者는 冠禮를 치른 남자, 성년이 된 남자이다.
106) 室家는 家庭·家族이다.

각각 슬하에서 아양을 떨리.
너는 홀로 어찌 된 사람이기에
길이 아득히 넓은[107] 들판에서 잠을 자는가?
어린 까마귀[108]가 밤중에 울면
아비는 일어나서 방황하네.
떠도는 혼백이 잠들지 못할 듯하여
그 소리를 듣고 눈물을 철철 흘리네.[109]

鶴鳴山之陰　躑躅顧其子
四歲誦千字　五歲廬江史
時偸諸兄管　大書天地字.
六歲學通鑑　數月卷五四
七歲學唐音　瞬息揮數篇
八歲文益進　九歲頭嶄然
凝儼若成德　春和滿周旋
一日誦百行　阿爺猶嫌遲
一篇十警語　阿爺不稱奇
非爲誦讀遲　阿爺過望兒
非爲語不奇　兒也容易爲
夕寢王母側　朝書隨王父
阿爺得西邑　去留兒心苦
欲留戀阿爺　欲去戀王父
王父問阿兒　爾情須暫吐
阿兒嚬雙眉　良久對王父

107) 廣莫은 아득히 멀고 광활함, 끝없이 넓음이다.
108) 哺烏는 어미가 먹여 주는 먹이를 먹는 까마귀이다.
109) 滂滂은 눈물이나 피 등을 많이 흘림을 형용한다.

暫願隨阿爺　卽歸省王父
王父聞之喜　爾言何婉美
依依拜王父　裝束登轎子
袍如春草綠　足躡烏絲履
肌膚玉雪皎　頭髮鴉雛色
眉目畫不如　盈盈豊犀角
行路千百人　一一稱兒好
躊躇發歎息　如逢世外寶
或來詢從者　年齒幾何哉
人但賞其貌　那得知其才
雖使知其才　那得知其德
阿爺嘿嘿喜　門戶殊不薄
王父自送汝　食息恒愁悒
朝望阿兒泣　暮望阿兒泣
書來百餘字　字字阿兒想
阿爺體王父　投紱遂長往
阿兒扶王父　王父抱阿兒
王父如解渴　阿兒如解飢
坐兒西牖下　哺兒蜂液飴
書卷方點檢　疾病來侵之
城東迎甲醫　城北迎乙醫
百藥無一幸　沉沉浹數朔
兒相萬不憂　阿爺奈沒福
阿爺負神明　兒今日冥漠
孝友與聰明　束縛就一木
王父抱尸哭　汝何至於此
四歲授千字　五歲廬江史

時傪諸兄管 大書天地字
六歲授通鑑 數月卷五四
七歲授唐音 瞬息揮數篇
八歲文益進 九歲頭嶄然
凝儼若成德 春和滿周旋
一篇十警語 一日誦百行
謂言大吾門 爲世棟與樑
何爲欺父母 奄忽卽長亡
性行豈近夭 骨法豈近殤
望汝殷山日 猶有見汝期
汝在殷山日 心知見我期
我今抱汝卧 見汝汝不知
見汝惟今日 萬古無見期
王母撫尸哭 恃汝汝何負
如此裁衣服 送汝聘娶否
如此陳酒果 汝能一嘗否
昔寢王母側 昔隨王父後
王母卧無汝 王父坐無汝
皇皇欲喚汝 汝今去何處
上慰王父母 爺孃能忍汝
眦邊雖禁淚 心頭那禁淚
有物來相攪 滴滴心頭墜
汝有猩紅几 文房燦相暎
彩管數十枚 青紅各異柄
陳玄亦數十 長大如手掌
燕市卵滑牋 疊積色輝晃
兒也生時玩 人亡物誰賞

收拾付蒼頭　焚之葬汝處
又有一小轎　西行曾着汝
可憐轎上兒　玉貌誰復見
亦命深藏去　不忍入[110]顧眄
獨留一小卷　汝詩復汝筆
傳家示後人　影響存萬一
老親日哭泣　汝柩寧久舍
汝有萬里行　相送只今夜
今夜一何短　鷄鳴一何催
灼灼西傾月　入懷更徘徊
前山薤歌發　去去從此訣
阿爺扶老親　不敢隨汝紼
慟哭止巷口　隨紼惟季父
遙出慕華舘　西邑歸時路
行行至新院　素轝偶暫住
季父心忽驚　駐馬久環顧
記昔自西歸　汝時告飢甚
此地停轎子　命進餱漿飮
駐柩又此地　山形宛如昨
得非汝有知　踟躕念疇昔
素轝非轎子　餱漿那復進
黃壤忍埋汝　千歲無歸覲
阿爺猶望歸　忽忽日夕疑
晝容爲親和　夜淚爲兒滋
親戚或覺之　寬辭慰諭之

110) 원전의 ‘入’은 문맥으로 보아 ‘人’의 착오인 듯하다.

莫呼兒爲兒　兒今非汝兒
阿爺對親戚　君何爲此言
豚犬長侍側　百年何足論
九年爲父子　勝他人百年
今生長已矣　來生結後緣
來生復來生　世世爲父子
在山爲喬梓　我喬兒爲梓
在水爲蚌珠　我蚌兒爲珠
來生固爲好　今生何爲乎
昏夕定老親　寂寞歸私枕
甲夜不見兒　乙夜不能寢
乙夜不見兒　丙夜夢不成
斗歃始夢兒　音容宛平生
或卧在床褥　或坐對書帙
或枕我一腕　或撫我雙膝
或如平安日　課汝誦且讀
或如疾病時　勸汝湯丸藥
覺來急撫汝　汝不在吾側
拓窓天漠漠　魂魄何以求
夢時太澌汨　未得叙綢繆
恨不寄一語　歸詰冥府幽
吾家祿薄不　阿爺惡積不
抑亦失保嗇　病祟長路不
此亦阿爺罪　誰怨復誰尤
方汝初死時　倉卒殊怳惚
如悲如不悲　五臟如俱失
因之歲月久　心定悲益切

孰云忘悲術　歲月爲良藥
遻目皆成思　強排亦無益
花開思阿兒　葉落思阿兒
草綠思阿兒　鳥鳴思阿兒
月明亦汝思　雨鈴亦汝思
風雪與陰晴　何時思不觸
離離石榴下　宛宛舊行跡
依俙吾昌錫　折花倚樹邊
髣髴吾昌錫　摘實獻爺前
況復子與姪　列坐如夙昔
環顧第四座　座空無所覿
呼汝兄弟名　錯呼時呼汝
應聲淚如泉　滿座慘不語
書社有白日　疾馳無停行
社中讀書兒　隊隊皆長成
幼稚成童子　童子成冠者
冠者有室家　各各媚膝下
汝獨何爲者　長寐廣莫野
哺烏中夜鳴　阿爺起彷徨
遊魂若不昧　聞此淚滂滂

03-03 심직산[111] * 주관[112]이다. 의 만사. 2수
03-03 沈稷山 * 周觀. 挽二首

---

111) 稷山은 지금의 충청남도 天原郡 稷山面 지역에 두었던 현인데, 여기에서는 그 縣監을 가리킨다.

112) 沈周觀(1683~1725?)은 조선 후기의 문신으로 본관은 青松, 자는 郁乎이다. 進士試를 거쳐 숙종 39년(1713) 증광문과에 을과로 등제하여 좌랑·정랑 등을 지냈는데, 이 작품과 姜樸의 <挽沈稷山郁乎>(『菊圃集』 권3)로 보아 稷山縣監으로 있다가 타계한 듯하다.

유리병[113]은 투명하여 텅 빈 듯하여도
밀폐된 속에는 일찍이 한 점의 바람도 없었다네.
세간에는 육신의 눈[114]만 지닌 이가 많음이 가소롭나니
매우 소탈한[115] 이 분을 몇 번이나 꿰뚫어보았으랴?

琉璃甁子洞如空　中密曾無一點風
可笑世間多肉眼　幾回看作太踈通

붕[116]을 타고서는 도리어 천지가 좁음을 두려워하더니
천리마[117]를 채찍질하면서는 오히려 언덕[118]이 위태로움을 근심하셨네.
잠깐 한 쌍의 물오리[119]를 빌려타고 푸른 하늘[120]로 돌아가시니
끝없이 펼쳐진 저녁구름도 고인(故人)을 슬퍼하네.

跨鵬却怕乾坤窄　策驥還愁邛坂危
聊借雙鳧歸碧落　暮雲無際故人悲

---

113) 琉璃는 빛이 파랗고 투명한 玉石이다.
114) 肉眼은 몸에 있는 눈으로 안목이 평범함, 식견이 낮음을 비유한다.
115) 太踈(疎·疏)는 지나치게 성김, 매우 소탈함이다.
116) 鵬은 莊子가 말한 상상적인 큰 새의 이름인데, 『莊子』「逍遙遊」에 기괴한 이야기를 잘 아는 齊諧가 "붕이 南冥으로 옮길 때에는 물결이 三千里나 솟구친다. 바람을 타고 오르기를 九萬里나 하고, 여섯 달을 날아간 뒤에야 쉰다.(鵬之徙於南冥也, 水擊三千里. 搏扶搖而上者九萬里, 去以六月息者也.)"라고 말했다는 글이 있다.
117) 驥는 千里馬·駿馬이다.
118) 邛坂은 언덕·丘陵이다.
119) 雙鳧는 한 쌍의 오리로 前漢의 蘇武가 匈奴에 사신으로 가서 억류되었다가 귀국할 때 함께 돌아가지 못하는 李陵에게 준 시에서 "물오리 한 쌍은 다 북쪽으로 날아가는데, 기러기 한 마리는 홀로 남쪽으로 날아가네.(雙鳧俱北飛, 一雁獨南翔.)"라는 글에서 유래하여 이별을 비유하거나, 後漢 王喬가 葉縣令으로 있을 때에 매월 朔望마다 입조하였는데, 수레나 말이 없이 두 마리의 집오리가 날아오는 것만 보이기에, 그물로 오리를 잡아 보니 한 짝의 신발만 있더라는 고사에서 유래하여 신선의 신발을 비유한다.
120) 碧落은 碧空과 같은 말로 푸른 하늘이다.

03-04 채수언[121]에게 부치다. 3장
03-04 寄蔡綏彦三章

나의 집에서는 한 아들이고
그대의 집에서는 한 사위이네.
어찌 보배롭게 여기지 않으랴?
더욱이 이 아이는 총명하고 재예가 있다네.

我家爲一子　君家爲一婿
那得不寶重　此子況聰藝

그대는 절로 그대의 사위를 아끼고
나는 절로 나의 며느리를 아끼네.
며느리를 아낌은 딸과 같이 함이 마땅한데
사위를 아낌이 아들과 같으실까?

君自愛君婿　我自愛我婦
愛婦當如女　愛婿如子否

아낌은 어떠해야 마땅한가?
아끼되 고식(姑息)[122]이 없어야 한다네.
만약 아버지[123]의 옆이 아니라면

121) 綏彦은 조선 후기의 문신 蔡膺萬(1677～?)의 자로 본관은 平康, 다른 자는 幼言, 호는 玄巖, 希菴 蔡彭胤의 중형인 成胤의 아들이다. 숙종 43년(1717)에 진사시에 급제하고, 경종 3년(1723)에 증광문과에 병과로 등제하여 지평을 지냈다. 李玄紀의 딸에게 장가들었고, 樊巖 蔡濟恭의 伯父이며, 그 딸은 약산의 장남 大觀에게 출가하였다.

122) 姑息은 臨時方便이다.

123) 阿爺는 아버지이다.

마땅히 장인[124]의 옆에서 자야 하리.

愛之當何如　愛之無姑息
若非阿爺側　當宿婦翁側

03-05 이영유 * 성신[125]이다. 의 만사
03-05 李永柔 * 聖臣. 挽

비바람이 쓸쓸한 새벽에 떨어진 잎이 휘날리니
그대에게 기대하였던 온갖 일을 또 어찌 말하랴?
대나무 부절[126]을 던지고 가자 주방의 연기가 싸늘해졌는데
계수나무 전각에 올라올 때에는 살쩍의 눈빛이 많았네.
선롱(先壟)[127] 부근에는 두 마리 용[128]의 그림자가 합쳐지는데
차가운 하늘 어둠 속에서는 외기러기의 울음이 구슬프네.
아마 의인(宜人)[129]으로 하여금 나흘 동안 머물게 할 텐데
성이 무너짐[130]이 항아리를 두드림[131]으로 바뀜을 차마 보랴?

---

124) 婦翁은 婦公과 같은 말로 아내의 아버지, 丈人이다.
125) 李聖臣(1677～1725?)은 조선 후기의 문신으로 본관은 延安, 자는 茂叔・永柔, 대제학을 지낸 明漢의 증손, 참판을 지낸 正臣의 아우이다. 副奉事로 있다가 景宗 3년(1723)의 증광문과에 병과로 등제하여 正을 지냈다.
126) 竹符는 대나무로 된 부절이다. 符節은 금속・대나무・옥 등에 문자를 새겨서 둘로 나누어 한 쪽씩 가지고 있다가 맞추어서 증빙하던 信標인데, 여기에서는 지방관에게 주던 것을 가리킨다.
127) 先壟은 先塋이다.
128) 雙龍은 두 마리 용으로 흔히 뛰어난 두 형제를 비유한다.
129) 宜人은 조선시대에 6품관의 아내에게 내리던 外命婦의 작위이다.
130) 崩城은 성이 무너짐으로, 춘추시대 齊나라 杞梁의 처가 성 밑에서 전사한 남편의 시체를 베고 열흘 동안 울자 성이 무너진 데서 유래하여, 남편의 죽음을 비유한다.
131) 扣(鼓)盆은 물동이를 두드리며 노래하는 것으로 아내의 죽음을 비유하는데, 『莊子』「至樂」의 "장자가 아내가 죽었을 때에 혜자가 위로하니, 장자가 다리를 뻗고 앉아서 동이를 두드리며 노래하였다.(莊子妻死, 惠子弔之, 莊子則方箕踞鼓盆而歌.)"라는 글에서 유

風雨蕭晨落葉飜　期君萬事更何言
竹符投去廚烟冷　桂殿登來鬢雪繁
影合雙龍先壠近　聲悲一鴈塞天昏
倘教四日宜人住　忍見崩城換扣盆

03-06 호서로 돌아갔다가 방향을 돌려 호남으로 가는 채수언을 송별하다. 3수
03-06 送蔡綏彦歸湖西, 因轉向湖南, 三首

성 안에 가득한 바람과 비 속에 세월이 빨리 흐르는데[132)]
어느 곳의 호수와 산의 풍경[133)]을 가로지르고자 하는가?
괴성(槐省)[134)]에 대한 속된 꿈이 없다면서 한 번 웃고서[135)]
느긋하게 말을 채찍질하면서 눈 속에서 떠나네.

滿城風雨歲崢嶸　氣色湖山何處橫
一笑省槐無俗夢　悠然鞭馬雪中行

올해에 내가 그대를 전송하는 술잔을 잡음이
몇 해 전에 그대가 나를 전송한 것과 썩 비슷하네.
귤 속의 두 늙은이[136)]를 매우 선망하니

래한다.
132) 崢嶸은 세월이 빨리 감을 형용한다.
133) 氣色은 풍경・모습・상태이다.
134) 槐省은 三公이 일을 보는 관서이다.
135) 一笑는 한 번 웃음으로 업신여겨 웃음을 가리킨다.
136) 橘中雙白髮은 橘中老人과 같은 말로 中唐 牛僧孺의 『玄怪錄』의 다음 설화에서 유래하여, 두 노인이 바둑을 두는 즐거움을 가리킨다. 巴邛에 사는 橘園을 지닌 사람이 서리가 내린 뒤에 거두어들인 귤 가운데 하나가 곡식 서 말을 담는 항아리만 하기에 괴이히 여겨 쪼개어 보았더니, 그 안에서 두 늙은이가 바둑을 두면서 담소하고 있었는데,

일생 동안 서로 마주하면서 헤어지지 않아야지.

今年我把送君巵　頗似前年送我時
剛羨橘中雙白髮　一生相對不相離

멀고먼 역로(驛路) 옆의 모든 나무가 벌거벗을지라도
남쪽고을에서는 유자가 이미 소반에 오르리.
세모(歲暮)에 마음을 허락한[137] 이가 있는지 알고 싶으면
<기욱(淇澳)>[138]에서 눈 속에도 푸르디푸른 대나무를 보시라.

驛路迢迢萬木寒　南州柚子已登盤
欲知歲暮心期在　淇澳靑靑雪裏看

03-07 교외에 나가서 <추흥>[139]에 차운하다. 8수
03-07 出郊次秋興八首

싸늘한[140] 일기(一氣)[141]가 마침내 숲에 가득하기에
옥호(玉壺)의 노래[142]가 끝나자 머리카락이 곤두서네.[143]

한 늙은이가 "귤 속의 즐거움이 商山에 못지 않았건만, 다만 뿌리가 굳고 꼭지가 단단하지 못하여 어리석은 이가 따는 바가 되었다.(橘中之樂不減商山, 但不得深根固蔕, 為愚人摘下耳.)"고 말하였다.

137) 心期는 마음 속으로 서로 허락함, 서로 그리워함이다.

138) <淇澳>은『詩經』「衛風」의 편명으로 衛 武公의 덕을 무성한 대나무로 비유하여 찬미한 노래이다.

139) <秋興>은 8수로 이루어진 杜甫의 7언율시로 55세이던 大曆 원년(766)에 지어진 작품이다. 安史의 亂이 평정된 뒤에도 여전히 나라가 어지러웠던 탓에 7년이나 유랑하던 가운데, 四川의 夔州에 머물던 시인이 추위 속의 늦가을 풍경을 보면서 느낀 감회에다 나라에 대한 걱정과 가족에 대한 그리움을 곁들여서 읊은 명편이다.

140) 淸冷은 차가움, 서늘함이다.

141) 一氣는 천지의 조화를 일으키는 만물의 元氣이다.

고요한 강산에서는 국화가 홀로 웃고
음산한 천지에는 소나기[144]가 오려고 하네.
초야의 늙은이는 턱을 받치고[145] 말하고자 하지 않는데
물 가의 기러기는 머리를 들고 무슨 생각을 하는가?
이슬에 젖은 벌레의 울음소리가 이미 구슬프거늘
하물며 이웃집의 밤다듬이질 소리마저 어지러움에랴?

一氣淸泠遂滿林　玉壺歌罷髮森森
黃花獨笑江山肅　白雨欲來天地陰
野老支頤不肯語　渚鴻矯首有何心
蟲吟露滴猶惆悵　況復隣家亂夕砧

공중의 높은 나뭇잎에서는 이슬방울이 비껴 날리는데
남은 책과 옛 칼로 지내노라니 세월이 절로 흐르네.
구름 속의 밝디밝은 달은 정지시키기 어려운데
바다 위에 두둥실 뜬[146] 배를 탄 듯하네.
가을기운에서 생겨난 무지개는 갈대언덕에 비껴 있는데
바람결의 샘물소리가 가득한 골짜기에는 초가(樵笳)[147]가 섞여 있네.
현도(玄都)[148]의 봄경치[149]를 남의 일[150]로 돌리고서

---

142) 玉壺歌는 "한 조각 얼음 같은 마음은 옥병에 있네.(一片氷心在玉壺)"라는 구절에서 유래한 성당 王昌齡의 <芙蓉樓送辛漸二首>의 별칭이다.
143) 森森은 두려워서 떠는 모양이다.
144) 白雨는 소나기이다.
145) 支頤는 손으로 턱을 받침이다.
146) 泛泛(汎汎)은 물 위에 떠 있는 모양, 떠다니는 모양이다.
147) 樵笳는 나무꾼이 부는 피리소리이다.
148) 玄都는『海內十洲記』에서 신선이 사는 땅인 北海의 玄洲에 있다고 한 지명으로 仙伯眞公의 治所가 있다고 하는 곳이다.
149) 春物은 봄날의 경치이다.
150) 他事는 다른 일, 남의 일이다.

노포(老圃)[151]는 한가롭게 담담한[152] 꽃을 살피네.

高葉飜空露脚斜　殘書古劒自年華
明明難掇雲間月　泛泛如乘海上槎
秋氣生虹橫荻岸　風泉滿谷雜樵笳
玄都春物從他事　老圃閑看淡淡花

앞 봉우리로 벗을 찾을 때에 벌써 해가 저물더니
들길로 돌아오노라니 더욱 어둑해지네.[153]
어느 마을의 길쌈등불[154]이 아득히 조그만한가?[155]
먼 포구의 흰 새[156]는 희미하게[157] 나네.
단결(丹訣)[158]은 세 번 꽃 피는[159] 영지[160]에 달렸는데
평소의 바람[161]은 한 마디 두견새[162] 울음소리를 저버렸네.
눈 앞에서는 또 전가(田家)의 흥취를 다하느라고
향기로운 벼가 마당에 들어오고[163] 자줏빛 게가 살찌네.

訪友前峯已夕暉　歸來野逕轉熹微
何村績火蒼茫小　極浦霜禽彷彿飛

151) 老圃는 경험이 많은 채소·꽃을 기르는 농사꾼이다.
152) 淡淡은 빛깔이 엷고 산뜻한 모양, 또는 빛깔이 엷거나 색이 바램이다.
153) 熹微는 흐릿한 모양이다.
154) 績火는 밤에 길쌈을 할 때 밝히는 불이다.
155) 蒼茫은 아득함, 망망함이다.
156) 霜禽은 갈매기·백로 등의 빛이 흰 새이다.
157) 彷彿은 색깔이 선명하지 않음, 흐릿함이다.
158) 丹訣은 丹藥을 굽는 비결이다.
159) 三秀는 꽃이 세 번 핌으로 靈芝의 별칭이다.
160) 靈芝는 仙草로 여겨지는 지칫과에 딸린 菌類草이다.
161) 素心은 本心, 또는 평소의 바람이다.
162) 鷤鴂(제계)는 杜鵑이다.
163) 登場은 곡식을 마당에 들여놓음으로 수확함을 비유한다.

三秀靈芝丹訣在　一聲鵖鴔素心違
眼前且盡田家趣　香稻登場紫蟹肥

딱딱[164] 두드리며 반쯤 둔 바둑판을 문득 쓸어 버린 것은
만촉(蠻觸)[165]의 싸움으로 말미암아 희비가 생길까 걱정한 때문이네.
매미가 우는 나무에 소연(翛然)히[166] 기대어
해가 지는 산을 끝없이 바라보네.
국화로 빚은 술이 익지 않아 추계(秋禊)[167]가 늦추어지고
물고기를 그물질하다가 돌아온 참이라 저녁밥이 더뎌지네.
난초향기가 자욱해도[168] 겨우 한 손을 채울 따름이니
옥우경루(玉宇瓊樓)[169][170]에 대한 그리움[171]을 부쳐 보네.

半局丁丁忽掃棊　恐因蠻觸作歡悲
翛然倚樹鳴蟬下　無極看山落日時
釀菊未濃秋禊晚　網魚初返夕炊遲
蘭香采采空盈手　玉宇瓊樓願寄思

---

164) 丁丁은 바둑 두는 소리, 도끼로 나무 찍는 소리, 말뚝 박는 소리 등을 형용하는 의성어이다.
165) 蠻觸은 달팽이의 뿔에 있는 나라인 蠻과 觸의 합칭으로, 梁의 현인인 戴晉人이 魏 惠王에게 "달팽이의 왼쪽뿔에 있는 나라를 觸氏라 하고, 오른쪽 뿔에 있는 나라를 蠻氏라 합니다. 때때로 서로 땅을 다투며 싸우는데, 엎드린 시체가 수만에다 패잔병을 좇아가서 보름 만에 돌아옵니다.(有國於蝸之左角者, 曰觸氏, 有國於蝸之右角者, 曰蠻氏. 時相與爭地而戰, 伏尸數萬, 逐北旬有五日而後反.)"라고 했다는 『莊子』「則陽」의 말에서 유래하여, 작은 일로 서로 다툼을 비유한다.
166) 翛然(소연)은 얽매이지 않는 모양, 초탈한 모양이다.
167) 秋禊(禊)는 음력 7월 14일에 상서롭지 못한 것을 없애기 위하여 물 가에 가서 지내는 제사의식이다.
168) 采采는 무성하고 많은 모양이다.
169) 玉宇瓊樓는 달에 있다는 전설적인 樓閣과 亭臺이다.
170) 瓊樓는 화려한 누각으로 흔히 신선이 사는 누대를 가리킨다.
171) 願思는 그리워함, 사모함이다.

본래 푸른 산에 앉아 거문고를 울리기를 뜻하였건만
우연히 진세에서 문자(文字)를 희롱하고 있네.
운소(雲韶)[172]와 법온(法醞)[173]은 전겁(前劫)[174]의 일과 같고
사선(賜扇)[175]과 은궁(恩弓)[176]은 구관(九關)[177]으로 막혀 있네.
금루(禁漏)[178]의 소리 속에서는 녹반(鹿伴)[179]을 그리워하였지만
어등(漁燈)[180]의 그림자 속에서는 용안(龍顔)을 꿈꾸네.
사람의 삶에서 생기는 생각은 끝이 없어서
반정원(班定遠)[181]도 끝내 고향을 그리워하였다네.

本意鳴琴坐碧山　偶將文字戲塵間
雲韶法醞如前劫　賜扇恩弓阻九關
禁漏聲中思鹿伴　漁燈影裏夢龍顔
人生起想無窮極　畢竟懷鄕定遠班

---

172) 雲韶는 黃帝 때의 음악인 雲門과 堯舜 때의 음악인 大韶의 합칭으로 궁중음악을 대유한다.

173) 法醞은 法酒와 같은 말로 관부의 법정규례에 의하여 빚은 술이며, 흔히 궁중의 연회에 사용되는 술을 가리킨다.

174) 前劫은 오랜 세월 전인데, 劫은 하늘과 땅이 한 번 개벽된 때로부터 다음 개벽될 때까지의 기간을 뜻하는 불교어이다.

175) 賜扇은 임금이 하사하는 부채인데, 옛날에는 단오절에 흔히 임금이 중신들에게 부채를 하사하였다.

176) 恩弓은 임금의 은전으로 하사하는 활인데, 02-33 <甲辰大殿春帖子>에 "으뜸을 차지하니 상으로 상현궁을 하사하셨다.(居魁, 賞賜上弦弓.)"라는 題註가 있다.

177) 九關은 天帝의 궁궐에 있는 아홉 겹으로 된 관문, 또는 九天의 관문이다.

178) 禁漏는 宮漏와 같은 말로 궁중의 물시계이다.

179) 鹿伴은 벗으로 삼는 사슴이다.

180) 漁燈은 고기잡이배의 등불이다.

181) 定遠은 後漢의 將軍 班超(32~102)의 봉호인데, 자는 仲升, 陝西省 咸陽 출신으로 班彪의 아들이자 班固의 아우이다. 西域에 출정하여 흉노를 정벌하는 데 큰 공적을 세워 西域都護에 오르고 정원후에 봉해졌으며, 71세에 고령을 이유로 귀국을 간청하여 낙양에 이르렀으나 다음 달에 병사하였다.

홍진의 온갖 일에 이미 머리를 흔들었기에[182]
산수를 가장 좋아하는 가운데서도 가을을 가장 아낀다네.
번천(樊川)[183]은 의기(意氣)[184]로 입을 잘 열었는데
송옥(宋玉)[185]은 재정(才情)[186]으로 근심을 비로소 풀었네.
사람이 없는 낚싯배에는 서 있는 해오라기가 많고
달빛과 어울린 게잡이의 등불은 잠든 갈매기를 비추네.
어찌하면 내일 등고(登高)[187]의 모임을 가질 수 있을까?
모래톱[188]에 점점이 뜬 차가운 연기가 눈에 들어오네.

萬事紅塵已掉頭　最佳山水最宜秋
樊川意氣能開口　宋玉才情始解愁
釣艇無人多立鷺　蟹燈和月照眠鷗
那堪明日登高會　入望寒烟點點州

마흔 살이 된 남아가 공훈은 세우지 못한 채
높은 하늘 아래 넓은 물 가에서 낭랑하게 읊조리기만 하네.
책이 묻힌 오랜 산악은 천년의 눈에 덮여 있는데
호랑이가 숨은 깊은 숲에는 종일토록 바람이 부네.

---

182) 掉頭는 머리를 좌우로 흔듦으로 어떤 일을 부정하거나 외면함을 비유한다.
183) 樊川은 晩唐의 시인 杜牧(803~852)의 호로 字는 牧之, 陝西省 西安 출신, 재상 杜佑의 손자이다. 등제하여 감찰어사·중서사인을 지내면서 時政에 대하여 과감히 논하였고, 『樊川文集』을 남겼다. 만당 제일의 시인으로 7언절구에 능하여 함축적인 시를 많이 남겼으며, 후세에 杜甫에 견주어 小杜로 불리었다.
184) 意氣는 意志를 지닌 氣槪이다.
185) 宋玉(약 340~278 B.C.)은 戰國時代 楚나라의 문인으로 문필로 頃襄王을 보필하였으나 뜻을 펴지 못하고 죽었다. 음률에 정통하고 辭賦에 능하여 <九辨>·<招魂> 등 실의에 빠진 비통한 심정을 읊은 賦를 여러 편 남겼다.
186) 才情은 才思와 같은 말로 재치 있는 생각이다.
187) 登高는 높은 데 올라감인데, 옛날에는 重九日에 등고하여 액을 쫓아내는 풍습이 있었다.
188) 州는 洲의 通字로 물 속의 섬이나 모래톱을 뜻한다.

넓은 들에서는 새가 푸르고 차가운 아지랑이에 잠겨 있는데
끊어진 다리에는 스님이 붉은 석양빛을 띠고 가네.
우연히 나무 밑에서 만나 서로 마주하며 노래를 부르는데
쑥처럼 살쩍이 짧은 이는 어느 곳의 늙은이인가?

四十男兒未建功　天長水濶朗吟中
埋書古嶽千年雪　藏虎深林盡日風
曠野鳥沉寒靄碧　斷橋僧帶夕陽紅
偶逢樹下嘯相對　短鬢如蓬何處翁

황새집 서쪽 옆으로 구불구불한[189] 길이 있고
작은 취락을 이룬 인가(人家)[190]가 옛 못에 닿아 있네.
먼 마을은 천리나 헤어졌던 이가 다가오는 듯한데
쓸쓸한 숲에 있는 수많은 나무는 가지를 헤아릴 수 있네.
하얀 학[191]은 날아오며 큰 하늘에서 뽐내는데
고기잡이 늙은이는 누워서 웃다가 떠나는 기슭[192]을 살피네.
가을경치라면 가깝고 먼 것 없이 다 받아들이지만
골짜기 입구에 드리워진 벽라(薜羅)[193]를 특히 사랑한다네.

鸛巢西畔路逶迤　小聚人烟接古陂
遼落如臨千里別　蕭森可數萬林枝
飛來雲鶴誇天大　卧笑漁翁閱岸移

189) 逶迤는 구불구불한 모양이다.
190) 人煙은 人家에서 나는 연기, 또는 인가이다.
191) 雲鶴은 구름처럼 흰 학으로, 흔히 속되지 않고 뛰어난 기질·골격을 비유한다.
192) 移岸은 강 가에서 떠남이다.
193) 薜蘿는 薜荔[마삭줄]와 女蘿로 나무와 벽을 타고 올라가는 야생풀이며, 흔히 隱者의 거처를 비유한다.

領盡秋光無遠近　洞門偏愛薜蘿垂

03-08 한생 진탄의 만사. 2수
03-08 韓生震坦挽二首

기러기 울음소리에 길일이 점점[194] 가까워지고
신랑의 의복도 이미 새로 지었다네.
새 옷으로 그대를 염습(斂襲)하여 푸른 산으로 보내노라니
바로 흰 말을 타고 친영(親迎)하러[195] 가는 것과 같네.

吉日看看近鴈鳴　新郎衣服已新成
新衣斂汝青山去　不是親迎白馬行

서재(書齋)[196]에서 즐거워한 것이 이제 하루 전의 일인데
현초(玄草)[197]를 볼 때마다 더욱 괴롭네.[198]
어찌하여 새로 동오(童烏)[199]를 곡하는 날을 맞았는가?
문 앞에 가르침을 청하는[200] 이가 이르자 또 곡하네.

樂事書帷已隔晨　每看玄草益悲辛

194) 看看은 '점점, 곧, 순식간에'이다,
195) 親迎은 혼인의 여섯 가지 절차인 六禮의 하나로 신랑이 신부의 집에 가서 신부를 맞이하는 의례를 행하는 것이다.
196) 書帷는 書齋이다.
197) 玄草는 草稿·原稿이다.
198) 悲辛은 괴로움, 괴로워함이다.
199) 童烏는 前漢의 문인 揚雄의 아들 이름인데, 9세에 부친의『太玄經』저술을 도울 만큼 총명했으나 요절하였으므로, 흔히 신동이나 요절한 신동을 대유한다.
200) 問字는 남에게 학문을 배우거나 가르침을 청함으로, 前漢의 劉棻이 古文奇字를 많이 아는 揚雄을 찾아가서 배운 고사에서 유래한다.

如何新哭童烏日　又哭門前問字人

03-09 여러 익우[201]가 찾아왔기에 매화를 완상하며 두릉[202]의 운을 뽑아 함께 읊다. 3수
03-09 諸益來訪, 賞梅同賦拈杜陵韻, 三首

소단(騷壇)[203]의 두 묘수가 말을 나란히 타고 나왔는데
눈이 온 뒤라 시정(詩情)이 호탕하여 억누르기 어렵네.
한양(漢陽)의 성 안에는 친지들이 흩어져서 있건만
홀로 도성 남쪽으로 와서 약봉(藥峯)[204]의 모퉁이에서 사네.
솔숲에서 문을 두드리는 소리[205]에 깃든 새들이 놀라고
문을 열자 산빛이 사람과 함께 들어오네.
주인이 한 번 웃으며 반가운 눈길[206]로 맞이하는데
평상 옆에서는 술이 익고 매화도 피었다네.
매화는 술을 권하고[207] 술은 한창 푸르니[208]
매화가 시를 비추면 시가 아름다우리.

---

201) 益友는 유익함이 있는 벗인데, 『論語』「季氏」에 "유익한 벗이 세 가지이고, 손해되는 벗이 세 가지이니, 곧은 이를 벗하고 미더운 이를 벗하며 많이 들은 이를 벗하면 유익하고, 편벽된 자를 벗하고 남에게 아첨하고 성실하지 않은 자를 벗하며, 말을 앞세우고 실질이 없는 자를 벗하면 손해가 된다.(益者三友, 損者三友, 友直, 友諒, 友多聞益矣, 友便辟, 友善柔, 友便佞損矣.)"라는 孔子의 말이 있다.

202) 杜陵은 중국 陝西省 長安縣에 있는 漢 宣帝의 陵인데, 杜甫가 그곳에 살면서 杜陵布衣·杜陵野老로 자칭한 데서 유래하여 杜甫의 별칭으로 쓰였다.

203) 騷壇은 詩壇·文壇이다.

204) 藥峯은 藥山과 같은 말로 지금의 서울 서소문 밖에 있던 마을인 藥峴에 있던 산 이름이다.

205) 剝啄은 '똑똑, 딱딱'에 해당하는 의성어로 문을 두드리는 소리, 새가 나무를 쪼는 소리, 바둑을 두는 소리 등을 형용한다.

206) 靑眼은 白眼의 상대어로 반가워하는 눈이다.

207) 侑酒는 술을 권함, 술 마시는이를 위하여 흥을 돋움이다.

208) 綠酒는 녹색의 맛 있는 술이다.

어떤 사람의 따뜻한 집엔들 매화가 없으랴?
어떤 사람의 빈연(賓筵)[209]엔들 술이 없으랴?
매화를 보면서 술을 마시는 일이 어디엔들 없으랴?
누가 좋은 시를 얻어 회람시킬 수 있으랴?

騷壇二妙聯騎出　雪後詩情浩難裁
漢陽城中散親知　獨向城南藥峯隈
剝啄松陰栖鳥驚　入門山光併人來
主人一笑青眼迎　床頭酒熟梅花開
梅花侑酒酒正綠　梅花照詩詩佳哉
誰家暖屋無梅花　誰家賓筵無酒盃
看梅飮酒何處無　何人能得好詩回

한창 겨울이라 천지가 막혀서[210]
시들어[211] 버린 모든 초목이 처량하네.
매화의 신은 계책을 운용함[212]이 묶이고
온 집에는 구름과 우레가 무성하네.
한밤중에 향기가 발산되어
바람을 따라 사람의 품으로 들어오네.
푸르디푸른 이 사람[213]의 옷깃은

---

209) 賓筵은 빈객을 초대하여 베푼 술자리나 연회자리이다.
210) 天地閉塞은 하늘과 땅의 기운이 막혀 있음을 뜻하는데, 『禮記』「月令」에 天子가 孟冬之月[十月]에 有司에게 "하늘의 기가 올라가고 땅의 기가 내려가서, 하늘의 기운과 땅의 기운이 통하지 않아서 막히니 겨울을 이루게 하라.(天氣上騰, 地氣下降, 天地不通, 閉塞而成冬.)"라고 명하였다는 글이 있다.
211) 凋剝은 시들고 손상됨이다.
212) 運機는 計策·機關을 운용함이다.
213) 之子는 이 사람, 이 아들을 뜻하는데, 『詩經』「豳風(빈풍)」<九罭(구역)>에 "우리가 이 분을 만났는데, 곤의와 수상을 입으셨네.(我覯之子, 袞衣繡裳.)"라는 구절이 있다.

저절로 바람을 향하여 열리네.
긴 장막을 갈라서 걷으니
흰 달빛이 천리 밖에서 오네.
비낀[214] 그림자가 또 아름답기에
텅 빈 방[215]에서 배회하네.
배회함이 잠잘 시간을 채우건만
마음[216]이 시기하지는 아니하네.
어찌 동원(東園)[217]에 복숭아가 없으랴?
그 빙설과 같은 빰을 찬미한다네.
애써서 영화(榮華)[218]를 보전하라고
길이 금술잔을 권하리.

方冬天地閉　凋剝萬木哀
梅神運機緘　滿室菀雲雷
馨香中夜發　隨風入人懷
靑靑之子衿　自然向風開
割然撤長帷　素月千里來
橫斜影亦好　四壁以徘徊
徘徊滿枕席　中心不相猜
豈無東園桃　懿此氷雪腮
努力保榮華　永言侑金盃

---

214) 橫斜는 가로로 있거나 비스듬히 있는 것으로, 흔히 매화・대나무 등의 가지나 그림자를 형용한다.
215) 四壁은 네 벽에 가구가 놓이지 않은 가난한 집인데, 『史記』 <司馬相如傳>에 司馬相如가 집이 가난하여 저축이 없이 네 벽만 있는 텅빈 집에서 살았다는 글이 있다.
216) 中心은 眞心・衷心이다.
217) 東園은 農莊・農園이다.
218) 榮華는 초목이 무성하거나 꽃이 핌이다.

'저는 본래 나부산(羅浮山)[219]에 살던 여자이온데
몸은 약하지만 자신을 잘 지킨답니다.[220]
난초와 사향[221]을 기식(氣息)[222]으로 삼고
얼음과 눈을 피부로 삼지요.
흰 명주옷[223]과 푸른 옥비녀 차림에다
짧고 긴[224] 구슬패물[225]들을 매달았답니다.
세속[226]에서 옥 같은 얼굴[227]을 박대하니
누구에게 고운 웃음[228]으로 아부하겠습니까?
빈 골짜기에서 살았던 한창때[229]에는
구슬 같은 눈물이 절로 줄줄 흘렀답니다.[230]
하루 아침에 군자(君子)[231]를 받들게 되자
화려한 집에 갈무리되는군요.
그러니 바라건대 향기로운 냄새를 발산하면서
천첩의 자태를 낭군께 바치렵니다.
꽃다운 시절[232]이 얼마나 될 수 있겠습니까?
아름다운 모습[233]이란 때에 맞아야[234] 한답니다.

---

219) 羅浮山은 廣東省 博羅縣에 있는 산인데, 이곳의 매화촌은 매화로 유명하여. 蘇軾이 <再用松風亭下韻>에서 "나부산 밑의 매화촌은, 흰 눈으로 뼈를 삼고 얼음으로 혼백을 삼네.(羅浮山下梅花村, 玉雪爲骨氷爲魂.)"라고 읊은 바 있다.
220) 自持는 자신을 꿋꿋하게 지킴이다.
221) 蘭麝는 蘭膏와 麝香으로 진기한 향료를 대유한다.
222) 氣息은 숨·호흡이다.
223) 縞衣는 흰 명주옷으로 흔히 희고 깨끗한 매화나 깃털을 비유한다.
224) 參差는 가지런하지 않은 모양, 들쑥날쑥한 모양이다.
225) 瓊瑰는 구슬·珠玉이다.
226) 時俗은 世俗, 당시의 풍습이다.
227) 玉顔은 옥처럼 아름다운 얼굴로 미녀의 아름다운 용모를 형용한다.
228) 嬌笑는 아름다운 웃음이다.
229) 盛年은 혈기가 왕성한 젊은 나이이다.
230) 淋漓는 물기가 흘러내리는 모양, 또는 축축하게 젖음이다.
231) 君子는 자기 남편에 대한 호칭어이다.
232) 芳華는 향기로운 꽃으로 좋은 시절, 좋은 나이를 비유한다.

늘그막235)까지 굳은 마음236)을 품고자 함을
낭군께서 살펴서 알지237) 못하실까 두렵습니다.'

妾本羅浮女 弱質好自持
蘭麝爲氣息 氷雪爲其肌
縞衣碧玉簪 瓊瑰絡參差
時俗薄玉顔 嬌笑向阿誰
盛年處空谷 珠淚自淋漓
一朝奉君子 華屋以貯之
願因香風發 贈君以賤姿
芳華能幾何 孅婉須及時
歲晏抱貞心 懼君不察知

03-10 세채238)가239)
03-10 世綵歌

공의 집에 색동옷240)이 있는데
다섯 가지 채색이 그 빛을 떨친다네.
대대로 전해진 지 벌써 이백년이나 되었는데도

233) 孅婉은 아름다운 모양이다.
234) 及時는 제때에 맞춤, 때를 만남이다.
235) 晏歲는 晩年이다.
236) 貞心은 변하지 않는 굳은 마음, 지조를 굳게 지키는 마음이다.
237) 察知는 살펴서 앎이다.
238) 世綵는 대대로 전해지는 채색비단으로 지은 옷이다.
239) 이 작품은 文忠公 李元翼(1547~1634)의 5대손으로 지은이의 벗인 育節齋 李仁復(1683~1730)이 작고하기 5년 전인 1725년 연말쯤에 지어진 듯하다.
240) 綵衣는 색동옷·채색옷인데, 춘추시대 楚나라 사람으로 70세에 부모 앞에서 채색옷을 입고 춤을 추어 마음을 기쁘게 하였다는 老萊子의 고사에서 유래하여, 흔히 부모에 대한 효성을 비유한다.

빛은 막 베틀에서 나온 듯하네.
물어 보노라, 누가 처음 입으셨던가?
통진공(通津公)241)과 문충공(文忠公)242)이라네.
물어 보노라, 누가 서로 전하셨는가?
문충공으로부터 사대를 전해져서
지금은 김제공(金堤公)243)에 이르렀다네.
물어 보노라, 누가 짜신 것인가?
천제(天帝)의 손녀244)인 직녀245)의 여공(女紅)246)이라네.
부상(扶桑)247)의 큰 고치248)의 휘황249)함에다

---

241) 通津公은 通津縣監을 지낸 李元輔(1530~1589)를 가리킨다. 咸川君 李億載의 장남으로 본관은 全州, 자는 伯益이다. 생원시에 급제하여 문음으로 의금부도사·한성부참군을 지냈고, 내섬시주부를 거쳐 선조 15년(1582)에 通津縣監으로 나갔다. 1586년에 부친상을 마치고 歙谷縣令으로 나갔다가 1589년에 병으로 사직한 뒤 8월에 타계하였다.

242) 文忠은 조선 중기의 문신 李元翼(1547~1634)의 시호이다. 자는 公勵, 호는 梧里이며, 태종의 아들 益寧君 袳(치)의 4세손, 咸川君 李億載의 차남이다. 선조 2년(1569)에 문과에 급제하여 대사헌·호조판서·예조판서·우의정·영의정 등을 역임하고 完平府院君에 봉해졌다. 임진왜란 때에 피난길의 선조를 호종하였고, 평양 탈환에 공을 세웠다. 광해군 때 폐모론에 반대하다가 洪川에 유배되었으며, 李适의 난 때에는 공주까지 인조를 호종하였다. 저서로 『梧里文集』·『續梧里集』·『梧里日記』 등을 남겼고, 인조의 묘정에 배향되었다.

243) 金堤公은 李元翼의 4대손이자 李仁復의 부친인 李存道(1659~1745)를 가리킨다. 자는 文伯, 호는 忘窩이며, 진사시를 거쳐 문음으로 출사하여 의금부도사·형조정랑·시강원익찬 등을 거쳐 陽城縣監·龍宮縣監·長城縣監·靑山縣監·平昌郡守 등 5현·2군·2부의 수령을 지냈는데, 이 시로 보아 金堤府使도 지낸 듯하다.

244) 天孫은 天帝의 孫女라는 뜻으로 織女星의 별칭이다.

245) 織女星은 거문고자리의 별 중 가장 밝은 별로, 칠석날 은하수의 한가운데에서 牽牛星과 만난다는 전설이 있는데, 여기에서는 옛날 부녀자들이 칠석날 밤에 오색실을 바치며 두 별에게, 길쌈과 바느질을 잘 하게 해 달라고 빌던 일 때문에 언급되었다.

246) 女紅(工)은 紡織·刺繡·裁縫 따위의 여자의 일이다.

247) 扶桑은 『山海經』「海外東經」에서 동쪽바다의 해 돋는 곳인 湯谷에 있다고 한 큰 신령스러운 뽕나무이다.

248) 大繭은 큰 고치인데, 北宋 蘇軾의 시 <趙令晏崔白大圖幅徑三丈>에 "부상의 항아리만 한 고치로, 천녀가 운한 위에서 비단을 짠다네.(扶桑大璽如甕盎, 天女織綃雲漢上.)"라는 구절이 있다.

249) 煒煌은 휘황찬란함, 또는 매우 화려한 모양이다.

햇빛 밑의 빽빽한[250] 다섯 빛깔의 구름을 물들였네.
베틀에 올라 종일 일곱 번을 반복하여[251] 이루었기에
기묘한 무늬와 이상한 빛깔이 서로 찬란하게 빛났네.[252]
영롱한 빛깔 속에 수자(壽字)와 복자(福字)를 수놓았는데
글자의 모양이 사람세상의 것과 같지 않았네.
은하수의 맑은 물결로 빨아서
자황(紫皇)[253]의 요궁(瑤宮)[254]에 바쳤지.
자황께서 혁림(赫臨)[255]하여 인세(人世)를 살피면서
인세에서 어떤 사람이 이 옷을 수 있을까 하셨네.
함천공자(咸川公子)[256]께서는 힘껏 착한 일을 실천하고
대질(大耋)[257]로 질장구[258]를 치면서[259] 두 아들의 모심을 받으셨네.
맏아들[260]은 출사하여[261] 어부(魚符)[262]를 차고서

---

250) 葱籠은 빽빽한 모양, 초록이 푸르고 무성한 모양이다.
251) 七襄은 일곱 번 반복함인데, 『詩經』 「小雅」 <大東>에 "저 모로 앉은 직녀는, 종일 일곱 번을 반복하네. 비록 일곱 번을 반복하더라도, 보답할 무늬를 이루지 못하네.(跂彼織女, 終日七襄. 雖則七襄, 不成報章.)"라는 구절이 있다.
252) 玲瓏은 밝고 찬란한 모양, 밝게 드러난 모양이다.
253) 紫皇은 전설에서 지위가 가장 높다고 하는 신선이다.
254) 瑤宮은 궁궐의 미칭이다.
255) 赫臨은 照臨과 같은 말로 위에서 밝게 살핌이다.
256) 咸川公子는 이원익의 부친인 咸川君 李億載(1503~1584)를 가리킨다. 자는 大年이며, 咸川副守・咸川都正을 거쳐 咸川君에 봉해졌고, 역사와 음악에 조예가 깊었다고 한다.
257) 大耋은 70세, 80세의 노인으로 나이가 매우 많음, 매우 늙음을 가리킨다.
258) 缶는 배가 불룩하고 가운데에 목이 좁은 아가리가 있는 질그릇으로 고유어로는 질장구라고 하며, 옛날에 타악기로 쓰였다.
259) 鼓缶는 질장구를 두드림으로 喪妻함를 비유한다.
260) 長子는 李億載의 장남 李元輔(1530~1589)를 가리킨다. 자는 伯益으로 생원시에 급제하여 문음으로 의금부도사・한성부참군을 지냈고, 내섬시주부를 거쳐 선조 15년(1582)에 通津縣監으로 나갔다. 1586년에 부친상을 마치고 歙谷縣令에 나갔다가 1589년에 병으로 사직한 뒤 8월에 타계하였다.
261) 通籍은 조정의 관원의 명부에 이름을 올린다는 뜻으로 처음으로 벼슬길에 나아감을 가리킨다.
262) 魚符는 銅魚符의 준말로 구리로 만든 물고기 모양의 부신이며, 관원의 신분을 보장하고 군사를 징발하는 증표로 사용되었다.

백리(百里)[263]에 수령이 되어[264] 맛있는 음식을 올리셨네.
작은 아들[265]은 과거에 올라 봉영(蓬瀛)[266]에 들어가서
검은 머리가 시들기도 전에 벌써 자줏빛 인끈을 늘어뜨리셨네.[267]
닷새에 한 번씩 나가 은대(銀臺)[268]에 숙직하러 가시노라면
길에서 발하시는 빛이 마을 위로 솟았네.
뜰에서는 복예(僕隷)[269]처럼 빨리 달려가시니[270]
지성스러운 효도가 하늘에 전해져 자황이 기뻐하셨네.
다섯 빛깔의 채색비단은 오래 상자에 있었으니
덕을 지닌 분들이라 다섯 가지 무늬[271]을 갖출 만하였네.
남극노인(南極老人)[272]이 그 함을 받들고 올 때에
운군(雲君)[273]들이 어지럽게 따라서 내려왔네.
두 공께서 절하고 받고서 머리를 조아리며 자황께 사례드리니
함천군께서 보고 또한 얼굴이 펴지셨네.

---

263) 百里는 한 縣이 관할하는 땅으로 縣이나 縣令・縣監을 비유한다.
264) 專城은 한 성을 오로지 다스린다는 뜻으로 地方守令을 가리킨다.
265) 少子는 李億載의 차남 이원익을 가리킨다.
266) 蓬瀛은 三神山인 蓬萊와 瀛洲의 합칭인데, 여기에서는 秘書省과 文學館의 별칭으로 淸要한 官府를 비유한다.
267) 拖紫는 拖靑紆紫의 준말로 푸른빛을 드리우고 자줏빛을 늘어뜨림인데, 漢代에 九卿은 푸른빛 인끈을 쓰고 公侯는 자줏빛 인끈을 쓴 데서 유래하여, 관직과 위계가 높음을 비유한다.
268) 銀臺는 銀臺司의 준말로 宋代에 門下省 아래에 둔 奏狀・案牘 등을 관장하였던 관서인데, 여기에서는 承政院의 별칭으로 쓰였다.
269) 僕隷는 奴僕이다.
270) 庭前奔走는 『論語』「季氏」의 "공자께서 일찍이 홀로 서 계실 때에 이가 종종걸음으로 뜰을 지나갔다.(子嘗獨立, 鯉趨而過庭.)"라는 글을 점화한 표현으로, 아들이 아버지의 가르침을 받는 자세를 가리키고자 한 것이다.
271) 五章은 天子・諸侯・卿・大夫・士의 옷에 수놓는 다섯 가지 무늬이다.
272) 南極老人은 南極星의 별칭으로 2월께에 남쪽 지평선 위로 보이는 남극하늘에 가까이 있는 별이며, 南極老人星・老人星・壽星이라고도 하는데, 이것이 나타나면 나라가 태평하고 임금이 장수한다고 한다.
273) 雲君은 紫皇의 諸侯인 구름이라는 뜻이다.

상서로운 빛이 대략 백여 자에 이르렀는데
칼과 가위로 번갈아 잘라 그 절반으로 나누었네.
한 토막은 통진군의 것이요
한 토막은 문충공의 것이었네.
물어보노라, 누가 만드셨던가?
통진공의 숙인(淑人)[274)]이셨네.
문충공의 부인께서는
너른 소매와 긴 옷깃을 다림질하여[275)] 평평하게 하셨네.
옷이 이루어지자 효자의 몸에 잘 맞아서
입고서 함천군의 앞에서 마주서서 춤을 추시니
선학(仙鶴)이 날아오르고[276)] 봉황이 너풀거리는[277)] 듯하였네.
화기로운 바람은 그것을 위해 그 소매를 날게 하고
봄빛은 그것을 위해 그 빛을 머물게 하였네.
명공거경(名公巨卿)[278)]들이 사방의 자리를 채웠는데
자기 눈[279)]으로 그 옷의 무늬를 보지 못한 이들도
공경하고 삼가면서[280)] 헌수(獻壽)[281)]의 잔을 올렸다네.
옷 위에 어찌 일찍이 술의 흔적이 있었으랴?
효자가 끊이지 않으니 길이 복을 내리리.[282)]
큰 효자가 그치지 않고 그 가문을 꽃피우게 하려고
문충공께는 특별히 다섯 빛깔의 실이 있었네.

---

274) 淑人은 조선시대 3품 당하관 문무관의 아내에게 주는 外命婦의 위호이다.
275) 斗熨는 다리미로 다림질함인데, 斗는 金斗의 준말로 다리미·인두이다.
276) 蹌蹌은 춤추는 모양, 또는 날아오르는 모양이다.
277) 蹁躚(변선)은 빙빙 돌며 춤춤, 너풀거리며 춤추는 모양이다.
278) 名公巨卿은 명성이 높은 이와 官爵이 높은 벼슬아치이다.
279) 畜眼은 가축의 눈으로 흔히 자신의 눈에 대한 겸칭으로 쓰인다.
280) 洞洞屬屬은 공경하고 삼가는 모양이다.
281) 獻壽는 장수하기를 비는 술잔을 올리는 것이다.
282) 이 구절은 『詩經』「大雅」, <旣醉>의 "효자가 끊이지 않으니, 길이 그대에게 복을 내리리.(孝子不匱, 永錫爾類.)"라는 구절을 축약한 표현이다.

위로 요순(堯舜)[283]의 옷을 기우려고
말과 불꽃무늬[284]로 그 빛깔을 드러내었네.
문충공께서는 따로 만리에 이르는 소매가 있기에
아래로 온 나라의 한미한 선비들을 비호하여
아버지와 아들이 모두 기쁨을 얻게 하셨네.
백성이 구렁텅이에서 『효경(孝經)』[285]을 배우는 것을 끌어당겨 주고
천지에서 먼지를 쓸어내고 수역(壽域)[286]을 열어 주셨네.
아, 문충공은 자황이 하사하신 뜻을 저버리지 않았고
그 다음에는 지극한 대효(大孝)로 세교(世敎)[287]를 행하셨네.
아, 공의 집안의 청전구물(靑氈舊物)[288]이
어찌 유독 이 대대로 전해지는 채색옷뿐이랴?
하령(遐齡)[289]과 지효(至孝)가 사대(四代)에 이르러
다섯 공께서 누린 햇수가 사백여년이라네.[290]
모두 백발로 그 양친을 봉양하셨건만
이씨의 복은 아직도 끝나지 않았네.

---

283) 堯舜은 중국 고대의 성군인 唐堯와 虞舜의 합칭으로 흔히 당시의 군주를 가리킨다.
284) 藻火는 관복에 수를 놓아 等差를 나타내는 말과 불꽃무늬이다.
285) 『孝經』은 춘추시대 말기에 曾參(505~436 B.C.)이 편찬한 것으로 알려진 유교의 경전으로, 효도에 대한 孔子와 曾子 사이의 문답으로 되어 있다.
286) 壽域은 사람마다 天壽를 다할 수 있는 태평성세를 가리킨다.
287) 世敎는 세상의 敎化·禮敎이다.
288) 靑氈舊物은 집에 전해지는 오래 된 푸른 융단으로 『太平御覽』에 실린 王子敬의 다음 고사에서 유래하여, 벼슬하는 사람에게 대대로 전해지는 물건이나 舊業을 가리킨다. 왕자경이 서재에 누워 있는데, 도둑이 들어와 물건을 거의 모두 다 취하더니 탑상에까지 올라와 물건을 찾기에, "광물염료로 물들인 靑氈은 우리 집의 오래 된 물건이니 특별히 남겨둘 수 있겠는가?"라고 하자, 도둑이 놀라서 물건을 두고 도망갔다.
289) 遐齡은 長壽이다.
290) 李德懋의 「耳目口心書」 2(『靑莊館全書』 권49)에 따르면 태종의 아들 益寧君 袳(치)가 80여세, 秀泉君 貞恩이 87세, 靑杞君 彪가 83세(또는 82세), 咸川君 億載가 84세(또는 83세), 文忠公 元翼이 88세, 完善君 義傳이 80세, 廣興倉守 守約이 79세를 누린 것으로 나타나 있다.

김제 어른께서 채의를 입으셨던 때에는
마음으로 새 옷을 하사받은 듯이 여기셨네.
김제 어른은 도를 지니시고도
당세에 베풀지 못하시네.
격서(檄書)[291]를 받들[292] 듯이 충연(充然)한[293] 얼굴빛으로
김제 어른께서는 채색옷을 입으셨네.
태부인(太夫人)[294]께 절하며 헌수하고 나서
등 뒤를 돌아보시니 내초(來初)[295]가 우뚝[296] 서 있었네.
내초는 이십에 진사시(進士試)[297]에 오르고
삼십에 과제(科第)[298]를 뽑기를 코밑수염을 뽑듯이 하였네.
나이 마흔 살이 되기도 전에 승지(承旨)[299]를 배수(拜受)하였고[300]
나이와 관위가 거의 문충공께서 채의를 입고 춤추시던 때와 비슷했네.
김제 어른께서는 관위가 그 덕을 채우지 못하였지만

---

291) 檄書는 官에서 徵召하는 글이다.
292) 捧檄은 檄을 받든다는 뜻인데, 여기에서는 다음 고사에서 유래하여 부모를 위하여 뜻을 굽히고 벼슬길에 나아감을 비유한다. 後漢의 廬江人인 毛義가 모친의 생시에는 守令으로 삼는다는 府檄을 받고 기뻐하며 나아갔지만, 돌아가시자 물러나서 賢良公車로 徵召해도 응하지 않았다.
293) 充然은 만족스러운 모양이다.
294) 太夫人은 列侯·官員의 어머니에 대한 경칭이다.
295) 來初는 李元翼의 5대손이자 李存道의 아들인 李仁復(1683~1730)의 자로, 호는 脊節齋이다. 숙종 31년(1705)에 진사가 된 뒤 문음으로 入仕하여 河陽縣監을 거쳐 慶尙都事이던 숙종 40년에 증광문과에 갑과로 급제하여, 부수찬·수찬을 거쳐 형조참의·동부승지·사직이 되었다. 경종이 승하한 뒤 왕대비의 服制를 둘러싼 논란에서 3년복을 강력히 주장하였고, 영조 3년(1727) 공조참의에 이어서 예방승지를 거쳐 1729년 병조참판에 올랐으며, 작은 일로 체직되었다가 병으로 타계하였다.
296) 玉立은 우뚝 솟음, 우뚝함이다.
297) 進士試는 생원시와 함께 조선시대의 소과의 하나로 둘을 합하여 司馬試라고도 하였다.
298) 科第는 과거의 及第, 또는 席次이다.
299) 承旨는 조선시대 承政院의 정3품 벼슬로서 왕의 명령을 출납하는 일을 맡는 관원이다.
300) 拜受는 옛날에 관원이 관직을 임명받는 것이다.

그 아들에게 복을 내림[301]이 이와 같다네.
나는 김제 어른께 축수드리노니
공명(功名)과 수고(壽考)[302]를 비슷하게[303] 누리시고
천하의 첫 번째 즐거움[304]을 넉넉히 누리시라.
찬란한[305] 옷을 싫증내지 마시고,
훤위(萱闈)[306]께 길이 만년을 축수하는 잔을 바치시라.
또 내초에게 축수하노니
이름을 떨쳐서 양친을 드러냄[307]이 문충공과 같더라도
다만 나이와 관작이 서로 비슷하지는 마시라.
하물며 내가 일찍이 문충공의 화상(畫像)에 절하였음에랴?
내초는 다만 눈썹과 눈을 닮으시라.
축원이 끝났기에 세상의 아들 된 이들에게 말을 부치노니
효성이 문충공과 같으면
하늘이 반드시 이런 의복을 내린다오.

公家有綵衣	五彩揚其輝
世傳今幾二百年	色若初出機
借問誰始着	云是通津與文忠

---

301) 錫羨은 神明이 많은 복을 내려줌으로 흔히 後嗣를 기원할 때 쓰는 말이다.
302) 壽考는 수명·나이, 또는 장수함이다.
303) 乘除는 비김. 相殺함이다.
304) 天下之一樂은 부모가 다 살아 있고 형제가 무고하여 맛보는 즐거움으로, 『孟子』「盡心上」의 “부모가 모두 살아 계시고 형제가 모두 탈이 없는 것이 첫 번째 즐거움이다.(父母俱存, 兄弟無故, 一樂也.)”라는 글에서 유래한다.
305) 班(斑)爛은 어려 색깔이 섞여 찬란한 모양이다.
306) 萱闈는 萱堂·北堂과 같은 말로 어머니·주부를 가리키는데, 옛날에 士大夫家의 동쪽 집채의 北半部에 해당하는 곳에 主婦가 거처하면서 그 뜰에 원추리[萱草]를 심었던 데서 유래한다.
307) 揚名顯親은 立身出世하여 이름을 세상에 드날리는 것으로 孔子가 효도의 마지막이라 한 것이다.

借問誰相傳 文忠四傳今至金堤公
借問誰所織 云是天孫織女之女紅
繅以扶桑大繭之煒煌 染以日下五雲之葱籠
上機終日七襄成 奇文異彩相玲瓏
玲瓏間以壽福字 字體不與人間同
浣之銀漢之澄波 獻之紫皇之瑤宮
紫皇赫臨鑒人世 人世何人可着此
咸川公子力行善 大耋皷缶侍兩子
長子通籍佩魚符 專城百里供甘旨
少子登第入蓬瀛 綠鬓未凋已拖紫
五日一出銀臺直 道上光輝聳閭里
奔走庭前若僕隷 誠孝通天紫皇喜
五色之綵久在笥 命德可以五章哉
南極老人奉其凾 雲之君兮繽從而下來
二公拜受叩頭謝紫皇 咸川見之顔亦開
瑞彩畧約百餘尺 交刀剪斷分其半
通津君一段 文忠公一段
借問誰制作 通津公之淑人
文忠公之夫人 廣袖長裾斗熨平
衣成穩稱孝子身 着來對舞咸川前 仙鶴蹁蹮鳳蹌蹌
和風爲之揚其袂 春日爲之駐其光
名公鉅卿滿四座 畜眼不見此文章 洞洞屬屬擎壽觴
衣上何曾有酒痕 孝子不匱永錫類
大孝不止榮其門 文忠別有五綵絲
上補堯舜衣裳 火藻彰其色
文忠別有萬里袖 下庇一國寒士父子歡皆得
援民溝壑授孝經 掃塵乾坤開壽域

嗚呼文忠公不負紫皇賜　然後大孝爲世敎
嗚呼公家靑氊　豈獨是綵衣世傳
遐齡與至孝四世　五公得年四百餘
皆以白髮奉其親　李氏之福猶未艾
金堤丈著彩　心如受賜新
金堤丈有道　不得施當世
容色充然捧檄書　金堤丈着綵
拜壽太夫人　顧眄背後玉立有來初
來初二十登進士　三十摘第如摘髭
年未四十拜承旨　年位畧似文忠舞綵時
金堤丈位不滿其德　錫羡其子有如斯
我祝金堤丈　乘除功名以壽考　厚享天下之一樂.
班爛之衣服無斁　萱闈長獻萬年酌
又祝來初揚名顯親似文忠　不但相似齒與爵
况我曾拜文忠像　來初惟肖眉與目
祝罷寄語世上爲子者　孝如文忠天必錫此服

03-11 이장의 <낙치가>에 차운하다. 2수
03-11 次李丈落齒歌二首

이장(李丈)께서 나에게 치아가 빠짐을 읊은 시를 보여 주셨는데
올해 구월에 치아 하나가 빠졌다고 하시네.
먼저 영락함[308]이 오동잎이 바람에 날림과 비슷하지만
다시 심는 일은 나무에서 씨앗이 떨어짐과 같지 않다네.
비단자루에 갈무리하여 너의 노고를 보답하고자 함은

308) 零落은 시들어 떨어짐으로 죽음・몰락・패망을 가리킨다.

예순여섯 해 동안 애써 일에 종사하였기[309] 때문이네.
새 시를 읊을 때에 약간 발음을 놓치기는 하지만
옛글을 씹는[310] 것은 아직도 쉽게 한다네.
공께서는 장차 시를 읊고 글을 씹음을 쉬시라.
공의 치아 하나를 빼앗음은 화옹(化翁)[311]이 시기한 탓이니까.

李丈示我落齒什　今年九月落一齒
先零有似桐飄葉　復種難同樹落子
錦囊貯之酬爾勞　六十六年勤服事
吟咏新詩微失音　咀嚼古書尙容易
吟詩嚼書公且休　奪公一齒化翁忌

흰 돌 서른 두 개로 이루어진 성은
새하얀[312] 빛깔의 돌이 가지런히 이어진[313] 성이네.
온 성을 뽑아내려고 모적(蝥賊)[314]이 와서 공격하니
단단히 지킴에 자묵자(子墨子)[315]가 아님을 부끄러워하네.
이웃나라에 입술이 있건만 입술이 구원해 주지 않으니
나아가 호소하고자 재능이 없는[316] 짧은 혀를 사신으로 보내네.
강함을 자부하여 일찍이 금성(金城)[317]의 견고함을 이르더니

309) 服事는 노역에 종사함, 시중을 듦이다.
310) 咀嚼은 이빨로 음식을 씹는 것으로 글을 찬찬히 새겨 음미함을 비유한다.
311) 化翁은 造化翁의 준말로 천지만물을 창조하고 관장하는 존재의 존칭이다.
312) 皚皚는 새하얀 모양이다.
313) 齒齒는 이빨처럼 가지런히 벌여진 모양, 또는 많은 물건이 끊임없이 이어진 모양이다.
314) 蝥賊(모적)은 蝥弧를 든 도적인데, 蝥弧는 춘추시대의 鄭나라에 있었던 활 이름이다.
315) 子墨子는 전국시대 宋나라의 사상가인 墨翟의 존칭이다. 墨家思想의 창시자로 兼愛와 戰爭排擊을 주창하였고, 城을 잘 지켜 攻城에 능한 楚나라의 장수 公輸般의 군대를 물리침으로써 墨守라는 말이 생기게 하였다.
316) 無賴는 재능이 없음, 쓸모가 없음이다.
317) 金城은 쇠로 만든 것처럼 견고한 성이다.

지키기는 매우 어렵고 공격하기는 쉽다네.
수비를 어떻게 하는가 함에는 부드러움의 방법이 있나니
옛날에 굳세고 강함[318]을 꺼린 노씨(老氏)[319]가 있었네?[320]

白石之城三十二　石色皚皚城齒齒
蠡賊來攻一城拔　堅守愧非子墨子
隣邦有唇唇不救　赴訴無賴寸舌使
恃強曾謂金城固　守之甚難攻之易
守之如何有柔道　剛強古有老氏忌

03-12 병오년[321] 정조[322]에 죽은 아들[323]의 묘소에서 곡하다
03-12 丙午正朝, 哭亡兒墓

너는 죽고 나는 산 가운데 절서(節序)[324]가 바뀌었건만
흐르는 구름[325]과 가는 물은 한결같이 아득하네.
어찌 땅 밑[326]에서 새해를 알 수 있으랴?

---

318) 剛强은 굳세고 단단함이다.
319) 老氏는 老子의 별칭인데, 그는 春秋時代 말기 楚나라의 사상가로 성은 李, 이름은 聃이며, 생몰연대는 불확실하다. 無爲自然의 道를 내세운 道家思想의 창시자로서『道德經』, 일명『老子』를 남겼다.
320) 이 구절은『老子』「戒强」의 "그러므로 단단하고 굳센 것은 죽음의 무리이고, 부드럽고 약한 것은 삶의 무리이다. 그래서 병사가 강하면 이기지 못하고, 나무가 굳세면 잘린다. 강하고 큰 것은 아래에 처하게 되고, 부드럽고 약한 것은 위에 처하게 된다.(人之生也柔弱, 其死也堅强. 萬物草木之生也柔脆, 其死也枯槁. 故堅强者死之徒, 柔弱者生之徒. 是以兵强則不勝, 木强則共. 强大處下, 柔弱處上.)"라는 글을 가리킨 것이다.
321) 丙午年은 英祖 2년(1726)이다.
322) 正朝는 元朝·元旦과 같은 말로 설날 아침이다
323) 亡兒는 죽은 아들인데, 여기에서는 前年에 9세로 죽은 昌錫을 가리킨다.
324) 節序는 節氣, 또는 절기의 순서이다.
325) 歸雲은 흘러가는 구름이다.
326) 地下는 泉臺·泉壤과 같은 말로 무덤 속·壙中, 또는 저승을 뜻한다.

만약 사람세상에 있었다면 열 살이 시작되리.
그늘진 골짜기에는 솔숲이 평평하여 밝은 햇빛이 없는데
볕바른 산비탈은 얼음이 녹아서 다시 구슬픈 샘[327]이 되네.
원조(元朝)에 안부를 묻던 예절[328]을 너는 잊지 않았으리니
모름지기 등불이 꺼져 가는 밤에 베갯머리로 오거라.

汝死吾生節序遷　歸雲逝水一茫然
那能地下知新歲　若在人間始十年
陰壑松平無白日　陽坡氷釋更悲泉
元朝省禮渠忘否　須趁燈殘夜枕邊

03-13 강안릉[329][330] 대부인[331]의 만사
03-13 姜安陵大夫人挽

땅 밑에서는 두 마리 난새[332]가 만날 텐데
땅 위에서는 효성스러운 까마귀[333]가 바쁘네.
까마귀는 먹이를 줄 날이 짧음을 괴로워하고
난새는 헤어진 해가 길어짐을 괴로워하였네.

---

327) 悲泉은 물이 흐르는 소리가 사람의 마음을 슬프게 한다는 샘이다.
328) 省禮는 晨省之禮의 준말로 자식이 새벽에 양친을 살피며 안부를 여쭙는 예절이다.
329) 安陵은 황해도 載寧郡의 옛 이름이다.
330) 姜安陵은 安陵郡守 姜必愼(1687~1756)을 가리키는데, 본관은 晋州, 자는 思卿, 호는 慕軒, 姜樸의 조카, 蔡彭胤의 문인이다. 1718년에 등제하여 注書·佐郎을 거친 뒤 安州縣監이 되었다. 戊申亂의 평정에 공을 세워 原從一等功臣에 책록되었고, 만년에는 벼슬을 버리고 낙향하여 詩文에 전념하였으며 『慕軒集』을 남겼다. 약산과 친교가 깊어 詩社인 西泉梅花社에 함께 참여하였다.
331) 大夫人은 남의 모친의 존칭이다.
332) 鸞은 전설상의 神鳥인 鳳凰의 한 종류인데, 흔히 부부를 비유한다.
333) 孝烏는 孝鳥와 같은 말로 새끼가 자라서 어미에게 먹이를 물어다 먹인다고 하여 붙여진 까마귀의 별칭인데, 여기에서는 친상중인 상주를 가리키는 말인 효자를 비유한다.

본래 이승에 연연한 것이 아니라
자식을 위하여 잠깐 배회하였다네.
남의 손을 빌려[334] 대부(大夫)[335]를 뵌 바 있는데
아드님은 지금 이미 입신양명하였네.
두 개의 명정(名旌)[336]이 판여(板輿)[337]를 이끌더니
삼생(三牲)[338]으로 용강(瀧岡)[339]에 제사드리네.
대부께서 기뻐하실 것을 알 수 있나니
자식이 있으니 나는 죽지 않았도다 하시리.
어찌 다만 뜰의 훈계[340]에만 도움을 받았으랴?
베를 자르신[341] 것 또한 올바른 방법[342]이었다네.

雙鸞地下會　孝烏地上忙
烏哺苦日短　鸞分苦年長
本不戀地上　暫爲兒彷徨
藉手見大夫　兒今已立揚
雙旌導板輿　三牲祭瀧岡

334) 藉手는 借手와 같은 말로 남의 손을 빌림이다.
335) 大夫는 남의 부친의 존칭이다.
336) 銘旌은 喪輿에 앞서서 들고 가는 망자의 본관·성명·관직 등을 적은 旗이다.
337) 板輿는 사람의 힘으로 모는 수레인데, 여기에서는 喪輿를 가리킨다.
338) 三牲은 소·양·돼지의 세 가지 희생이다.
339) 瀧岡은 중국 江西省 永豊縣 남쪽의 鳳凰山에 있는 구릉인데, 北宋의 歐陽脩가 부친을 이곳에 장사지내고 墓表 <瀧江阡表>를 지은 데서 유래하여 墓地를 가리킨다.
340) 庭訓은 뜰에서 훈계하는 것으로, 아버지의 자식의 학업에 대한 훈계를 비유하는데, 孔子가 뜰을 지나가는 아들 鯉에게 詩書를 배우지 않아서는 안 된다고 훈계한 데 따라 鯉가 『詩經』·『書經』을 공부하였다는 『論語]』「季氏」의 글에서 유래한다.
341) 斷機는 베틀에서 짜던 베를 자르는 것으로 어머니가 자식의 학업을 독려함을 비유하는데, 孟子가 어릴 때에 학업의 진전이 없음을 안 그 어머니가 칼로 짜고 있던 베를 자르면서, 배우기를 중도에 그만둠은 베를 자른 것과 같다고 말하여 깨닫게 하였다는 『烈女傳』의 고사에서 유래한다.
342) 義方은 자식을 가르치는 바른 도리, 또는 家庭의 교육이다.

大夫喜可知　有兒吾不亡
豈獨資庭訓　斷機亦義方

03-14 심승지[343] * 중량[344]이다. 의 만사
03-14 沈承旨 * 仲良. 挽

소년시절에는 청운[345]을 꿈꾸어 재능과 학식[346]이 컸기에
수많은 인총(人叢)[347] 속에서도 절로 뚜렷이[348] 구별되었다네.
서 있을 때에는 높은 버드나무가 봄철의 달빛을 머금은 듯하고
말하는 곳에서는 큰 소나무에서 상쾌한 바람이 이는 듯하였네.
늘그막[349]에는 나지막하게 날아 주군(州郡)으로 내려가셨는데
묘당(廟堂)[350] 안에서 단정하게 앉아 있었던 이는 누구인가?
위씨(韋氏) 집안의 형제[351]처럼 고향[352]에서 이름이 높았건만
꽃나무[353] 밑에서 술잔을 들자던 한 꿈은 공허해지고 말았네.

---

343) 承旨는 고려・조선시대의 정3품 벼슬로 왕의 명령을 출납하는 일을 맡았다.
344) 沈仲良(1658~1726)은 조선 후기의 문신으로 본관은 青松, 자는 師聖, 漢陽 출신으로 18세에 소과, 30세에 문과에 급제하여 검열・수찬・교리・사간을 거쳐 호조참의・승지를 지냈고, 관찰사・부사로 출보되었다가 승지가 되었다.
345) 青雲은 푸른 구름으로 높은 벼슬이나 원대한 포부・지향을 비유한다.
346) 器業은 재능과 학식이다.
347) 人叢은 한군데에 많이 모인 사람의 무리이다.
348) 昻然은 두드러져서 뚜렷한 모양이다.
349) 投老는 나이가 늘그막에 접어듦, 노령으로 퇴직함이다.
350) 廟堂은 궁전의 외곽 건물과 太廟로 朝廷을 가리킨다.
351) 韋氏는 盛唐의 시인 岑參이 <韋員外家花樹歌>에서 좋은 벼슬을 지내는 형제들이 모여 꽃나무 밑에서 잔치를 벌인 것을 찬미한 바 있는 屯田員外郎를 지낸 이로 이름은 미상이다.
352) 珂里는 남의 고향에 대한 미칭이다.
353) 花樹會는 꽃나무 밑에서 여는 모임으로 岑參의 <韋員外家花樹歌>에서 유래하여 兄弟・同姓人이 모여서 벌이는 모임・잔치를 가리킨다.

少日青雲器業洪　昂然自別百人叢
立時高柳含春月　談處長松起爽風
投老低飛州郡下　有誰端坐廟堂中
韋家兄弟鳴珂里　花樹盃樽一夢空

03-15 홍상서[354) ＊ 만조이다[355)이다. 의 만사. 2수
03-15 洪尚書 ＊ 萬朝. 挽二首

금포(襟抱)[356)는 양화(陽和)[357)요 정신은 학이셨는데
문정(門庭)[358)은 물과 같아 재상(宰相)이면서도 가난하셨네.
만 가지를 갖춘 복리(福履)[359)에는 이지러진 경계가 없었고
천 갈래로 변하는 세상길에는 완전한 사람이 있었다네.
세 조정을 섬기신 살쩍은 서쪽누각의 눈빛과 같으셨는데
팔로(八路)[360)의 봄기운은 남국의 팥배나무 그늘[361)에 말미암았네.
지하에서도 응당 채복(彩服)[362)을 차린 이가 짝지어 모실 텐데
그뿐만 아니라[363) 연진(延津)[364)에서는 용천검(龍泉劒)[365)을 만나리.

---

354) 尙書는 조선시대 六曹의 장관으로 정2품직인 判書의 별칭이다.
355) 洪萬朝(1645~1725)는 조선 후기의 문신으로 본관은 豊山, 자는 宗之, 호는 晩退이다. 증광문과에 병과로 급제하여 정언·부수찬 등을 거쳐 도승지·江華留守를 지낸 뒤에 謝恩副使로 청나라에 다녀왔다. 6도의 관찰사를 역임하고, 대사간·참판·판서를 거쳐, 우참찬으로 耆老所에 들어갔으며, 판의금부사·좌참찬을 역임하고 판돈령부사에 이르렀다. 시호는 貞翼이다.
356) 襟抱는 마음에 품은 생각이나 포부이다.
357) 陽和는 봄의 따뜻한 기운이다.
358) 門庭은 대문과 중문 안에 있는 뜰이다.
359) 福履는 福祿과 같은 말로 타고난 복과 나라에서 주는 祿俸이다.
360) 八路는 八方의 길인데, 팔방은 東·西·南·北의 四方과 南東·北東·南西·北西의 四隅로 아주 먼 곳, 또는 천하를 가리킨다.
361) 棠陰은 팥배나무의 그늘로, 周初의 재상 召公이 그곳에서 政事를 잘 보았던 데서 연유하여, 惠政이나 관리의 인자한 행실을 비유한다.
362) 彩服의 彩色服裝이다.

陽和襟抱鶴精神 如水門庭宰相貧
福履萬全無缺界 世途千變有完人
西樓雪色三朝鬢 南國棠陰八路春
地下應陪雙彩服 不徒龍劒會延津

창생들에게 명망이 성대한366) 때에 머리카락은 이미 누른 빛이었는데
누가 암랑(巖廊)367)을 한 걸음 앞두고 가로막히게 하였던가?
활을 쏘는 솜씨368)는 신선의 그림자를 엿보기 어려웠지만
피로 쓴 주소(奏疏)369)는 일월과 빛을 다툴 수 있었다네.
주나라 때 뒤에도 교산(喬山)370)에서 개미를 홑이불에 그렸는데371)
십년이 넘도록 맑은 낙수(洛水)372)에는 용이 누워 있었네.
봄구름 같은 아름다운 사조(詞藻)373)는 공의 여사(餘事)374)였기에
반드시 노포(老圃)375)에서 늦은 절기376)의 향기로움을 살피셨네.

---

363) 不徒는 '뿐만 아니라'이다.
364) 延津은 延平津의 준말로 옛날의 나루 이름인데, 보검인 龍泉劒과 太阿劒이 분리되었다가 만나서 龍으로 변하여 날아갔다고 하는 곳이다.
365) 龍泉은 춘추시대 楚나라의 昭王이 吳나라의 干將과 越나라의 歐冶를 불러서 만들게 하였다는 寶劒 이름으로, 龍淵으로도 불리었으며 太阿와 짝을 이루었던 것이다.
366) 鬱望은 성대한 名望이다.
367) 巖廊은 높은 廊廡로 朝廷을 비유한다.
368) 射工은 활을 쏘는 技術·技藝이다.
369) 血蹏(疏)는 피로 쓴 奏疏·疏章이다.
370) 喬山은 중국 陝西省에 있는 산으로 신화적인 임금인 黃帝를 장자지냈다는 곳이다.
371) 褥蟻는 殷나라의 士喪禮에서 棺을 덮은 붉은 천으로 된 홑이불[褚幕·褥]의 네 모서리에 그려 놓은 개미무늬[蟻結]로, 왕을 위하여 따라 죽음을 비유한다.
372) 洛水는 洛東江이다.
373) 麗藻는 화려한 詞藻로 훌륭한 시문을 가리킨다.
374) 餘事는 그 밖의 일, 본업 이외의 일이다.
375) 老圃는 경험이 많은 채소·꽃을 기르는 농사꾼이다.
376) 晩節은 늦은 절기·계절로 늦가을을 가리키며, 老年·늘그막이나 만년의 節操를 비유한다.

望欝蒼生髮已黃　誰令一步阻巖廊
射工難伺神仙影　血疏能爭日月光
褥蟻喬山周歲後　卧龍淸洛十年強
春雲麗藻公餘事　老圃須看晚節香

03-16 유배되는 이효원에게 주다. 2수
03-16 贈李孝源謫行二首

수많은 사람 앞에 문득 산처럼 우뚝 서더니
다시 혈서(血書)로 창오(蒼梧)[377]의 하늘을 향하여 외쳤네.
백옥(伯玉)[378]은 군자가 된 것을 홀로 수치스럽게 여겼지만
순부(淳夫)[379]는 붕우를 허가하여 연명으로 상소하였다네.
한 몸은 서새(西塞)[380]에서 바람과 서리로 괴로울 테지만

377) 蒼梧는 湖南省에 있는 산 이름으로 舜임금이 崩御하였다고 하는 곳이며 帝王의 죽음을 비유하는데, 여기에서는 景宗에 대한 충성으로 상소를 올린 일을 가리키고자 언급한 듯하다.

378) 伯玉은 初唐의 문신 陳子昻(661~702)의 자인데, 그는 <大周受命頌>을 지어 則天武后의 등극을 찬양함으로써 신임을 얻어 左拾遺에 올랐다. 그 후 무후의 전횡 앞에 대신들이 모두 拱手하며 聽命할 따름일 때 홀로 直諫을 서슴지 않다가 무후의 미움을 받게 되자, 병을 칭탁하여 사임하고 낙향하여 살다가 縣令의 모함을 받아 옥사하였다. 또 그는 궁정시를 중심으로 한 齊梁의 餘風을 배격하고 建安·正始年間의 風骨을 본뜨는 데 힘써서, 初唐에서 盛唐으로 넘어가는 시기의 시풍을 雅正하게 전환시키는 데 커다란 역할을 한 시인으로, 대표작 <感遇三十八首>는 주변사물과 옛일에 의탁하여 일상적 감회를 읊은 걸작으로, <古詩十九首>와 阮籍의 <詠懷八十二首>를 계승하여 연작 영회시의 새 지평을 열었다고 평가된다. 『陳拾遺集』을 남겼다.

379) 淳夫는 北宋의 문신 范祖禹의 자로 다른 자는 夢得, 成都 華陽人이며, 시호는 正獻이다. 등제하여 한림학사·知州事를 지냈고, 司馬光을 도와 『資治通鑑』을 편찬하고, 『神宗實錄』의 편찬에 검토관으로 참여하였으며, 『唐鑑』·『范太史集』을 남겼다. 그는 소인이 宣仁太后의 승하를 틈타서 정사를 해치지 못하도록 수차 諫章을 올려 저지하는 등 평소에는 남의 과실을 말하지 않았으나 일을 만나면 변별함이 명백하여 시비를 조금도 숨기지 않았다.

380) 西塞는 關西의 邊塞로 平安道를 가리킨다.

천고에 동한(東韓)[381]에 해와 달처럼 걸려 있으리.
아이들에게 부탁한 말에 놀라고 감탄하지 마시라.
이 집안은 본래 명절(名節)[382]이 푸른 융단[383]이니까.

忽然山立萬人前　血盡蒼梧更叫天
伯玉恥爲君子獨　淳夫疏許友朋聯
一身西塞風霜苦　千古東韓日月懸
寄語兒童莫驚歎　此家名節本靑氈

윤리를 부축한 행색(行色)[384]이라 광휘(光輝)[385]가 있거니와
손님이 흩어진 이정(離亭)[386]에서도 눈물을 뿌리지 않네.
도중에 철을 넘기느라고[387] 숙식(熟食)[388]에 놀라고
변새 바깥의 봄추위로 생의(生衣)[389]를 겁내리.
모래벌판[390]에서 비틀거리며[391] 기러기를 따라 가는데
처자(妻子)는 쓸쓸히 제비에 느꺼워하며 돌아가네.
모름지기 경국(京國)[392]의 교거(僑居)[393]를 팔지 말라.

---

381) 東韓은 우리나라의 별칭이다.
382) 名節은 명예와 절개, 名分과 節操이다.
383) 靑氈은 집에 전해지는 오래 된 푸른 융단으로『太平御覽』에 실린 王子敬의 다음 고사에서 유래하여, 벼슬하는 사람에게 대대로 전해지는 물건이나 舊業을 가리킨다. 왕자경이 서재에 누워 있는데, 도둑이 들어와 물건을 거의 모두 다 취하더니 탑상에까지 올라와 물건을 찾기에, "광물염료로 물들인 靑氈은 우리 집의 오래 된 물건이니 특별히 남겨둘 수 있겠는가?"라고 하니 도둑이 놀라서 물건을 두고 도망갔다.
384) 行色은 길을 떠날 무렵의 상황이나 분위기이다.
385) 光輝는 광채, 또는 빛남으로 영광·영예를 비유한다.
386) 離亭은 옛날에 성에서 조금 떨어진 길 가에 세워 쉴 수 있게 한 정자로 흔히 이별하는 장소로 쓰였다.
387) 過節은 철을 넘김, 節氣를 지남이다.
388) 熟食은 寒食의 별칭이다.
389) 生衣는 여름옷이다.
390) 沙磧은 백사장, 또는 평평한 모래벌판이다.
391) 搖搖는 심신이 안정되지 못한 모양이다.

인자한 하늘이 조만간 작서(鵲書)[394]가 날아가게 하리.

扶倫行色有光輝　客散離亭淚不揮
節過道中驚熟食　春寒關外怯生衣
搖搖沙磧隨鴻去　寂寂妻兒感燕歸
京國僑居須莫賣　仁天早晚鵲書飛

03-17 유배되는 권자상[395]을 송별하다. 2수
03-17 送權子相謫行二首

푸른 등불 밑에서 작은 책상을 나란히 하여 책을 읽은 뒤로
세상에서 심사를 말해 온[396] 지 이십년이나 되었네.
일찍이 경인(景仁)[397]과 한 번 전해짐을 같이 하기를 약속하였는데
지금 조적(祖逖)[398]이 선편(先鞭)[399]을 잡음을 보네.
윤상(倫常)을 지탱함에 어찌 지반(地盤)이 없으랴?

---

392) 京國은 京都이다.

393) 僑居는 임시로 붙어사는 남의 집이나 타향에서 임시로 사는 집이다.

394) 鵲書는 까치가 울어 吉兆를 알려 준 데 따라 오는 서신이다.

395) 子相은 조선 후기의 문신 權扶(1688～?)의 자로 본관은 安東이다. 생원시를 거쳐 경종 1년(1721)의 증광문과에 을과로 등제하여 수찬을 지냈다. 그는 前主簿로 탕평책에 반대하고 소론 제거를 주장했던 任徵夏를 상소로 논박했다가 영조 2년 2월에 甲山에 정배되었다. 姜樸의 시 <東門外權子常扶餞席口占>(『菊圃集』 권3)과 文科榜目에는 자가 子常으로 나타나지만, 이 작품과 司馬榜目에는 子相으로 나타나 있어, 어느 쪽이 맞는지 미상이다.

396) 論心은 마음을 터놓고 말함이다.

397) 景仁은 北宋의 문신 范鎭의 자로 봉호는 蜀郡公, 시호는 忠文이며, 成都 華陽人이다. 한림학사・端明殿學士를 지내고 나서 王安石의 新法에 반대하여 사직하였고, 『新唐書』・『仁宗實錄』의 편수에 참여하였으며, 『范蜀公集』・『東齋記事』를 남겼다.

398) 祖逖은 東晉의 무장으로 자는 士雅[혹은 士稚]이며 豫州刺史를 지냈다. 建興年間[313～17]에 長江을 건너며 중원의 회복을 맹세하였으나, 황실의 분쟁과 권신 王敦의 내란에 분개하다가 죽었다.

399) 先鞭은 남보다 먼저 채찍질하여 이룸이다.

생사를 잊음에는 끝내 천명이 있다네.
머리가 흰 늙으신 양친께서 웃음을 머금고 송별하시니
정다운 벗이 반드시 이별의 연석(筵席)을 안타까워할 것은 없으리.

青燈黃卷小床聯　宇宙論心二十年
曾約景仁同一傳　今看祖逖着先鞭
倫常撑在寧無地　生死忘來竟有天
垂白老親含笑送　情朋不必惜離筵

철령(鐵嶺)[400]이 하늘을 가로지르는 북관(北關)[401]으로 나가니
감정을 잊고 사는 늙은 스님 또한 응당 눈물을 흘리리.
외로운 신하는 청명한 절기[402]에 나라를 떠나는데
수많은 자갈이 깔린 음침한[403] 산에는 꽃이 없다네.
오야(梧野)[404]로 돌아가는 구름은 근심스러운 빛을 띠는데
춘당(春堂)의 기우는 햇빛 속에는 꿈 속의 얼굴이 있네.
우리 임금님의 인자하고 효성스러우심에서 은택을 추측할 수 있으니
반의(斑衣)[405]를 잘 다림질해 두고 사환(赦還)[406]을 기다리시게나.

鐵嶺橫天出北關　忘情釋老亦應潸
孤臣去國淸明節　萬磧無花黯淡山
梧野歸雲愁裏色　春堂斜日夢中顔

400) 鐵嶺은 강원도 淮陽郡 下北面과 함경남도 安邊郡 新高山面의 경계에 있는 고개이다.
401) 北關은 북쪽의 關塞로 咸慶道를 가리킨다.
402) 淸明은 24절기의 하나로 春分과 穀雨 사이에 있으며, 양력 4월 5·6일에 든다.
403) 黯淡은 음침함, 어두컴컴함이다.
404) 梧野는 蒼梧之野의 준말로 舜임금이 崩御한 곳이다.
405) 斑衣는 색동옷으로, 중국 春秋時代 楚나라의 賢人인 老萊子가 칠순에도 색동옷을 입어 부모 마음을 기쁘게 해 드렸다는 데서 유래하여, 늙은 부모에게 효도함을 비유한다.
406) 赦還은 죄를 赦免받고 돌아옴이다.

吾王仁孝推恩澤　好熨斑衣待赦還

03-18 삼청동[407]에 들어가서 최사집[408]을 방문하다
03-18 入三清洞, 訪崔士集

바라보이는 약란(藥欄)[409]과 기각(碁閣[410])으로도 미리 알 수 있건만
개울을 건너고 바위를 타느라고 위로 걸어감이 더디네.
꾀꼬리[411]가 울고 있는 나무에 말을 묶어 놓고서
노랑나비가 돌고 있는 울타리에서 문을 두드리네.
길은 흰 구름이 가득하여 손이 놓칠 듯한데
꽃잎은 물에 떠서 술잔에 들어오려 하네.
마음대로 행차하고서도 만족스러운[412] 일은
도원(桃源)[413]의 골짜기 안에서 종자기(鍾子期)[414]를 만남이라네.

藥欄碁閣望先知　緣澗依巖步上遲
繫馬倉庚啼樹後　叩門黃蝶繞籬時

---

407) 三淸洞은 서울의 仁王山 기슭에 있던 골짜기이다.
408) 士集은 조선 후기의 문신 崔成大(1691～?)의 자로 본관은 全義, 호는 杜機, 정랑 守慶의 아들이다. 蔭敍로 別提가 되고, 영조 8년(1732) 정시문과에 병과로 급제하여, 설서・지평・장령을 거쳐 대사간에 올랐다. 시문에 뛰어나서 <山有花歌>・<酸蔣歌>・<古雜曲> 등의 민요시를 남겼으며, 시 11수를 모아 엮은 『杜機詩集』이 남아 있다.
409) 藥欄은 芍藥이 피어 있는 난간으로, 곱게 단정한 난간이나 울타리를 가리킨다.
410) 碁閣은 바둑을 두는 亭閣이다.
411) 倉庚(鶬)은 꾀꼬리의 별칭인데, 『詩經』「豳風」 <東山>에 "꾀꼬리가 나니, 날개 빛이 선명하네.(倉鶊于飛, 熠燿其羽.)"라는 구절이 있다.
412) 得意는 만족함, 마음에 듦이다.
413) 桃源은 桃花源의 준말로 東晋 陶潛의 <桃花源記>에 등장하는 武陵山에 있었다는 골짜기로, 秦나라의 暴政을 피해서 숨은 이들의 후손들이 君主의 착취가 없고 풍속이 순후한 가운데 자급자족하며 안락한 공동생활을 하였던 理想鄕이라고 한다.
414) 鍾子期는 춘추시대의 楚나라 사람으로 벗인 伯牙가 琴을 연주하는 뜻을 잘 이해하여 知音이란 말의 유래가 되었다.

白雲滿逕如迷客　流水浮花欲入巵
隨意作行因得意　桃源洞裏遇鍾期

03-19 사월 초아흐렛날에 수언[415]·대이[416]와 함께 청학동[417]에 들어가다. 2수
03-19 四月初九日, 與綏彦·大而入青鶴洞, 二首

손을 잡고 푸른 산에 와서 물화(物華)[418]를 아끼면서
바라보노라니 온화한 기운[419]을 띤 수많은 집[420]이 아득하네.
잔을 씻는 바위 위에는 샘물이 맑고
말을 맨 누대 앞은 버들빛으로 가려져 있네.
붉은 나무[421]는 이미 어젯밤의 꿈이 되었고
바람결의 안개는 한 봄의 꽃을 떠나보내[422] 버렸네.
덧없는 삶이라 한가한 날을 얻기 어렵기에
곧바로 숲 속에서 까마귀가 돌아오는 저물녘[423]까지 기다리네.

---

415) 綏彦은 조선 후기의 문신 蔡膺萬(1677～?)의 자로 본관은 平康, 다른 자는 幼言, 希菴 蔡彭胤의 중형인 成胤의 아들이다. 1717년에 진사시에 급제하고 1723년 증광문과에 병과 15등으로 등제하여 한성부윤을 지냈다. 약산의 장남 大觀의 장인이다.
416) 大而는 조선 후기의 문신 洪景輔(1692～1745)의 자로 본관은 豊山, 호는 蒼厓, 重夏의 아들이다. 1723년 증광문과에 병과로 급제하여 정언·부수찬을 거쳐, 대사간·穩城府使·우승지가 되었다. 전라도관찰사를 거쳐 冬至副使로 청나라에 다녀와서 대사헌으로 있을 때 인재등용에 무능한 대신들을 강하게 비판하였다. 병조참판·대사헌·경기감사를 역임한 뒤 대사간을 지냈다. 시호는 忠獻이다.
417) 青鶴洞은 서울 南山에 있던 골짜기 이름이다.
418) 物華는 사물의 빛이나 경치이다.
419) 淑氣는 온화한 기운이다.
420) 千門은 千門萬戶의 준말로 수많은 집이다.
421) 火樹는 불타는 나무로 붉은 꽃이 핀 나무를 형용한다.
422) 斷送은 떠나보냄, 밀어보냄이다.
423) 暝鴉는 暮鴉와 같은 말로 저녁에 보금자리로 자러 가는 까마귀이다.

携手青山惜物華　千門淑氣望中賒
洗盃巖上泉流淨　繫馬臺前柳色遮
火樹已成前夜夢　風烟斷送一春花
浮生閑日知難得　直待林間返暝鴉

끊이지 않는[424] 하늘의 조화[425]가 살쩍을 하얗게 하는데
산에 가득한 봄빛은 그대들을 위하여 무르익었네.
앉아서 하는 담소[426]는 샘물소리와 어울리는데
바라보이는 누대는 나무그늘에 가리어 있네.
나귀등을 스치며 지나가는 것은 어느 골짜기의 새인가?
술잔 속에 날아와 떨어지는 것은 다른 산봉우리의 꽃잎이네.
시가 이루어지자 푸른 이끼가 낀 벽에 어지럽게 적노라니
취하여 쓴 먹이 흘러내려서 글자가 갈가마귀와 같네.

袞袞天機鬢上華　滿山春色爲君賒
坐來笑語泉聲合　望裏樓臺樹影遮
驢背掠過何谷鳥　盃心飛落別峯花
詩成亂寫蒼苔壁　醉墨淋漓字似鴉

03-20 임조대[427] * 범이다. 의 만사. 2수
03-20 林措大 * 范. 挽二首

외로운 산의 풍자(風姿)[428]가 아름다운 훌륭한 나무[429]를

---

424) 袞袞은 끊이지 않는 모양, 바쁜 모양이다.
425) 天機는 하늘의 機密·뜻으로 天地造化의 비밀이나 造化를 가리킨다.
426) 笑語는 담소함, 웃으면서 이야기함이다.
427) 措大는 뜻을 얻지 못하고 궁곤하게 사는 선비에 대한 비칭이다.
428) 風姿는 風采와 같은 말로 태도와 몸가짐이다.

어찌하면 옥지(玉墀)[430]에 옮겨심을 수 있으랴?
문득 미친 듯이 부는 바람에 부러져 버렸으니
서른 번의 봄빛[431]밖에 못 누렸음을 꿈에서도 슬퍼하네.

孤山瓊樹好風姿　安得移栽向玉墀
忽被狂飇吹折了　春光三十夢中悲

경물[432]이 절반으로 나뉜[433] 약현(藥峴) 모퉁이에
양가의 당우(堂宇)[434]가 소나무를 사이에 두고 열려 있네.
견디지 못할 것은 이제부터 홀로 완상하느라고
새벽달이 흐릿하고 저녁피리가 구슬프게 됨일세.

雲物平分藥峴隈　兩家堂宇隔松開
不堪從此成孤賞　曉月依俙暮笛哀

03-21 윤급제[435) * 사완이다. 의 만사. 4수
03-21 尹及第 * 師完. 挽四首

자위(慈闈)[436]를 위하느라고 장옥(場屋)[437]을 바삐 오가더니[438]
푸른 구름[439]으로 가는 길이 뚫리자 말자 곧 해가 지고 말았네.[440]

---

429) 瓊樹는 나무의 미칭으로 인품이 고상한 사람을 비유한다.
430) 玉墀는 궁전 앞의 돌계단이다.
431) 春光은 봄빛으로 세월을 비유한다.
432) 雲物은 景物・景致이다.
433) 平分은 반으로 나눔, 반으로 공평하게 나눔이다.
434) 堂宇는 殿堂・집이다.
435) 及第는 과거에 급제하고 벼슬에 나아가지 않은 사람이다.
436) 慈闈는 慈堂과 같은 말로 어머니이다.
437) 場屋은 비를 막거나 햇볕을 피하여 과거시험을 볼 수 있게 만든 곳으로 科場을 가리킨다.
438) 栖栖(棲棲)는 바삐 서두는 모양, 분주한 모양이다.

사람세상에서 울리는 패옥소리를 어찌 견디랴?
곧 색동옷을 입고 저승[441]에서 춤추리.

悽悽塲屋爲慈闈　雲路纔通奄落暉
忍向人間鳴玉佩　且從泉下舞斑衣

어머니와 아들이 서로 어긋난 지 겨우 한 달쯤이니
행원(行原)[442]은 뒷날에 정려(旌閭)[443]을 세울 만하네.
한 줄기 <해로(薤露)[444]의 노래로 동시에 출발하니
살아 있을 때에 판여(板輿)[445]를 받드는 것과 비슷하네.

母子相違僅月餘　行原他日可旌閭
一聲薤露同時發　彷彿生前奉板輿

신선의 물오리[446]는 아득히 진양성(晉陽城)[447] 옆에 있었는데
만리를 가야 할 대붕(大鵬)[448]이 물결 앞에서 요절하였다네.

---

439) 靑雲은 푸른 구름으로 높은 벼슬이나 원대한 포부·지향을 비유한다.
440) 落暉는 夕陽이다.
441) 泉下는 黃泉과 같은 말로 사람이 죽어서 묻히는 곳이다.
442) 行原은 百行之原의 준말로 모든 행실의 근원인 孝行을 가리킨다.
443) 旌閭는 효자·열녀·충신 등이 사는 마을의 어귀나 집에 旌門을 세우거나 扁額을 내림, 또는 그 정문이다.
444) <薤露>는 樂府 相和曲의 題名으로 옛날의 挽歌·喪歌인데, 戰國時代 楚나라 屈原의 <對楚王問>에 이름이 보이고, 西晋 崔豹의 『古今注』에 <蒿里>와 함께 喪歌의 하나로 실려 있다.
445) 板輿는 사람의 힘으로 모는 수레로 대개 노인을 태울 때에 쓰였으며, 관리가 임지에서 부모를 맞이하여 봉양함을 비유하는데, 여기에서는 늙으신 부모를 모심을 가리킨다.
446) 仙鳧는 신선이 탄 물오리로 縣令을 비유하는데, 後漢의 河東人 王喬가 葉縣令으로 있을 때에 매월 朔望마다 입조하였는데, 수레나 말이 없이 두 마리의 집오리가 날아오는 것만 보이기에, 그물로 오리를 잡아 보니 한 짝의 신발만 있었다는 고사에서 유래한다.
447) 晋陽은 慶尙道 晋州牧의 옛 이름이다.

놀라 일어나서 잇달아 애석하게 여길 사람이라고 외치노라니
스산한 바람이 소슬(蕭瑟)하게[449] 대숲을 에워싸네.

晉陽城畔仙凫杳　萬里波前大鵬夭
驚起連呼可惜人　竹林蕭瑟悲風遶

* 대완(大阮)[450]이 진양의 임소에서 죽은 지 얼마 되지 않는다.
* 大阮纔歿於晉陽任所.

최복(縗服)[451]을 이어받아 입은 아들은 지극한 행실이 순수하여
다급해서[452] 깨문 손가락의 피가 옷과 두건에 가득하네.
저 아이는 어찌 감히 내키는 대로[453] 사효(死孝)[454]를 행하였던가?
큰 나무[455]와 같은 가문[456]이 한 몸에 맡겨졌건만.

有子承縗至行純　蒼黃指血滿衣巾
徑情死孝渠何敢　喬木門閭托一身

---

448) 大鵬은 상상적인 큰 새로 앞길이 먼 사람을 비유하는데, 『莊子』「逍遙遊」에서는 붕이 南冥으로 옮길 때에 물결이 三千里나 솟구치고, 바람을 타고 오르기를 九萬里나 하며, 여섯 달을 날아간 뒤에야 쉰다고 하였다.
449) 蕭瑟은 바람이 나뭇가지를 흔드는 소리를 형용하거나 처량함·쓸쓸함을 뜻한다.
450) 大阮은 중국 삼국시대 魏나라 竹林七賢의 일원이었던 阮籍·阮咸 가운데 형인 완적의 별칭인데, 여기에서는 亡者의 형을 가리킨다.
451) 縗服은 상복인데, 縗는 삼년상을 치르는 상복의 왼쪽 가슴 부분에 다는 삼베조각이다.
452) 蒼黃(惶)은 다급함이다.
453) 徑情은 마음 내키는 대로 함이다.
454) 死孝는 부모의 상을 치르면서 과도하게 슬퍼하여 몸을 해침으로써 죽음에 이르게 되는 효도이다.
455) 喬木은 매우 큰 나무로 오래 된 나라·가문을 비유한다.
456) 門閭는 성문과 마을의 문으로 가문·집안을 비유한다.

03-22 허형 광보씨의 만사
03-22 許兄光甫氏挽

나는 다박머리[457]이고 그대는 관자(冠者)일 때부터 끊이지 않았으니[458]
맑은 물과 같은 교정[459]을 나눈 지 사십년이라네.
풍월과 같은 정신은 현도(玄度)[460]한테 있었는데
강산을 읊은 시편은 정묘교(丁卯橋)[461]에 전해지네.
깊은 가을의 빈객은 나귀를 울리며 오는데
해가 짧아진 문려에는 학발(鶴髮)[462]이 계시네.
잎이 다 떨어진[463] 건곤에 홀로 서서 슬퍼하다가
재주를 거론하면서 다시 눈물이 샘물과 같음을 깨닫네.

我髫君冠已蟬聯　淡水交情四十年
風月精神玄度在　江山詩什卯橋傳
秋深賓客驢鳴後　日短門閭鶴髮前
搖落乾坤悲獨立　論才更覺淚如泉

03-23 밤에 읊다
03-23 夜吟

457) 髫(초)는 어린아이의 늘어뜨린 다박머리로 어린 시절을 비유한다.
458) 蟬淵은 聯蟬과 같은 말로 끊이지 않고 이어짐이다.
459) 淡水交情은 맑은 물과 같이 담박한 교정으로 이익・세력을 초월한 군자의 교제를 가리킨다.
460) 玄度는 東晉의 문사 許詢의 자인데, 元道人으로 黃老思想을 좋아하고 淸談을 숭상하였으므로 흔히 淸流의 名士를 대유한다.
461) 丁卯橋는 중국 江蘇省 丹徒縣의 남쪽에 있던 다리의 이름으로, 東晉 元帝의 아들 裒가 다리의 축조를 주청하여 丁卯日에 재가받은 탓에 붙은 이름인데, 中唐의 시인 許渾이 그 옆에 별장을 짓고 산 데서 유래하여 시인묵객이 사는 곳을 비유한다.
462) 鶴髮은 老人의 白髮로 부모를 비유한다.
463) 搖落은 초목이 말라 떨어짐이다.

두터운 구름 때문에 절로 저녁이 되더니
밝은 달은 또 먼 곳에서 솟아오르네.
경기(景氣)[464]가 점점 맑아지니[465]
늘어선 산봉우리들을 헤아릴 수 있을 듯하네.
회포가 있으니 어찌 잠들 수 있으랴?
바지자락을 걷고[466] 혜초(蕙草)[467]밭으로 걸어가네.[468]
혜완(蕙畹)이 어찌 아름답지 않으랴마는
이슬이 많아서 돌아가는 게 낫다네.

重雲自成夕　明月出更遠
景氣漸澄灝　如可數列巘
有懷誰能眠　褰裳步蕙畹
蕙畹豈不美　多露不如返

03-24 조카 안씨 * 정필[469]이다. 가 후사를 세웠기에[470] 느낌이 있어 지어서 종형 안사첨[471]에게 보여 드리다
03-24 安侄 * 珽弼. 立後, 有感題視從兄安士瞻

넓디넓은[472] 건곤이 저물어 가는데
조카님[473]은 참으로 편안하신가?

464) 景氣는 景物・風景이다.
465) 澄灝는 물이 맑고 깨끗함이다.
466) 褰裳은 아래옷의 자락을 걷어올림이다.
467) 蕙草는 蘭草의 일종으로 한 줄기에 꽃이 여러 송이 피고, 난초보다 향기가 더 강하며, 흔히 性情의 아름다움을 비유한다.
468) 蕙畹은 蕙草・香草를 제배하는 밭이다.
469) 安挺弼은 약산의 外姪로 安士瞻의 亡子인 듯하다.
470) 立後는 立嗣와 같은 말로 代를 이을 아들을 친족 중에서 들여세움이다.
471) 士瞻은 약산의 모친이 安氏인 점으로 보아 약산의 外從兄의 자인 듯하다.
472) 漭漭은 물이 넓은 모양이다.

고운 빛은 흐르는 물을 따르는데
몸은 가면 돌아오기를 돌보지 않는다네.
그림자와 메아리[474]는 날로 멀어지고
향기와 윤기는 날로 쇠약해지네.
조카의 나이가 벌써 마흔 살이라
늘 죽은 뒤의 일을 염려하였지.
당시에는 듣고 웃었지만
오늘 생각해 보니 슬퍼지네.
살아 있을 때에는 아들이 없더니
죽은 뒤에 막 아들을 가지네.
살아 있을 때에 너를 보지 못하였으니
죽은 뒤에 너를 알아 볼 사람이 누구이랴?
뜰 동쪽의 숲이 빽빽한데
또 뜰의 남쪽으로 가지를 내미네.
근본(根本)은 땅 속에 있지만
기맥(氣脉)[475]은 모든 가지로 통하네.
대청에 올라가서 할아버지께 절하노라면
효도와 자애가 자욱하게 생겼으리.
효도와 자애가 슬픔이 늘어나게 하여
자리의 모든 사람[476]이 눈물을 줄줄 흘렸으리.[477]
시서(詩書)[478]에는 의탁할 것이 있고
할아버지와 아버지에게는 기댈 것이 있다네.

---

473) 賢姪은 조카에 대한 미칭이다.
474) 影響은 그림자와 소리로 사물의 자취를 비유한다.
475) 氣脉(脈)은 혈기와 맥박이다.
476) 一座(坐)는 한 자리, 또는 한 자리에 앉은 모든 사람이다.
477) 淋漓는 물기가 흘러내리는 모양, 또는 축축하게 젖음이다.
478) 詩書는 『詩經』과 『書經』의 합칭으로 유가의 學問·禮敎를 代喩한다.

노력하여 문호를 유지하면
높고 크게 될 것이 기약되리.

渀渀乾坤暮　　賢姪果安之.
瑤光逐逝水　　形往不顧歸.
影響日以遠　　芬澤日以衰
姪年今[479]四十　常爲身後思
當日聞之笑　　今日念之悲
生時未有兒　　死後方有兒
生時不見汝　　死後知汝誰
欝欝庭東樹　　亦抽庭南枝
根本在地中　　氣脉通百支
上堂拜大父　　藹藹生孝慈
孝慈增感傷　　一座淚淋漓
詩書有付托　　祖考有憑依
努力持門戶　　高大以爲期

* 조카 안씨가 잇달아 딸 둘을 얻었으나 아들은 얻지 못하였으므로, 매번 죽은 뒤의 일을 걱정하였기에, 내가 웃으면서 말하기를, "그대의 나이가 한창 장년이거늘 어찌 아들이 없음을 근심하는가?"라고 하였다. 당시에는 망령된 생각으로 여겼지만, 지금 지나간 뒤에야 그의 말에 생각한 바가 있었음을 알게 되었으므로, 시편 안에서 언급하였다.
* 安姪連擧二女而未擧子, 每以身後事爲憂, 余笑曰, "汝年方壯, 何憂無子?" 當時以爲是妄想也, 今而後知其言之有所思也, 故篇中及之.

479) 奎章閣本 原典의 匡郭 위에 '今은 方인 듯하다.(今恐方)'라는 교정기록이 붙어 있으나, 어느 글자이든 무방하므로 요긴하지 않은 의견이다.

03-25 시내[480]를 따라가다가 돌에 앉아서. 2수
03-25 沿溪坐石二首

봄날의 산에는 빼어난 경치[481]가 있고
봄날의 물에는 넉넉한 시원함이 있네.
봄새가 그 사이에서 울어
우연히 나에게 감정이 생기게 하네.
외로운 학이 빠른 날개[482]를 드니
하루 만에 팔굉(八紘[483])을 가로지르리.
이렇게 유람하는 즐거움[484]을 알지 못하기에[485]
다섯 걸음에 한 번씩 머물다가 가네.

春山有秀色　春水有餘淸
春鳥鳴其間　遇以成我情
獨鶴擧逸翮　一日橫八紘
不及玆遊樂　五步一留行

바람결의 패옥소리[486]가 아득히[487] 먼 데서 들리는데
옥 같은 골짜기에는 시원하게[488] 그늘이 져 있네.
늙은 나무에서 기묘한 향기를 맡고

---

480) 中(重)興洞은 三角山의 서남쪽, 지금의 경기도 高陽市에 있던 골짜기로 泉石이 幽邃·淸絕하고 中(重)興寺·山映樓가 있었던 명승지였다.
481) 秀色은 빼어난 경치이다.
482) 逸翮은 힘차고 빠르게 나는 새의 날개로 빨리 나는 새를 비유한다.
483) 八紘은 八方의 모퉁이로 아주 먼 땅이나 천하를 비유한다.
484) 遊樂은 놀면서 즐김, 가면서 즐김이다.
485) 不及은 하지 못함, 또는 알지 못함이다.
486) 風珮(佩)는 佩玉이 바람에 흔들리는 소리이다.
487) 窅窅(요요)는 아득히 먼 모양, 숨겨진 모양이다.
488) 泠泠은 시원하고 상쾌함이다.

한가로운 구름[489]에서 옛 사람의 마음을 보네.
이로 말미암아 휘파람을 불 생각을 하노라니
모든 골짜기가 드디어 고요해지네.[490]
후미진[491] 곳에도 사람이 있는 듯한데
바람과 샘물은 나를 매우 감동하게 하네.

窅窅風珮遠　泠泠玉洞陰
老木聞妙香　閑雲見古心
因之有嘯意　萬壑遂愔愔
邃僻人如在　風泉感我深

03-26 중흥동에서 촌자를 얻다
03-26 中興洞得村字

금빛 연꽃 세 가지가 태원(太元)[492]에 꽂혀 있는데[493]
우르렁거리는[494] 옥동(玉洞)[495]은 스스로 한 건곤이네.
공중에 있는 절에는 신이 사자(獅子)의 자리[496]를 부축하고
나무 끝에 있는 마을에는 벌의 집이 낭떠러지에 붙어 있네.
구름이 가고 물이 흐르는 온조(溫祚)[497]의 나라요

489) 閑雲은 한가로이 떠가는 구름이다.
490) 愔愔은 그윽하고 고요한 모양이다.
491) 邃僻은 후미지고 궁벽함이다.
492) 太元은 하늘·공중이다.
493) 이 구절은 三角山을 비유한 것이다.
494) 訇然(굉연)은 우레소리와 같은 큰 소리를 형용한다.
495) 玉洞은 神仙·隱者가 사는 곳이다.
496) 獅子座는 부처가 앉는 자리로 부처가 존귀함을 짐승의 왕인 사자에 견주어 일컫는 말이다.
497) 溫祚(?~28)는 百濟의 시조로 재위기간은 B.C. 18년부터 A.D. 28년까지이다. 高句麗의 시조 東明王의 셋째 아들로 동복형인 沸流와 함께 남하하여 慰禮城을 도읍으로 하여

새가 울고 꽃이 피는 북성(北城)[498]의 문이네.
수많은 바위를 다 유력하고 나서 초제(招提)[499]에서 쉬면서
오늘밤에는 달이 술잔에 가득할 것을 미리 기뻐하네.

三朶金蓮揷太元　訇然玉洞自乾坤
神扶獅座空中寺　崖着蜂房木末村
雲去水流溫祚國　鳥啼花落北城門
千巖歷盡招提歇　預喜今宵月滿樽

03-27 밤에 중흥사[500]에서 묵었는데, 여러 익우가 달이 없어서 유상할 것이 크게 빠졌다고[501] 하기에 입으로 불러서 답하다
03-27 夜宿中興寺, 諸益以無月爲遊賞大空缺, 口呼以答

연화(烟花)[502]가 있는 산수에서 좋은 벗들과 마주하거늘
어찌 또 이런 밤에 밝은 달을 얻기를 바라리요?
산이 빛나는 누각 앞이 시원하여 잠을 이루지 못하노라면
바위틈[503]의 샘물과 솔숲의 비[504]가 한꺼번에 울리리.

烟花山水對良朋　那復今宵得月明

국호를 百濟라 하였으며, 뒤에 南漢山에 천도하고 馬韓을 멸망시켰다.

498) 北城은 都城인 漢陽城의 북쪽성이다.

499) 招提는 梵語 Cātuddisa의 音譯으로 四方을 뜻하는데, 사방에 사는 중의 거처를 招提僧坊이라 한 데서 유래하여 寺刹을 가리킨다.

500) 中興寺는 경기도 高陽市의 北漢山 露積峰 아래에 있는 절로 고려 태조 21년(938)에 태조가 국태민안을 빌기 위하여 창건하였고, 고려 말에 太古和尙 普愚가 중수하였으며, 숙종 39년(1713) 북한산성을 축조할 때 30여칸에서 136칸으로 확장되었다.

501) 空缺은 空闕과 같은 말로 빠지거나 모자람이다.

502) 烟花는 안개 속의 꽃으로 흔히 아름다운 봄날의 경치를 가리킨다.

503) 石泉은 石間水와 같은 말로 바위틈에서 나오는 샘물이다.

504) 松雨는 솔숲에 내리는 비이다.

山暎樓前淸不寐　石泉松雨一時鳴

03-28 행궁[505]
03-28 行宮

선왕(先王)께서 이 산 속에서 머무실[506] 때에는
우개(羽盖)[507]와 예정(霓旋)[508]이 반공을 스쳤다네.
봄날이 저물어도 선어(仙馭)[509]는 돌아오지 않는데
떨어진 꽃과 흐르는 물이 행궁(行宮)을 가리고 있네.

先王駐蹕此山中　羽盖霓旋拂半空
仙馭不歸春日暮　落花流水閉行宮

03-29 폭포 앞에서 시구를 전달해 주기에
03-29 臨瀑傳詩句

폭포 앞에서 시구를 말로 전달해 주는데
요란한 소리[510] 때문에 알아들을 수가 없네.
알아듣지 못함은 천연의 경치[511] 때문이니
물소리가 바로 그대의 시라네.

---

505) 行宮은 行在와 같은 말로 帝王이 巡幸 중에 일시 머무는 곳이다.
506) 駐蹕은 御駕를 세움으로 帝王이 외지에서 머묾을 비유한다.
507) 羽盖(葢)는 푸른 물총새의 깃으로 장식한 일산모양의 수레덮개로 화려한 수레를 대유하며, 翠盖・翠羽盖라고도 한다.
508) 霓旋은 오색 깃털로 엮어 만든 깃발로 帝王의 儀仗의 하나이다.
509) 仙馭는 신선의 수레로 帝王의 죽음을 비유한다.
510) 喧豗(훤회)는 요란하게 울리는 소리이다.
511) 眞境은 있는 그대로의 境地, 또는 天然의 경물이다.

臨瀑傳詩句　喧豗不辨之
不辨爲眞境　水聲是汝詩

03-30 폭포 밑의 못
03-30 瀑潭

그대는 폭포[512]의 기이함에 기뻐하며 잇달아 외치는데
나는 깊은 못을 사랑하여 눈길을 쏟는다네.[513]
짐기어 머물러 이것을 이룸이 없다면
무엇을 하고자 백 번 꺾이면서 빨리 날랴?[514]

連呼君說瀑流奇　我愛深潭注目時
不有涵停成此物　奔飛百折欲何爲

03-31 산에서 내려와서 운을 부르기[515]에
03-31 下山呼韻

고운 양천(陽天)[516] 아래에서 길을 돌아오노라니
여윈 말[517]은 벌써 성곽의 앞에 이르렀네.
밤에는 구름이 깊은 절에서 쉬었고
어제는 비에 불어난 샘을 건넜네.
오늘밤[518]에는 그리움으로[519] 꿈을 꿀 텐데

---

512) 瀑流는 瀑布이다.
513) 注目은 注視와 같은 말로 눈길을 한곳에 모아서 봄이다.
514) 奔飛는 빠르게 날아감이다.
515) 呼韻은 唱韻과 같은 말로 남이 부르는 운에 따라 시를 짓는 것이다.
516) 陽天은 九天의 하나인 남동쪽의 하늘이다.
517) 羸驂은 羸馬와 같은 말로 야위고 지친 말이다.

이번 행차는 걸음마다 신선이었다네.
숲을 나와서 간곡히[520] 송별해 주시니
늙은 스님 또한 인연이 있는 분이리.

歸路艷陽天　羸驂已郭前
雲深宵憩寺　雨漲昨過泉
後夜依依夢　今行步步仙
慇懃出林送　老釋亦因緣

03-32 홍승지의 만사
03-32 洪承旨挽

당론(黨論)[521]의 마당은 시끄럽고
명리의 나루는 손짓을 하였네.[522]
바람과 물결 때문에 잠깐 기슭에 오르더니
말로에는 완인(完人)[523]과 비슷하셨네.
이생에서 만절(晩節)[524]을 귀중하게 여겨
물러난 뒤에는 동배(同輩)[525]를 벗어나셨네.
홍공(洪公)을 만나서 눈을 떴거니와
늙을수록 생강과 육계[526]처럼 매우셨다네.

---

518) 後夜는 그날 밤, 다음날 밤이나 열두시 이후의 밤이다.
519) 依依는 그리워함이다.
520) 慇懃은 간곡함, 情誼가 깊고 두터움이다.
521) 黨論은 朋黨 사이의 논쟁이다.
522) 招招는 손짓하거나 소리쳐서 부르는 모양이다.
523) 完人은 완전한 사람으로 학식·도덕·품행 등에 결함이 없는 사람을 가리킨다.
524) 晩節은 老年, 또는 늘그막의 節操이다.
525) 等倫은 같은 무리, 동배이다.
526) 薑桂는 生薑과 肉桂인데, 자라는 곳과 상관없이 매운 맛을 지닌 식물이므로 사람의 강직한 성품을 비유한다.

벼슬길에 올라[527] 세 조정을 섬기면서
처음부터 끝까지 검고 얇음[528]을 사절하셨네.
창상(滄桑)[529]의 경계에서도 걸음을 크게 걷고
한(漢)나라 조정의 땔감[530]에도 안색이 온화하셨네.
꿈 속에도 은대(銀臺)[531]의 누각[532]소리를 들으셨고
옷 위에는 연경(燕京)과 계주(薊州)[533]의 먼지가 앉았네.
밤낮으로 들판과 습지[534]와 함께 하였지만
신하로는 분의(分義)[535]을 적게 펼치셨네.
마침내 느긋하게 베개를 높이 베더니[536]
뜻밖에도[537] 문득 이리저리 돌아다니셨네.[538]
벼슬을 싫어함을 속인들은 괴상하게 여겨서
손으로 와서 공께 묻는 일이 잦았네.

---

527) 立身은 벼슬길에 나아감, 또는 출세하거나 영달함이다.
528) 緇磷은 검고 얇음으로 절조가 굳지 못함을 비유하는데, 『論語』「陽貨」의 "갈아도 얇아지지 않으니 얼마나 굳은가? 물들여도 검어지지 않으니 얼마나 흰가?(不曰堅乎, 磨而不磷? 不曰白乎, 涅而不緇?)"라는 글에서 유래한다.
529) 滄桑은 桑田滄海·桑田碧海의 준말로 뽕나무밭이 변하여 푸른 바다로 변함이며, 세상의 변화가 극심함을 비유한다.
530) 漢廷薪은 한나라 조정의 學舍에서 땔감을 채취함으로, 국가가 학문의 발전에 힘쓰지 않는 상황을 비유하는데, 後漢 安帝 때에 藝文博士를 푸대접하자, 박사들은 강습하지 않고 생도들은 흩어져 버렸으며, 頹廢한 學舍에서 채소를 기르거나 땔감을 채취하였다는 『後漢書』「儒林列傳」의 기사에서 유래한다.
531) 銀臺는 銀臺司의 준말로 宋代에 門下省 아래에 둔 奏狀·案牘 등을 관장하였던 관서인데, 여기에서는 承政院의 별칭으로 쓰였다.
532) 漏刻은 물시계의 하나로 가는 구멍에서 새어 떨어지는 물의 양을 漏壺 속에 세운 漏箭의 눈금으로 읽어서 時刻을 알게 되어 있었던 장치이다.
533) 薊州는 중국 北京 인근에 있던 縣, 또는 薊州鎭으로 明代에는 九邊의 하나로 山海關에서 居庸關에 이르는 지역을 관할하였다.
534) 原隰은 넓고 평탄한 땅과 낮고 습한 땅이다.
535) 分義는 情分·情義이다.
536) 高枕은 베개를 높이 베는 것으로 편안하게 눕거나 한가한 곳에 몸을 붙임을 비유한다.
537) 倘來는 뜻밖에 옴·얻음이다.
538) 逡巡(巡)은 이리저리 돌아다님, 또는 객지에 머묾이다.

공은 매우 늙고 병들었기 때문이라고 말하셨지만
늙고 병듦이 어찌 진실이었으랴?
세상사람들은 늙고 병듦을 꺼리면서도
죽기 전에는 한가한 몸이 없다네.
공문(公門)[539]에서는 곱사등이를 어루만져 주고
부첩(簿牒)[540]에는 신음을 참으셨네.
공의 병이 어찌하여 이에 이르렀는가?
연세는 더욱이 칠순이 되지 않으셨네.
현도(玄都)[541]의 빛나는[542] 나무가
어찌 양춘(陽春)[543]을 자랑하지 않았으랴?
이 노포(老圃)[544]의 꽃을 찬미하노니
풍상(風霜)의 시절에도 담박[545]하였다네.
공의 몸은 날로 적막해져도
인망(人望)은 날로 우뚝해지셨네.[546]
마룻대와 들보[547]처럼 의지하고
형산(荊山)의 구슬[548]처럼 보배롭게 여겼네.
왜 시기하고 미워하여 빨리 빼앗아갔는가?

---

539) 公門은 官衙이다.
540) 簿牒은 문서・장부이다.
541) 玄都는 『海內十洲記』에서 신선이 사는 땅인 北海의 玄洲에 있다고 한 지명으로, 仙伯眞公의 治所가 있다는 곳이다.
542) 灼灼은 빛나는 모양, 환히 드러나는 모양이다.
543) 陽春은 따뜻한 봄이다.
544) 老圃는 경험이 많은 채소・꽃을 기르는 농사꾼이다.
545) 淡泊은 묽고 옅음으로 흔히 욕심이 없고 마음이 조촐함, 명리를 좇지 않음을 비유한다.
546) 嶙峋(인순)은 산봉우리・바위 등이 높이 솟아 우뚝함을 형용한다.
547) 棟梁(樑)은 마룻대와 들보로 나라의 重任을 맡을 만한 사람을 비유한다.
548) 荊珍은 荊玉과 같은 말로 훌륭한 인재를 비유하는데, 춘추시대 楚나라의 卞和가 荊山 아래에서 옥돌을 얻어 왕에게 바쳤으나 玉으로 인정받지 못하고, 오히려 왕을 속였다는 죄명으로 양쪽다리에 刖刑을 당하였으나, 결국 그 眞價를 인정받게 되었다고 하는 『韓非子』에 실린 고사에서 유래한다.

조화옹(造化翁)[549]이 참으로 인자하지 않네.
만사를 적으면서 부끄러운 빛이 없는데
흐르는 눈물은 나의 두건을 적시네.

擾擾黨論場　招招名利津
風波少登岸　末路疇完人
人生貴晩節　退者超等倫
開眼得洪公　薑桂老益辛
立身事三朝　本末絶緇磷
坦步滄桑界　夷色漢廷薪
夢裏銀臺漏　衣上燕薊塵
夙夜與原隰　分義臣少伸
悠然遂高枕　倘來輒逡巡
嫌官俗所恠　客到問公頻
公言老病甚　老病豈其眞
世人諱老病　死前無閑身
公門扶傴僂　簿牒忍吟呻
公病豈至此　年又未七旬
灼灼玄都樹　豈不媚陽春
懿此老圃花　淡泊風霜辰
公身日沈寂　人望日嶙峋
倚之如棟樑　寶之如荊珍
忮猜何奪速　造化誠不仁
書輓無愧色　泣涕沾我巾

549) 造化翁은 천지만물을 창조하고 관장하는 존재의 존칭이다.

03-33 김황주[550]의 만사
03-33 金黃州挽

아득한 북두성 바깥에 보검의 원통한 기운[551]이 있나니
몇 년이나 반현(潘縣)[552]에 누워서 꽃을 재배하셨던가?
삼천의 손님들과 진한 술[553]로 마음껏 취하였건만
일흔에 이른 분 집의 차가운 부엌에서는 연기만 났다네.
왼쪽 부절[554]을 지닌 하늘은 큰 복을 주셨는데
빈 배[555]에서 자취를 끊은 사람은 나쁜 말[556]을 보탰네.
모름지기 백양(伯陽)[557]이 끼치신 은덕을 아시라.[558]
노소(老少)가 다 정치(情癡)[559]처럼 눈물을 뿌리네.

寶劍寃氛斗外賒　幾年潘縣臥栽花
醇醪心醉三千客　冷竈烟生七十家
左契天將純福與　虛舟人絶惡聲加
伯陽遺德須看取　老少情癡淚盡斜

---

550) 黃州는 황해도에 둔 牧인데, 여기에서는 黃州牧使를 가리킨다. 金黃州는 『菊圃集』 권3의 <挽金黃州>의 題註 '夢瑞'로 보아 보아 본관이 善山, 자가 君弼로 숙종 10년 정시무과에 병과 제16명으로 급제하여 황주목사를 지냈던 金夢瑞(1660~1726)를 가리키는 듯하다.
551) 寃氛은 寃氣와 같은 말로 가슴에 쌓인 원통한 기운이다.
552) 潘縣은 河南省 河陽縣의 별칭인데, 西晉의 문인 潘岳이 현령을 지낸 데서 생긴 이름이다.
553) 醇醪는 맛이 진하고 좋은 술이다.
554) 符節은 금속·대나무·옥 등에 문자를 새겨서 둘로 나누어 한 쪽씩 가지고 있다가 맞추어서 증빙하던 信標인데, 여기에서는 임금이 지녔던 왼쪽조각을 가리킨다.
555) 虛舟는 부리는 사람이 없는 배로 욕심이 없고 활달하여 얽매이지 않는 사람을 비유한다.
556) 惡聲은 나쁜 소리로 원망하는 말을 비유한다.
557) 伯陽은 金黃州의 자나 호인 듯하다.
558) 看取는 알아냄인데, 取는 助字이다.
559) 情癡는 情에 눈이 먼 사람이다.

03-34 감우.560) 9수
03-34 感遇九首

가을바람은 얼마나 불어대는가?561)
새의 꼬리는 얼마나 쓸쓸한가?562)
악목(惡木)563)은 서쪽 봉우리에 펴져 있고
진기한 나무는 동쪽 산비탈에서 그늘을 짓네.
공자(公子)564)는 금환(金丸)565)을 안고서
진기한 나무 옆에서 즐겁게 노네.566)
달빛이 마음을 흔쾌하게 하니
난새567)와 봉황568)은 피하지 않네.
의리 때문에 악목에 깃들지 않지만

---

560) 感遇는 부딪힌 사물에 대한 느낌으로 初唐 陳子昂의 <感遇三十八首>에서 유래하여 보고들은 사물에 대한 느낌을 읊은 詠懷詩·感興詩의 제목이 된 말인데, 元 楊士弘이 엮은 『唐音』 권2의 진자앙의 시제 아래에는 "마음에 느낌이 있어서 말에 의탁하여 그 뜻을 펼친 것을 이른다. 또 마음으로 느끼고 눈길에 부딪혀서 마음 속에서 생겨난 감정을 말에 부친 것을 이른다.(感遇云者, 謂有感於心而寓於言以攄其意也. 又云感之於心遇之於目, 情發於中而寄於言.)"라는 주석이 붙어 있다. 이 작품은 題名·體式·詩意·表現 등으로 보아 <感遇三十八首>를 본뜨고자 한 작품인 듯하다.

561) 嫋嫋(요뇨)는 바람이 솔솔 불어 스치는 모양이다.

562) 荒荒은 쓸쓸한 모양, 어둡고 희미한 모양이다.

563) 惡木은 옛날의 나무이름으로 악인을 상징하는데, 『管子』에 실려 있었다는 "士民이 경개한 마음을 품으면, 악목의 가지를 그늘로 삼지 않는다. 악목도 오히려 부끄러워할 만하거늘, 하물며 악인과 함께 거처하랴?(士懷耿介之心, 不蔭惡木之枝. 惡木尙能恥之, 況與惡人同處?)"라는 글에서 유래한다. 西晉 陸機의 <猛虎行>(『文選』 권28)에 "목이 말라도 도천의 물은 마시지 않고, 더워도 악목의 그늘에서는 쉬지 않네.("渴不飮盜泉水, 熱不息惡木蔭.)"라는 구절이 있다.

564) 公子는 제후·군주의 아들인데, 흔히 권세·지위를 지닌 사람에 대한 존칭으로 쓰인다.

565) 金丸은 금으로 만든 彈丸으로 밝은 보름달을 비유한다.

566) 遨遊는 즐겁게 놂, 두루 돌아다님이다.

567) 鸞은 전설상의 신령한 새로 봉황의 한 종류이다.

568) 鳳凰은 전설상의 瑞鳥로 天時를 알아보기 때문에 임금에게 聖德이 있으면 나타난다고 하며, 흔히 帝王을 비유한다.

진기한 나무 또한 재앙을 불러온다네.
방황하면서 슬픈 울음을 토해내는데
슬픈 소리가 청상(淸商)[569]에 맞네.
지사(志士)가 듣고 슬퍼하면서
감정이 격해져서[570] 금(琴)[571]을 타네.
새는 날아서 푸른 하늘로 들어갔다가
내려와서 소리를 알아줌에 사례하네.

秋風何嫋嫋　鳥尾何荒荒
惡木布西岑　珍樹陰東岡
公子挾金丸　遨遊珍樹傍
金丸快心志　不避鸞與凰
義不棲惡木　珍樹亦招殃
彷徨吐哀音　哀音叶淸商
志士聞之悲　感激奏瑤琴
鳥飛入靑冥　下來謝知音

풍성한[572] 아름다운 봄빛[573]은 빛나고
환한[574] 복숭아꽃과 오얏꽃은 향기롭네.
신령스러운 바람[575]은 단곡(丹轂)[576]에 부딪히고
신선은 그 집을 그림으로 그리네.

---

569) 淸商은 五音의 하나인 商聲으로 성조가 맑고 처량하기 때문에 붙은 말이다.
570) 感激은 마음이 격동됨이다.
571) 瑤琴은 琴의 미칭이다.
572) 藹藹는 많고 융성한 모양이다.
573) 艶陽은 아름답고 화창함으로 흔히 봄을 가리킨다.
574) 灼灼은 빛나는 모양, 환히 드러나는 모양이다.
575) 靈飆는 큰 바람, 또는 신령스러운 바람이다.
576) 丹轂은 丹輪과 같은 말로 달의 별칭이다.

허리띠를 느슨하게[577] 하고서 향기로운 술을 따르노라니
풍채[578]가 환하게 빛나네.[579][580]
봄기운을 타고 각기 절로 아름답거늘
어찌 눈과 서리를 말하랴?[581]
참으로 산악의 견고함이 없거늘
어찌 저녁햇살[582]을 확장함을 아끼랴?
촛불을 잡음이 언제까지 미칠 수 있으랴?[583]
북두성의 자루[584]는 쉬 기운다네.[585]
뜰 앞의 두 그루 계수나무는
도끼질하여 동쪽집의 땔감으로 삼았네.
주인이 살아 있을 때에 칭송하였거늘
지금[586]은 누가 꾸짖는가?

藹藹艶陽輝　灼灼桃李芳
靈飈激丹轂　神仙畫其堂
緩帶酌蘭酒　發爲采色揚
乘春各自媚　誰肯語雪霜
亮無山岳固　何惜廣餘光

577) 緩帶는 허리띠를 헐겁게 함으로 유유자적하며 지냄을 비유한다.
578) 采色은 풍채・얼굴빛, 또는 文詞의 색채이다.
579) 發陽은 환하게 빛남, 또는 생각이나 도리를 충분히 표현함이다.
580) 이 두 구절은 "허리띠를 느슨하게 하고서 향기로운 술을 따르면서, 문장의 빛을 마음껏 빛내네."로 새겨도 무방한 듯하다.
581) 誰肯은 '어찌 …하겠는가?'이다.
582) 餘光은 저무는 햇살이다.
583) 可及은 미칠 수 있음, 도달할 수 있음이다.
584) 斗柄은 북두칠성의 자루모양을 이룬 세 별로 다섯 번째 별부터 일곱 번째 별까지인 衡・開泰・搖光을 가리킨다.
585) 低昂은 낮아졌다 높아졌다 함, 낮추었다 높였다 함이다.
586) 而今은 지금・현재이다.

秉燭那可及 斗柄易低昂
庭前雙桂樹 斫爲東家薪
主人在時賞 而今誰呵嗔

멀리 천리를 가기에[587)]
가까운 십리까지 가서 전송하네.[588)]
그대의 말은 비록 뼈가 여위었지만
슬피 울면서 뜻을 사방에 두네.
늙은 잣나무의 늘어진[589)] 잎은
말의 식량이 될 만하네.
가을바람은 들 가운데[590)]에서 일어나고
큰 물결은 대황(大荒)[591)]에서 용솟음치네.
나는 동포(同袍)[592)]의 마음으로
그대에게 옷이 없음을 근심하네.
남아는 비단옷[593)]을 부끄러워하기에
쇠로 된 잠방이[594)]로 증송(贈送)[595)]하네.

千里遠行役 十里近送將
君馬骨雖瘦 悲鳴志四方
離離老栢葉 可以爲馬糧

---

587) 行役은 兵役·賦役·公務 등으로 멀리 감, 또는 여행·외출하여 멀리 감이다.
588) 送將은 送將來의 준말로 보내는 것인데, '將來'는 助詞이다.
589) 離離는 벼이삭이나 과일이 드리워진 모양이다.
590) 中野는 들의 가운데, 들의 안이다.
591) 大荒은 아득히 먼 곳, 또는 海外로 해와 달이 뜨는 곳이라고 한다.
592) 同袍는 벗·동료·同學이다.
593) 綺紈은 화려한 비단이나 비단으로 만든 옷으로, 흔히 부귀한 가문의 자제를 경멸할 때 쓰는 말이다.
594) 犢褌은 윗옷 위에 덧입던 소매가 없는 옷으로, 고유어로는 잠방이·배두렁이라고 한다.
595) 贈送은 선물·시문을 주며 송별함이다.

秋風振中野　洪波湧大荒
以我同袍志　憂子無衣裳
男兒恥紈綺　贈以鐵裲襠

그대와 남포(南浦)596)에서 작별하건만
이별의 노래를 길게 부를 수 없네.
좋은 운수597)가 그대를 따르지 않으니
눈과 서리를 밟으며598) 힘써야599) 하리.
눈과 서리는 사람을 가엾게 여기지 않기에
바로 몸을 손상시키게 되리.600)
해가 저문 하늘 끝에서
누구로 하여금 진심601)을 알리게 할까?
어찌하면 밝은 달을 따서
길이 중당(中堂)602)에 걸어둘 수 있으랴?
그대의 얼굴을 보는 듯하도록
늘상603) 달빛을 안고 싶네.

---

596) 南浦는 남쪽의 포구·물 가로 흔히 이별을 대유하며, 『楚辭』 <河伯>에 "그대와 서로 손잡고 동쪽으로 가서, 미인을 남포에서 송별하네.(子交手兮東行, 送美人兮南浦.)", 南朝 宋 江淹의 <別賦>에 "그대를 남포에서 보내느라고, 슬퍼함이 어떠한가?(送君南浦, 傷如之何?)", 高麗 鄭知常의 <送人>에 "비가 그친 긴 둑에 풀빛이 더욱 짙은데, 남포에서 그대를 송별하느라고 슬픈 노래가 진동하네.(雨歇長堤草色多, 送君南浦動悲歌.)"라는 구절이 있다.

597) 嘉運은 좋은 운수이다.

598) 蹋(踏)雪은 눈을 밟음으로 고생함을 비유한다.

599) 黽勉은 힘씀, 盡力함이다.

600) 無乃는 '…이 아닌가?', '…이 아니겠는가?'의 뜻으로 완곡한 추측을 나타낸다.

601) 心腸은 심장과 창자로 속마음·진심을 비유한다.

602) 中堂은 집 중앙의 大廳, 또는 대청의 중앙이다.

603) 起居는 자고 일어남으로 일상생활을 가리킨다.

與君南浦別　離歌不能長
嘉運不汝從　黽勉蹋雪霜
雪霜不憐人　無乃有損傷
日暮天之末　誰使告心膓
安得掇明月　長時掛中堂
如見君容顔　起居抱月光

맑은 밤에 구화등(九華燈)[604]이 밝은데
금으로 만든 술잔[605]에는 좋은 술이 있네.
어긋나서 마시지 못하고서
닭이 울자 눈물이 실처럼 흐르네.
젊은 나이[606]에는 숙령(淑靈)[607]을 잡느라고
미루었으니[608] 장차 누가 은혜를 베풀랴?
물 안의 섬[609]에는 난초에 꽃이 피고
봄날의 산에는 나무에 가지가 자란다네.

淸夜九華燈　美酒金屈巵
蹉跎不成飮　鷄鳴淚如絲
盛年秉淑靈　遲回將惠誰
汀洲蘭有秀　春山木有枝

수레는 멀리[610] 말을 따르고

604) 九華燈은 음력 元旦 밤에 쓰던 화려하게 장식한 등이다.
605) 屈巵는 손잡이가 굽은 술잔이다.
606) 盛年은 혈기가 왕성한 나이로 靑壯年을 가리킨다.
607) 淑靈천지 사이의 신령스러운 기운이다.
608) 遲回는 보류함, 머뭇거리며 결정하지 못함, 배회함이다.
609) 汀洲는 물 안에 있는 섬이다.

배는 느리게[611] 물을 건너네.
귀인(貴人)[612]은 신선이 되기[613]를 바라는데
신선이 되고자 함에는 무슨 뜻이 있는가?
그 집에는 금과 옥[614]이 가득한데
버리고는 차마 죽지 못한다네.
그대가 참으로 신선이 되려면
금옥을 헌 신짝처럼 버려야 하리.

杳杳車從馬　超超舟渡水
貴人欲得仙　欲仙有何意
金玉滿其堂　不忍捨之死
使汝果得仙　金玉棄如屣

남산(南山)[615]에 이마가 흰 호랑이[616]가 있어
울부짖음[617]을 그대가 알았다네.
십년 동안 칼 하나를 갈아
그대와 함께 베기를 기약하였네.
칼을 뽑아 문을 나가서 가노라니
나의 마음이 문득 망설여지네.[618]
흰 호랑이를 반드시 잡지는 못할지라도

---

610) 杳杳는 아득히 먼 모양이다.
611) 超超는 느릿느릿한 모양이다.
612) 貴人은 지위가 높고 귀한 사람이다.
613) 得仙은 신선이 됨이다.
614) 金玉은 금과 옥으로 보배를 대유한다.
615) 南山은 唐나라의 수도인 長安의 남쪽에 있는 산인데, 흔히 도성의 남쪽에 있는 案山을 가리킨다.
616) 白額虎는 이마에 흰 털이 있는 호랑이로 猛虎를 가리킨다.
617) 咆哮는 짐승의 울부짖음이다.
618) 躕躕(주지)는 踟躕와 같은 말로 주저함・망설임이다.

그대에게 기약을 어길 것이 또한 두렵네.

南山白額虎　咆哮君所知
十年磨一釖　期君共斬之
拔劒出門去　我心忽躑躅
白虎未必得　恐君亦負期

옥으로 장식한 녹로(轆轤)619)의 보검620)이
황금을 물들인 실로 동여져621) 있네.
감히 잡고 구름을 자르려는 게 아니요
본래 마음을 비추고자 지닌 것이네.
오늘 아침에는 매우 괴상하게도
우렁차게622) 용의 울음623)을 토하네.
용이 욺이 어찌 그리 쉬운 일이랴?
좋은 시절624)에 고대하여도 생기지 않네.
당초에 주조(鑄造)할 때를 기억하지 못하는가?
날 위에 인자(忍字)를 새겼다네.

寶劒玉轆轤　紹繚用黃金
匪敢持截雲　本擬持照心
今朝殊作恠　隱隱吐龍吟
龍吟一何易　良時苦未至

619) 轆轤(녹로)는 도르레의 원리를 이용하여 물을 긷는 장치이다.
620) 轆轤劒은 칼자루 끝에 옥으로 轆轤의 모양을 장식한 보검이다.
621) 紹繚는 감음, 동여맴이다.
622) 隱隱은 우레소리·수레소리와 같은 큰 소리를 형용한다.
623) 龍音은 용이 욺, 또는 용의 울음이다.
624) 良時는 좋은 때, 아름다운 시절이다.

不記初鑄時　刃上銘忍字

여덟 모로 된 유소(流蘇)[625]로 장식한 장막에는
모서리마다 옥으로 된 이룡(螭龍)[626]이 서려 있네.
나지막하게 상아(象牙)[627]로 장식한 탑상에 드리워져 있건만
안에 즐거움이 없음을 누가 알랴?
남해(南海)[628]에서는 명월주(明月珠)[629]가 나오고
서성(西城)[630]에서는 낭간(琅玕)[631]이 나네.
지난날에 기쁘게 주기에
그대와 함께 아침저녁으로 보았지.
기쁜 마음이 하루아침에 변하니
이것들을 차마 마주할 수 없었네.
감히 그대에게 돌려주지 않고 지니려니
그대가 원망(怨望)[632]을 말할까 두렵네.

八角流蘇帳　角角玉螭蟠
低垂象牙床　孰知中無歡
南海明月珠　西城翠琅玕
昔日歡所贈　與君朝暮看

625) 流蘇는 수레 · 깃발 · 휘장 등의 가장자리에 장식으로 늘어뜨린 줄이다.
626) 螭는 전설상의 뿔이 없다고 하는 용이다.
627) 象牙는 코끼리의 어금니이다.
628) 南海는 중국의 남쪽에 있는 바다이다.
629) 明月珠는 달빛처럼 광택이 영롱한 구슬, 또는 밤에도 빛나는 구슬인데, 南朝 梁 任昉의 『述異記』 권상에 “남해에 명주가 있으니, 곧 고래의 눈동자이다.(南海有明珠, 即鯨魚目瞳.)”라는 구절이 있다.
630) 西城은 漢代에 陝西省 安康縣의 북서쪽, 漢水의 北岸에 두었던 현이다.
631) 琅玕은 옥과 비슷하게 생긴 아름다운 돌이다.
632) 怨懟는 怨望함, 불만을 품음이다.

歡心一朝變　此物不忍對
不敢持還君　恐君謂怨懟

03-35 범호[633]팔경
03-35 汎湖八景
03-35-01 위의 시는 <성 북쪽의 아침이내>이다
03-35-01 右北城朝嵐

아침마다 북성(北城)[634]에 올라 바라보면
아침마다 북성에는 이내[635]가 있데.
저녁이내인들 어찌 빛이 없으랴?
이렇게 아침햇빛을 머금음을 좋아한다네.

朝朝北城望　朝朝北城嵐
豈無夕嵐色　愛此朝日含

03-35-02 위의 시는 <벽사[636]의 새벽종소리>이다
03-35-02 右甓寺曉鍾

종소리가 먼 절에서 들려오는데
사람은 외로운 정자에서 꿈을 꾸네.
희미하게 지는 달빛 속에서
강에 가득한 맑은 소리[637]를 듣네.

---

633) 汎湖는 경기도 驪州의 북쪽을 흐르는 漢江의 별칭으로 驪江·驪湖라고도 한다.
634) 北城은 都城인 漢陽城의 북쪽성이다.
635) 嵐은 아침저녁으로 산 속에 끼는 푸르스름한 기운으로 고유어로는 이내라고 한다.
636) 甓寺는 驪州 神勒寺의 별칭인데, 경내의 東臺 위에 벽돌로 된 多層塼塔이 있어서 붙은 이름이다.

鍾聲來遠寺　人夢在孤亭
依依落月裏　寥亮滿江聽

03-35-03 위의 시는 <입택[638]의 어선의 등불>이다
03-35-03 右笠澤漁火

저녁에 강 가에서 눈길을 보내노라니
어선의 등불이 넓은 하늘 밑에서 반짝거리네.
한 점만으로도 매우 기묘할[639] 텐데
여러 점이라 특히 아낄 만하네.

江汀送夕眺　漁火耿長天
一點已奇絶　數點尤可憐

03-35-04 위의 시는 <오동섬의 목동의 피리소리>이다
03-35-04 右桐島牧笛

아득한[640] 안개 속에 있는 섬에서
쓸쓸히[641] 소의 등에서 피리를 부네.
부는 이는 어느 마을의 아이인가?
멀어서[642] 알아볼 수가 없네.

---

637) 寥亮은 높고 맑게 울려퍼지는 소리이다.
638) 笠澤은 중국 江蘇省과 浙江省에 걸쳐 있는 큰 호수인 太湖의 별칭으로 五湖·震澤이라고도 하는데, 여기에서는 驪江을 가리킨다.
639) 奇絶은 매우 기묘함이다.
640) 莽蒼은 아득한 모양이다.
641) 寂寥는 고요하고 쓸쓸한 모양이다.
642) 遙遙는 거리·시간이 먼 모양이다.

莽蒼烟中島 寂寥牛背笛
吹者何村兒 遙遙不相識

03-35-05 위의 시는 <제비여울[643]의 돌아가는 배>이다
03-35-05 右燕瀨歸帆

강 위의 안개는 아득하여 끝이 없고
강 가의 나무는 가위질한 듯이 가지런하네.
그 속을 지나가는 외로운 배는
안개 속의 나무와 구별할 수가 없네.

江烟杳無際 江樹平如剪
孤帆此中去 烟樹不相辨

03-35-06 위의 시는 <우봉의 낙조>이다
03-35-06 右牛峯落照

큰 강은 절반쯤이 환한데
금빛화살이 공중의 물결 속에서 어지럽네.
푸른빛이 공중에서 일어나자
우봉(牛峯)에 낙조가 많아지네.

大江明一半 金箭亂空波
彩翠空中起 牛峯落照多

643) 燕瀨는 驪江에 있는 急流의 이름으로 燕子灘이라고도 하며, 조선 태조 때에 牧隱 李穡이 權臣 鄭道傳이 사람을 시켜 보낸 술을 마시고 절명하였다고 하는 곳이다.

03-35-07 위의 시는 <여호의 밝은 달[644]>이다
03-35-07 右驪湖霽月

멀리 모래밭에서는 새가 놀라서 울고
강물은 문득 허공으로 솟구치네.
달이 뜨자 조그만한 구름도 없어지니
밝디밝아서 잡을 수 있을 듯하네.

沙禽迥驚呼　江水忽空徹
月出無纖雲　明明如可掇

03-35-08 위의 시는 <용문[645]의 저녁눈>이다
03-35-08 右龍門暮雪

바라보노라니 용문산(龍門山)의 눈이
해가 저무는 하늘에서 어지럽게 흩날리네.[646]
요대(瑤臺)[647]에 살던 만 마리의 학이
춤추며 날아서 정자 앞으로 내려오네.

望裏龍門雪　雰雰日暮天
瑤臺萬白鶴　飛舞下亭前

---

644) 霽月은 갠 날의 밝은 달로 시원스럽고 밝은 인품을 비유하는데, 北宋 黃庭堅이 <濂溪詩序>에서 "용릉의 주무숙은 인품이 매우 고상하고 가슴 속이 시원하여, 온화한 바람과 갠 날의 달빛과 같다.(春陵周茂叔 人品甚高 胸中灑落 如光風霽月)"라고 周敦頤를 찬양한 데서 유래한다.
645) 龍門山은 경기도 楊平郡에 있는 산으로 彌智山이라고도 한다.
646) 雰雰은 눈・비가 어지러이 흩날리는 모양이다.
647) 瑤臺는 신선들이 사는 玉으로 만든 집, 또는 훌륭한 궁전이다.

03-36 안주[648]목사[649] 정내중[650]을 송별하다
03-36 送安州牧使鄭來仲

안주(安州)는 부유하고 수려하여 큰 고을[651]로 일컬어지니
안주(安州)의 고을 안[652]에는 즐거움[653]이 많으리.
허다한[654] 대관(臺觀)[655]에서 보는 변새의 조망은 장쾌하고
수많은 부가(夫家)[656]가 내는 관청의 조세는 풍족하다네.
토관(土官)[657]은 오사모(烏紗帽)[658]에 홍단령(紅團領)[659] 차림인데
기녀는 치마를 끌면서 벽포도주(碧葡萄酒)[660]를 마시네.
수하(手下)[661]의 친병(親兵)[662]은 기상이 호탕하고 씩씩한데[663]

---

648) 安州는 평안도의 북서부의 淸川江 南岸에 있던 牧으로 서울에서 750리 떨어진 곳이다.
649) 牧使는 조선시대에 觀察使 밑에서 지방행정 단위인 牧을 다스린 정3품의 외관직이다.
650) 來仲은 조선 후기의 문신 鄭來周(1680~?)의 자로 본관은 東萊, 有昌의 아들이다. 숙종 31년(1705) 식년시에 承仕郞으로 응거하여 병과 1위로 급제하였다. 鯀城縣監 · 靈巖郡守 · 坡州牧使 · 安州牧使를 거쳐 兵曹參判에 올랐다.
651) 雄都는 지세가 험하고 규모가 큰 고을이다.
652) 府內는 고을의 안, 또는 廳舍의 안이다.
653) 歡娛는 아주 즐거워함, 환락함이다.
654) 多少는 매우 많음이다.
655) 臺觀은 樓臺와 宮觀으로 흔히 높고 큰 건축물을 가리킨다.
656) 夫家는 成人인 남자와 여자이다.
657) 土官은 그 지방 사람에게 주는 관직인데, 여기에서는 조선시대에 함경도 · 평안도 지방의 토착인에게 주었던 특수관직을 가리킨다. 지방호족을 포용하고, 효율적인 지방통치를 꾀하며, 군사적 방어조직의 강화를 위한 것으로, 東班 · 西班으로 나누어 각각 정5품을 상한으로 하는 별도의 官階구조를 지니고 있었다.
658) 烏紗帽는 검은 깁[紗]으로 싸서 만든 관리들의 禮帽로 紗帽라고도 한다.
659) 紅團領은 조선시대에 유관자가 붉은 빛깔의 깃을 둥글게 만든 時服인데, 시복은 문무백관이 入侍할 때나 공무를 볼 때 입던 옷이다.
660) 碧葡萄는 名酒의 이름인데, 정두경위 <塞上曲>(『東溟集』 권2)에 "천산의 세 길이나 되는 눈 속에서 사냥을 하고, 돌아가서 장막 안에서 벽포도주를 마시네.(花門蕃將氣雄豪, 八尺長身帶寶刀.)"라는 구절이 있다.
661) 手下는 관할하거나 밑에 딸림이다.
662) 親兵은 측근에서 호위하는 병사이다.
663) 麤豪(모호)는 호기롭고 씩씩함이다.

큰 키에다 계복(罽服)[664]을 입고 수놓은 모호(蝥弧)[665]를 드네.
시장에는 강남(江南)[666]에서 온 기묘한 무늬의 비단이 쌓여 있고
사람은 계주(薊州) 이북에서 난 옥륵(玉勒)[667]을 물린 말을 몬다네.
호구(戶口)마다 쇠를 녹이느라고 봄날의 낮[668]이 다 가고
집집마다 돈꿰미를 계산하느라고 긴 밤을 다 보내네.
물 가의 여염에서는 오리싸움이 한창인데
넓은 들판에서는 피리[669]를 불며 양떼를 기르네.
홍장(紅粧)[670]은 백상루(百祥樓)[671]에서 거문고를 타고[672]
누각 위의 연회하는 손들은 붉은 양탄자[673]에 앉아 있네.
절도사(節度使)[674]의 군영 앞에는 온갖 꽃이 빽빽하고
칠불사(七佛寺)[675] 옆에서는 밝은 달이 외로우리.

---

664) 罽服(계복)은 毛織物인 絨緞으로 만든 옷이다.
665) 蝥弧는 춘추시대에 鄭나라에 있었던 활 이름이다.
666) 江南은 중국의 揚子江 이남 지역이다.
667) 玉勒은 옥으로 장식한 재갈이다.
668) 遲日은 해가 늦게 지는 낮이라는 뜻으로 봄철의 낮을 가리킨다.
669) 笳笛은 軍中에서 군사를 지휘할 때 부는 피리이다.
670) 紅粧은 붉게 화장함으로 아름답게 꾸밈을 가리키며, 흔히 미인이나 아름다운 화초를 비유한다.
671) 百祥樓는 평안남도 安州의 북쪽 淸川江 가에 있던 누정으로 고구려 嬰陽王 26년(615)에 건립되었다고 하며 關西八景의 하나이다.
672) 撲은 현악기를 연주함이다.
673) 氍毹는 毛氈이나 짐승의 털 따위로 만든 絨緞이나 양탄자이다.
674) 節度使는 兵馬節度使의 준말로 조선시대에 각 道의 군사적인 지휘를 효율적으로 하기 위해 설치한 종2품 西班職으로 兵使라고도 하였고, 도의 국방을 맡아 유사시에 군사권을 행사할 수 있었던 까닭에 主將·主帥 또는 閫帥·帥臣 등으로 불렸으며, 관찰사 겸임의 병사는 兼兵使, 專任兵使는 單兵使로 구분하였다. 『經國大典』에 따르면, 겸병사 8인 외에 충청도·전라도·평안도·경상좌도·경상우도·함경남도·함경북도에 단병사를 각각 1인씩 두어 총 15인이었는데, 선조 26년(1593)부터 황해도에도 단병사를 두어, 조선 후기에는 16인의 병사가 있었다.
675) 七佛寺는 지금의 평안남도 安州郡 안주면의 안주성 북쪽에 있었던 절로 고구려 嬰陽王 23년(612)에 창건되었다. 乙支文德 장군이 隋나라 군사와 싸울 때 일곱 승려가 옷을 입은 채 淸川江을 건너는 것을 보고 속은 수군이 강에 빠져 죽게 한 일을 기리기 위하여 세웠다는 전설이 전해지며, 창건 이후의 연혁은 미상이다.

성대(聖代)[676]가 백년에 이르도록 연진(烟塵)[677]이 고요해진 탓에
편안하게 지내다가는[678] 혹시 방비를 잊고 근심하지 않게 되리.
그대의 성품이 분화(紛華)[679]를 좋아하지 않음을 아나니
눈썹 가에는 깊은 변모(邊謨)[680]가 넘치리.[681]
살수(薩水)[682]의 옛날 싸움터를 올라가 보면
수(隋)나라 병사 백만의 해골이 말라 있으리.[683]
강 위쪽에서 음산한 바람이 추운 기운[684]을 보내오면
수많은 잎들은 바람에 사각거리고[685] 흰 느릅나무[686]는 떨리.
높은 누각에서 술잔을 마주하면서도 마시지 못한 채
서생의 허리 밑에서는 담로(湛盧)[687]가 울리.
하물며 그대는 청운(靑雲)[688]의 꿈이 오래 막혔음에랴?[689]
한 번 붉은 도포를 얻자 수염은 벌써 하얗네.
장안(長安)[690]에는 사마(駟馬)[691]가 끄는 높은 수레[692]가 가득하건만
미염(米塩)[693]의 총중(叢中)[694]에 문유(文儒)[695]가 버려졌네.

---

676) 聖代는 聖君이 다스리는 시대로 태평한 시절을 가리킨다.
677) 烟(煙)塵은 烽火의 연기와 戰場의 먼지로 전란을 비유한다.
678) 宴安은 편안하게 지냄, 안락하게 지냄이다.
679) 紛華는 번화함, 화려함이다.
680) 邊謨는 邊策과 같은 말로 변방을 안정시킬 계책이다.
681) 隱隱은 많고 盛한 모양이다.
682) 薩水는 평안남도와 평안북도의 경계를 흘러 서해로 들어가는 淸川江의 옛 이름이다.
683) 이 두 구절은 고구려 嬰陽王 23년(612) 1월에 隋 煬帝가 이끈 113만명의 대군을 乙支文德이 지휘한 고구려 군사가 살수에서 대파하였던 薩水大捷을 상기시키고자 한 표현이다.
684) 朔氣는 북방의 추운 기운이다.
685) 颼颼는 비·바람이 내는 소리의 의성어이다.
686) 白楡는 껍질이 흰 느릅나무, 또는 그 흰 껍질이다.
687) 湛盧는 춘추시대 越나라의 鍛工 歐冶子가 만든 寶劍의 이름으로 보검을 대유한다.
688) 靑雲은 푸른 구름으로 높은 벼슬이나 원대한 포부·지향을 비유한다.
689) 潦倒는 낙심함, 실망함이다.
690) 長安은 중국 西安市 지역에 있었던 고을 이름으로 漢代부터 唐代까지 수차 首都로 삼았던 탓에 唐代 이후에는 都城의 통칭으로 쓰였다.
691) 駟馬는 수레를 함께 끄는 네 필의 말이다.
692) 高車는 현귀한 사람이 타는 높고 큰 수레로 현귀한 사람을 비유한다.

변새의 쓸쓸한[696] 산에서 근심이 많은 이는
기개[697]를 지니고 서울을 떠난 한 장부라네.
또 임금님을 위하여 변새의 백성들을 기르니
승침(昇沈)[698]을 어찌 꼭 홍균(洪勻)[699]에게 물으랴?
모름지기 관산(關山)[700]의 길에서 두약(杜若)[701]을 볼지니
초췌한 안색으로 거닐며 읊은[702] 이가 몇이나 있었던가?[703]

安州富麗稱雄都　安州府內多歡娛
多少臺觀壯邊望　十千夫家足官租
土官烏帽紅團領　妓女裙拖碧葡萄[704]
手下親兵氣麁豪　廚服長身繡蝨弧
奇文市積江南錦　玉勒人控薊北駒
戶戶銷金遲日遒　家家箕緡長夜徂
臨水閭閻鬪鴨欄　曠野笳笛牧羊徒
紅粧揳琴百祥樓　樓上宴客紅氍毹
節度營前百花深　七佛寺邊明月孤

693) 米鹽은 쌀과 소금으로 번잡하고 조그만한 것을 비유한다.
694) 叢中은 한데 모여서 무리를 이룬 것의 안이다.
695) 文儒는 文士, 또는 禮樂敎化를 강구하는 儒者나 저술에 종사하는 유자이다.
696) 廓落은 외롭고 쓸쓸한 모양이다.
697) 昂藏은 기개가 있는 사람이다.
698) 昇沈은 승진과 강등·퇴진으로 세상일의 성쇠·이해·득실을 가리킨다.
699) 洪勻(鈞)은 큰 轆轤로 하늘·조물주나 그 조화를 비유하는데, 녹로는 도자기를 만들 때 쓰이는 바퀴모양의 연모이다.
700) 關山은 관문이나 요새 주변에 있는 산이다.
701) 杜若은 蘘荷科[생강과]에 딸린 다년생 宿根草로 香草를 대유한다.
702) 行吟은 거닐면서 시나 글을 읊음이다.
703) 이 구절은 屈原의 <漁父辭>의 "굴원이 쫓겨나서 강 가에서 노닐고 못 가에서 다니면서 읊을 때에, 얼굴빛은 파리하고 몸은 매우 말랐다.(屈原旣放, 遊於江潭, 行吟澤畔, 顔色憔悴, 形容枯槁.)"라는 대목을 가리키고자 한 것이다.
704) 奎章閣本 原典의 匡郭 위에 붙여 놓은 '萄는 잘못인 듯하다.(萄恐誤)'라는 교정기록은 문맥과 압운으로 보아 수용하기 어렵다.

聖代百年烟塵靜 宴安或忘備不虞
知君性不愛紛華 眉際隱隱深邊謨
登臨薩水古戰場 百萬隋兵骸骨枯
朔氣陰風江上來 萬葉颼颼戰白楡
對酒高樓不能飮 書生腰下鳴湛盧
况子靑雲久潦倒 得一緋袍已白鬚
高車駟馬滿長安 米塩叢中棄文儒
邊山廓落多愁思 去國昂藏一丈夫
且爲君王牧塞民 升沈何必問洪勻
須看杜若關山路 憔悴行吟有幾人

03-37 등석705)에 여러 익우와 약현706)에 오르다. 2수
03-37 燈夕, 與諸益登藥峴, 二首

영절(令節)707)을 맞은 왕경(王京)에는 풍경708)이 빼어나서
누관(樓觀)709)에는 음악710)이 울리고 수많은 등불이 펼쳐져 있네.
금문(金門)711)이 닫힌 뒤에야 비로소 빛이 풍성해지는데
옥루소리(玉漏)712)가 쇠잔해진 때에는 점점 그림자가 외로워지네.
꽃을 뿌려 놓은 즈믄 불상은 보수(寶樹)713)에 둘러싸여 있는데

---

705) 燈夕은 元宵節, 즉 정월 대보름날의 밤으로 오색등불을 밝혀 놓고 놀았기 때문에 생긴 말이다.
706) 藥峴은 지금의 서울 서소문 밖에 있던 고개로, 약산이 살았던 마을 이름이기도 한다.
707) 令節은 경사스러운 명절, 또는 좋은 시절이다.
708) 氣色은 풍경·모습이다.
709) 樓觀은 궁전·누각 등의 높고 큰 건물의 범칭이다.
710) 笙歌는 피리소리와 노래로 음악을 가리킨다.
711) 金門은 金馬門의 준말로 궁궐·宮門을 대유한다.
712) 玉漏는 刻漏·漏刻의 미칭으로 가는 구멍에서 새어 떨어지는 물의 양을 漏壺 속에 세운 漏箭의 눈금으로 읽어서 時刻을 알게 되어 있었던 물시계이다.
713) 寶樹는 極樂世界에 있다는 七寶로 된 나무인데, 칠보는 佛經에 나오는 일곱 가지 보배

벽을 붙잡은 듯 용은 맑은 호수에서 물을 토하네.
고치(顧癡)[714]는 또 반드시 오래도록 나지막하게 읊조릴[715] 테니
시가(詩家)[716]에도 그림이 있다고 말하지 마시라.

令節王京氣色殊　笙歌樓觀萬燈鋪
金門鎖後光初盛　玉漏殘時影漸孤
千佛散花縈寶樹　羣龍捧壁湧澄湖
顧癡亦必沉吟久　休道詩家有畫圖

열반(涅槃)[717]의 유속(遺俗)[718]이 크게 기이한[719] 구경거리[720]인데
높고 낮은 화수(火樹)[721]는 똑같은 모습[722]으로 펼쳐져 있네.
연기와 불꽃은 모두 채색구름이 되어 사라졌건만
빛과 색깔은 어찌하여 달과 함께 외로워졌는가?
처음에는 구슬로 제천(諸天)[723]에 상서로움을 뿌린 듯하더니
문득 별이 백리의 호수에 잠긴 것과 비슷해지네.

로 『般若經』에서는 金・銀・琉璃・硨磲・瑪瑙・琥珀・珊瑚라고 하였고, 『阿彌陀經』에서는 琥珀・珊瑚 대신에 玻璃・赤珠를 드는 등 경전마다 다소 다르다.

714) 顧癡는 바보 顧氏라는 뜻으로 東晉의 화가 顧愷之를 가리키는데, 그가 일찍이 將軍 桓溫의 府中에 머물 때에 환온이 "고개지의 몸에는 어리석음과 총명함이 각각 반씩 있는데, 합하여 논하면 대등하다."고 말한 데 연유하여, 세인들이 그를 才絶・畵絶・痴絶의 三絶로 일컬었다.

715) 沉吟은 낮게 읊조리며 음미함, 또는 깊이 생각함이다.

716) 詩家는 詩人, 또는 시인의 일이다.

717) 涅槃은 범어 Nirvāna의 音譯으로 滅・滅道・寂滅・圓寂으로 意譯되는데, 불교에서 수행할 수 있는 최고의 이상적 경지로, 모든 번뇌의 얽매임에서 벗어나고, 진리를 깨달아 불생불멸의 법을 체득한 경계이며, 죽음의 미칭으로도 쓰인다.

718) 遺俗은 전해져 내려오는 풍속이다.

719) 詭殊는 크게 다름이다.

720) 殊觀은 기이하고 좋은 경치이다.

721) 火樹는 불붙은 숲으로 나무마다 蓮燈을 켜서 불의 숲을 이룬 것을 형용한다.

722) 一色은 똑같은 빛깔・모양이다.

723) 諸天은 신들이 산다는 여러 하늘로 하늘 위의 세계나 하늘을 가리킨다.

수많은 집[724] 가운데 갑제[725]에서는 승경(勝景)을 다 완상하지만
먼 지방에서 떠도는 기민(饑民)[726]에게는 누가 도모하게 해 주랴?

涅槃遺俗詭觀殊 火樹高低一色鋪
烟燄摠成雲彩去 光輝肯與月輪孤
初疑珠放諸天瑞 忽似星涵百里湖
甲第千門窮勝賞 遠方流殍孰呈圖

03-38 윤치[727]의 시권에 짓다
03-38 題尹治詩卷

같은 시절[728]의 사람이 다른 세대[729]의 사람처럼 알려졌는데
예로부터 가래나무와 오동나무는 풍근(風斤)[730]을 멀리 하네.
장안(長安)의 길에서 만난들 어찌 알아보랴?
요란한 소리가 나는[731] 푸른 산 위에는 구름이 많은 법이라네.

---

724) 千門은 萬戶千門의 준말로 수많은 人家이다.
725) 甲第는 甲觀과 같은 말로 훌륭한 저택이다.
726) 流殍는 객지에 떠도는 饑民이다.
727) 尹治는 조선 후기의 시인으로 자는 子精, 호는 玄圃이다. 姜浚欽의 『三溟詩話』에서는 海嵩尉 尹新之(1582~1657)의 庶孫으로 詩名이 있었다면서, "늙은 나무와 거친 강에서 나는 소리가 먼 데서 들리는데, 깊은 밤의 서리기운은 누런 들판 위에 어지럽네. 갈대섬의 나그네 기러기들은 서로 말을 하는 듯하고, 서쪽봉우리에 걸린 달은 반쯤 이지러졌네.(古木荒江響遠聞, 深夜霜氣亂黃雲. 蘆洲客鴈如相語, 月在西峰缺半分.)"라는 <秋景>을 인용하고 나서, 場屋에서 생애를 마쳤다고 했다. 또 李德懋는 『青莊館全書』 권33(「淸脾錄」 2)에서 그의 시가 매우 맑고 날카로워서 속기를 벗어났다고 평가하고서, 제목이 <秋夜>인 이 시의 전문을 "老樹荒岡響遠聞, 夜深霜意亂黃雲. 蘆洲群雁如相語, 月在寒峯缺半分."으로 인용하였고, 권34에서는 狂士인 西州 洪禹敎가 시를 玄圃에게서 배웠다고 하였다.
728) 並(竝)世는 같은 시대, 또는 같은 세상을 삶이다.
729) 隔世는 세대를 거름이다.
730) 風斤은 찢어지는 듯한 소리를 내는 찬바람이다.
731) 隱隱은 우레·수레 등의 의성어이다.

並世人如隔世聞　梓桐終古遠風斤
長安陌上逢何識　隱隱青山多白雲

03-39 종성[732)]의 사군에게 부치다. 2수
03-39 寄鍾城使君二首

장안(長安)의 큰 길은 푸른 하늘과 같은데
어떤 사람이 가마(珂馬)[733)]를 타고 해 옆[734)]에서 뽐내는가?
수주(愁州)[735)]로 가고자 하면 멀고 가까움을 알아야 할지니
수리를 쏘는 호인(胡人)의 화살이 산 앞에 떨어지곤 한다네.

長安大道如青天　珂馬何人矜日邊
欲向愁州知近遠　射鵰胡箭落山前

유관(楡關)[736)] 부근의 변새의 봄풀에 매우 근심하는[737)] 이는
백두산(白頭山)[738)] 밑에 사는 머리카락이 하얀 사람이라네.
그래도 오마[739)]가 끄는 장식한[740)] 수레를 탐을 위로할 만한데

---

732) 鍾城은 지금의 함경북도 鍾城郡 지역에 두었던 郡이다.
733) 珂馬는 화려하게 장식한 말이다.
734) 日邊은 해의 근처로 하늘처럼 매우 먼 곳을 비유한다.
735) 愁州는 鍾城郡의 옛 이름이다.
736) 楡關은 山海關의 별칭으로 지금의 중국 河北省 북동쪽에 있는 군사상의 요충지이며, 渤海灣에 인접한 곳이자 萬里長城이 시작되는 부근에 있는 관문인데, 이름은 明代에 山海衛를 설치하면서 생겼고, 明末에는 청나라 군사와 접전이 벌어지기도 했다.
737) 愁殺은 매우 근심함, 또는 매우 근심스러움인데, 李白의 <猛虎行>에 "율양의 주루에서 춘삼월을 맞이하니, 버들꽃이 아득하여 사람을 매우 시름겹게 하네.(溧陽酒樓三月春, 楊花茫茫愁殺人.)"라는 구절이 있다.
738) 白頭山은 우리나라의 함경도와 중국 滿洲의 吉林省이 접하는 지역에 걸쳐 있는 산으로 우리나라에서 가장 높은 산이다.

지난해에는 이곳에서 쫓겨난 신하를 송별하였다네.

塞草關楡愁殺春　白頭山下白頭人
雙旋五馬猶堪慰　此地前年送逐臣

03-40 채수언[741]과 삼포[742]에서 놀다가 강 위에 여러 익우[743]를 초대하여 온화하다.[744] 3수
03-40 與蔡綏彦遊三浦, 邀江上諸益穩話, 三首

가느다란 준치회[745]는 눈처럼 가벼운데[746]
쌀밥에다 향기로운 술로 종일토록 정을 나누네.
발 밑에는 푸른 강물이 있고 강 위에는 비가 내리니
한꺼번에 소리가 시원하게 담소 속으로 들어오네.

鰣魚膾細雪輕輕　白飯香醪竟日情

---

739) 五馬는 太守의 수레를 끄는 다섯 필의 말로 태수의 수레나 태수를 비유한다.
740) 雙旋은 雙旋(璇)蓋의 준말로 한 쌍의 옥으로 장식한 수레덮개이다.
741) 綏彦은 조선 후기의 문신 蔡膺萬(1677~?)의 자로 본관은 平康, 다른 자는 幼言, 希菴 蔡彭胤의 중형인 成胤의 아들이다. 1717년에 진사시에 급제하고 1723년 증광문과에 병과 15등으로 등제하여 한성부윤을 지냈다.
742) 三浦는 지금의 서울시 마포구 마포동 지역에 있었던 포구인 麻浦의 별칭으로, 고유어인 '삼개'의 '삼'을 音借한 데 따른 표기이며 麻湖·三湖라고도 하였다.
743) 益友는 유익함이 있는 벗인데, 『論語』「季氏」에 "유익한 벗이 세 가지이고, 손해되는 벗이 세 가지이니, 곧은 자를 벗하고 미더운 자를 벗하며 많이 들은 자를 벗하면 유익하고, 편벽된 자를 벗하고 남에게 아첨하고 성실하지 않은 자를 벗하며, 말을 앞세우고 실질이 없는 자를 벗하면 손해가 된다.(益者三友, 損者三友, 友直, 友諒, 友多聞益矣, 友便辟, 友善柔, 友便佞損矣.)"라는 孔子의 말이 있다.
744) 穩話는 화기롭고 부드럽게 이야기함, 또는 그런 이야기이다.
745) 鰣魚는 靑魚科에 딸린 바닷물고기로 고유어로는 준치라 하는데, 밴댕이와 비슷하며, 몸의 길이는 50cm 정도이고 옆으로 납작하며, 등은 어두운 청색이고, 배는 은백색이며, 살에는 가시가 많다.
746) 輕輕은 가벼운 모양이다.

簾下滄江江上雨　一時聲入笑談淸

한 번 바라보니[747] 삼포(三浦)와 서강(西江)[748]은 서로 통하는데
안개에 덮인 아득한 모래밭에는 비가 자욱하게 내리네.
도롱이를 펼친 듯한 넓은 들에는 오는 말이 적으니
승경(承卿)은 먼 곳의 활화(活畵)[749] 속에서 얻었으리.

三浦西江一望通　烟沙漠漠雨濛濛
披簑曠野來驂小　遙得承卿活畵中

비서(飛書)[750]로 율리(栗里)의 좋은 모임을 재촉하더니
낮닭이 우는 강의 난간에서 그대를 만나니 괴이쩍네.
그대가 먼 평원[751]에 말을 풀어놓았다고 말하기에
끌고오기를 기다리노라니 산의 그림자가 옮겨지네.

栗里飛書促好期　午鷄江檻恠君逢
君言放馬平蕪遠　待得牽來山影移

03-41 여러 익우와 사직[752]을 관람하다
03-41 與諸益觀社稷

747) 一望은 한 번 바라봄, 또는 한 눈에 비리볼 수 있는 거리이다.
748) 西江은 서울의 서쪽인 麻浦地域에 있는 漢江의 별칭이다.
749) 活畵는 살아 있는 듯한 그림으로 勝景을 비유한다.
750) 飛書는 나는 듯이 급히 보내온 서찰이다.
751) 平蕪는 초목이 무성한 평원이다.
752) 社稷은 제왕이 국가와 백성의 복을 위해 제사하는 토지의 신인 社와 곡식의 신인 稷으로, 사에는 句龍, 직에는 后稷을 配享하며, 국가·조정을 비유한다.

숙목(肅穆)함[753]이 사람으로 하여금 옷깃을 바로잡게 하는데
사직궁(社稷宮)의 문위(門闈)[754]는 깊고도 넓네.[755]
구름과 우레가 뜰에 가득함은 신령(神靈)의 뜻이요
해와 달이 제단을 굽어봄은 성주(聖主)의 마음이네.
꾀꼬리가 우는 향기로운 숲에서는 한낮[756]이 긴데
푸른 규룡(虯龍)[757]이 서린 늙은 나무는 지난 햇수가 오래네.
몇 번이나 안위(安危)를 받쳐[758] 주었던가?
전수(前脩)[759]가 푸른 산을 마주하였던 때를 회억해[760] 보네.

肅穆令人坐正襟　社宮門闈鬱沉沉
雲雷滿苑神靈意　日月臨壇聖主心
黃鳥芳林淸晝永　蒼虯老木歷年深
幾回支拄安危地　緬憶前脩對碧岑

03-42 무주[761]의 원님 * 조유수[762] 어른이다. 을 송별하다. 2수

753) 肅穆은 엄숙하고 공경스러움으로 사물에서 느끼는 분위기가 사람으로 하여금 엄숙하고 두려운 느낌을 지니게 함을 가리킨다.
754) 門闈는 宮門이다.
755) 鬱鬱沉沉은 깊숙하고 넓은 모양이다.
756) 淸晝는 한낮·대낮이다.
757) 虯龍은 전설상의 용의 일종으로 비늘과 아래로 쳐진 굽은 두 개의 뿔이 있고, 얼굴의 모습은 소를 닮았으며, 물을 좋아한다고 한다.
758) 支拄는 버티어 유지함이다.
759) 前脩(修)는 덕을 쌓은 전대의 군자·현인이다.
760) 緬憶은 緬思·緬想과 같은 말로 먼 곳이나 먼 때의 일을 생각함, 또는 回想·回憶을 가리킨다.
761) 茂朱는 지금의 전라북도 茂朱郡 지역에 두었던 都護府이다.
762) 趙裕壽(1663~1741)는 조선 후기의 문신으로 본관은 豊壤, 자는 毅仲, 호는 后溪이다. 생원시에 급제하여 館學儒生으로 朴世采의 伸冤을 상소하였으며, 천거로 禧陵參奉에 나아가 長興庫主簿·옥천군수·회양부사를 거쳐 장악원정·무주부사 등을 역임하고, 첨지중추부사·판결사에 이르렀으며, 시로 이름이 높았다.

03-42 送茂朱倅 * 趙文裕壽. 二首

듣자니 신령스러운 구역이 오묘하고
동부(洞府)[763]의 하늘은 시원스럽다네.[764]
골짜기 밑에서는 인삼(人蔘)이 생장하고
벼랑 꼭대기에서는 봉밀(蜂蜜)[765]이 흐르네.
환업(宦業)은 화로와 단약(丹藥) 옆에서 치르고
음정(吟情)은 띠와 인장(印章)[766] 앞에서 맛보시리.
주계(朱溪)[767]의 한 구비 물이
정화(政化)[768]와 함께 맑기[769]를 바라네.

聞說靈區奥　泠泠洞府天
人參生谷底　蜂蜜溜崖顚
宦業爐丹裏　吟情印綠前
朱溪一曲水　政化共澂然

안개기운[770]은 일기를 다함이 언제이랴?
차가운 바람은 불기를 그치지 않으리.
은와(恩窩)[771]께서는 이미 높이 올라가셨는데
부자(夫子)[772]께서 또한 멀리서 뒤지시네.

---

763) 洞府는 도교에서 말하는 神仙이 사는 곳이다.
764) 泠泠은 시원하고 상쾌함이다.
765) 蜂蜜은 벌꿀이다.
766) 印綠은 金印綠綟綬의 준말로 황금으로 만든 官印과 綠色에 가까운 黑黃色의 비단띠이다.
767) 朱溪는 지금의 전라북도 茂朱郡 茂朱邑 지역에 두었던 현으로 赤城이라고도 하였다.
768) 政化는 政事와 敎化이다.
769) 澂然은 물이 맑고 잔잔함이다.
770) 霞氣는 안개기운이다.
771) 恩窩 조선 후기의 문신 蔡彭胤(1669~1731)의 호로 본관은 平康, 자는 仲耆, 다른 호는 希菴인데, 영조 원년(1725)부터 3년까지 무주부사를 지냈다.

어찌 감히 시가 없이 가시게 하랴?
안목을 가진 교유를 만나기 어려우시리.
하례의 술을 연달아 한 잔씩 날리더라도
산수(山水)을 읊고자 너무 괴로워하지는 마시라.

霞氣生何盡　寒風吹不休
恩窩旣高厲　夫子又遐搜
誰敢無詩往　難逢有眼遊
連飛一盞賀　山水莫深愁

03-43 조이보[773]가 보여 준 두 폭의 그림에 짓다. 2수
03-43 題曹彛甫所視二幅畫
03-43-01 위의 시는 짙은 그림에 지은 것이다
03-43-01 右題濃畫

산은 기운이 철철 흐르고 숲의 모습은 산뜻한데
짙은 듯하고 옅은 듯하게 한결같이 고르게 색칠하였네.
띠를 덮은 정자는 고요하여 사람이 없는 듯한데
만약 주인이 있다면 속세의 사람이 아니리.

山氣淋漓樹色新　似濃如淡染初勻

---

772) 夫子는 尊長에 대한 경칭이다.
773) 彛甫는 조선 후기의 문신 曺命敎(1687~1753)의 자이다. 본관은 昌寧, 호는 澹雲, 判決使 夏奇의 아들이다. 1719년 증광문과 병과로 급제, 검열로 있다가 신임사화로 파직당했다. 영조 즉위 후 복직하여 소론을 논척하는 데 앞장섰고, 承旨·대사간·이조참의·개성유수를 지냈으며, 대사헌으로 冬至副使가 되어 淸에 다녀온 뒤에 호조참판·이조참판을 거쳐 예문관제학에 올랐다. 글씨에 뛰어나 楞伽寺事蹟碑·領議政崔奎瑞墓表·工曹參判曺文秀碑 등을 남겼다.

茅亭閬若無人在　倘有主人非俗人

03-43-02 위의 시는 옅은 그림에 지은 것이다
03-43-02 右題淡畫

그윽한 골짜기에서는 늙은 나무가 슬피 우는 듯한데
사방의 산은 끝없이 넓고[774] 먼 데서는 안개가 걷히네.
언덕 끝에는 갈대꽃이요 가을 기운은 끝이 없는데
대지를 채운 강물에서 홀로 배에 기대어 있네.

古木如鳴哀壑幽　四山寥廓遠霏收
蘆花岸畔秋無際　滿地江湖獨倚舟

03-44 정헌납[775] * 운주[776]이다. 의 만사. 3수
03-44 鄭獻納 * 雲柱. 挽三首

금포(襟抱)[777]가 따뜻하고[778] 기운은 무성하였으며
넓은 국량으로 젊은 시절부터 공보(公輔)[779]로 기대되었네.
일찍이 계방(季方)[780]과 나란히 난형난제(難兄難第)라고 기리고

774) 寥廓은 텅 비어 끝없이 넓은 모양이다.
775) 獻納은 조선시대 司諫院의 정5품 관직으로 정원은 1명이었다.
776) 鄭雲柱(1669~1727)는 조선 후기의 문신으로 본관은 草溪, 자는 季杭이다. 숙종 25년(1699)에 진사시에 급제하고, 숙종 33년의 별시문과에 병과 2위로 급제하여 헌납·삼척부사를 지냈다.
777) 襟抱는 마음에 품은 생각이나 포부이다.
778) 陽和는 봄의 따뜻한 기운이다.
779) 公輔는 三公과 四輔의 합칭으로 宰相을 대유한다.
780) 季方은 後漢 陳諶의 자인데, 자가 元方인 형 紀와 함께 덕행이 뛰어났던 데서 유래하여 두 형제가 똑같이 훌륭하거나 우열을 가리기 어려움을 비유하는 元方季方이란 말이 생겼다.

장인[781]의 재주와 비슷하여 거리낌이 없다고 다투어 칭찬하였다네.

襟抱陽和氣藹哉　早期公輔量恢恢
季方夙並難兄譽　無忌爭稱似舅才

죽서루(竹西樓)[782]에서 돌아올 때에는 맑은 바람이 소매를 스치고
언덕과 계곡[783] 안에는 오만한 뼈[784]와 뾰족한 돌[785]이 있었다네.
듣자니 단구(丹丘)[786]에는 신선의 굴혈(掘穴)이 넉넉하다는데
신선은 어찌하여 미염공(美髯公)[787]을 닮았는가?

竹樓歸袂拂淸風　傲骨稜嶒丘壑中
聞道丹丘足仙窟　神仙何似美髯公

＊ 막 삼척[788]부사에서 체차되어 단구에 살고 있었다.
＊ 新遆三陟府使, 居丹丘.

늘그막[789]에는 가마(珂馬)[790]를 타고 천자(天子)를 조알하러 가더니

781) 舅는 丈人, 또는 外叔이다.
782) 竹西樓는 三陟府의 서쪽 五十川 江岸의 절벽 위에 있던 누각으로 경치가 빼어나서 關東八景의 하나로 꼽히는데, 고려 忠烈王 때에 府使 李承休가 창건했으며, 조선 太宗 때에 府使 金孝孫이 중수하였다.
783) 丘壑은 언덕과 계곡으로 幽僻한 곳이나 隱逸을 비유한다.
784) 傲骨은 오만한 뼈로 오만하여 남에게 굽히지 않는 성품을 비유하는데, 盛唐의 시인 李白에 대하여 당시 사람들이 그의 허리에 오골이 있어서 남에게 허리를 굽힐 수 없다고 평한 데서 유래한다.
785) 稜嶒은 돌이 어지럽게 쌓여 뾰쪽하게 튀어나온 모양으로, 재주와 인품이 빼어남을 비유한다.
786) 丹丘는 지금의 강원도 原州市 丹丘洞 지역에 있던 마을로 驛을 두었던 곳이다.
787) 美髯公은 수염이 아름다운 사람으로 중국 삼국시대 蜀漢의 장군 關羽의 별칭이다.
788) 三陟은 지금의 강원도 三陟市 지역에 두었던 都護府이다.
789) 衰遲는 노쇠해져서 저물어 감으로 나이가 들어 늙음을 가리킨다.

맑은 새벽에 남쪽기슭에서는 갑자기 매미가 허물을 벗었다네.[791]
금액(禁掖)[792]의 미화(薇花)[793]는 지난날처럼 피었는데
갈도(喝道)[794]하며 온 주의(朱衣)[795] 입은 이들이 문 앞에서 조문하리.

衰遲珂馬復朝天　南麓淸晨欻蛻蟬
禁掖薇花如昨日　朱衣喝道吊門前

03-45 정정언[796] * 행오[797])이다. 의 만사
03-45 鄭正言 * 行五. 挽

기기(騏驥)[798]가 왕성한 때에 나는 만나지 못하였거니와
자고새[799]의 아름다운 명성은 늙어 갈수록 새로워졌다네.
과명(科名)[800]의 꿈은 지난날[801]의 꿈을 이었는데
붕배(朋輩)[802]의 사람 중에는 중년인[803] 사람이 많았네.

---

790) 珂馬는 화려하게 장식한 말이다.
791) 蛻蟬(세선)은 매미가 허물을 벗음으로 사람의 죽음을 비유한다.
792) 禁掖은 궁중의 부속건물로 궁중의 범칭으로 쓰인다.
793) 薇花는 紫薇花의 준말로 부처꽃과의 落葉小喬木인 배롱나무의 꽃이며, 滿堂紅 · 百日紅이라고도 한다.
794) 喝道는 존귀한 사람의 행차 앞에서 騶從別陪가 큰 소리로 행인의 통행을 금지하는 일, 또는 그 사람을 말하며, 呵喝 · 辟除라고도 한다.
795) 朱衣는 아주 붉은 옷으로 옛날에 堂上官이 입던 公服이다.
796) 正言은 조선시대 司諫院의 정6품 관직으로 정원은 2명이었다.
797) 鄭行五(1652~1727)는 조선 후기의 문신으로 본관은 東萊, 자는 子常, 之美의 아들이다. 숙종 25년(1699) 증광문과에 참봉으로 응시하여 을과 6위로 등제하였으나 파방되었다가 숙종 36년(1710)에 復科되었고, 軍資監正 · 正言을 지냈다.
798) 騏驥는 하루에 천리를 달린다는 준마로 뛰어난 인재를 비유한다.
799) 鷓鴣는 꿩과에 딸린 생김새가 메추라기와 비슷한 새로 아름다운 반점을 지니고 있다.
800) 科名은 과거에 급제하는 명예이다.
801) 昔年은 以前 · 옛날이다.
802) 朋輩는 같은 또래의 벗, 의기투합하는 벗이다.
803) 中古는 中年 · 中歲이다.

수염은 장자(長者)[804]답게 석 자의 눈과 같았고

가슴[805]에는 꽉 찬[806] 한 무더기의 봄기운이 있었네.

암랑(巖廊)[807]의 기도(器度)[808]로 고을을 울림으로 마쳤기에

사류(士類)[809]들은 서로 바라보며 수건에 가득하게 눈물을 흘리네.

騏驥盛時吾不見　鶺鴒芳譽老逾新

科名夢續昔年夢　朋輩人多中古人

長者鬚髯三尺雪　盎然腔子一團春

巖廊器度終雷邑　士類相看淚滿巾

＊ 나이가 많은 선진[810]이라고 하여 파방[811]되었다가 복과[812]되었다.

＊ 以年高先進, 罷榜復科.

03-46 이참판[813) ＊ 정신[814]이다. 의 만사

---

804) 長者는 덕망이 높은 사람, 또는 신분이나 지위가 높은 사람이다.
805) 腔子는 가슴과 배로 몸을 대유한다.
806) 盎然은 차서 넘치는 모양이다.
807) 巖廊은 높은 廊廡로 朝廷을 비유하는데, 낭무는 궁궐의 바깥채 건물이다.
808) 器度는 識見과 度量, 또는 才能과 風度이다.
809) 士類는 士族 출신의 사람, 또는 선비・文士이다.
810) 先進은 먼저 벼슬길에 나아간 사람이다.
811) 罷榜은 조선시대에 科擧試驗의 과정에서 試官・應擧者에게 잘못이 있어 합격자의 발표나 합격을 취소함이다.
812) 復科는 파방으로 취소된 과거시험의 합격이 회복됨이다.
813) 參判은 조선시대의 중앙관서인 六曹의 次官으로 종2품직, 정원은 1명이었다.
814) 李正臣(1660~1727)은 조선 후기의 문신으로 본관은 延安, 자는 邦彦, 호는 松蘗堂으로 대제학 明漢의 증손이다. 정시문과에 병과로 등제하여 삼사의 淸要職을 두루 거쳐 東萊府使로 나갔다가 병조참의를 지냈다. 경종 초에 호조참판으로 謝恩副使가 되어 연경에 다녀왔고, 귀국하여 도승지에 올라 소론으로서 趙泰耉 등과 함께 노론을 탄핵하여 축출하는 데 앞장섰다. 병조참판을 거쳐 경기도・함경도의 관찰사를 역임한 뒤, 영조 초에 辛壬士禍의 주모자의 하나로 지목되어 유배되었다. 서예에 뛰어나 仁祖誕降舊基碑陰記가 남아 있다.

03-46 李參判 * 正臣. 挽

문묵(文墨)[815]의 맑은 향기는 백주(白洲)[816]를 이은 것인데
일에 임하는 활달한 마음[817]은 더욱 훌륭하셨네.[818]
행춘(行春)하는[819] 다리로 성근 비가 울리는 모래밭을 걸었고
땅을 관장하는[820] 목구멍[821]으로 은대[822]의 옥루소리[823]를 들으셨네.
하늘의 복록(福祿)은 좌계(左契)[824]에 어긋남이 없건만
사람의 풍파(風波)는 허주(虛舟)[825]에 성냄이 있었네.
수문(修門)[826]으로 들어가자 말자 저승길[827]이 다가왔으니
가을날에 못 가에서 혼령을 불러들인[828] 일보다는 오히려 낫다네.[829]

---

815) 文墨은 文詞·學問에 종사하는 일이나 사람이다.
816) 白洲는 조선 후기의 문신 李明漢(1595~1645)의 호로 본관은 延安, 자는 天章, 좌의정 廷龜의 아들이다. 증광문과에 병과로 등제하여 전적·좌랑을 지낸 뒤 폐모를 논의하는 庭請에 참여하지 않은 일로 파직되었다. 반정 후에 侍讀官이 되었고, 李适의 난 때 팔도에 보내는 교서를 지었다. 도승지를 거쳐 홍문관·예문관의 대제학과 이조판서를 역임하고 나서, 1643년에 李敬輿·申翊聖 등과 함께 척화파로 지목되어 瀋陽으로 잡혀갔다가 세자를 모시고 돌아왔다. 1645년에 明과 밀통한 咨文을 쓴 일로 다시 청에 잡혀갔다가 풀려나와 예조판서가 되었다. 심양에 잡혀간 의분을 노래한 시조 6수가 전해지며, 『白洲集』을 남겼다.
817) 沖襟은 활달하고 담박한 가슴·마음이다.
818) 優優는 풍성하고 아름다운 모양, 너그럽고 온화한 모양이다.
819) 行春은 벼슬아치가 봄에 관할지역을 순찰함이다.
820) 地管은 地官인 戶部을 맡음을 가리키는데, 여기에서는 戶曹參判을 지냈음을 가리킨다.
821) 咽喉는 목구멍으로 要害處를 비유한다.
822) 銀臺는 아름다운 官署이다.
823) 玉漏는 刻漏·漏刻의 미칭으로 가는 구멍에서 새어 떨어지는 물의 양을 漏壺 속에 세운 漏箭의 눈금으로 읽어서 時刻을 알게 되어 있었던 물시계이다.
824) 左契는 左符과 같은 말로 둘로 나눈 符節 가운데 임금이 지니는 왼쪽조각을 가리킨다.
825) 虛舟는 부리는 사람이 없는 배로 욕심이 없고 활달하여 얽매이지 않는 사람을 비유한다.
826) 修門은 전국시대의 楚나라의 도성인 郢邑의 성문으로 國都의 성문을 대유한다.
827) 泉塗(途)는 저승이다.
828) 招魂은 죽은 사람의 혼령을 불러들임이다.
829) 이 구절은 조정에서 추방되고 나서 못 가에서 行吟하였던 屈原이 자신의 목숨이 다하려 함을 느껴서, 몸을 떠난 영혼을 불러들임으로써 정신을 회복하고 수명을 연장하고자 하였던 일을 가리키고자 한 것이다.

文墨淸芬繼白洲　冲襟臨事更優優
鳴沙踈雨春行脚　玉漏銀臺地管喉
福祿天無違左契　風波人有怒虛舟
修門纔入泉塗迫　猶勝招魂澤畔秋

03-47 대복[830]의 운[831]을 뽑다. 2수
03-47 拈大復韻二首

당우(唐虞)[832]의 사업은 꿈 속에도 아득해졌기에
듬성듬성한 살쩍과 머리카락으로 언덕 하나를 지키고 있네.
근래에는 작은 간담으로 말미암아 위태로운 길[833]을 지나오는데
늘 호탕한 감정이 이는 듯하여 높은 누각에 눕네.[834]
돗자리를 반으로 나누어[835] 매화를 갈무리하고
놀러 가기를 꾀하여[836] 도롱이를 사들이네.
자다가 일어나서 유쾌하게[837] 홀로 웃는 것은
사람세상에 근심[838]이 있음을 믿지 않기 때문이네.

---

830) 大復은 明代 중엽의 문인 何景明(1483~1521)의 호로 자는 仲默, 信陽人이다. 진사시에 등제하여 중서사인·陝西提學副使를 역임했다. 처음에는 李東陽을 사사하였으나, 정치적 문제로 말미암아 문하를 떠났다. 李夢陽 등과 함께 '古文辭'로 불리며 秦·漢의 문장과 盛唐의 시를 전범으로 하는 복고적 문학운동을 제창하였고, 이몽양과 함께 何李로 병칭되었다.『大復集』을 남겼다.
831) 何景明의 원운은 <岳陽>(『大復集』 권24)과 <送任宏器入京二首>(권25)이다.
832) 唐虞는 堯임금과 舜임금의 합칭으로 堯임금이 陶唐氏이고 舜임금이 有虞氏인 데서 생긴 말이다.
833) 畏道는 위험하여 두려운 길이다.
834) 臥高樓는 높은 누각에 누움으로 壯快한 회포를 펼 수 있는 登臨處에 오름을 비유한다.
835) 平分은 반으로 나눔, 공평하게 나눔이다.
836) 準備는 계획함, 또는 미리 마련하여 갖춤이다.
837) 怡然은 기뻐하는 모양, 즐거워하는 모양이다.
838) 牢愁는 근심·걱정, 또는 우울함이다.

唐虞事業夢悠悠　鬢髮蕭蕭守一丘
細膽近因經畏道　豪情常似卧高樓
藏來梅萼平分座　買得簑衣準備遊
睡起怡然成獨笑　人間不信有牢愁

새 해에 들어오자 살쩍과 머리키락이 희끗희끗해지니[839]
온갖 일을 보고서[840] 한 번 빙그레 웃고[841] 마네.
오늘의 세인들은 남을 좇아서 어린아이로 노는데
옛 사람들은 나보다 앞서서 큰 이름을 걸었네.
매화의 기운(氣韻)[842]은 특히 저녁에 좋은데
버들의 광음(光陰)[843]은 안개가 되려 하네.
하나하나[844]의 푸른 산에는 뛰어난 빛깔이 보태지는데
종일토록 자주 옮겨다니며 굽은 난간에 앉네.

蒼蒼鬢髮入新年　萬事看來一莞然
今世從他小兒戲　古人先我大名懸
梅花氣韻偏宜夕　楊柳光陰欲作烟
面面青山添秀色　曲欄終日坐頻遷

03-48 낙창군[845] 대부인[846]의 만사

---

839) 蒼蒼은 머리카락이 희끗희끗한 모양, 또는 灰白色이다.
840) 看來는 관찰하여 판단함이다.
841) 莞然은 莞爾와 같은 말로 빙그레 웃는 모양이다.
842) 氣韻은 냄새와 맛으로 韻致・情趣・風格을 비유한다.
843) 光陰은 풍경 또는 빛깔이다.
844) 面面은 모든 방면, 각 방면이다.
845) 洛昌君은 조선 후기의 종실 李樘(?~1772)의 封號이다. 景宗의 상례 때에 守陵官을 지내고, 영조 3년에 冬至兼謝恩正使로 청나라에 다녀왔으며, 『璿源譜略』 4권을 찬술하였다. 영조 11년에는 陳慰進香正使, 영조 18년에는 동지겸사은정사로 청에 다녀왔다.

03-48 洛昌君大夫人挽

숲이 빽빽한 낙산(駱山)[847] 밑에는
화려한 집이 얼마나 높다란가?[848]
백옥으로 집의 차양[849]을 삼고
황금으로 대청의 깔개를 삼네.
대청에 머물면서 경물을 보기를 좋아하여
군부인(郡夫人)[850]께서 편안히 앉으셨다네.
뜰 안에는 약목이 펼쳐져 있어서
가지와 잎이 매우 무성하였네.[851]
예악을 익힌 세 공자(公子)[852]는
제각기 붉은 수레를 탔다네.
말을 나란히 타고 연계(燕薊)[853]로 갈 때에는
거개(車蓋)[854]가 많이[855] 움직였네.
돌아오면 고당(高堂)[856]에 올라가서
두 번 절하고 문안을 드렸네.[857]

---

846) 大夫人은 남의 모친의 존칭이다.
847) 駱山은 지금의 서울시 종로구·동대문구·성북구에 걸쳐 있던 산으로 생김새가 낙타의 등과 같아서 붙은 이름으로 駱駝山이라고도 하였다. 한양성의 靑龍에 해당하며, 전체가 화강암으로 이루어졌다.
848) 嶙峋은 산·바위·건축물 등이 높이 솟은 모양이다.
849) 楣는 처마 밑의 마룻대로 遮陽을 가리킨다.
850) 郡夫人은 조선시대에 國王의 庶子君의 아내에게 내리던 外命婦의 봉작으로 품계는 종1품이었다.
851) 氤氳은 기운이 자욱한 모양, 성대한 모양이다.
852) 公子는 권세가 있거나 부귀한 사람의 子弟, 또는 남의 아들에 대한 존칭이다.
853) 燕薊는 燕京과 薊州로 淸나라의 首都를 가리키는데, 薊州는 北京 인근에 있던 縣, 또는 薊州鎭으로 明代에는 山海關에서 居庸關에 이르는 지역을 관할하였다.
854) 車盖(蓋)는 비·햇빛을 가리고자 수레 위에 씌우는 일산 모양의 덮개이다.
855) 殷轔은 많은 모양, 번성한 모양이다.
856) 高堂은 높고 넓은 집으로 부모를 비유한다.
857) 昏晨은 昏定晨省의 준말로 아침저녁으로 부모의 안부를 물어 살피는 것이다.

뜻밖에도 손자가 오십인이나 되는데
맏이는 이미 백성을 기르네.[858]
금세[859] 기현(圻縣)[860]에서 돕는 신하가 되어서
끊이지 않고 팔진(八珍)[861]을 보내온다네.
살아 계실 때에는 부귀를 다하고
돌아가신 뒤에는 복록이 크시네.
효자(孝子)[862]는 흰 머리카락을 드리우는데
기공(朞功)[863]이 마을의 길[864]을 메우네.[865]
귀척(貴戚)이 다투어 호송하고[866]
수레[867] 때문에 먼지로 길이 어둑하네
보는 이로 하여금 감탄[868]이 일어나게 하니
<해로(薤露)>[869]의 노래도 괴롭지[870] 않네.
동관(彤管)[871]은 훌륭한 모범[872]을 거두고

---

858) 牧民은 守令이 백성을 다스림이다.
859) 崇朝는 새벽부터 朝飯을 들 때까지의 시간으로 매우 짧은 시간을 비유한다.
860) 圻(畿)縣은 都城 인근의 고을이다.
861) 八珍은 八珍味와 같은 말로 성대한 음식상에 갖춘다는 여덟 가지 珍味로 淳母・淳熬・炮牂・炮豚・擣珍・熬・漬・肝膋, 또는 龍肝・鳳髓・免胎・鯉尾・鶚炙・猩脣・熊掌・酥酪이다.
862) 孝子는 親喪中인 상주이다.
863) 朞功은 朞服과 功服의 합칭으로 상복을 입은 사람을 비유하는데, 朞는 1년 동안 입는 상복이고, 功은 9개월 동안 입는 大功과 5개월 동안 입는 小功으로 나뉜다.
864) 巷陌은 마을의 큰 길과 골목길이다.
865) 陻(堙)塞은 메움, 막음이다.
866) 護送은 보호하여 함께 가거나 운송함이다.
867) 輜軿은 덮개가 있는 수레인 輜車와 휘장을 친 수레인 軿車의 합칭으로 수레의 범칭이다.
868) 咨歎은 感歎・歎息이다.
869) <薤露>는 樂府 相和曲의 이름으로 고대의 挽歌나 喪歌이다. 戰國時代 楚나라 屈原의 <對楚王問>에 그 이름이 보이고, 晋 崔豹의 『古今注』에 <蒿里>와 함께 喪歌의 하나로 실려 있다.
870) 悲辛은 괴로움, 괴로워함이다.
871) 彤管은 붓대에 붉은 칠을 한 붓으로 女史官이 궁중의 일을 기록할 때 쓰였다.
872) 徽範은 훌륭한 모범이다.

천도(天道)는 어진 이를 도움을 믿게 하리.

藹藹駱山下 華屋何嶙峋
白玉爲堂楣 黃金爲堂茵
堂上駐愛景 安坐郡夫人
中庭布若木 枝葉殊氤氳
禮樂三公子 各乘朱丹輪
聯翩赴燕薊 車盖動殷轔
歸來上高堂 再拜問昏晨
孫曾五十人 長者已牧民
崇朝圻輔縣 絡繹送八珍
生時富貴極 身後福祿純
孝子垂白髮 朞功巷陌陻
貴戚爭護送 輜軿暗路塵
觀者起咨歎 薤歌不悲辛
徽範徽彤管 天道信棐仁

03-49 옥당에서 숙직하다가 야대할[873] 때에 말씀이 조용하셔서, 한 집안[874]의 아버지와 아들 같기에 신이 나아가 말씀드리기를, '어리석은[875] 신이 전에 동룡관[876]에서 모실 때 전하를 뵐 때마다 요 · 순이 되실 것을 스스로 기대하시기에, 신은 기쁨을 스스로 이기지 못하여, 돌아가서 부모 · 처자 · 친척 · 교유들에게 말하였습니다. 전하께서 천조하심[877]에 이

873) 夜對는 숙직하는 신하가 임금의 諮問에 대답함이다.
874) 家人은 한 집안 사람이다.
875) 無似는 賢人을 닮지 못한 못나고 어리석은 사람이라는 뜻으로, 자신을 낮추어 가리키는 말이다.
876) 銅龍館은 銅龍을 장식한 집으로 太子宮 · 世子宮을 가리킨다.

르러 요 · 순의 다스림을 보기를 바랐지만, 앞뒤의 정사와 교화가 요 · 순으로 보기에 놀라울[878] 것은 말할 것도 없고, 아래로 한나라와 당나라의 현명한 군주와 견주어 헤아려도[879] 미치지 못함이 있으시기에, 신은 몰래 한탄하였습니다.'라고 하였다. 주상께서 얼굴빛이 변하면서[880] 말씀하시기를, '주연[881]에서 권면하여 강설할 때에 유신이 나에게 바란 것이 어찌 오늘과 같음에 그치겠는가? 나의 학문의 역량[882]이 채워지지 못하여 유신의 바람을 채우지 못하였으니, 참으로 스스로 부끄러워하오.'라고 하셨다. 신이 말하기를 '전하의 이러한 일념이 곧 요 · 순으로 들어가는 문이니, 전하께서 오늘을 맨 처음[883]처럼 보시고 크게 분발하시면 요 · 순이 반드시 되실 터이거늘, 어찌 미치지 못할 것을 근심하시겠습니까?'라고 하였다. 주상께서 말씀하시기를 '그 말이 좋으니, 마땅히 절실하게 유념하겠소.'[884]라고 하셨다. 앞의 자리가 끝나고 나서, 밤이 삼경[885]이 지났기에 시로 감회를 적는다. 때는 무신년[886] 늦봄이었고, 하번[887]으로 함께 입대한 이는 검토[888] 이현모[889]였다.

---

877) 踐阻는 사당 앞의 두 계단 중에서 위에 있는 주인의 자리인 동쪽의 阼階를 밟고 올라간다는 뜻으로 임금이 즉위함을 비유한다.
878) 瞠如는 瞠然과 같은 말로 눈을 휘둥그레 뜨고 깜짝 놀라는 모양이다.
879) 較絜(교혈)은 비교하여 헤아림이다.
880) 動容은 감동하는 표정이다.
881) 冑筵은 書筵의 별칭이다.
882) 學力은 학문의 조예 · 수준이다.
883) 一初는 맨 처음이다.
884) 體念은 절실하게 유념함이다.
885) 三鼓는 북을 세 번 치는 것으로 밤 9시부터 11시 사이인 三更을 가리킨다.
886) 戊申年은 英祖 4년(1728)이다.
887) 下番은 순번이 아래인 사람인데, 여기에서는 玉堂 숙직의 하번을 가리킨다.
888) 檢討는 조선시대에 經筵에서 講讀 · 論思에 관한 일을 맡아보던 정6품직이다
889) 李顯謨(1685~?)는 조선 후기의 문신으로 본관은 全州, 자는 文若, 관찰사 濟의 아들이

03-49 直玉堂夜對, 天語從容, 如家人父子, 臣進曰, '以無似, 昔侍銅龍, 每見殿下, 以堯舜自期, 臣喜不自勝, 歸語父母妻子親戚交遊. 及殿下踐作,[890] 庶幾見堯舜之治, 而前後政教, 毋論視堯舜瞠如, 下與漢唐賢君較絜而有不及, 臣窃慨然.' 上動容曰, '胄筵勸講時儒臣之望於予者, 豈止如今日乎? 予學力未充, 不能塞儒臣之望, 良自愧也.' 臣曰, '殿下此一念, 卽堯舜之門也. 殿下視今日如一初, 大奮發, 以堯舜爲必可做, 何憂不及也?' 上曰, '其言好, 當體念焉.' 前席旣罷, 夜過三鼓, 詩以志感. 時戊申暮春, 下番同入對者, 李檢討顯謨也[891]

연촉(蓮燭)[892]은 휘황하고[893] 옥루(玉漏)[894]는 긴데
오늘밤에는 임금님의 향로에서 향기가 거듭 일어나네.
당우(唐虞)[895]의 일월을 안타까워함이 마땅하기에
지난날의 궁료(宮僚)[896]는 살쩍과 머리털이 허옇게 되었다네.

蓮燭煌煌玉漏長　今宵重惹御爐香
唐虞日月應須惜　疇昔宮僚鬢髮蒼

03-50 무신년[897] 삼월에 역란[898]이 얼어났을 때 왕명을 받들어

다. 생원시를 거쳐 문음으로 출사했고, 文臣庭試에 병과로 급제하여 부수찬이 되었으며, 정언・헌납・수찬 등을 거쳐 교리로 있다가 闕直한 일로 碧潼郡守로 좌천되었다. 내직에 복귀하여 부응교로 있을 때 올린 상언이 주상의 미움을 사서 다시 외임에 나갔다가 병으로 죽었다.

890) 원전의 '作'은 '阼'의 착오이다.
891) 이 詩題는 蔡濟恭이 지은 諡狀에도 비슷한 내용으로 기술되어 있다.
892) 蓮燭은 연꽃 모양으로 만든 밀초로 蓮炬라고도 한다.
893) 煌煌은 반짝반짝 빛나는 모양이다.
894) 玉漏는 물시계인 刻漏・漏刻의 미칭이다.
895) 唐虞는 陶唐氏와 有虞氏의 합칭으로 堯임금과 舜임금을 가리킨다.
896) 宮僚는 太子宮・世子宮의 屬官이다.

송파[899]에 군사를 위로[900]하러 가노라니, 지나가는 곳에 인가의 연기[901]가 끊어졌기에 느꺼워서 읊다. 2수

03-50 戊申三月, 逆亂起, 奉命勞軍松坡, 所經過, 人烟斷絶, 感而有吟, 二首

십리길에는 연기가 없고
마을[902]에는 저녁빛만 붉네.
춘산을 바라볼 수 없건만
난리 속에도 꽃은 피네.

十里無烟火　村墟夕照紅
春山不可望　花發亂離中

한수(漢水)[903]는 저렇게 흐르는데
봄을 맞은 초목은 향기[904]를 풍기네.
사악한 무리[905]가 천지를 거스르니
태평시절의 사람은 탄식하네.

漢水流如此　氤氳草木春
淫朋負天地　嗟爾太平人

---

897) 戊申年은 英祖 4년(1728)이다.
898) 逆亂은 叛亂・叛逆인데, 여기에서는 영조 4년에 李麟佐 등 소론일파가 일으킨 이른바 戊申亂, 또는 이인좌의 난을 가리킨다.
899) 松坡는 지금의 서울시 송파구 지역에 있었던 나루이다.
900) 勞軍은 군사를 위로함이다.
901) 人煙은 人家에서 나는 연기, 또는 인가이다.
902) 村墟는 마을, 또는 시골의 저자이다.
903) 漢水는 漢江이다.
904) 氤氳은 향기, 짙은 향기이다.
905) 淫朋은 邪黨, 또는 무리를 지어 나쁜 짓을 함이다.

03-51 군사를 위로하다
03-51 勞軍

호려(虎旅)[906]가 봉사(鳳使)[907]가 왔다고 소리쳐 부르자[908]
한 줄기 우레 같은 환호성이 원문(轅門)[909]을 흔드네.
세류영(細柳營)[910]의 붉은 깃발이 봄바람 속에서 펄럭이는데
궁궐[911]에서 온 유신(儒臣)은 천천히 말고삐를 돌리네.

虎旅傳呼鳳使來　轅門歡動一聲雷
紅旗細柳春風裏　青瑣儒臣緩轡廻

03-52 군사를 위로하고 돌아가는 길에 진정[912]에서 묵다
03-52 勞軍歸路, 宿津亭

강산은 원래 선명하고
귀신불은 절로 음산하네.
몸은 푸른 물결에 잠긴 달과 함께 하는데
마음은 홀로 아득한 밤을 지새우네.

江山元歷歷　鬼火自陰陰

---

906) 虎旅는 虎賁氏와 旅賁氏의 합칭으로 衛士를 비유한다.
907) 鳳使는 제왕의 使臣이다.
908) 傳呼는 소리쳐 부름이다.
909) 轅門은 장수가 주둔하는 군영의 문이다.
910) 細柳營은 漢 文帝 때의 將軍 周亞夫가 咸陽의 西南의 細柳에 주둔하면서 軍紀를 엄하게 다스렸던 군영으로 군영, 또는 軍紀가 엄정한 軍營을 대유한다.
911) 青瑣는 쇠사슬 모양을 새기고 푸르게 칠하였던 漢代의 宮門 이름으로 궁궐의 문을 대유한다.
912) 津亭은 나루터 옆에 세운 정자이다.

身與滄浪月　蒼然獨夜心

03-53 해은부원군 오우상 * 명항[913]이다. 의 만사. 4수
03-53 海恩府院君吳右相 * 命恒. 挽四首

구름이 산천에서 솟아오르더니 사방에 비가 내리는데
선왕(宣王)[914]께서는 중흥시킨 인물이라고 칭송하셨다네.
깊이 서린 용과 호랑이라 흉금[915]이 씩씩하였건만
다시 창건한[916] 건곤에서는 빈발이 서리와 같으셨네.
태각(台閣)[917]에서 경륜을 펴실 때에는 나는 햇빛이 짧았는데[918]
각건(角巾)[919]으로 돌아가 누우신 뒤에는 큰 강이 넓었네.
단서철권(丹書鐵劵)[920]이 온통 어제의 일과 같기에
차마 첫 번째 반열을 돌이켜 쳐다보지 못하겠네.

雲出山川雨四方　中興人物頌宣王

---

913) 吳命恒(1673~1728)은 조선 후기의 문신으로 본관은 海州, 자는 士常, 호는 慕菴·永慕堂, 영의정 允謙의 현손이다. 식년문과에 등제하여 교리·부응교·이조좌랑 등을 거쳐 승지가 되고, 경상도·강원도·평안도의 관찰사를 역임한 뒤 영조 즉위년에 소론이 실각할 때 사직했다. 이조판서를 거쳐 병조판서로 있을 때에 李麟佐의 난이 일어나자, 四道都巡撫使를 맡아 난을 평정한 공로로 奮武功臣 1등이 되고 海恩府院君에 봉해졌다. 우찬성에 오른 뒤 소론임을 자책하여 사퇴를 청했으나 허락받지 못하고 우의정에 올랐으며, 시호는 忠孝이다.

914) 宣王은 周나라의 제11대왕으로 厲王의 아들, 이름은 靜이다. 46년 동안 재위하며, 西戎·玁狁·荊蠻·淮夷 등을 정벌하고 中興의 군주가 되었는데, 여기에서는 英祖를 비유한다.

915) 胸襟은 가슴 속에 품은 뜻·생각이다.

916) 再造는 다시 살려 줌, 다시 창건함이다.

917) 台閣은 宰相의 집무하던 전각이다.

918) 飛景은 날아가는 해의 빛이다.

919) 烏角巾은 옛날에 隱士가 쓰던 검은 두건으로 烏帽라고도 하였다.

920) 丹書鐵劵은 쇳조각에 지워지지 않게 붉은 글씨로 공훈을 기록하여 공신에게 주어서 자손대대로 죄를 면하게 하던 증서이다.

深蟠龍虎胷襟壯　再造乾坤鬢髮霜
台閣經綸飛景短　角巾歸卧大江長
丹書鐵卷渾如昨　不忍回瞻第一行

다급하던[921] 밤에 전각에서 병기(兵機)[922]를 상주한 이는
붉은 간담을 지닌 칠척장신(七尺長身)의 훤칠한 분이셨다네.
안위에 이르는 일인지라 임금님의 말씀이 세밀하였고
중상(中上)[923]의 책략을 논하느라고 누각을 알아봄[924]이 드물었네.
하늘과 땅이 다 성낸 가운데 추곡(推轂)[925]에 임하시니
별과 달이 다투어 뿌리는 빛이 하사하신 옷에 가득하였네.
상서(尙書)[926]께서 평온하게 신발 끄는 소리를 내면서 가실 때에
옆 사람들이야 어찌 조금인들[927] 안색을 나타내었으랴?

蒼黃夜殿奏兵機　赤膽携來七尺頎
事到安危天語細　策論中上漏籌稀
乾坤共怒臨推轂　星月爭明滿賜衣
穩曳尙書履聲去　傍人那見色幾微

사나운 바람[928]이 깃발을 말아올리고 북소리도 사라지니

---

921) 蒼黃은 다급함이다.
922) 軍機는 用兵의 책략, 또는 軍事機密이다.
923) 中上은 중급과 상급이다.
924) 漏籌는 漏刻의 시간을 계산함으로 시간을 알아봄을 가리킨다.
925) 推轂은 출정하는 장수의 수레를 제왕이 밀어 줌으로 장수를 임명하는 융숭한 의식을 비유한다.
926) 尙書는 조선시대 六曹의 장관으로 정2품직인 判書의 별칭인데, 여기에서는 망자를 가리킨다.
927) 幾微는 사소함, 미세함이다.
928) 獰風은 사나운 바람이다.

매우 깜깜한[929] 원문(轅門)은 태음(太陰)[930]에 들어간 듯하였네.
자객(刺客)의 청평검(青萍劒)[931]에서는 빛이 번쩍이건만[932]
원융(元戎)[933]의 옥장막에서는 잠이 깊었다네.
천 길의 큰 산악을 누가 흔들 수 있으랴?
만곡(萬斛)[934]의 위태로운 배는 끝내 침몰하지 않았네.
주발(周勃)[935]과 같은 사직지신(社稷之臣)을
이제 어느 곳에서 다시 얻으랴?

獰風捲旆皷聲瘖　屭黑轅門入太陰
刺客青萍光閃閃　元戎玉帳卧深深
千尋大岳誰能撼　萬斛危舟遂不沉
社稷之臣如勃者　得來何處更于今

가을이 다한 산하에 기운이 음산해지더니[936]
저녁이 되자 어둑하게[937] 교룡(蛟龍)이 비바람을 몰아오네.
남쪽누각에서 괵(馘)[938]을 바쳐서 남자[939]로 알려지시더니

---

929) 屭黑(희흑)은 어두움이 힘을 씀으로 매우 깜깜함을 가리킨다.
930) 太陰은 五行家에서 水에 해당하는 北方이 겨울을 주재한다고 봄에 따라 물, 또는 북방을 가리키며, 어두움·陰濕함을 비유한다.
931) 青萍은 寶劍의 이름이다.
932) 閃閃은 빛나는 모양이다.
933) 元戎은 큰 兵車로 元帥를 비유한다.
934) 斛은 용량을 재는 도구로 고유어로는 휘라고 하며, 용량의 단위로도 쓰였는데, 시대에 따라 열 말[斗]을 가리키기도 하고 다섯 말을 가리키기도 하였다.
935) 周勃(?~B.C. 169)은 전한 초의 무신으로 高祖를 도와 漢나라가 천하의 주인이 되게 한 공으로 絳侯에 봉해졌고, 呂后의 사후에 呂氏들이 반란을 일으키자 陳平과 모의하여 소탕하였다. 文帝 때에 右丞相이 이르렀고, 謚號는 武侯이다.
936) 肅森은 음산한 모양이다.
937) 陰陰은 어두운 모양, 어둠침침한 모양이다.
938) 獻馘은 전쟁에서 죽인 적군의 왼쪽귀를 잘라 바침으로 대개 勝戰譜를 올림을 비유한다.
939) 男子는 대장부·사나이이다.

동쪽성곽으로 영화를 도피하시매[940] 사림(士林)[941]에서 우뚝해지셨네.
연각(烟閣)[942]에는 산 듯한 검은 얼굴이 남아 있고
강호(江湖)에는 죽지 않은 붉은 마음이 있다네.
사람세상의 일을 잘 안다고[943] 말하지 말라.
깊은 궁궐[944]에서는 꿈꾸고 점쳐서[945] 깊이 주시하시니까.[946]

秋盡山河氣肅森　蛟龍風雨暮陰陰
南樓獻鹹[947]知男子　東郭逃榮聳士林
烟閣如生留黑面　江湖不死是丹心
休言了得人間事　夢卜重宸注意深

03-54 이지사[948]의 만사
03-54 李知事挽

우도(牛刀)[949]를 단번에 던지고서 한가롭게[950] 정양하시자
집에 가득한 난초의 싹[951]이 얼굴을 펴기[952]에 넉넉하였다네.

---

940) 逃榮은 영화를 逃避함이다.
941) 士林은 선비의 숲으로 文士・士大夫의 계급이나 사회를 비유한다.
942) 烟閣은 凌烟(煙)閣의 준말로 唐나라 太宗이 貞觀 17년(643)에 功臣 24명의 畵像을 걸게 하였던 전각이며, 공신의 화상을 걸어 놓은 전각을 대유한다.
943) 了得은 깨달음, 이해함이다.
944) 重宸은 九重宮闕이다.
945) 夢卜은 꿈과 점으로 殷나라 高宗이 꿈에서 보고 傅說을 얻고, 周나라 文王이 점을 쳐서 呂尙을 얻었다는 고사에서 유래하여, 제왕이 훌륭한 재상을 얻음을 비유한다.
946) 注意는 注視함이다.
947) 원전의 '鹹'은 의미맥락으로 보아 '箴'의 착오이다.
948) 知事는 조선시대 中樞府의 정2품 관직인 知中樞府事의 약칭인데, 李知事는 조선 후기의 문신 李濼을 가리킨다. 본관은 驪州, 世鎭의 아들, 順興安氏에게 장가들었다. 蔭敍로 출사하여 지중추부사에 올랐다.
949) 牛刀는 소를 잡을 때 쓰는 칼로 흔히 뛰어난 재능을 지닌 사람을 비유한다.
950) 淸閑은 조용하고 한가로움이다.
951) 蘭芽는 난초의 싹으로 훌륭한 자제를 비유한다.

맏아드님이 살아 있을 때에는 원만하게 경계를 만들었고
중뇌(重牢)[953]의 연회 뒤에는 억지로 홀아비라 이름하셨네.
과명(科名)[954]에 들지 못하고도 관재(官齋)[955]에 여덟 번이나 앉았고
아이와 노인[956] 사이에서도 얼굴에 삼춘(三春)[957]의 기운을 띠셨네.
호연(浩然)히[958] 자기(紫氣)[959]를 관찰하여 화순(化順)[960]하시더니
어찌하여 <해로(薤露)>의 노래가 속세[961]에 가득한가?

牛刀一擲養淸閑　滿室蘭芽足破顔
長子生前圓作界　重牢宴後強名鰥
官齊八座科名外　容帶三春悼耄間
紫氣浩然觀化順　薤歌何事咽塵寰

＊ 장자 이국휴[962] 문학[963]을 잃으셨다.
＊ 喪長子文學李國休.

03-55 임중궁 담양[964]을 전송하다

952) 破顔은 얼굴을 펴고 웃는 것이다.
953) 重牢宴은 혼인한 지 60년 만에 갖는 잔치로 回婚禮라고도 한다.
954) 科名은 명경・제술 등의 과거의 명목, 또는 과거에 급제하는 명예이다.
955) 官齋는 官舍이다.
956) 悼耄는 어린이와 늙은이이다.
957) 三春은 孟春・仲春・季春으로 봄철의 석 달이다.
958) 浩然은 얽매임이 없는 모양이다.
959) 紫氣는 자줏빛의 상서로운 기운이다.
960) 化順은 감화되어 순종함이다.
961) 塵寰은 人世, 俗世이다.
962) 李國休(1675~1721)는 조선 후기의 문신으로 본관은 驪州, 자는 咸卿이다. 별시문과에 병과로 급제하여 주서・예조정랑・병조좌랑을 거쳐 龍仁縣令이 되었다가 비리혐의로 파직당하였다. 복직 후 병조정랑・필선을 거쳐 사성에 올랐다.
963) 文學은 조선시대 世子侍講院의 정5품 관직이다.
964) 潭陽은 지금의 전라남도 潭陽郡 지역에 두었던 都護府인데, 여기에서는 潭陽府使를 가리킨다.

03-55 送林潭陽仲弓

십조(十條)의 봉소(封疏)[965]에 그대의 재주가 드러났으니
이번에 남쪽고을로 가면 시험해 볼 수 있으리.
황권(黃卷)[966]을 푸른 등불에 비추어 본 것이 무엇을 뜻함이었던가?
가을벌판에 과부(寡婦)가 많음은 슬퍼할 만하다네.
죽순은 태수(太守)[967]를 맞이하려고 수레 앞에서 솟아오르고
매화는 고산(孤山)[968]과 마찬가지로 집 안에서 피리.
더욱이 인자한 얼굴에 자주 기쁜 빛이 생김은
공정(公庭)[969]에 들어오는 흰 새를 길들이기 때문이라네.

十條封疏見君才　此去南州可試哉
黃卷靑燈耿何意　秋原寡婦莽堪哀
笋迎太守車前出　梅似孤山宅裏開
更是慈顔頻有喜　公庭白鳥入馴來

03-56 효장세자[970]의 만사. 3수

965) 封疏는 봉함한 上疏文이다.
966) 黃卷은 옛날에 책이 좀먹는 것을 막으려고 黃蘗의 즙으로 물들인 종이를 쓴 데서 생긴 말로 書冊을 가리킨다.
967) 太守는 郡守의 별칭이다.
968) 孤山은 중국 浙江省 杭州의 西湖 안에 있는 산으로 북송의 시인 林逋가 은거하였던 곳이다. 자는 君復, 호는 和靖, 浙江省 杭州人으로, 평생 관직에 나아가지 않고 이곳에 은거하여 西湖處士·孤山處士로 불리면서, 梅花와 鶴을 벗하고 시작에 힘썼으며, 명편인 <山園小梅>와 『林和靖詩集』을 남겼다.
969) 公庭은 관아의 뜰이다.
970) 孝章世子는 英祖의 장남인 緈(1719~1728)의 시호로 자는 聖敬, 어머니는 靖嬪李氏, 妃는 좌의정 趙文命의 딸 孝純王后이다. 영조 즉위년(1724)에 敬義大君에 봉해지고, 이듬해에 세자로 책봉되었으나, 요절함으로써 이복동생인 莊獻世子가 세자로 책봉되었다. 양자인 정조가 즉위한 뒤에 眞宗으로 추존되었으며 능은 永陵이다.

03-56 孝章世子挽三首

탕(湯[971])의 손자요 우(禹[972])의 아드님이라 지위가 밝은 해였는데[973])
일각(日角[974])을 기쁘게 바라보노라면[975]) 의표(儀表)가 빼어나셨네.[976])
처음으로 의상(衣裳[977])을 입을 때에는 키가 몇 자쯤 되셨는데
새로 종고(鍾鼓[978])를 울리며 혼인하심은 얼마나 오래[979]) 되었는가?
규부(珪符[980])를 바쳤으니 반드시 이치로는 삼령(三靈[981])이 도울 텐데
비창(匕鬯[982])을 놓치게 하였으니 어찌하여 하늘은 만백성을 속이는가?
눈물에 젖은 임금님의 글[983])이 홀[984])을 늘어뜨리게 하는데
현당(玄堂[985])에서는 응당 효심으로 슬픔을 위로하시리.

湯孫禹子位明離　日角欣瞻嶷嶷儀

971) 湯은 중국 殷나라의 始祖로 성은 子, 이름은 履・大乙・天乙이며, 고대의 聖君이다. 商族의 영수로서 賢相인 伊尹을 기용하여 민심을 얻었고, 夏의 桀을 축출하고 殷을 건립하여 선치하였다.
972) 禹는 중국 夏나라의 始祖로 顓頊의 손자, 鯀의 아들이며 고대의 신화적 聖君이다. 堯舜時代에 治水事業에 성공하여 인심을 얻어 舜에게서 왕위를 이어받아 선치하였고, 아들 啓가 왕위를 잇게 하여 世襲王朝의 길을 열었다.
973) 離는『周易』의 64괘의 하나로 태양・햇빛을 상징하며 태자・세자를 비유한다.
974) 日角은 이마의 가운데가 해처럼 뛰어오른 骨相으로 觀相術에서 大貴相으로 여겨진다.
975) 欣瞻은 欣覩와 같은 말로 기꺼이 바라봄이다.
976) 嶷嶷은 높이 솟은 모양이다.
977) 衣裳은 윗옷과 아래옷으로 옷을 범칭하며, 훌륭한 군주, 현귀한 자리에 있는 사람, 덕이 높은 선비를 비유한다.
978) 鍾鼓는 종과 북으로 악기・음악을 대유한다.
979) 多時는 오랜 기간이다.
980) 珪符는 官爵을 내릴 때 주는 信標로 작위・관직을 비유한다.
981) 三靈은 세 神靈으로 天神・地祇・人鬼이다.
982) 匕鬯은 숟가락과 울창주로 종묘의 제사를 비유하는데,『周易』의 震卦의 卦辭에 "백리를 흔들어서 놀라게 하여도, 숟가락과 울창주를 놓치지 않는다.(震驚百里, 不喪匕鬯.)"라는 구절이 있다.
983) 宸章은 제왕이 지은 시문이다.
984) 琬琰은 위쪽이 둥근 笏인 琬圭와 위쪽이 뾰족한 홀인 琰圭의 합칭으로 홀의 범칭이다.
985) 玄堂은 마루가 북쪽으로 난 집으로 제왕이 겨울철에 거처하는 곳이다.

始服衣裳若干尺　新婚鍾鼓幾多時
薦珪理必三靈佑　喪匕天胡萬姓欺
漬淚宸章垂琬琰　玄堂應慰孝心悲

영악(靈幄)[986]은 어둑하여[987] 강연(講筵)[988]과 다르건만
관료(官僚)의 반열은 지난날의 반련(班聯)[989]이 바뀌지 않았네.
귀서(龜書)[990]가 바쳐졌던 밤의 휴징(休徵)[991]을 아직도 기억하는데
새를 풀어 주었던 하늘에는 부질없이 봄빛이 돌아오네.
증자(曾子)[992]께서 마지막을 바르게 함[993]은 적학[994]에 말미암았는데
유황(劉皇)[995]께서는 천명을 아는[996] 고년(高年)[997]에 이르셨다네.
한창 충세(冲歲)[998]일 때에는 이극(貳極)[999]처럼 다투었지만
맞이한 스승을 약석(藥石)으로 삼자 문득 성품이 자연스러워지셨네.

---

986) 靈幄은 靈帳과 같은 말로 靈堂 안에 친 휘장이다.
987) 陰陰은 어둠침침함 모양이다.
988) 講筵은 강론하는 자리인데, 여기에서는 왕세자가 독서하고 강론하는 자리인 書筵을 가리킨다.
989) 班聯은 班列이다.
990) 龜書는 신령한 거북이 등에 지고 나왔다는 洛書를 가리키는데, 낙서는 禹임금이 治水할 때에 洛水에서 나온 神龜의 등에 그려져 있었다고 하는 글로 『書經』의 洪範九疇의 기원이 되었다고 한다.
991) 休徵은 休符와 같은 말로 상서로운 징조이다.
992) 曾子는 춘추시대 말기 魯나라의 유학자인 曾參의 존칭으로, 이름은 參, 자는 子輿, 孔子의 제자이다. 『孝經』의 저자이자 효자로 유명하였는데, 여기에서는 세자를 비유한다.
993) 正終은 바르게 죽음을 맞이한다는 뜻으로 자신의 집에서 천수를 누리고 죽음을 맞이함을 가리킨다.
994) 積學은 넓고 정밀한 학문이다.
995) 劉皇은 성씨가 劉氏인 皇帝로 漢나라의 황제를 가리키는데, 여기에서는 主上을 비유한다.
996) 知命은 孔子가 "쉰 살에 천명을 알았다.(五十而知天命.)"라고 한 데서 유래하여 나이가 쉰 살임을 비유한다.
997) 高年은 나이가 많음이다.
998) 冲(沖)歲는 어린 나이이다.
999) 貳(二)極은 南極과 北極이다.

靈幄陰陰異講筵　官僚不改舊班聯
休徵尙憶呈龜夜　春色空回放鳥天
曾子正終由積學　劉皇知命在高年
爭如貳極方冲歲　却藥迎師性自然

현동(玄冬)[1000]에 어그러진 비가 끼어들면 눈썹을 찡그리셨고
편안한 곳의 미언(微言)[1001]에는 지극한 인자함이 자욱하셨네.
마음 속에는 원래 한 권의 『효경(孝經)』이 있었는데
초례(醮禮)[1002] 때에는 마침 중륜(重輪)[1003]을 띤 밝은 해[1004]에 있었네.
새벽의 용루[1005]에서는 옥 같은 누수(漏水)[1006]가 똑똑 떨어지고[1007]
봄날의 벽수(璧水)[1008]에는 상서로운 구름이 빽빽이 푸르렀네.[1009]
풍경은 전과 같건만 구학(緱鶴)[1010]은 멀어지니
삼천리(三千里) 강토(疆土)[1011]의 신민들이 통곡하네.

玄冬乖雨入眉嚬　燕處微言藹至仁
心上孝經元一部　醮時朗日是重輪
丁東玉漏龍樓曉　葱欝祥雲璧水春

1000) 玄冬은 五行說에서 겨울을 북방에 比定하고 북방을 검은빛인 물에 비정함에 연유하여 겨울을 가리킨다.
1001) 微言은 완곡한 표현과 비유로 권유하거나 規諫하는 말이다.
1002) 醮禮는 冠禮·婚禮에서 부모·어른이 당자에게 술을 따라 주는 의식이다.
1003) 重輪은 햇무리·달무리로 상서로운 조짐을 비유한다.
1004) 朗日은 밝은 해·햇살이다
1005) 龍樓는 漢代의 太子宮으로 太子·太子宮을 대유한다.
1006) 漏手는 물시계인 漏刻에서 떨어지는 물이다.
1007) 丁東은 丁當과 같은 말로 옥·금속 등이 부딪혀서 나는 소리이다.
1008) 璧水는 太學으로 璧雍·辟雍이라고도 한다.
1009) 鬱葱은 초목의 푸른빛이 무성함이다.
1010) 緱鶴은 緱山의 학인데, 前漢 劉向의 『列仙傳』에 周 靈王의 태자 晉이 緱氏山에서 학을 타고 신선이 되어 날아갔다는 고사가 실려 있다.
1011) 輿幅三千里는 輿圖의 幅이 三千里라는 뜻으로 朝鮮의 疆土를 가리킨다.

物色依然緱鶴遠　三千輿幅哭臣民

03-57 도산[1012][1013]
03-57 陶山

우뚝 선 천 길의 바위를 쳐다보면서
구불부굴한 길[1014]을 백 번이나 돌아서 뚫었네.
마음 속으로 향의 냄새[1015]를 먼저 맡고
집 안에서는 금슬의 소리[1016]에 황홀해지네.
골짜기의 하늘은 지난날과 같은데
구름에 가려진 달빛은 앞 시내에 가득하네.
구슬퍼져서[1017] 술이 깨는 듯하고
마흔 해의 삶에 흐리멍텅해지네.[1018]

立巖千仞仰　盤逕百廻穿
心內先香炷　堂中怳瑟絃
洞天如昨日　雲月滿前川
惆悵疑醒酒　瞢騰四十年

03-58 안동 영호루[1019]에서 시판 위의 시에 차운하다

1012) 陶山은 지금의 경상북도 安東市 도산면에 있던 면, 또는 도산면 土溪里에 있는 산으로 조선 전기의 大儒 退溪 李滉(1500~1570)이 거처하였던 곳이다.
1013) 이 작품 이하 5제는 영조 5년(1729) 1월 경상도안핵사로 가서 지은 작품이다.
1014) 盤逕은 산 속의 구불구불한 길이다.
1015) 香炷는 불을 붙인 향이다.
1016) 瑟絃은 瑟의 줄로 琴瑟의 소리를 비유하는데, 여기에서는 거문고나 비파를 타며 노래를 부르거나 시를 읊는 것을 가리킨다.
1017) 惆悵은 실망하여 슬프고 괴로움, 또는 놀라고 탄식함이다.
1018) 瞢騰은 정신이 흐리멍텅한 상태를 형용한다.

03-58 安東暎湖樓, 次板上韻

공중을 밝게 비추는[1020] 처마의 현판에는 상서로운 빛이 많은데
호수에 잠긴 봄날의 그림자는 풍경[1021]의 아름다움을 보태 주네.
누각 위의 말은 포은(圃隱)[1022]과 목은(牧隱)[1023]의 뛰어난 재주인데
고을 안의 가문에는 김씨(金氏)와 권씨(權氏)가 큰 성씨라네.
자욱한[1024] 빗속의 봉우리는 삼협(三峽)[1025]에 이어지는데
담박한 꽃밭 옆의 숲은 전조(前朝)[1026]를 겪었다네.
이 물이 원래 은한(銀漢)에 비견되기에
사신은 오늘 성사(星槎)[1027]를 띄우네.

1019) 映湖樓는 경상북도 安東市의 낙동강변에 있는 누각으로, 고려 恭愍王의 친필 현판이 걸려 있었다고 한다.

1020) 燭天은 하늘·공중을 밝게 비춤이다.

1021) 景氣는 풍경·경치이다.

1022) 圃隱은 고려 말의 문신 鄭夢周(1337~1392)의 號이다. 초명은 夢蘭·夢龍, 자는 達可, 본관은 延日이다. 恭愍王 6년(1357)에 禮部試에 장원급제한 뒤, 檢閱·司成·大司成·密直提學·政堂文學을 거쳐 昌王 초에 贊成事에 올랐고, 李成桂와 함께 恭讓王을 옹립하여 佐命功臣에 책록되고 守門下侍中이 되었으며, 이성계 일파의 혁명을 막으려다가 李芳遠의 문객 趙英珪에게 善竹橋에서 피살당하였다. 시호는 文忠, 『圃隱集』을 남겼다.

1023) 牧隱은 고려 말의 문신 李穡(1328~1328)의 호이다. 본관은 韓山, 자는 穎叔, 찬성사 穀의 아들, 李齊賢의 문인이다. 1353년에 예부시에 장원급제하고, 이듬해에 元의 制科에 3등으로 합격하여, 고려와 원의 벼슬을 거쳐 吏部侍郎·右諫議大夫·左承宣·翰林侍讀學士 등을 역임하였다. 1363년 홍건적의 침입으로 공민왕이 安東으로 播遷할 때 扈從한 공로로 功臣이 되었고, 密直提學을 거쳐 成均館大司成이 되어 성리학의 교육에 일대 전기를 마련하였으며, 이어서 三司左使를 거쳐 政堂文學에 올랐다. 모친상과 신병으로 오래 칩거하다가 우왕 5년에 정당문학으로 복귀하여 판삼사사·韓山府院君에 올랐다. 昌王 즉위 후 수상인 門下侍中이 되어 明에 사신으로 다녀온 뒤에 개국파의 탄핵으로 사임하였고, 이후 여러 해 동안 유배되어 있던 중에 고려의 패망을 맞았다. 여말의 가장 뛰어난 학자·문인으로 평가되며, 시호는 文靖, 『牧隱集』 55권을 남겼다.

1024) 霏微는 눈과 비가 자욱하거나 어두운 모양이다.

1025) 三峽은 중국 四川省·湖北省 境內에 있는 長江 상류의 瞿塘峽·巫峽·西陵峽을 합칭하는데, 여기에서는 영호루 옆의 산 이름이 巫峽이기 때문에 언급하였다.

1026) 前朝는 앞의 왕조로 高麗朝를 가리킨다.

1027) 星槎는 銀河를 왕래하였다는 뗏목으로 흔히 배를 가리킨다.

燭天宸額瑞光多　春影涵湖景氣加
圃牧雄才樓上語　金權大姓邑中家
峯連三峽霏微雨　樹閱前朝淡泊花
此水元來銀漢比　使臣今日泛星槎

＊ 제액1028)은 곧 고려 공민왕1029)의 글씨인데, 그 왼쪽에 무협1030)이 늘어서 있기에 제5구에서 언급하였다. 고려의 백문보1031)가 <영호루기>에서 말하기를, "대저 물의 근원과 지류1032)가 머리를 간방1033)으로 하고 꼬리를 곤방1034)으로 함은 하늘에서 은하수1035)가 그러하다고 여기기 때문이다."라고 하였다.

＊ 題額, 即高麗恭愍王筆也, 巫峽列其左故第五云, 高麗白文寶暎湖樓記曰, "凡水之源派首艮而尾坤者, 在天謂之河漢."

03-59 단양1036)에 들르다

1028) 題額은 扁額과 같은 말로 廳堂·軒齋·亭榭 등의 처마 밑에 가로로 글씨를 써서 걸어 놓은 액자이다.

1029) 恭愍王(1330~1374)은 고려 제31대왕으로 이름은 顓, 호는 怡齋·益堂, 충숙왕과 明德太后洪氏 사이의 둘째 아들이며, 재위기간은 1351~1374년이다. 충목왕 즉위년에 江陵府院大君에 봉해지고, 노국공주를 비로 맞이한 2년 뒤에 忠定王이 폐위되자 귀국하여 왕위에 올랐다. 14세기 후반의 元明交替라는 대륙정세의 변동을 효과적으로 이용하여, 고려의 중흥을 꾀하여 많은 개혁을 추진하였으나, 홍건적·왜구의 잦은 침입, 노국공주의 사망, 辛旽의 실정 등으로 인하여 해이한 생활에 빠졌던 가운데 난행을 저지른 洪倫 등을 죽이려다가 도리어 그들에게 살해당하였다. 그림과 글씨에 뛰어나서 <天山大獵圖>를 남겼고, 그 능인 玄陵은 경기도 개풍군 중서면에 있다.

1030) 巫峽은 중국의 四川省 巫山縣과 湖北省 巴東縣에 걸쳐 있는 峽谷으로 급류로 이름난 곳이다.

1031) 白文寶(?~1374)는 고려 말의 문신으로 본관은 稷山, 字는 和夫, 호는 澹(淡)菴(庵)이다. 忠肅王 때에 등제하여 檢閱·右常侍·密直提學 등을 지냈으며, 1373년 禑王이 大君으로 있을 때 田祿生 등과 함께 師傅가 되었고, 뒤에 政堂文學에 오르고 稷山君에 봉해졌다. 시호는 忠簡, 『淡庵逸集』을 남겼다.

1032) 源派는 물의 근원과 지류로, 흔히 사물의 起源과 推移를 비유한다.

1033) 艮方은 동북방인데, 여기에서는 물의 근원이 艮坐에 있음을 가리킨다

1034) 坤方은 남서쪽인데, 여기에서는 물이 흘러가는 곳에 坤向에 있음을 가리킨다.

1035) 河漢은 은하수이다.

1036) 丹陽은 지금의 충청북도 丹陽郡 지역에 두었던 郡이다.

03-59 過丹陽

적성(赤城)[1037]의 노을에 봄옷이 다 물드는데
흐르는 물소리 속에서 사자(使者)의 수레가 도착하였네.
절벽의 돌층계를 돌고도니 옥동(玉洞)[1038]이 열리는데
기이한 바위는 하나하나가 단사(丹砂)[1039]를 깎은 것이네.
구름을 뚫고 말 타고 가면서 땅이 없을 것을 근심하였건만
나뭇잎 너머에서 닭이 우니 인가가 있음에 놀라네.
말을 부쳐 사는 이[1040]에게 뒷날의 기약을 남기노니
반드시 꽃을 단단히 가두어 둘 것은 없다네.[1041]

春衣染盡赤城霞　流氷聲中使者車
絶磴迴迴開玉洞　奇巖箇箇削丹砂
穿雲馬去愁無地　隔葉鷄鳴訝有家
寄語居人留後約　不須牢鎖落來花

03-60 돌아오는 길에 구담[1042]과 도담[1043]을 찾아가려고 하다가, 부친의 체후[1044]가 조화를 잃은[1045] 탓에 돌아갈 뜻이 매우 급하여, 끝내 좋은 빚[1046]을 지고 말았다

1037) 赤城은 丹陽의 옛 이름이다.
1038) 玉洞은 도가에서 말하는 神仙·隱者가 사는 곳이다.
1039) 丹砂는 수은과 유황의 화합물인 붉은빛 광물로서 仙藥·漢方藥으로 쓰이며, 丹砂·丹矸(단안)이고도 한다.
1040) 居人은 居民과 같은 말로 일정한 곳에 자리잡고 사는 사람이다.
1041) 落來는 어떤 결과를 얻음이다.
1042) 龜潭은 丹陽郡治 서쪽 20리에 있던 못이다.
1043) 島潭은 丹陽郡治 북쪽 24리에 있던 강 안의 못으로, 그 가운데에 바위 세 개가 뾰족하게 솟아 있어 광경이 아름다우므로 島潭三峯으로 불린다.
1044) 體候는 신체의 상태·상황이다.
1045) 違和는 조화를 잃음으로 남이 질병에 걸린 것에 대한 愼稱이다.

03-60 歸路擬訪龜島潭, 親候違和, 歸意甚忙, 終負勝債

지척의 신선의 못을 완상하려던 평소의 뜻이 어긋나고 말았는데
해가 지자 막 떠오른 노을은 빛이 희미하네.[1047]
금빛병풍에는 어렴풋이[1048] 서자(西子)[1049]가 숨은 듯하기에
행인(行人)[1050]은 발 바깥에서 구슬피 바라보다가 돌아가네.

咫尺仙潭素賞違　初霞落日閃依微
金屛隱隱藏西子　簾外行人悵望歸

03-61 충주[1051]에 들르다
03-61 過忠州

상유(上游)[1052]라서 민물(民物)[1053]이 이렇게 번화로운가?
강 가[1054]의 누대는 그림 속의 집과 같네.
횃불을 밝힌 길에서는 늘 재촉하는 역마(驛馬)[1055]가 이어지는데
쌀을 실은 배에는 흔히 꽂힌 창화(倉花)[1056]가 그럴 듯하네.

1046) 勝債는 좋은 債務, 아름다운 채무로 승경을 구경하거나 경물에 대한 시를 지어야 할 의무를 비유한다.
1047) 依微는 희미함, 어렴풋함이다.
1048) 隱隱은 희미하여 분명하지 않은 모양이다.
1049) 西子는 춘추시대 越나라의 미인으로 吳나라의 군주 夫差에게 바쳐져서 그 寵姬가 되었던 西施의 별칭이다.
1050) 行人은 朝覲과 聘問을 맡아보던 고대의 관직으로 흔히 使臣의 통칭으로 쓰인다.
1051) 忠州는 지금의 충청북도 忠州市 지역에 있던 牧이다.
1052) 上游(遊)는 명승지이다.
1053) 民物은 民情과 風俗이다.
1054) 夾岸의 河川의 양쪽 기슭이나 그 堤防의 양쪽이다.
1055) 驛馬는 옛날의 공적인 교통과 통신을 위하여 두었던 기관인 驛站에 비치하여 교통·운송을 위하여 제공되던 말이다.
1056) 倉花는 漕運船의 米穀을 보낸 倉庫를 표시하는 꽃그림을 가리키는 듯하다.

천뢰(天籟)[1057]는 오랜 세월에 탄금대(彈琴臺)[1058]에서 울리는데
강물소리는 천고 동안 부러진 창이 꽂힌 백사장[1059]을 감도네.
장군(將軍)[1060]께 술을 올리려니 먼저 비장한 눈물이 흐르는데
희미한[1061] 들판의 해는 또 서쪽으로 기우네.

上游民物此繁華　夾岸樓臺畫裏家
炬路常催連驛馬　米船多挿可倉花
長時天籟彈琴嶠　千古江聲折戟沙
欲酹將軍先壯涕　荒荒野日更西斜

03-62 시운을 보내 준 최문길[1062] 승지[1063]께 사례드리다 * 문길은 전유[1064]를 맡은 승지로서 영상[1065]의 강거에 있었다.

03-62 謝崔承旨文吉惠韻 * 文吉以傳諭承旨, 在領相江居.

풍진(風塵)[1066]의 소식으로 살쩍은 실이 되었는데

1057) 天籟는 새소리·바람소리·물소리 등 자연이 내는 소리이다.
1058) 彈琴嶠는 彈琴臺를 가리키는데, 탄금대는 新羅 進興王 때에 大伽倻의 樂師 于勒이 신라에 귀화한 뒤에 伽倻琴을 연주하였다는 忠州의 지명이다.
1059) 折戟沙는 折戟沈沙의 준말로 부러진 창이 모래 속에 묻힘이며, 실패가 막심함을 비유한다.
1060) 將軍은 壬辰倭亂 때에 朝鮮軍을 지휘하여 彈琴臺에서 왜군에게 대패하였던 巡邊使 申砬(1546~1592)을 가리킨다.
1061) 荒荒은 어둡고 희미함이다.
1062) 文吉은 조선 후기의 문신 崔宗周(1683~1737)의 자로 본관은 朔寧, 호는 紫峰이다. 식년문과에 갑과로 등제하여 정언·설서·지평을 거쳐 사과가 되었고, 신임사화로 노론이 실각할 때에 관직을 삭탈당하였다. 영조 즉위 후 재기용되어 부승지를 거쳐 춘천부사·경주부윤을 지내고, 좌부승지·우승지를 역임하였으며, 南陽府使로 나갔다가 돌아가서 좌승지에 올랐다.
1063) 承旨는 조선시대 承政院의 정3품 벼슬로 왕의 명령을 출납하는 일을 맡았다.
1064) 傳諭는 제왕의 諭旨를 전함이다.
1065) 領相은 1728~9년에 領議政으로 있었던 李光佐(1674~1740)를 가리킨다.
1066) 風塵은 바람과 먼지로 전란을 비유하는데, 여기에서는 戊申亂을 가리킨다.

역로(驛路)에서 누구를 향하여 근심스러운 얼굴을 펴는가?
북극(北極)[1067]의 두설(斗舌)[1068]에서는 별자리가 나뉘는데
동호(東湖)[1069]의 태사(台司)[1070]는 연월[1071]을 가까이 하신다네.
동산의 정자에서 꽃이 빛나는 곳을 쉬 아는데
골짜기의 새는 나그네가 이를 때에 일제히 우네.
다만 안타까운 것은 급박한 왕사(王事)[1072]로 바빠서
그대를 만나고도 백편의 시가 없음이네.

風塵消息鬢絲絲　驛路愁顔破向誰
北極星辰分斗舌　東湖烟月傍台司
園亭易識花明處　谷鳥齊鳴客到時
剛恨忽忽王事迫　逢君欠却百篇詩

03-63 이원외[1073] ＊ 시항[1074]이다. 가 소매 속에서 <기성[1075]의 옛날 순화[1076]에 복축하다[1077]>라는 시운을 꺼내어 보여 주고, 이

1067) 北極星은 天球의 北極에 위치하는 작은곰자리의 移動星으로 帝位를 비유한다.
1068) 斗舌은 北斗七星의 혓바닥으로 구기[斗]모양으로 된 이 별자리의 넓적한 부분을 가리키는데, 여기에서는 제왕의 喉舌 구실을 하는 승지임을 비유한다.
1069) 東湖는 지금의 서울시 성동구 옥수2동 부근인 豆毛浦 근처의 漢江의 별칭으로, 중종 10년(1515) 이래로 讀書堂을 두었던 곳이다.
1070) 台司는 三公·政丞이다.
1071) 烟月은 운무에 싸인 달빛이다.
1072) 王事는 왕이 명령한 공무이다.
1073) 員外는 員外郞의 준말로 定員 이외의 郞官이다.
1074) 李時恒(1672~1736)은 조선 후기의 문신으로 본관은 遂安, 자는 士常, 호는 和隱이다. 문과에 급제하여 전적·예조좌랑·병조정랑을 거쳐 慶尙道黃腸木敬差官을 역임하고, 謝恩兼陳奏使의 종사관으로 청나라에 다녀왔다. 만년에는 향리에 돌아가서 교육과 저술에 힘썼고,『關西通志』·『和隱集』을 남겼다.
1075) 箕城은 평안남도 平壤의 별칭으로 箕子朝鮮의 도읍지였다는 데서 유래한다.
1076) 順和는 지금의 평안남도 平原郡 順安面 지역에 두었던 順安縣의 옛 이름이다.
1077) 卜築은 살 만한 곳을 가려서 집을 지음이다.

어서 돌아갈 것을 생각하는 뜻을 말하면서 화답하기를 매우 간절하게 요구하기에, 드디어 차운하여 주다

03-63 李員外 * 時恒. 袖示箕城古順和卜築韻, 仍叙思歸之意, 求和甚切, 遂次贈

강물이 푸르고 구름이 맑은 곳에 백사장이 널따란데
또 어느 산봉우리를 붉은 노을이 가볍게 치장하고 있는가?
베갯머리에는 세 섬이 희미하게[1078] 펼쳐져 있고
그림 속에는 한 집이 한가롭게[1079] 붙어 있네.
고기잡이 마을의 그윽한 맹세는 영수(潁水)[1080] 가에 머묾에 있는데
금원(宮苑)의 종소리가 날리는 꿈은 하늘 끝 너머에 있네.
이 사람 또한 도롱이에 삿갓을 아우를 뜻을 지녔으니
뒷날에 초잡(苕霅)[1081]으로 지화(志和)[1082]를 찾아가리.

江碧雲晴敞白沙　何峯輕抹又彤霞
枕邊隱約開三島　畫裏從容着一家
漁社幽盟留潁上　禁鍾飛夢隔天涯
此儂亦有蓑兼笠　苕霅他年訪志和

1078) 隱約은 희미한 모양, 어렴풋한 모양이다

1079) 從容은 느긋하고 한가로운 모양이다.

1080) 潁水는 지금의 중국 河南省 等封縣에서 발원하여 淮水로 흘러 들어가는 강으로 箕山과 함께 巢父와 許由가 은거하던 곳인데, 堯임금에게서 禪位하겠다는 말을 들은 許由가 귀가 더러워졌다면서 이 강에서 귀를 씻었고, 귀를 씻은 더러운 물을 소에게 먹일 수 없다면서 巢父가 돌아갔다는 일화가 있다.

1081) 苕霅은 苕溪와 霅溪의 합칭으로 둘 다 절강성 호주에 있는 강이며, 中唐의 시인 張志和가 은거하였던 곳이다.

1082) 張志和(730~810경)는 中唐의 시인·화가로 字는 子同, 初名은 龜齡이며, 志和는 肅宗에게서 하사받은 이름이다. 16세에 明經科에 합격하여, 左金吾衛錄事參軍을 지낸 뒤 물러나 은거하며 煙波釣徒라고 자호하였고, 『玄眞子』를 남겼다.

＊ 앞에 섬 세 개가 늘어서 있다고 한다.

＊ 前列三島云.

03-64 신처사 ＊ 필정이다. 의 만사 ＊ 처사[1083]의 죽음이 가까워졌을 때에 조사 가운데 천거한 이가 많았는데, 호중방[1084]의 <낙매시>에 이르기를, "스스로 꽃 아래 달빛 속에서 삼경에 외로워하면서, 문득 누각 머리에서 바람결에 한 가닥 피리소리로 원망하네."[1085]라고 하였다. 예로부터 재주와 덕망을 지닌 선비가 젊은 시절에 펼치지 못하다가, 시들고[1086] 쇠로해지게[1087] 되면 이미 늦어져 버린다.

03-64 申處士 ＊ 必貞. 挽 ＊ 處士臨終, 朝士多薦之者, 胡仲方落梅詩曰, "自孤花底三更月, 却怨樓頭一笛風." 自古才德之士, 少不得展, 飄零衰老, 已晩矣.

두남(斗南)[1088]의 인재임을 일찍이 들어서 알면서도

늦게야 상안(商顔)[1089]에 들러서 흰 눈썹을 보면서 절하였네.

암실[1090]이 수없이 늘어섬[1091]이 하도낙서(河圖洛書)[1092]의 이치인데

1083) 處士는 재덕을 지니고도 벼슬하지 않고 은거하는 선비, 또는 아직 벼슬길에 나아가지 않은 선비이다.

1084) 胡仲方은 남송의 관리로 상서·시랑·荊南撫幹官 등을 지낸 사실만 확인될 뿐 자세한 행적을 알기 어려운 사람인데, 楊萬里(1127~1206)를 비롯한 몇 시인의 증답시 7제와 劉克莊(1187~1269)의 <祭胡仲方尙書文>이 남아 있다.

1085) 이 聯句는 南宋 羅大經의 『鶴林玉壺』 권3에 인용되어 있다.

1086) 飄零은 시들어 떨어짐이다.

1087) 衰老는 늙어서 몸이 쇠약해짐이다.

1088) 斗南은 북두칠성의 남쪽으로 천하, 또는 중국을 가리킨다.

1089) 商顔은 사람의 얼굴과 모습이 비슷한 商山이라는 뜻으로 대개 商山의 별칭으로 쓰이는데, 商山은 지금의 陝西省 商縣 동쪽에 있는 산으로 東園公·綺里季·夏黃公·甪里先生이 秦末에 避亂하여 은거하였던 곳이다. 商山四皓로 불리는 모두 80세가 넘은 노인이었던 이들은 漢 高祖의 부름에 응하지 않고 芝草를 먹고 살면서 <紫芝歌>를 읊었고, 뒤에 高祖가 태자 代王 盈을 폐하고 戚夫人이 낳은 趙隱王 如意를 세우려 할 때에 呂后가 張良의 계책을 써서 초빙하자, 그에 응하여 태자를 보필함으로써 漢室을 안정시키는데 공헌하였다.

1090) 暗室은 캄캄한 방으로 남의 시선이 미치지 않는 곳을 비유한다.

1091) 森羅는 어지러이 늘어섬, 한없이 늘어섬이다.

1092) 河洛은 河圖와 洛書의 합칭으로, 河圖는 伏羲氏 때에 黃河에서 龍馬가 지고 나왔다는

큰 침상에 쓰러져 누운 분은 동량(棟梁)[1093]의 자질이었다네.
바람을 받고 옥피리를 불며 매화를 완상하노라니
해골로 변한 발굽이 하얀 준마가 팔렸다네.
버드나무와 오동나무에서 끝없는 뜻을 느끼면서
넓은 하늘[1094]을 날던 기러기가 정조(井潮)[1095]에 떨어짐을 슬퍼하네.

斗南人物早聞知　晩過商顔拜皓眉
暗室森羅河洛理　大床頹臥棟樑姿
賞梅玉笛臨風際　買駿霜蹄化骨時
楊柳梧桐無限意　飛鴻寥廓井潮悲

03-65 계하[1096]의 그뭄에 산곡[1097]의 시운[1098]을 뽑아 현암[1099]

55點의 그림이고, 洛書는 禹임금이 治水할 때에 洛水에서 나온 神龜의 등에 그려져 있었다고 하는 45점의 글씨인데, 『書經』의 洪範九疇와 『周易』의 근본원리가 이를 바탕으로 한 것이라고 한다.

1093) 棟梁(樑)은 마룻대와 들보로 나라의 重任을 맡을 만한 인재를 비유한다.

1094) 寥廓은 끝없이 넓은 蒼空이다.

1095) 井潮는 井湖의 조수인데, 井湖는 天井湖의 준말로 옛날 중국 九州의 하나인 荊州에 있었다고 하는 호수이다.

1096) 季夏는 음력 6월의 별칭이다.

1097) 山谷은 北宋의 시인 黃庭堅(1045～1105)의 호로 자는 魯直, 다른 호는 山谷道人·涪翁이다. 등제하여 國子監敎授 등을 지내면서 蘇軾·文彦博 등에게서 재능을 인정받았다. 神宗實錄檢討官·起居舍人을 지내다가 신법당으로부터 實錄이 부실하다고 탄핵받아 폄적, 좌천을 겪던 끝에 宜州에서 죽었다. 蘇東坡를 추종하여 張耒·晁補之·秦觀과 함께 蘇門四學士로 불리었으며, 동파에 버금갈 만큼 시에 뛰어나 蘇黃으로 병칭되었고, 형식주의적이고 난삽한 시를 추구하여 江西派의 창시자로 받들어졌다. 『豫章黃先生文集』·『山谷集』을 남겼다.

1098) 黃庭堅의 원운은 <奕棊二首呈任公漸>(『山谷集外集』 권7) 제2수인 듯한데, 제2구의 韻字 '棋'가 '旗'로 바뀌어 있다.

1099) 玄巖은 조선 후기의 문신 蔡膺萬(1677～?)의 호로 본관은 平康, 자는 綏彦·幼言으로 蔡成胤의 아들이다. 숙종 43년(1717)에 진사시에 급제하고, 경종 3년(1723)에 증광문과에 병과로 등제하여 지평을 지냈다. 李玄紀의 딸에게 장가들었고, 樊巖 蔡濟恭의 伯父이며, 그 딸은 약산의 장남 大觀에게 출가하였다.

과 함께 읊다

03-65 季夏晦, 拈山谷韻, 與玄巖同賦

해가 길고 산이 고요하여 멍하게 시간을 잊고서
바라보노라니 기묘한 구름에서 화기(火旗)[1100]가 번쩍거리네.
비를 품은 용의 비린내는 별난 봉우리로 돌아가는데
수풀에 가려진 꾀꼬리의 울음은 어느 가지에서 나는가?
마음으로 바둑돌을 움직이니 진기(塵機)[1101]가 깨끗이 씻기지 않고
손에 책을 잡으면 낮잠이 기약한 듯이 오네.
유화(流火)[1102]와 비회(飛灰)[1103]가 이제까지 끊임없이 이어지니[1104]
우물 가의 오동잎[1105]에 맡겨[1106] 두면 내일 아침에 알게 되리.

日長山靜嗒忘時　望裏奇雲閃火旗
帶雨龍腥歸別峀　隔林鸎語在何枝
塵機未淨心棋動　午睡如期手卷持
流火飛灰從衮衮　明朝付與井梧知

1100) 火旗는 붉은 깃발로 몹시 무더운 날의 구름층을 가리킨다.
1101) 塵機는 속된 생각·마음이다.
1102) 流火는 大火星이 내려간다는 뜻으로 대화성이 음력 칠월에 서쪽으로 옮겨감을 가리키며, 칠월의 더위가 물러가고 가을이 다가옴을 비유한다. 『詩經』「豳風」 <七月>에 "칠월에 대화성이 내려가니, 구월에 옷을 주네.(七月流火, 九月授衣.)"라는 구절이 있다.
1103) 飛灰는 律管의 재가 날아서 흩어짐인데, 옛날에는 각 절기에 해당하는 율관에 갈대청을 태운 재를 채워넣고, 재가 날아 움직이는 데 따라 절기를 판단하였다. 律管은 대나무나 금속으로 만든 音의 높이를 정하는 標準容器로 계절의 변화를 측정하기도 하던 것이다.
1104) 衮衮은 끊이지 않는 모양이다.
1105) 井梧는 우물 가의 오동나무인데, 오동나무는 立秋가 되면 잎이 지므로 가을이 옴을 제일 먼저 알게 하는 탓에 "오동잎 하나가 지면, 천하가 다 가을임을 아네.(梧桐一葉落, 天下盡知秋.)"라는 말이 있었다.
1106) 付與(予)는 위임함, 부탁함이다.

03-66 또 간재[1107]의 시운[1108]을 뽑아[1109] 함께 읊다 * 이날 양주[1110] 목사[1111] 홍대이[1112]가 술을 보내왔다.

03-66 又拈簡齋韻同賦 * 是日, 楊牧洪大而送酒.

피곤할 때에 자양(紫陽)[1113]의 『강목(綱目)』[1114]을 보다가
일이 나라의 안위(安危)에 이르면 좋던 얼굴이 무너지네.
동쪽고을의 술은 아직도 묵은 비[1115]가 내리니 오는데
서쪽이웃의 숲은 문득 새 산이 생기자 없어졌다네.
몸은 게으름과 앓음을 겸하매 고상함을 본뜨지만
혀는 부드럽고 약하지 않으니 한가로운 틈[1116]을 얻네.
뜰의 파랗게 무성한[1117] 버드나무가 매우 마음에 들지만[1118]

1107) 簡齋는 北宋의 문신 陳與義(1090~1138)의 호로 자는 去非, 河南省 洛陽人이다. 徽宗 때에 등제하여 太學博士 등을 지내고, 북송 멸망 후에 각지로 피난하다가, 南宋 高宗의 부름을 받아 翰林學士・參知政事에 이르렀다. 杜甫의 영향을 받아 우국적인 시를 많이 지었으며 『簡齋集』을 남겼다.

1108) 陳與義의 原韻은 『簡齋集』 권10에 실린 <友人惠石兩峯巉然, 取杜子美玉山高竝兩峯寒之句, 名曰小玉山>이다.

1109) 拈韻은 시를 지을 때에 운자를 뽑아 시를 짓는 것이다.

1110) 楊州는 지금의 경기도 楊州市와 議政府市 지역에 두었던 牧이다.

1111) 牧使는 조선시대에 지방행정 구역인 牧에 파견하던 지방관으로 품계는 3품 이상이었다.

1112) 大而는 조선 후기의 문신 洪景輔(1692~1745)의 자로 본관은 豊山, 호는 蒼厓, 重夏의 아들이다. 1723년 증광문과에 병과로 급제하여 정언・부수찬을 거쳐, 대사간・온성부사・우승지가 되었다. 전라도관찰사를 거쳐 冬至副使로 청나라에 다녀와서 대사헌으로 있을 때, 인재등용에 무능한 대신들을 강하게 비판하였다. 병조참판・대사헌・경기감사를 역임한 뒤 대사간을 지냈다. 시호는 忠獻이다.

1113) 紫陽은 중국 安徽省 歙縣(섭현)에 있는 산 이름인데, 宋代에 朱松이 그곳에서 독서하고, 그 아들 熹가 그것을 추모하여 書室을 紫陽書室이라고 이름붙인 데서 유래하여 朱子의 별칭으로 쓰였다.

1114) 『綱目』은 南宋의 朱熹가 편찬한 『資治通鑑綱目』의 약칭인데, 이 책은 北宋의 司馬光이 편찬한 『資治通鑑』을 朱子가 발췌하여 綱目體로 엮은 史書이다.

1115) 舊雨는 전에 내린 비로 오래 된 벗을 비유하는데. 杜甫의 산문 <秋述>의 "평소에 거마로 오던 손이, 전의 비에는 오더니 지금의 비에는 오지 않네.(常時車馬之客, 舊雨來今雨不來.)"라는 구절에서 유래한다.

1116) 放閑은 벼슬을 그만두고 한가로이 쉼이다.

매미가 그 안에 앉아서 시끄럽게 울지 않음을 안타까워하네.

紫陽綱目倦時看　事到安危敗好顔

東郡酒來仍舊雨　西隣樹缺忽新山

身兼懶病疑高尙　舌不和柔得放閑

庭柳葱靑殊可意　恨無蟬噪着中間

03-67 또 방옹[1119]의 시운[1120]을 뽑아 함께 읊다
03-67 又拈放翁韻同賦

섶의 불[1121]은 천기(天機)[1122]에 말미암기에 절로 다하지 않거니와

높은 오동나무와 성근 버드나무는 모두 시 안에 있다네.

첩여(婕妤)[1123]들의 용모[1124]는 쓸쓸히[1125] 바뀌었지만

견우(牽牛)와 직녀(織女)[1126]의 정신은 밝게[1127] 통하였다네.

1117) 葱靑은 파랗게 무성함이다.

1118) 可意는 마음에 맞음, 마음에 듦이다.

1119) 放翁은 남송의 시인 陸游(1125~1210)의 호로 자는 務觀, 浙江省 山陰人이다. 北宋이 金나라에 망할 무렵에 태어나 벼슬살이를 하면서 對金抗爭을 강력히 주장하여 시련을 겪었고, 현실주의적이고 낭만적인 애국시가를 많이 지었으며, 9,300여수의 시를 남긴 남송 최고의 시인으로『劍南詩集』을 남겼다.

1120) 陸游의 원운은『劒南詩藁』권45에 실린 <初夏野興>이다.

1121) 薪火는 섶에 불을 붙임, 또는 불을 붙인 섶인데, 여기에서는 섶이 다해도 불씨는 전해짐으로, 스승의 학문이 제자에게 대대로 전해짐을 비유하는 薪盡火傳의 뜻으로 쓰였다.

1122) 天機는 하늘의 機密ㆍ뜻으로 天地造化의 비밀이나 造化를 가리킨다.

1123) 婕妤는 漢代의 女官의 하나로 天子를 承奉하고 接幸함을 뜻한다고 하는데, 여기에서는 班婕妤와 趙飛燕을 가리킨다. 반첩여는 前漢 成帝의 총애를 입고 첩여가 되었으나, 趙飛燕이 시기하자 화를 당할 것을 염려하여 자청하여 長信宮에서 태후를 모셨으며, 조비연 또한 미모와 춤솜씨로 첩여를 거쳐 성제의 后妃에 올랐으나 방자하게 처신한 끝에 성제 사후에 폐위되어 자살하였다.

1124) 容鬂(용빈)은 얼굴과 구레나루로 남자의 용모를 비유하는데, 원전의 '鬂'은 살쩍을 뜻하는 '鬢'의 착오로 보인다.

1125) 蕭踈는 쓸쓸한 모양이다.

싸늘한[1128] 선장(仙掌)[1129]에는 일찍이 이슬을 내려 주었고
쇠락한[1130] 난대(蘭臺)[1131]에서는 옛날에 풍월을 읊었다네.
태어날 때부터 가을을 슬퍼하는 뜻을 지님을 부끄러워하면서
구름이 없는 만리의 허공을 유쾌히 바라보네.

薪火天機自不窮　高梧疎柳摠詩中
婕好容髩蕭蕭改　牛女精神耿耿通
仙掌凄淸曾賜露　蘭臺寥落舊吟風
生來恥作悲秋意　快覩無雲萬里空

03-68 연경에 가는 송참판 * 성명[1132]이다. 을 송별하다. 7수
03-68 送宋參判 * 成明. 燕行七首

예로부터 사신의 수레[1133]가 용만(龍灣)[1134]으로 날아가기에

1126) 牛女는 牽牛와 織女의 합칭이다.
1127) 耿耿은 밝은 모양. 빛나는 모양이다.
1128) 凄淸은 싸늘함인데, 西晉 潘岳의 <秋興賦>에 “달빛은 흐릿하게 빛을 머금고, 이슬에는 싸늘하게 냉기가 엉겼네.(月朣朧以含光兮, 露凄淸以凝冷.)”라는 구절이 있다.
1129) 仙掌은 仙人掌과 같은 말로 西漢 武帝 때에 만든 선인이 손바닥에 쟁반을 들고 甘露를 받는 모양을 본뜬 銅器인데, 후대에는 대개 이슬을 받으려고 세운 金銅仙人을 가리킨다.
1130) 寥落은 衰落함이다.
1131) 蘭臺는 漢代에 궁궐 안에 두었던 典籍을 수장하던 宮觀으로 唐代의 秘書省에 해당하는 기관인데, 여기에서는 蘭亭을 가리킨다. 蘭亭은 東晉의 문인·명필인 王羲之의 정자로 會稽山 북쪽에 있었는데, 이곳에서 그는 永和 9년(353) 3월 3일에 謝安·支遁·孫綽 등 41인의 벗과 모여 曲水流觴와 詩賦로 놀면서 修禊(契)한 바 있다.
1132) 宋成明(1674~1730)은 조선 후기의 문신으로 본관은 礪山, 자는 聖集·君集, 호는 松石이다. 증광문과에 병과로 급제하여 지평·정언·수찬을 역임하고, 경종 때 승지·대사성·황해감사를 지냈다. 영조 초에 實錄廳堂上으로 『肅宗實錄』을 개수했으며, 陳奏副使로 淸에 다녀왔다. 이조참판·부제학·대사성을 거쳐 謝恩副使로 다녀오고, 도승지·대사헌을 거쳐 예조판서·좌참찬·공조판서·대사헌을 역임했으며, 편서 『海東名臣錄』과 『松石軒集』을 남겼다.
1133) 使蓋는 使臣이 타는 수레의 덮개로 사신을 비유한다.

옛 구비로 가는 붉은 배가 꿈결에도 어렴풋하네.[1135]
요양(遼陽)[1136]의 성곽에서 영위(令威)[1137]를 조상(弔喪)하지 마시라.
문물(文物)과 인민(人民)이 한결같이 우리와 다르니까.

終古龍灣使盖飛　紅船舊曲夢依俙
令威莫弔遼陽郭　文物人民一㨾非

조선(朝鮮)의 의복을 입고 연(燕)나라[1138] 땅에 들어가더라도
귀신 같은 아이가 손뼉을 치는 것을 일찍이 보지 못하였다네.
머리카락이 하얀[1139] 늙은이가 길에서 눈물을 흘림은
중국이 구주(九州)[1140]로 나뉘었던 옛날의 의장(儀章)[1141] 때문이네.

朝鮮衣服入燕疆　拍手鬼童見未嘗
鶴髮老翁垂淚道　九分中國舊儀章

고사리[1142]에는 비린 바람과 누린내 나는 비가 남아 있고

1134) 龍灣은 평안도 義州府의 별칭이다.
1135) 依俙(稀)는 髣髴한 모양이다.
1136) 遼陽은 중국 遼寧省의 남부 평야지역을 흐르는 강인 遼河의 남쪽으로 지금의 遼陽市 일대를 가리킨다.
1137) 丁令威는 漢나라 때에 遼東 사람으로 靈虛山에서 도를 배운 뒤에 학이 되어 요동 땅으로 돌아가서 성문의 華表柱에 앉았다가, 어떤 소년이 활을 쏘려 하자 날아올라 탄식하면서 하늘 높이 날아갔다고 한다.
1138) 燕은 지금의 중국 河北省 북부와 遼寧省 일대에 周나라 때부터 전국시대까지 있었던 제후국이다.
1139) 鶴髮은 학의 털처럼 흰 老人의 頭髮이다.
1140) 九州는 옛날에 중국이 아홉 개의 州로 나뉘었던 데서 유래하여 천하를 가리키는데, 『史記』「封禪書」에 "우왕이 구목의 쇠를 거두어 구정을 만들었다.(禹收九牧之金, 鑄九鼎.)"라는 글이 있다.
1141) 儀章은 儀節과 같은 말로 예법 · 예절, 또는 의례의 형식이다.
1142) 蕨薇는 고사리와 고비인데, 여기에서는 고사리를 가리킨다.

고죽국(孤竹國)[1143] 왕자의 사당[1144] 옆에는 저녁햇볕이 차가우리.
정령(精靈)[1145]께 말을 부치노니 낙담하지[1146] 마시라.
행인(行人)[1147]의 머리에 반듯한 것은 옛날 은(殷)나라의 관이니까.

腥風羶雨蕨薇殘　孤竹祠邊夕照寒
寄語精霛休望望　行人頭整古殷冠

문승상(文丞相)[1148]의 사당[1149]을 어느 곳에서 찾으랴?[1150]
건곤을 채운 올바른 기운에 머리카락이 곤두선다네.[1151]
사람들은 크게 보답하고자 단(壇)[1152] 옆에 이르러서
봉분 위에서 읊음을 부끄러워하지 않고 군왕을 위하여 시를 읊네.

1143) 孤竹國은 神農氏의 후예가 세웠다고 하는 殷·周代의 제후국으로 지금의 河北省 盧龍縣 지역에 있었다.

1144) 孤竹祠堂은 殷末의 孤竹國의 왕자였던 伯夷·叔齊의 사당을 가리키는데, 형제가 다 후사가 되지 않으려고 周 文王에게 의탁하였다가, 武王이 殷을 치고 周나라를 세우자 무도한 나라의 백성이 될 수 없다면서 首陽山에 들어가 고사리를 먹다가 죽었으므로 節義之士의 상징으로 추앙되었다.

1145) 精靈은 魂靈·靈魂이다.

1146) 望望은 落膽하는 모양, 또는 흥이 깨어진 모양이다.

1147) 行人은 朝覲과 聘問을 맡아보던 고대의 관직으로 흔히 사신의 통칭으로 쓰인다.

1148) 文相은 南宋 말의 재상 文天祥(1236~1283)을 가리키는데, 자는 宋瑞·履善, 호는 文山, 江西省 廬陵人이다. 진사시에 장원급제하여 知瑞州 등을 지내면서 對元 강경책을 주장한 일로 면직되었다가 복직되었고, 의병을 모집하여 元軍에 대항하던 중에 담판을 위해 적진에 갔다가 억류되었으나 탈출하였다. 남송 멸망 후 원의 관직을 거부하고, 度宗의 장자 益王을 세워 남송을 부흥시키려 하다가 실패하고, 다시 사로잡혀 유폐되었고, 3년 뒤에 살해되었다. 옥중에서 지은 長詩 <正氣歌>로 이름이 높으며, 『文山全集』 20권을 남겼다.

1149) 文丞相祠는 저자 미상의 『薊山紀程』 권3에 따르면 順天府, 즉 北平府의 府學 옆에 있었다.

1150) 이 구절은 杜甫의 <蜀相>의 수구 "丞相祠堂何處尋"을 점화한 것이다.

1151) 森森은 두려워서 떠는 모양이다.

1152) 大報壇은 明나라가 멸망한 뒤에 명의 太祖·神宗·毅宗을 제사지내기 위하여 숙종 30년(1704)에 창덕궁 안에 세운 祭壇이다.

文相祠堂何處尋　乾坤正氣髮森森
人從大報壇邊至　不愧吟君塚上吟

만수산(萬壽山)[1153] 앞에는 봄에도 풀이 자라지 않거늘
아득한 상해(桑海)[1154]에 사는 이 사람은 누구인가?
남은 백성들이 울면서 동림(東林)[1155]의 일을 말할 테니
돌아오면 기봉(箕封)[1156]의 세록신(世祿臣)[1157]으로 근신하시리.

萬壽山前草不春　茫茫桑海此何人
遺民泣說東林事　歸戒箕封世祿臣

연경의 시장에서 누가 <칙륵가(勅勒歌)>[1158]를 소리높여 부르는가?
가을이 깊은 열하(熱河)[1159]에서는 차가운 물결이 울리.
사행(使行)에서 돌아오면 응당 치밀한[1160] 계책을 상주하실 텐데
육세(六世)[1161]를 맞은 금궁[1162]에서는 아직도 창을 베고[1163] 잔다네.

1153) 萬壽山은 지금의 북경시 頤和園 안에 있는 산으로 명승지인데, 원래의 이름은 甕山이다.
1154) 桑海는 桑田滄海·桑田碧海의 준말로 뽕나무밭이 변하여 푸른 바다로 변함을 뜻하며, 세상의 변화가 극심함을 비유한다.
1155) 東林은 東林書院을 가리키는 듯한데, 이 서원은 지금의 江西省 無錫市에 있던 서원으로 南宋의 성리학자인 楊時가 강학하였던 곳이며, 元代에 절로 바뀌었다가 明代에 高憲成 등이 서원으로 중수하여 高攀龍 등과 함께 강학하였다.
1156) 箕封은 箕邦·箕域과 같은 말로 箕子가 봉해졌던 나라를 뜻하며, 우리나라를 가리킨다.
1157) 世祿은 대대로 벼슬하여 나라의 祿俸을 받음, 또는 그 녹봉이다.
1158) <勅(勑)勒歌>는 樂府雜歌의 제명으로 北齊의 神武帝가 北周의 玉壁城을 공격하다가 많은 군사를 잃어 버리자, 장수 斛律金을 시켜서 군사들의 마음을 달래게 하였을 때 부른 노래이며, 원래는 北朝의 민가였다고 한다.
1159) 熱河는 중국 河北省에 있는 강으로 武列水·西藏水라고도 한다.
1160) 綢繆는 단단하게 얽어맨 모양이다.
1161) 六世는 여섯 번째 왕조라는 뜻으로 병자호란 이래의 仁祖·孝宗·顯宗·肅宗·景宗 다음의 왕조인 英祖代를 가리킨다.
1162) 金宮은 화려한 궁전이다.
1163) 枕戈는 창을 베고 잠으로, 늘 무기를 지니고 있으면서 적을 죽여서 나라의 은혜에 보

燕市誰騰勑勒歌　熱河秋老咽寒波
槎還應奏綢繆策　六世金宮尙枕戈

학야(鶴野)[1164]의 하늘은 넓고 계주[1165]의 숲은 안개에 싸여 있어
산하는 오히려 시편(詩篇)을 웅장하게 할 수 있으리.
공께서 늘 동호(東湖)[1166]의 승경을 자랑하셨음을 알기에
머리를 쪽배로 돌리노라니 또한 작은 하늘만 보일[1167] 뿐이네.

鶴野長空薊樹烟　山河猶可壯詩篇
知公常詑東湖勝　回首扁舟亦甕天

03-69 심봉조하[1168] * 단[1169]이다. 께서 치사하시다. 2수
03-69 賀沈奉朝賀 * 檀. 致仕二首

몇 번이나 황하의 물결이 맑아지고 바다에서는 먼지가 없어졌던가?

답하려는 뜻이 철저함을 비유한다.

1164) 鶴野는 丁令威가 신선이 되어서 학이 되어 돌아왔던 들판으로 요동의 들판을 비유한다.

1165) 薊州는 중국 北京 인근에 있던 縣, 또는 薊州鎭으로 明代에는 九邊의 하나이며, 山海關에서 居庸關에 이르는 지역을 관할하였다.

1166) 東湖는 지금의 서울시 성동구 옥수2동 부근인 豆毛浦 근처의 漢江의 별칭으로 중종 10년(1515) 이래로 讀書堂을 두었던 곳이다.

1167) 甕天은 항아리 속에서 바라보는 하늘로 식견이 좁음을 비유한다.

1168) 奉朝賀는 조선시대의 전직 고급관료를 대우하던 일종의 勳號로, 職事는 없이 정해진 하례식에만 참여하면 품계에 따라 소정의 녹봉이 지급되던 자리였다.

1169) 沈檀(1645～1730)은 조선 후기의 문신으로 본관은 青松, 자는 德輿, 호는 藥峴·追尤堂이다. 어릴 때 외조부 尹善道에게 교육받았고, 정시문과에 병과로 등제하여 주서·수찬을 거쳐 교리·이조정랑을 역임했다. 庚申大黜斥 때에 유배됐다가 己巳換局으로 복직되어 교리·수원부사를 지냈으며, 병조참판·도승지·대사헌 등을 역임한 뒤 甲戌獄事로 파직당했고, 76세에 기로소에 들어갔다. 경종 즉위 후 이조·예조판서를 지냈고, 영조 초에 유배된 뒤부터 관직에 나가지 않았다. 남인이 門內派·門外派·跨城派로 분열될 때 權以鎭·李仁復·吳光運·姜樸·李重桓을 주축으로 한 문외파[淸南]의 영수 구실을 했다.

새해에 물러나 쉬고자 하면서 외로운 신하는 느꺼워하시네.
인세에서 이미 늙었는데 높은 왕릉[1170]에는 숲이 우거지고
천상으로 돌아가기 어렵건만[1171] 수각[1172]에는 봄빛이 찾아오네.
결별에 임하여 머뭇거리며[1173] 보좌(寶座)[1174]를 쳐다보고
말을 하려다가 흐느껴 울면서 은륜(恩綸)[1175]을 칭송하시네.
길을 메운 사녀(士女)[1176]들은 다투어 자랑스레 말하기를[1177]
'만약 신선이 있다면 바로 이분이리' 하네.

河幾波淸海幾塵　新年休退感孤臣
人間已老崇陵樹　天上難回壽閣春
臨訣依遲瞻寶座　欲言嗚咽頌恩綸
塡街士女爭誇說　若有神仙卽此身

* 네 왕조를 섬긴 옛 신하는 오직 한 사람이 있을 뿐이라고 하여, 숙묘[1178]께서 기사[1179]에 들어가게 하셨기 때문에, 3·4구에서 일렀다.
* 四朝舊臣只有一人, 而肅廟入耆社故三四云.

벼슬을 쉴 때에는 오히려 임금님을 그리워하는 정성이 응결되었고

1170) 崇陵은 높다란 왕릉으로 조선조의 顯宗·肅宗·景宗의 능을 가리킨다.
1171) 天上難回는 李白의 <將進酒> 첫머리의 "황하의 물이 하늘 위에서 내려와, 세차게 흘러 바다에 닿으면 다시 돌아오지 못하네.(黃河之水天上來, 奔流到海不復回.)"라는 구절을 점화한 표현이다.
1172) 壽閣은 장수를 기리고자 지은 亭閣이다.
1173) 依遲는 선뜻 나서지 못하고 머뭇거리는 모양이다.
1174) 寶座는 제왕이 앉는 자리이다.
1175) 恩綸은 恩命을 내리는 綸音·詔書이다.
1176) 士女는 양반신분의 여자이다.
1177) 誇說은 자랑스레 말함, 또는 칭찬함이다.
1178) 肅廟는 肅宗의 존칭이다.
1179) 耆社는 耆老社의 준말로 조선시대에 연로한 정2품 이상의 문신들을 예우하기 위하여 설치한 일종의 경로당으로 耆老所·耆老司라고도 하였다.

한가하게 살아 참새그물[1180]을 칠 때에는 금성[1181]을 가까이 하셨네.
백 대의 수레가 있는 도문(都門)[1182]에서는 도리어 속인에 가까웠건만
한 척의 배[1183]뿐인 오회(吳會)[1184]에서는 아주 감정이 없으셨다네.[1185]
정원 안의 늙은 나무는 싱싱한 향기를 풍기고
처마 밖의 네모난 연못에는 고인 물[1186]이 맑았네.
궤안[1187]에 기댄 몽혼(夢魂)[1188]도 자극(紫極)[1189]에 조현(朝見)하느라고
자신이 이미 비녀와 갓끈[1190]을 벗은 것을 알지 못하셨다네.

休官猶結戀君誠　羅雀閑居邇禁城
百兩都門還近俗　片帆吳會太忘情
園中老木生香發　欄外方塘止水明
隱几夢魂朝紫極　不知身已蛻簪纓

03-70 이내초[1191]의 만사. 5수

1180) 雀羅는 대문 앞에 친 참새그물로 前漢 武帝 때의 翟公이 廷尉가 되자 빈객이 문에 가득하다가 물러나니 문 밖에 참새그물을 칠 정도로 바뀌었는데, 다시 정위가 되자 빈객들이 오려고 하기에, 문에다 "한 번 죽고 한 번 삶에서 곧 交情을 알 수 있고, 한 번 가난해지고 한 번 부유해짐에서 곧 交態를 알 수 있다.(一死一生, 迺知交情, 一貧一富, 迺知交態.)"라고 크게 써 붙였다는 데서 유래하여, 방문객이 없어 문 앞이 쓸쓸함을 비유한다.
1181) 禁城은 宮城·都城이다.
1182) 都門은 도성의 성문으로 도성을 비유한다.
1183) 片帆은 외로운 돛으로 한 척의 배를 비유한다.
1184) 吳會는 會稽郡의 郡治인 吳縣과 會稽郡의 합칭으로 郡縣을 가리킨다.
1185) 忘情은 喜怒哀樂의 감정이 없음이다.
1186) 止水는 흐르지 않고 고여 있는 물이다.
1187) 几案은 几席과 책상이다.
1188) 夢魂은 잠을 자는 동안 육신을 떠나 있는 혼령이다.
1189) 紫極은 궁궐이다.
1190) 簪纓은 官員이 쓰는 비녀와 갓끈으로 고관·관리·士族을 비유한다.
1191) 來初는 조선 후기의 문신 李仁復(1683~1730)의 자로, 본관은 全州, 호는 脊節齋, 영의정 元翼의 5대손, 대사간 存道의 아들이다. 숙종 31년(1705)에 진사가 된 뒤 문음으로 入仕하여 하양현감을 거쳐 慶尚都事이던 숙종 40년에 증광문과에 갑과로 급제하여, 부

03-70 挽李來初五首

미룡(眉龍)[1192]의 한 지맥[1193]임이 그대의 마음을 수고롭게 하였건만
흐린 세상에서도 초연히 높은 언덕을 차지하였네.
위포(韋布)[1194]의 행장으로 재상을 돌보지 않았고
수염의 의기[1195]는 호걸임을 절로 드러내었네.
글을 탐구함은 석유(石乳)[1196]를 천 길 굴에서 찾듯이 하고
일을 살핌[1197]은 가을매가 백리의 터럭을 보듯이 하였네.
명사의 풍류를 어찌 다시 만나랴?
때때로 술을 통음하면서[1198] <이소(離騷)>[1199]를 읽었다네.

眉龍一脉子心勞　濁世超然占岸高
韋布行裝忘宰相　鬚髯意氣自人豪
探文石乳千尋穴　見事秋鷹百里毫
名士風流那復得　時時痛飮讀離騷

아버지[1200]와 아들의 금초(金貂)[1201]가 늘 매우 빛나더니[1202]

수찬·수찬을 거쳐 형조참의·동부승지·사직이 되었다. 경종이 승하한 뒤 왕대비의 服制를 둘러싼 논란에서 3년복을 강력히 주장하였고, 영조 3년(1727) 공조참의에 이어서 예방승지를 거쳐 1729년 병조참판에 올랐으며, 작은 일로 체직되었다가 병으로 타계하였다.

1192) 眉龍은 白眉를 지닌 龍이다.
1193) 龍脈은 군왕의 혈통을 비유하는데, 이인복은 太宗의 아들 益寧君의 9세손이다.
1194) 韋布는 가죽띠와 베옷으로 흔히 가난한 선비나 상민을 비유한다.
1195) 意氣는 의지와 기개이다.
1196) 石乳는 石鐘乳의 준말로 여러 가지 액체광물의 일종인데, 탄화수소의 혼합물로서 가연성이며 갈색·암록색·흑색을 띠며 鐘乳石이라고도 한다.
1197) 見事는 일의 형세를 살피는 것이다.
1198) 痛飮은 술을 실컷 마심, 흠뻑 마심이다.
1199) <離騷>는 戰國時代 楚나라의 충신인 屈原이 지은 楚辭의 편명으로, 당시의 정치사회적 현실에 대한 실망과 憂國의 정을 노래한 것이다.

잠깐[1203] 웃고 웃는 사이에 꿈이 희미해졌다네.
가전(家氈)[1204]은 전부터 하늘남쪽의 숙소에 있었는데
세채(世綵)[1205]는 이제 상자 속의 옷이 되었음을 슬퍼하네.
빈 집의 시례(詩禮)[1206]는 그대가 있는 듯이 여기게 하는데
저물녘의 문려(門閭)[1207]에는 누가 다시 돌아가랴?
평생토록 임금과 부친의 염려에 보답하기를 꾀하더니
한 번 천대(泉臺)[1208]로 귀결되고 나니 만사가 구슬퍼지네.

父子金貂動奕輝　笑咷俄頃夢熹微
家氈舊有天南宿　世綵今傷篋裏衣
詩禮虛堂疑汝在　門閭斜日更誰歸
平生圖報君親念　一結泉臺萬事悲

오리(梧里)[1209]의 정신이 화상(畵像) 속에 분명한데

1200) 부친은 李存道(1659~1745)를 가리키는데, 자는 文伯, 호는 忘窩이며, 진사시를 거쳐 문음으로 출사하여 의금부도사・형조정랑・시강원익찬 등을 거쳐 陽城縣監・龍宮縣監・長城縣監・青山縣監・平昌郡守 등 5현・2군・2부의 수령을 지냈다.
1201) 金貂는 漢代 이후에 천자를 가까이 모시던 武官이 쓰던 冠으로 황금고리와 담비꼬리로 장식한 것인데, 흔히 顯貴한 近臣을 비유한다.
1202) 奕輝는 크게 빛남이다.
1203) 俄頃은 잠깐 동안, 잠시이다.
1204) 家氈은 青氈故[舊]物과 같은 말로 집에 전해지는 오래 된 푸른 융단이며, 『太平御覽』에 실린 王子敬의 다음 고사에서 유래하여, 벼슬하는 사람에게 대대로 전해지는 물건이나 舊業을 가리킨다. 왕자경이 서재에 누워 있는데, 도둑이 들어와 물건을 거의 모두 다 취하더니 탑상에까지 올라와 물건을 찾기에, "광물염료로 물들인 青氈은 우리 집의 오래 된 물건이니 특별히 남겨둘 수 있겠는가?"라고 하니 도둑이 놀라서 물건을 두고 도망갔다.
1205) 世綵는 대대로 전해지는 채색옷인데, 03-10 <世綵歌>에 따르면 이인복의 집에는 200년 전부터 전해지는 綵衣가 있었다.
1206) 詩禮는 『詩經』과 『三禮』로 유가의 경전을 대유한다.
1207) 門閭는 집의 문과 마을 입구의 문이다.
1208) 泉臺는 泉壤과 같은 말로 무덤 속・壙中, 또는 저승을 뜻한다.

삼가 쳐다보노라니 여전히 또 우리 형을 면려하시네.
전아한 모습은 일찍부터 삼분[1210]쯤 용모를 닮았는데
나이의 지위[1211]는 끝내 절반이나 노정이 어긋났네.
저 분이 태어남은 가세(家世)[1212]에 응당 쓰임이 있었건만
내게서 빼앗은 천공(天公)은 어찌 그리 정이 없는가?
반드시 일마다 방정하게 먼저 실행하지는 않았지만
다만 청렴과 충성에서 훌륭한 명성을 이었음을 본다네.

梧里精神畫裏明　恭瞻仍復勉吾兄
典形曾肖三分貌　年位終蹉一半程
家世生渠應有用　天公奪我奈無情
不須事事方先躅　只看淸忠繼美聲

젊은 시절에는 사단(詞壇)[1213]에서 재주가 얽매이지 않았고[1214]
중년에는 문사(門師)[1215]를 본받아 스스로 얻었다네.
모든 산문은 사납기가 칼 한 자루로 쳐들어가는[1216] 듯하였고

1209) 梧里는 조선 중기의 문신 李元翼(1547~1634)의 호로, 자는 公勵, 호는 梧里, 태종의 아들 益寧君 袳(치)의 4세손, 億載의 아들, 이인복의 사대조이다. 선조 2년(1569)에 문과에 급제하여 대사헌·호조판서·예조판서·우의정·영의정 등을 역임하고 完平府院君에 봉해졌다. 임진왜란 때에 선조의 몽진에 호종했고, 평양 탈환에 공을 세웠다. 광해군 때에 폐모론에 반대하다가 洪川에 유배되었고, 李适의 난에는 공주까지 인조를 호종했다. 『梧里文集』·『續梧里集』·『梧里日記』 등을 남겼고, 인조의 묘정에 배향되었으며, 시호는 文忠이다.
1210) 三分은 十分之三이다.
1211) 年位는 나이와 爵位·官位인데, 여기에서는 享壽의 지위를 가리킨다.
1212) 家世는 가문의 世代로 가문, 가문의 世系를 가리킨다.
1213) 詞壇은 文壇이다.
1214) 不羈는 속박을 받지 않음이다.
1215) 門師는 한 門派의 스승인데, 여기에서는 앞 시대의 南人 가운데 시의 대가인 李敏求·李瑞雨·蔡彭胤과 같은 이를 가리킨 듯하다.
1216) 單刀入은 單刀直入의 준말로 칼 한 자루로 적진에 쳐들어가는 것이다.

다섯 자로 된 시[1217]는 창연(蒼然)하여[1218] 옛솥[1219]처럼 기이하였네.
기장밥과 고기반찬[1220]의 냄새에는 한 마디 말이 없었지만
안개와 놀을 생각함은 두 눈썹 사이에 있었네.
지금 세상에는 그대와 같이 잘 운[1221] 사람이 적으니
규벽(奎璧)[1222]과 서청(西淸)[1223]의 일은 다 슬퍼하지 마시게나.

早日詞壇才不羈　中年自得法門師
諸文悍似單刀入　五字蒼然古鼎奇
粱肉熏腥無一語　烟霞意想在雙眉
善鳴今世如君少　奎璧西淸不盡悲

젊은 시절[1224]의 교정이 늘그막에는 더욱 굳어지니
같은 시절[1225]의 여러 분들이 기이한 인연으로 여겼네.
구름이 뒤집히고 비가 엎어지는[1226] 바깥으로 멀리 가고

1217) 五字는 오언시를 가리키는데, 약산이 지은 <嘉善大夫·兵曹參判兼同知義禁府事·五衛都摠府副摠管李公神道碑銘>(권18)에서 "詩律奇峭, 尤長於五言古, 非漢魏不爲也."라고 한 점으로 보아, 5언고시가 특장임을 말하고자 언급한 듯하다.

1218) 蒼然은 老蒼과 같은 말로 시문·서화의 필력이나 풍격이 웅건하고 노련함을 형용한다.

1219) 古鼎은 漢代에 扶風에서 발견된 大篆으로 글을 새긴 周나라 때의 솥을 가리키는데, 여기에서는 글이 노창함을 비유하고자 언급하였다.

1220) 粱肉은 기장밥과 고기반찬으로 맛좋은 음식을 대유한다.

1221) 善鳴은 잘 운다는 뜻으로 韓愈의 <送孟東野序>의 다음 글에 유래하여 소리를 잘 내어 道理에 합당한 음악·문학을 가리킨다. "사람의 소리 가운데 정묘한 것이 소리이고, 文辭는 말 가운데서도 더욱 정묘한 것이다. 그 가운데서도 더욱 잘 우는 것을 가려서 이를 빌려서 울게 하니, 唐虞 때에는 皐陶와 禹가 잘 우는 이들이었으므로 그들을 빌려서 울게 하였다.(人聲之精者爲言, 文辭之於言, 又其精者也. 尤擇其善鳴者而假之鳴, 其在於唐虞, 皐陶禹, 其善鳴者也, 而假之以鳴.)"

1222) 奎璧은 제후가 천자를 뵐 때 지니던 옥이다.

1223) 西淸은 궁궐의 서쪽 곁채에 있는 맑고 깨끗한 곳으로, 흔히 궁궐 안의 연회를 베푸는 장소를 가리킨다.

1224) 弱歲는 弱冠·弱年과 같은 말로 남자의 나이 스무 살, 또는 그 전후이다.

1225) 並(竝)時는 한때, 같은 시기이다.

눈과 달과 바람과 꽃 옆에서 담박하였네.[1227]
시사(詩社)[1228]에서 등불과 술통을 함께 한 일이 모두 어제와 같은데
상자에 가득한 시와 서찰은 편년(編年)[1229]할 만하였네.
이제는 산하(山河)에서 가질 좋은 일이 멀어졌는데
가랑비[1230]는 처량하고[1231] 또 안개는 길을 막네.

弱歲交情晚益堅　並時諸子是奇緣
超游覆雨翻雲外　淡泊風花雪月邊
同社燈樽渾似昨　滿箱詩札可編年
從今勝事山河邈　小雨凄迷又禁烟

03-71 홍첨지[1232] * 상용[1233]이다. 의 만사
03-71 洪僉知 * 尙容. 挽

두 번 도룡(屠龍)[1234]을 시험하여 늘그막에는 총마[1235]를 탔고

1226) 翻雲覆雨는 杜甫의 시 <貧交行>의 "손을 뒤집으면 구름이요 손을 엎으면 비로다.(翻手作雲覆手雨)"라는 구절에서 유래한 표현으로, 인정이 변하기 쉬움, 또는 世事가 反覆無常함을 비유한다.

1227) 淡泊은 묽고 엷음으로 욕심이 없고 마음이 조촐함, 명리를 좇지 않음을 가리킨다.

1228) 詩社는 시인들이 모여서 시를 짓거나 논의하기 위하여 결성하는 단체인데, 여기에서는 1721년에 이인복이 吳光運·姜樸·愼後聃 등 남인계열 시인들과 결성하였던 白蓮社를 가리킨다.

1229) 編年은 연대순으로 編次함이다.

1230) 小雨는 이슬비·가랑비, 또는 잠시 오는 비이다.

1231) 凄迷는 처량하고 흐릿함이다.

1232) 僉知는 조선시대 中樞府의 堂上官으로 정3품직인 僉知中樞府事의 준말이다.

1233) 洪尙容(1667~1730)은 조선 후기의 문신으로 본관은 南陽, 자는 大國, 判官 洪景濂의 아들이다. 진사시를 거쳐 숙종 38년(1712) 정시문과에 병과로 등제하고, 숙종 43년(1717) 重試에 급제하여 장령·헌납·사간·장령을 지냈고, 장령으로 있다가 파직당한 뒤에 복직하여 첨지중추부사로 있다가 타계했다.

1234) 屠龍은 용을 죽이는 기술로 써먹을 길이 없는 뛰어난 기예·기능을 비유하는데, 『莊子』「列御寇」에 "주평만이 지리익에게서 용을 잡는 기술을 배웠는데, 집안의 천금을 털어

천진(天眞)[1236]은 온통 옛사람의 풍모이셨다네.
형제들이 하늘[1237]에 세 봉우리로 우뚝 하였건만
인세의 광음(光陰)에 이어지는 괘조(卦兆)[1238]로 궁곤해지셨네.
비색(緋色) 관복[1239]을 따라 괜히 새로운 참언(讒言)이 이르고
분홍빛 정절(旌節)[1240]과 더불어 도리어 지난날의 관함이 없어졌다네.
험한 길[1241]이 이어졌다고[1242] 공께서는 한탄하지 마시라.
한 상소(上疏) 안의 힘찬 기개[1243]는 길이 남으리.

再試屠龍晩跨驄　天眞渾是古人風
弟兄霄漢三峯立　人世光陰列卦窮
緋服漫隨新讒至　粉旌還與舊銜空
嶔崎歷落公休恨　生氣長存一疏中

* 품계가 오른[1244] 뒤에 묶이고 깎여서[1245] 실직[1246]이 없었다.
* 陞資後抹撥, 無實職.

03-72 조도사[1247] * 구정[1248]이다. 의 만사

3년이 되어서야 기술이 이루어졌지만, 그 기교를 사용할 곳이 없었다.(朱泙漫學屠龍於支離益, 單千金之家三年技成, 而無所用其巧.)"라는 글이 있다.
1235) 驄馬는 흰빛과 검은빛이 섞인 말로 흔히 御史가 타던 것이다.
1236) 天眞은 예속에 얽매이지 않는 품성, 또는 꾸밈이 없는 순진함이다.
1237) 霄漢은 하늘, 또는 은하수이다.
1238) 卦兆는 『周易』의 卦에 나타난 조짐이다.
1239) 緋服은 朝官의 홍색 관복으로 下級品官이 입던 것이다.
1240) 旌節은 使者가 신표로 지니던 符節이다.
1241) 嶔崎(금기)는 험하고 높고 가파름으로 평탄하지 않음을 가리킨다.
1242) 歷落은 소리가 끊이지 않고 이어지는 모양이다.
1243) 生氣는 힘찬 기개, 또는 싱싱하고 힘찬 기운이다.
1244) 陞資는 관직의 品階가 오름이다.
1245) 抹撥은 묶이고 제거됨이다.
1246) 實職은 職事가 있는 관직이다.
1247) 都事는 조선시대에 중앙의 忠勳府·儀賓府·忠翊府·義禁府·開城府 등에 소속된 관직

03-72 趙都事 * 九鼎. 挽

높은 풍도를 장석(丈席)[1249]의 앞에서 오래 우러러보았는데

하물며 또 엄군(嚴君)[1250]과 동년(同年)[1251]이셨음에랴?

금오(金吾)[1252]의 지위로 낭관[1253]의 숙소에서 이리저리 오가시고[1254]

옥여(玉汝)[1255]의 하늘 밑에는 진흙길이 어지럽고 적막하였네.[1256]

장자(莊子)[1257]의 물동이[1258] 같은 신세(身世)라 노래가 쌓이고[1259]

왕희지[1260]의 법첩[1261]을 지닌 가정(家庭)이라 글자가 아름다웠네.[1262]

과 지방의 관찰사를 보좌하던 관직으로 모두 종5품직이었다.

1248) 趙九鼎(1659~1730)은 조선 후기의 문신으로 본관은 漢陽, 자는 象之, 예조참판 趙威明의 아들이며, 益山郡守 李善淵의 딸에게 장가들었다. 숙종 15년(1689)의 증광진사시에 3등 29위로 급제하여 義禁府 都事를 지냈다.

1249) 丈席은 一丈쯤 떨어진 자리로 스승·존장에게서 학문을 배우는 講席을 비유한다.

1250) 嚴君은 자기 아버지에 대한 경칭이다.

1251) 同年은 과거에 함께 급제한 사람이다.

1252) 金吾郞은 조선시대의 특별사법기관인 義禁府의 종5품직인 都事의 별칭이다.

1253) 郞宿은 郞官의 숙소인데, 郞官은 조선시대의 정5품 通德郞 이하의 당하관의 통칭으로 郞廳이라고도 하였다.

1254) 低回는 이리저리 왔다갔다 함이다.

1255) 玉汝는 그대들을 옥처럼 여긴다는 뜻으로, 北宋 張載의 <西銘>에 "가난과 미천함과 슬픔과 걱정은 그대들을 옥으로 여겨 완성시키기 위한 것이다.(貧賤憂戚, 庸玉汝於成也.)"라는 글에서 인용한 어구이다.

1256) 錯莫(漠)은 어지럽고 적막한 모양이다.

1257) 『莊子』는 戰國時代의 道家思想家인 莊周의 학설을 싣고 있는 책으로 『漢書』「藝文志」에서는 52편이라고 하였으나, 「內篇」 7편, 「外篇」 15편, 「雜篇」 11편 등 33편만 전해진다.

1258) 扣盆은 鼓盆과 같은 말로 물동이를 두드리며 노래함이며, 아내의 죽음을 비유하는데, 『莊子』「至樂」의 "장자가 아내가 죽었을 때에 혜자가 조문하러 갔더니, 장자는 한창 다리를 뻗고 앉아서 동이를 두드리며 노래하고 있었다.(莊子妻死, 惠子弔之, 莊子則方箕踞鼓盆而歌.)"라는 글에서 유래한다.

1259) 疊疊은 겹겹으로 중복된 모양이다.

1260) 王羲之는 東晋의 명필로 자는 逸少, 右軍將軍을 지냈기 때문에 흔히 王右軍으로 불리었다. 서예의 각체의 두루 능했을 뿐 아니라, 왕희지체라는 독특한 서체를 형성하여 서도의 한 경지를 이룸으로써 후대에 書聖으로 추앙받았다.

1261) 王帖은 王羲之가 서사한 『黃庭經』의 법첩을 가리키는데, 그는 이것을 흰 거위 한 마리와 바꾸었다고 한다. 李白의 <送賀賓客歸越>에 "만약 산음도사와 서로 만난다면, 응당 『黃庭經』을 베껴서 흰 거위와 바꾸리.(山陰道士如相見, 應寫黃庭換白鵝.)"라는 연이 있다.

일찍이 태중(太中)[1263]이 염계(濂溪)[1264]의 늙은이를 알아보았으니
이 아버지께서 이 어진 아드님을 성취시킴이 마땅하다네.

夙仰高風丈席前　嚴君况又與同年
低回郎宿金吾地　錯莫泥塗玉汝天
身世莊盆歌疊疊　家庭王帖字娟娟
太中曾識濂溪老　是父宜成是子賢

03-73 영릉[1265]에 행행하시다[1266] * 난후[1267]에 근심하셨던 탓에 여러 신하들이 극간하였고, 나도 상소하여 말씀드렸으나, 주상께서 허락하지 않으면서 꿈에도 나타난다고 말씀하셨다.

03-73 寧陵幸行 * 亂後憂虞, 故諸臣極諫, 余亦陳疏, 而上不許以發於夢寐爲敎.

노장(鹵仗)[1268]이 빛나는[1269] 날에
깃발에는 가벼운[1270] 바람이 불어오네.
구름을 밀어내는 것 또한 신하의 절조(節操)인데
꿈에 나타남이 어찌 임금님의 충심(衷心)[1271] 때문이랴?

1262) 娟娟은 아름다운 모양이다.

1263) 太中은 北宋 때의 文散階의 하나인데, 여기에서는 太中大夫를 지낸 학자 程珦을 가리킨다. 자는 伯溫, 洛陽人으로 熙寧年間에 黃陂尉로 있다가 新法에 반대하여 사직하였는데, 濂溪 周敦頤의 학문에 깊이가 있음을 알아보고, 두 아들인 程顥·程頤로 하여금 배우게 함으로써 理學을 대성하게 하였다.

1264) 濂溪는 중국의 廬山 부근의 시내 이름인데, 性理學의 개조 周敦頤(1017~1073)가 살았던 지역인 데서 유래하여 그의 별칭이 되었다.

1265) 寧陵은 英祖의 長子 孝章世子의 능으로 경기도 파주시 조리면에 있다.

1266) 幸行은 제왕의 거둥이다.

1267) 亂後는 난리가 일어난 뒤인데, 여기에서는 영조 4년(1728)에 李麟佐 등 少論一派가 일으킨 戊申亂을 가리킨다.

1268) 鹵仗은 鹵簿와 같은 말로 帝王이 거둥할 때 扈從하는 儀仗隊이다.

1269) 輝輝는 밝은 빛, 또는 빛 따위가 밝게 빛나는 모양이다.

1270) 淡淡은 바람이 가볍게 부는 모양이다.

연기와 먼지[1272] 뒤의 민물(民物)[1273]이요
비와 이슬 속의 산릉(山陵)[1274]이네.
응당 수많은 신령이 어가를 호위하느라고
아름다운 기운이 봄날의 허공에 자욱하리.

鹵仗輝輝日　旗旄淡淡風
排雲亦臣節　發夢奈宸衷
民物烟塵後　山陵雨露中
百靈應護駕　佳氣藹春空

03-74 전가즉사. 5수
03-74 田家卽事五首.

복령[1275]과 종다래끼와 생선 상인이 팔을 흔들며 지나가는데
어린아이는 울면서 할아버지와 할머니를 괴롭히네.
할아비와 할미는 머리를 긁으며 아이를 달래고는
주머니에 없다던 돈으로 새로 도롱이를 사네.

苓箵魚商掉臂過　小兒啼哭惱翁婆
翁婆搔首向兒說　囊裏零錢新買簑

율리(栗里)[1276]의 삽짝은 종일토록 닫혀 있으니

1271) 宸衷은 帝王의 心境이다.
1272) 烟塵은 烽火의 연기와 戰場의 먼지로 전란을 비유한다.
1273) 民物은 民情과 風俗이다.
1274) 山陵은 帝王·后妃의 陵墓이다.
1275) 茯笭은 擔子菌類에 속하는 버섯으로 소나무를 베어내고 오륙년 뒤에 땅 속의 솔뿌리에 생기며, 水腫·淋疾 따위의 병에 약재로 쓰인다.

한 알의 먼지인들 어찌 청산 속의 집에 이르랴?
송아지가 무단히 서쪽이웃의 보리를 뜯어먹어서[1277]
속세처럼 난데없이[1278] 풍파가 생기네.

栗里柴門盡日關　一塵那復到靑山
無端犢齕西隣麥　平地波瀾似世間

버드나무 밖의 삿갓을 쓴 늙은이는 살쩍이 은과 같은데
일생토록 담소를 나눈 이가 이웃사람[1279]뿐이라네.
어찌하여 분주한[1280] 장안(長安)[1281]의 길에는
서로 만나는 거마를 탄 이마다 눈동자가 흰가?[1282]

柳外簑翁鬢似銀　一生談笑只比隣
何如袞袞長安陌　車馬相逢白眼人

보슬비가 적시자 말자 땅[1283]이 살찌니
목화밭에는 푸른 잡초가 어수선해지네.
아동(丫童)[1284]이 성내어 밭 가는 소에게 욕하고서 말하기를
해마다 나는 솜이 저고리 하나 감도 안 된다고 하네.

1276) 栗里는 東晉의 문인 陶潛이 살던 곳으로 江西省 九江市 남쪽에 있었다.
1277) 齕(흘)은 씹음, 깨묾이다.
1278) 平地는 '까닭없이, 난데없이, 갑자기'이다.
1279) 比隣은 이웃이다.
1280) 袞袞은 바쁜 모양, 끊이지 않는 모양이다.
1281) 長安은 중국 西安市 지역에 있었던 고을 이름으로 漢代부터 唐代까지 수차 首都로 삼았던 탓에 唐代 이후에는 都城의 통칭으로 쓰였다.
1282) 白眼은 흰자위가 많은 눈동자로 업신여기거나 흘겨보는 눈을 가리킨다.
1283) 土脈은 땅 속의 脈絡으로 흔히 땅을 가리킨다.
1284) 丫童은 머리카락을 땋아서 두 개의 뿔 모양으로 틀어올린 어린 사내아이이다.

小雨纔沾土脉腴　木花田上破靑蕪
丫童怒罵畊牛道　緜發年年無一穤

띠를 한 주먹 베고서 한 번 언덕에 기대어 있노라니
다정한 제비 두 마리가 문득 돌며 나네.[1285]
저 놈이 스스로 새로 깊디깊은 섬을 만듦을 가여워하노니
장안에 있는 갑제(甲第)[1286]가 높음을 알지 못한다네.

一把誅茅倚一臯　多情雙燕忽翔翺
憐渠新自深深島　不識長安甲第高

03-75 전사에서 은대[1287]의 제서[1288]를 받들었지만 나아가지 않다[1289]

03-75 田舍, 奉銀臺除書, 未赴

어젯밤에 제서(除書)가 내려오니
봉필(蓬蓽)[1290]에 영화로운 빛이 생기네.
옷소매 너머에는 향기로운 안개가 일고
꿈 속의 혼령[1291]은 신선의 누각(漏刻)[1292]에 이르네.

1285) 翔翺는 빙빙 돌며 낢이다.
1286) 甲第는 甲觀과 같은 말로 잘 지은 큰 저택이다.
1287) 銀臺는 銀臺司의 준말로 宋代에 門下省 아래에 둔 奏狀·案牘 등을 관장하였던 관서인데, 여기에서는 承政院의 별칭으로 쓰였다.
1288) 除書는 관직에 임명하는 문서이다.
1289) 이 시는 諡狀에서 영조 6년(1730)에 일곱 차례 承旨를 제수받았으나 나아가지 않았다고 한 행적과 연관된 작품인 듯하다.
1290) 蓬蓽은 쑥대나 싸리로 엮어 만든 문으로 가난한 집을 비유한다.
1291) 夢魂은 잠을 자는 동안 육신을 떠나 있는 혼령이다.
1292) 漏刻은 물시계의 하나로 가는 구멍에서 새어 떨어지는 물의 양을 漏壺 속에 세운 漏箭의 눈금으로 읽어서 時刻을 알게 되어 있었던 장치이다.

들판은 푸른 하늘 밑에 넓고
닭은 밝은 한낮에 우네.
본성(本性)[1293]에 맞아 기쁘건만
두터운 은총[1294]을 만남을 늘 부끄러워하네.

昨夜除書降　榮光生蓽蓬
香烟衣袖隔　仙漏夢魂通
野曠靑天下　鷄鳴白晝中
欣然素性愜　長愧渥恩隆

03-76 촌사의 욕불일[1295] 저녁에
03-76 村舍浴佛夕

해마다 이 날에는 벗을 만나 왔건만
지금은 층진 흰 구름 속에 외로이 누워 있네.
소나무 끝에 한 조각 달이 높이 걸려 있기에
장안(長安)에 있는 만호(萬戶)의 등불을 부러워하지 않네.

歲歲玆辰會友朋　如今孤臥白雲層
高懸一片松梢月　不羨長安萬戶燈

03-77 네모난 연못[1296]을 파서 연을 심다
03-77 鑿方塘種蓮

1293) 素性은 本性이다.
1294) 渥恩은 매우 두터운 은혜이다.
1295) 浴佛日은 佛像을 씻기는 날로 釋迦의 탄일을 가리킨다.
1296) 方塘은 모양이 네모꼴로 된 연못이다.

새로 연당(蓮塘)을 파느라고 백 바퀴나 돌고 나서
우근(藕根)[1297]이 부드럽게 얽히도록 마음을 다하여 심었네.
물결 속에 하늘빛이 가득함을 매우 기뻐하기에
가을에 꽃이 피고 피지 않음은 생각하지 않네.

新鑿蓮塘繞百迴　和根帶藕盡情栽
波心已喜天光滿　莫想秋花開不開

03-78 대행왕[1298]대비[1299]의 만장
03-78 大行王大妃挽章

황천(皇天)[1300]이 종석(宗祏)[1301]을 사랑하시매
잉태하는 육경(毓慶)[1302]이 많았네.[1303]
여자 가운데 순(舜)임금[1304]임은 바람과 우레가 징험하였고
성헌(星軒)[1305]이라 해와 달[1306]이 손님으로 대접하였네.

1297) 藕根은 蓮根이다.
1298) 大行王은 왕·왕비가 죽은 뒤에 아직 諡號를 정하기 전에 높여 부르던 칭호인데, 여기에서는 景宗의 왕비를 가리킨다.
1299) 大妃는 先王의 后妃인데, 여기에서는 景宗의 계비 宣懿王后(1705~1730)를 가리킨다. 본관은 咸從, 영돈녕부사 魚有龜의 딸로 숙종 14년(1718)에 세자빈 沈氏[端懿王后]가 타계하자 14세의 나이로 세자빈으로 책봉되어 嘉禮를 올렸고, 1720년에 경종이 즉위함에 따라 왕비가 되었다. 영조 2년에 敬純王大妃라는 존호를 받았고, 시호는 宣懿, 徽號는 孝仁惠穆이며, 지금의 서울시 성북구 석관동에 장사지내고 능호를 懿陵이라 하였고, 소생은 없다.
1300) 皇天은 하늘의 존칭이다.
1301) 宗祏은 宗廟에서 神主를 모셔 두는 石室, 또는 종묘·사당인데, 여기에서는 왕실을 가리킨다.
1302) 毓慶은 잉태하는 경사, 번식하는 경사이다.
1303) 維莘은 莘莘과 같은 말로 많은 모양, 긴 모양이다.
1304) 舜은 중국 고대의 신화적 임금으로 성은 姚, 이름은 重華이다. 有虞氏 부락의 추장이었으므로 虞舜으로 불리었다. 堯에게서 禪讓받아 善治했으며, 堯와 함께 유가의 이상적 聖君으로 추앙되었다.

맑은 소리[1307]로 『소학(小學)』[1308]을 익히셨기에
아름다운 장려로 깊은 궁궐[1309]을 감동시키셨네.
아이와 같은 그리움[1310]으로 활과 신발[1311]을 붙잡으셨고
지극한 효성[1312]은 발륜(綍綸)[1313]에 넘쳤네.
지금도 여항(閭巷)의 칭송으로 전해지는데
지난날에는 조정의 진신(搢紳)을 감동시켰네.
사가(私家)[1314]의 문에는 석뢰(錫賚)[1315]를 끊어
성모(聖母)[1316]의 본보기[1317]를 따랐네.
주(周)나라의 대기(大器)[1318]를 깊이 근심하여
한(漢)나라가 중륜(重輪)[1319]을 드러내며 안정되기를 꾀하셨네.
하늘이 무너짐[1320]이 겹침[1321]에 통곡하면서
땅이 실은 것[1322]에 기대어[1323] 인자하셨네.
나라의 일로는 오로지 종통(宗統)[1324]을 귀중하게 여기고

1305) 星軒은 軒轅星의 별칭으로 북두칠성 북쪽에 있는 열일곱 개로 이루어진 별자리 이름이며, 女主·后妃를 비유한다.
1306) 日月은 해와 달로 帝王과 后妃를 비유한다.
1307) 玉音은 맑고 낭랑한 소리이다.
1308) 『小學』은 南宋의 劉子澄이 스승인 朱熹의 명을 받아 편찬한 修身書이다.
1309) 重宸은 九重天·九重宮闕과 같은 말로 제왕이 거처하는 궁궐이다.
1310) 孺慕는 어린아이가 부모를 그리워함으로 부모에 대한 효도와 공경을 비유한다.
1311) 弓舃은 활과 밑창을 나무로 댄 신발로 부모가 평소에 쓰던 물건을 대유한다.
1312) 純孝는 지극한 효성, 또는 효성이 지극함이다.
1313) 綍綸은 紼綸과 같은 말로 喪輿를 끄는 줄이다.
1314) 私家는 친정의 부모·형제의 집이다
1315) 錫賚는 賞을 내림, 또는 상으로 내리는 물품이다.
1316) 聖母는 제왕의 后妃이다.
1317) 規模는 본보기·모범이다.
1318) 大器는 寶物·寶器로 국가·제왕을 비유한다.
1319) 重輪은 햇무리·달무리로 상서로운 조짐을 비유한다.
1320) 天崩은 하늘이 무너짐으로 제왕의 죽음을 비유하는데, 여기에서는 肅宗·景宗의 붕어를 가리킨다.
1321) 荐疊은 거듭됨, 겹침이다.
1322) 地載는 대지가 만물을 싣고 있음이다.
1323) 凴(憑)依는 의지함·기댐이다.

형수(兄嫂)로서는 어머니의 도리[1325]로 친애하심이 있었네.
두 군데 둔 장추(長秋)[1326]의 궁전에서
고르게 만수(萬壽)를 비는 술잔을 올리셨네.
역란(逆亂)을 조사하여 기록함에는 마음이 놀라고
억울함을 밝히던 때에는 피를 닦으셨네.
큰 의리는 궁양(穹壤)[1327]을 밝게 하고
아름다운 말[1328]은 귀신을 감읍시켰네.
풍년이 듦[1329]에는 몰래 도우심[1330]이 있었고
자애와 효도는 봄빛처럼 자욱하였네.
이미 단단한 바탕[1331]이 튼튼함을 알거늘
어찌 재앙을 내림[1332]이 잦았음을 이르랴?
지난날에는 승화궁(承華宮)[1333]에서 슬퍼하였는데
오늘 새벽에는 흰 꽃을 꽂고[1334] 통곡하네.
저고리 상자가 검소함에 오히려 마음이 상하나니
떳떳한 계책[1335]은 다만 목숨을 바침[1336]이리.
또 듣자니 유교(遺敎)[1337]가 간절하시기에

1324) 宗統은 宗室의 계통이다.
1325) 母儀는 어머니로서 지녀야 할 도리이다.
1326) 長秋宮은 漢代의 궁궐 이름으로 처음에는 高祖의 처소로 쓰이다가 뒤에 황후가 거처하였으므로 흔히 제왕의 后妃를 비유한다.
1327) 穹壤은 하늘과 땅이다.
1328) 徽言은 아름다운 말, 좋은 말이다.
1329) 豊登은 풍년이 듦이다.
1330) 隲(騭)은 陰德이다.
1331) 鞏基는 鞏固한 바탕이다.
1332) 降割은 재앙을 내림이다.
1333) 承華는 西晉代의 太子宮의 문으로 흔히 태자를 비유하는데, 여기에서는 景宗을 가리킨다.
1334) 素奈(柰)는 하얀 능금인데, 머리에 흰 능금처럼 보이는 흰 꽃을 꽂은 吳의 여자 3인이 하늘의 직녀가 죽었기에 상복을 입었다고 말한 일이 있은 뒤에 西晉 成帝의 杜皇后가 죽었다는 『晉書』 「后妃傳 下」의 글에서 유래하여, 후비의 죽음을 애도함을 비유한다.
1335) 經謨는 옳은 계책, 떳떳하게 꾀함이다.
1336) 殉身은 어떤 목적을 위하여 목숨을 바침이다.

판조(版曹)[1338]가 가난함을 매우 안타까워하네[1339]
보궤(簠簋)[1340]는 다만 전례(前例)[1341]를 따르니
국그릇과 담장[1342]이 새로움을 더욱 느낀다네.
산릉(山陵)에 어울리기를 지극히 바라거니와
기쁘게도 소나무와 측백나무[1343]가 서로 이웃하네.
삼천리 강토(疆土)[1344]에서
만백성이 다 소리치며 슬피 우네.[1345]

皇天眷宗祏　毓慶在維莘
女舜風雷驗　星軒日月賓
玉音溫小學　華奬動重宸
孺慕攀弓舃　純誠溢綍綸
至今傳巷誦　伊昔感庭紳
錫賚私門絶　規模聖母遵
憂深周大器　策定漢重輪
荐疊天崩慟　馮依地載仁
國惟宗統重　嫂有母儀親

1337) 遺敎는 죽을 때에 남긴 가르침이나 명령이다.
1338) 版曺(曹)는 宋代의 戶部左曹로 흔히 戶部·戶曹의 별칭으로 쓰인다.
1339) 深軫은 매우 안타까워함, 불쌍하게 여김이다.
1340) 簠簋(보궤)는 제기 이름으로 簠에는 稻粱을 담고 簋에는 黍稷을 담았다.
1341) 仍舊는 仍舊貫과 같은 말로 전대로 두거나 前例를 따름이다.
1342) 羹墻은 국그릇과 담장으로『後漢書』<李固傳>의 "요임금이 죽은 뒤에 순임금이 3년 동안 그를 앙모하여 앉아 있으면 담장에서 요임금을 보고, 밥을 먹으면 국에서 요를 보았다.(昔堯殂之後, 舜仰慕三年, 坐則見堯於墻, 食則覩堯於羹.)"라는 글에서 유래하여, 前賢을 추념하거나 성현을 앙모함을 비유한다.
1343) 松栢은 소나무와 측백나무로 상록수이기 때문에 지조를 상징하는데, 경종과 선의왕후가 懿陵에 雙墳으로 매장된 점을 고려하면, 여기에서는 각각 경종과 선의왕후를 비유한 것으로 볼 수 있다.
1344) 輿幅三千里는 輿圖의 幅이 三千里라는 뜻으로 朝鮮의 疆土를 가리킨다.
1345) 哀號는 소리치며 슬피 욺이다.

宮設長秋兩　盃稱萬壽均
驚心勘亂錄　拉血辨誣辰
大義明穹壤　徽言泣鬼神
豐登陰有隲　慈孝藹如春
已識鞏基密　云胡降割頻
承華悲往歲　素奈哭今晨
襦匣寧傷儉　經謨只殉身
更聞遺敎切　深軫版曺貧
簠簋惟仍舊　羹墻益覺新
山陵諧至願　松栢喜相隣
輿幅三千里　哀號罄萬民

03-79 연경[1346]에 가는 동지사[1347] 서장관[1348] 윤휘정[1349] 학사[1350]를 송별하다

03-79 送冬至書狀官尹學士彙貞之燕京

좌해(左海)[1351]의 고아한[1352] 옥서(玉署)[1353]의 신하가

1346) 燕京은 淸나라의 首都인 北京을 가리킨다.

1347) 冬至使는 조선시대에 해마다 동지에 明·淸에 보낸 사신으로 正朝使·聖節使·歲幣使와 함께 定例使行의 하나였고, 청나라의 경우 年貢을 바치는 일을 겸행하였다.

1348) 書狀官은 옛날의 使行職의 하나로 正使·副使와 함께 三使로 불리었고, 주로 사행 중의 일을 기록하여 임금에 보고하는 임무를 담당하였으며, 정4품에서 6품 사이의 관원이 임명되었고, 일행과 짐을 싣고 가는 말을 점검하는 行臺御史의 임무를 겸하여 '행대'라고도 하였다.

1349) 尹彙貞(1676~?)은 조선 후기의 문신으로 본관은 坡平, 자는 彦吉·直卿, 호는 匡西이다. 1710년에 진사시, 1722년에 정시문과에 을과 1등으로 등제하여 정언·수찬·교리 등을 거쳐 도승지·대사간을 지내고 참판에 이르렀다. 영조 9년(1733) 9월에 동지사 서장관으로 청나라에 갔으며 正使는 密昌君 李樴, 副使는 閔應洙였다.

1350) 學士는 조선시대 弘文館에 속한 관리의 통칭이다.

1351) 左海는 渤海의 동쪽이라는 뜻으로 우리나라의 별칭이다.

1352) 翩翩은 風貌·文采가 우아한 모양이다.

요동(遼東)[1354]의 얼음과 연경의 눈 속으로 수레[1355]를 타고 떠나네.
천년 전의 학[1356]을 조상함은 말이 얼마나 괴상한가?
지난해에 기린[1357]이 탄생함은 이치가 어쩌면 참되네.
오랑캐의 땅에서 새로 생기는 양기[1358]를 자야(子夜)[1359]에 만나고
주(周)나라 때의 옛날 책력[1360]에서 왕춘(王春)[1361]을 생각하리.
먼 데서 은하수가 직녀성(織女星)[1362]을 떠받치고 있으니
응당 그대의 집에서는 다시 나루터 물을[1363] 줄을 알리.

左海翩翩玉署臣　遼氷燕雪動征輪
千年鶴弔言何幻　去歲麟生理或眞
虜地新陽逢子夜　周天舊朔憶王春
迢迢銀漢支機女　應識君家再問津

* 저들의 나라에 황하가 맑아지고 기린이 생겨나는 상서가 있었음을 앞의 사신에게서 들었기 때문에 일렀다.
* 彼有河淸麟生之瑞, 聞諸前使故云.

1353) 玉署는 玉堂과 같은 말로 弘文館의 별칭이다.
1354) 遼東은 遼河의 동쪽지역으로 지금의 중국 遼寧省 동남부 지역이다.
1355) 征輪은 征車와 같은 말로 먼 길을 가는 사람이 탄 수레이다.
1356) 千年鶴은 遼鶴과 같은 말로 神仙을 비유하는데, 『搜神後記』에서 漢나라 때 遼東人인 丁令威가 靈虛山에서 도를 배운 뒤에 학이 되어 요동 땅으로 돌아가서, 성문의 華表柱에 앉았다가 어떤 소년이 활을 쏘려 하자 날아올라 탄식하면서 하늘 높이 날아갔다고 한 데서 유래한다.
1357) 麒麟은 상상적인 靈獸로 聖君이 나와서 王道가 행해지면 나타난다고 한다.
1358) 新陽은 새로 생기기 시작하는 양기인데, 『周易』에 따르면 음력 10월에 陰氣가 극에 이르렀다가 동지에 양기가 생기기 시작하여 봄이 돌아온다고 한다.
1359) 子夜는 子時로 밤 11시부터 새벽 1시 사이이다.
1360) 舊朔은 舊曆과 같은 말로 예전의 책력·달력이다.
1361) 王春은 新春이다.
1362) 機女는 베를 짜는 여자인데, 여기에서는 織女星을 가리킨다. 織女星은 거문고자리의 별 가운데 가장 밝은 별이다.
1363) 問津은 나루터가 있는 곳을 물음으로 학문의 길을 찾음을 비유한다.

03-80 동지상사[1364] 대정[1365] 밀창군[1366]을 모시고 연경에 가는 이가평[1367] * 익정[1368]이다. 을 송별하다
03-80 送李加平 * 益炡. 陪大庭密昌君冬至上使赴燕之行

색동옷[1369] 차림으로 사절(使節)을 따라 연도(燕都)[1370]로 가는데
허리에는 산호(珊瑚)[1371]로 장식한 녹로검(轆轤劍)[1372]을 차고 있네.
선리(仙李)[1373]의 검은 소[1374]는 지금 말을 다그치는데[1375]
푸른 오동나무의 봉황은 또 새끼를 거느리고 있네.[1376]

1364) 上使는 正使이다.
1365) 大庭은 남의 아버지에 대한 존칭이다.
1366) 密昌君은 宗室 李樴(?~1746)의 封號로 花善君 滉의 繼子인데, 종친에게 주는 종1품의 하계인 興祿大夫에 올랐다. 경종 3년에 登極進賀正使로 청나라에 갔다가 귀국할 때에 『周易折中』·『朱子全書』 등의 책을 사 가지고 왔고, 영조 즉위년에는 告訃兼奏請正使로 다녀왔다. 영조 5년에도 사신으로 가서 『康熙字典』·『性理精義』 등 많은 책을 사 왔으며, 영조 9년에는 謝恩兼冬至正使로 다녀왔다.
1367) 加平은 조선시대에 지금의 경기도 加平郡 지역에 두었던 郡인데, 여기에서는 郡守를 가리킨다.
1368) 李益炡(1699~1782)은 조선 후기의 문신으로 본관은 全州, 자는 明叔, 仁城君 珙의 현손, 密昌君 樴의 아들이다. 영조 12년에 정시문과에 병과로 등제하여 정언·집의·승지·예조참판 등을 거쳐 경기도관찰사로 나갔고, 병조참판에 이어 강화유수·대사헌·대사간을 역임한 뒤, 이조참판으로 冬至使兼謝恩副使로 청나라에 다녀왔다. 사행 중의 물의로 파직되었다가 복관되어 병조참판·대사간·대사헌·우참찬을 거쳐 예조판서를 역임하였고, 판의금부사·공조판서를 지내고 나서 판돈령부사에 올랐으며, 시호는 靖簡이다. 약산의 甥姪로 『藥山漫稿』의 跋文을 썼다.
1369) 斑衣는 색동옷으로 중국 春秋時代 楚나라의 賢人인 老萊子가 칠순에도 색동옷을 입어 부모 마음을 기쁘게 해 드렸다는 데서 유래하여, 늙은 부모에게 효도함을 비유한다.
1370) 燕都는 淸나라의 수도인 燕京의 별칭이다.
1371) 珊瑚는 바다에 사는 珊瑚虫의 뼈가 모여 나뭇가지 모양을 이룬 것으로 장식용으로 쓰인다.
1372) 轆轤(녹로)는 도르래의 원리를 이용하여 물을 긷는 장치이다.
1373) 仙李는 神仙인 李氏로 성이 李氏였던 老子의 별칭인데, 여기에서는 宗室인 이씨임을 가리킨다.
1374) 靑牛는 털빛이 검은 소로 신선·도사가 타는 말이나 老子를 비유한다.
1375) 叱馭는 叱羊腸과 같은 말로 羊의 창자와 같이 굽은 험한 길에서 車馬를 다그침이며, 대개 험난함을 무릅쓰고 국가를 위하여 변방에서 애씀을 비유한다.

시서(詩書)로 보낸 오랜 세월[1377]에는 쌓인 안개가 싸늘하였는데
피리소리 들리는 긴 성곽에는 외로운 달이 한 조각 떠 있네.
예로부터 요새(遼塞)[1378]의 길에서는 얼음을 먹었거니와[1379]
몇 집의 새벽뜰에서 종종걸음을 친 이(鯉)[1380]를 가로막았던가?[1381]

斑衣隨節向燕都　腰下珊瑚劒轆轤
仙李靑牛今叱馭　碧梧丹鳳又將雛
詩書浩刦寒烟積　笳笛長城片月孤
從古含氷遼塞路　幾家庭鯉阻晨趍

03-81 정녀[1382]가[1383]. 대관[1384]에게 보여 주다
03-81 靜女歌. 示大觀

1376) 將雛는 어미새가 새끼새를 데리고 다님으로 부모가 자녀를 거느리고 다님을 비유한다.

1377) 浩刦(劫)은 아주 오랜 세월, 영원한 세월이다.

1378) 遼塞는 변새인 遼東, 또는 요동의 변새이다.

1379) 含氷은 含氷茹蘗의 준말로 찬 얼음을 먹고 쓴 황벽을 삼킴으로 고결하고 청빈한 삶을 비유한다.

1380) 鯉는 孔子의 아들로 자는 伯魚이다. 춘추시대 魯나라의 鄒邑에서 태어났는데, 부친의 말을 듣고 詩禮를 배웠다고 하며, 부친이 70세일 때 50세로 죽었다.

1381) 趨庭은 뜰에서 종종걸음으로 빨리 걸음인데, 『論語』「季氏」의 "공자께서 일찍이 홀로 서 있을 때에 鯉가 종종걸음으로 뜰을 지나가자, '시를 배웠느냐?'라고 묻자, 대답하여 말하기를 '아닙니다.' 하였더니, '시를 배우지 않았다면 말할 것이 없다.'라 하였기에, 이가 물러나서 시를 배웠다.(子嘗獨立, 鯉趨而過庭曰, '學詩乎?' 對曰, '未也.' '不學詩無以言.' 鯉退而學詩.)"라는 글에서 연유하여, 아들이 아버지의 가르침을 받음, 또는 그 장소를 비유한다.

1382) 靜女는 얌전하고 정숙한 여자로 『詩經』「邶風」의 편명이기도 한데, 이 노래는 衛나라 임금이 無道하고 그 부인이 無德한 것을 비난한 노래라고 한다.

1383) <靜女歌>는 前漢 王褒의 辭 <九懷>에 나오는 노래 이름인데, 唐 張南容의 악부시 <靜女歌>가 있다.

1384) 吳大觀(1711~1734)은 조선 후기의 문신으로 자는 敬叔, 호는 玄溪이며, 吳光運의 장남으로 蔡膺萬의 딸에게 장가들었다. 1732년에 정시문과에 장원으로 급제하여 병조좌랑으로 있다가 요절하였다.

서북쪽의 높은 누각은 하늘로 들어가고
열두 폭 상기(緗綺)1385)로 만든 발은 붉은 놀을 끼고 있네.
그 안에서 한 여인이 조용하고 고움1386)을 드날리는데
옥 같은 얼굴과 붉은 입술로 아름다움이 세상에서 빼어나다네.
수놓은 겹치마1387)에다 난채(鸞釵)를 꽂고 작선(雀扇)1388)을 든 모습은
운병(雲屛)1389)과 수막(繡幙)1390)으로 겹겹이 가려져 있네.
찡그리지도 않고 웃지도 않으면서 옷차림1391)을 가지런히 하니
마을사람1392)이 어찌 아름다운 용모1393)를 엿볼 수 있으랴?
봄바람 속에서는 동쪽의 뜰에서 벗과 답청1394)을 하고
가을달 아래에서는 서쪽의 강에서 미인과 연밥을 따네.
날마다 수합(繡閤)1395) 앞을 지나다니면서
내가 방년(芳年)1396)에 홀로 집을 지키는 것을 비웃는다네.
패옥(佩玉)1397)을 짤랑거리며1398) 유모(乳母)에 의지하여 가고
섬돌을 내려가서 손수 난초1399)의 꽃을 따네.
향기1400)는 소매 안에 있어 다만 스스로 알 뿐이건만

1385) 緗은 淡黃色의 비단이다.
1386) 淸婉은 조용하고 고움, 청신하고 아름다움이다.
1387) 袷裙은 겹치마이다.
1388) 雀扇은 孔雀의 깃 모양으로 된 부채이다.
1389) 雲屛은 구름무늬가 채색된 병풍, 또는 雲母[돌비늘]로 장식된 병풍이다.
1390) 繡幙(幕)은 수놓은 장막이다.
1391) 巾帶는 두건과 띠, 또는 두건과 옷으로 옷차림을 비유한다.
1392) 隣里는 이웃과 마을로 같은 동네사람을 가리킨다.
1393) 容華는 용모, 또는 아름다운 용모이다.
1394) 踏靑은 봄에 파란 풀을 밟으면서 거니는 것으로, 흔히 삼짇날이나 淸明節에 교외를 거닐며 山水를 즐기는 일을 가리킨다. 원전의 '蹯'은 의미맥락으로 보아 '踏'의 착오인 듯하다.
1395) 繡閤은 繡閣과 같은 말로 아름답게 꾸민 젊은 여자의 閨房을 가리킨다.
1396) 芳年은 꽃다운 시절로 스물 전후의 한창 젊은 여자의 나이를 가리킨다.
1397) 環珮는 몸에 차는 佩玉으로 대개 여성이 패용하는 장신구를 가리킨다.
1398) 珊珊은 佩玉이 울리는 소리이다.
1399) 幽蘭은 蘭草이다.

혹시 바람에 말미암아 가깝고 먼 데[1401]서 맡을까[1402] 두려워한다네.

西北高樓入青天　緗簾十二夾丹霞
中有一人淸揚婉　玉貌朱唇絶世姱
鸞釵雀扇繡袂裙　雲屛繡幙重重遮
不嚬不笑整巾帶　隣里那得窺容華
春風東園躡青伴　秋月西江採蓮娃
日日經過繡閤前　笑我芳年獨守家
環珮珊珊待姆行　下階手摘幽蘭花
馨香在袖秪自知　或恐因風聞邇遐

03-82 죽은 아들이 전에 만든 등구[1403]를 두고 짓다
03-82 題亡兒舊製燈篝

해마다 서늘한 기운[1404]이 마을에 들어오면, 간편[1405]을 서안에 얹어둔 채 부자가 등불 하나를 함께 하고 앉곤 하였는데, 어느 날 아들이 종자[1406] 한경후에게 명하여 대나무가지를 깎고 종이를 말라서 등롱을 만들게 하였으니, 연기를 멀리 하여 눈[1407]을 보호하기 위함이었다. 사용한 지 열흘[1408]도 되지 않았을 때에 아이에게 병이 생겼기에 이 물건을 드디어 외진 곳[1409]에 숨겼다. 아이가 죽은 지 몇 달이 지나서 서리기운이 싸늘하여[1410] 서재가 쓸쓸해졌지만[1411], 지난날과 같은 도서에

1400) 馨香은 향기이다.
1401) 邇遐는 가까운 곳과 먼 곳이다.
1402) 聞香은 향기를 맡음이다.
1403) 燈篝는 燈籠인데, 등롱은 대오리나 쇠로 살을 만들고 겉을 종이나 헝겊으로 씌우고서 안에 등불을 넣는 기구이다.
1404) 新凉은 초가을의 서늘하고 상쾌한 기운이나 날씨이다.
1405) 簡編은 竹簡과 그것을 꿰어 연결하는 끈으로 책·서적을 가리킨다.
1406) 從者는 侍從·隨從하는 사람이다.
1407) 阿睹(堵)는 '그것'이라는 뜻으로 눈동자나 돈[金錢]을 가리킨다.
1408) 浹은 浹日과 같은 말로 열흘, 干支의 십간이 한 바쉬 도는 동안이다.
1409) 閑處는 외지고 조용한 곳이다.

쌓인 티끌이 눈에 가득[1412] 들어오기에, 내가 마침내 일어나서 바깥채[1413] 사이를 어정거리다가 등롱을 보았다. 이에 길게 외치면서, "등롱이여, 등롱이여! 네가 아직도 사람세상에 있구나! 어찌하여 사람의 목숨이 종이만도 못하단 말인가?"라 말하고서, 드디어 시를 지어 느낌을 기록한다.

每歲新凉入墟, 簡編在案, 父子共一燈而坐. 一日兒命從者韓景垕, 削筠裁紙以爲篝, 要以遠烟煤而護阿睹. 用之未浹旬而兒病作, 此物遂屛閑處矣. 兒亡數月, 霜氣凄淸, 書齋寥落, 圖書如昨, 凝塵滿目, 余遂起立彷徨於廊廡之間, 遇篝焉. 乃長號曰, "篝乎篝乎, 汝尙在於人間耶! 何其人命之不如紙也?" 遂題詩以志感.

물건은 있는데도 사람은 사라졌기에 피눈물이 어지럽거늘
어찌하여 가을해는 또 저무는가?[1414]
깊디깊은 땅 밑에는 등촉이 없을 테지만
쓸쓸한 사람세상에는 분전(墳典)[1415]이 있다네.
마른 풀[1416]과 같은 반생을 오로지 너와 함께 하였거늘
맑은 빛[1417]이 있은 다음날 밤에는 또 누구와 헤어졌던가?
달빛도 없는[1418] 빈 대청에서 슬피 읊으며 앉아서
날아다니는 반딧불이 장막[1419]을 침투하지 못하게 하네.

物在人亡血淚紛　如何秋日又黃曛
深深地下無燈燭　寂寂人間有典墳
玄草半生惟汝共　淸光後夜更誰分

1410) 凄淸은 싸늘함이다.
1411) 寥落은 쓸쓸함이다.
1412) 滿目은 눈에 가득함이다.
1413) 廊廡는 正廳이나 본채의 바깥쪽에 있는 건물이다.
1414) 黃曛은 누런빛의 저녁해이다.
1415) 墳典은 三墳五典의 준말로 三皇五帝의 典籍이며, 고대의 전적을 대유한다.
1416) 玄草는 마른 풀이다.
1417) 淸光은 맑고 밝은 빛으로 흔히 달빛이나 등불을 가리킨다.
1418) 月黑은 달빛이 없어 캄캄한 것이다.
1419) 纁帳은 분홍빛 장막, 또는 석양빛을 받은 장막이다.

虛堂月黑悲吟坐　莫遣流螢透帳纁

03-83 저녁에 앉아서 다듬이소리를 듣고 느낌이 있어서
03-83 夕坐聞砧有感

동쪽의 물결과 서쪽의 해가 꿈결에도 희미한데
벌레소리는 서상(書床)에 들어오고 낙엽은 문짝을 때리네.
수많은 집에서는 해질녘[1420]에 다듬이소리가 급한데
몇 곳에서나 겨울옷을 가지고 간 아이가 돌아오기를 기다리랴?[1421]

東波西日夢依依　虫入書床葉打扉
萬戶砧聲催薄暮　寒衣幾處待兒歸

03-84 모헌[1422]에게 부치다. 2수
03-84 寄慕軒二首

붉은 잎을 왜[1423] 쓸어내랴?
송문(松門)[1424]은 바람에 절로 열리네.

1420) 薄暮는 해질녘, 땅거미가 질 무렵이다.

1421) 이 구절은 먼 변새에 있는 남편의 겨울옷을 가져다 주러 간 아들을 기다림을 표현한 것으로 악부제 '征婦怨'에 흔히 나타나는 의경인데, 高麗 鄭夢周의 <征婦怨>에 "오늘 아침에 비로소 겨울옷을 부쳐 보내느라고, 가실 때에 뱃속에 있던 아이를 울면서 전송하네.(今朝始寄寒衣去, 泣送歸時在腹兒.)"라는 구절이 있다.

1422) 慕軒은 조선 후기의 문신 姜必愼(1687~1756)의 호로 본관은 晉州, 자는 思卿, 蔡彭胤의 문인이다. 문과에 급제하여 史官으로 있으면서 經筵에 자주 출입하였고, 李麟佐의 난에 수비책을 제시한 공로로 原從一等功臣에 책록되었다. 장령으로 있으면서 노론과 불화를 겪던 끝에 관직을 내놓고 고향으로 돌아가 오직 시문에만 전념했으며, 『慕軒集』을 남겼다.

1423) 何曾은 '어찌하여, 왜'이다.

1424) 松門은 소나무로 기둥을 대신한 문, 또는 주변에 소나무가 있는 문이다.

그대는 이르거든 밝은 달빛처럼
꺼리지 말고 바로 들어오시라.

赤葉何曾掃 松門風自開
君到如明月 無猜直入來

창애(蒼厓)[1425]는 압록강(鴨綠江)[1426]으로 가고
모헌(慕軒)은 조령(鳥嶺)[1427]으로 갔네
약산자(藥山子)는 그대들이 그리워
홀로 국화와 말하고 있다네.

蒼厓鴨江去 慕軒鳥嶺去
依依藥山子 獨與黃花語

03-85 동지부사[1428]로 연경에 가는 지부[1429]우시랑[1430] 홍대이를 송별하다
03-85 送地部右侍郎洪大而以冬至副使之燕

1425) 蒼厓는 조선 후기의 문신 洪景輔(1692~1745)의 호로 본관은 豊山, 자는 大而, 重夏의 아들이다. 1723년 증광문과에 병과로 급제하여 정언·부수찬을 거쳐, 대사간·穩城府使·우승지가 되었다. 전라관찰사를 거쳐 冬至副使로 淸에 다녀와서 대사헌으로 있을 때 인재등용에 무능한 대신들을 강하게 비판하였다. 병조참판·대사헌·경기감사를 역임한 뒤 대사간을 지냈다. 시호는 忠獻이다.
1426) 鴨綠江은 白頭山에서 시작되어 우리나라와 중국의 경계를 이루며 黃海로 흘러 들어가는 강으로 길이는 790km이며 馬訾水라고도 한다.
1427) 鳥嶺은 충청북도 槐山郡 延豊面과 경상북도 聞慶邑 사이에 있는 고개로 고유어로는 새재라고 한다.
1428) 副使는 조선시대에 明·淸에 사신으로 보냈던 赴京使 중 正使 다음의 사신으로 보통 2품관으로 하였다.
1429) 地部는 조선시대에 戶口·貢賦·錢糧·食貨 등을 담당하던 중앙관서인 戶曹의 별칭이다.
1430) 侍郎은 조선시대 六曹의 차관인 참판의 별칭인데, 右侍郎은 그 다음 직위인 참판을 가리킨 듯하다.

나라 안에 마음으로 허락함[1431]은 홍창애가 가장 돈독하고, 사람세상에서 이별함은 요동의 계주[1432]가 가장 멀다. 시로는 말을 다할 수 없으니 말이 없는 것만 못하고, 짧은 절구로 노자[1433]를 삼으니 지극한 정은 꾸밈이 없다. 이로써 조금이나마 귀하게 여기는 예절로 삼는다.

海內心期, 洪厓最篤, 人間離別, 遼薊最長. 詩不盡言, 不如無語. 短絶爲贐, 至情不文. 此以少爲貴之禮也.

어찌 폭이 넓은 종이엔들 정을 다 쏟아낼 수 있으랴?
오로지[1434] 요동의 들판에서 활을 한 번 당겨[1435] 보리.
그대가 가건만 시도 없이 송별함을 괴이히 여기지 말고
아득한 계주(薊州)의 나무 옆에서 보아 주시게나.[1436]

焉得傾情濶幅牋　除非遼野一張天
君行莫怪無詩別　看取蒼茫薊樹邊

03-86 국화가 최사집[1437]에게 사례하다
03-86 菊對謝崔士集

꽃을 마주하면 취해야 마땅하고 또한 깨어야 마땅하니

1431) 心期는 마음으로 허락함이다.
1432) 薊州는 중국 北京 인근에 있던 縣, 또는 薊州鎭으로 명나라 九邊의 하나이며, 山海關에서 居庸關에 이르는 지역을 관할하였다.
1433) 贐(신)은 길을 떠나는 사람에게 주는 勞資나 재물이다.
1434) 除非는 '오직 …만'을 뜻한다.
1435) 一張은 활시위를 한 번 당김이다.
1436) 看取는 봄, 또는 보아 줌이다.
1437) 士集은 조선 후기의 문신 崔成大(1691～?)의 자로 본관은 全義, 호는 杜機, 정랑 守慶의 아들이다. 蔭敍로 別提가 되었고, 영조 8년(1732) 정시문과에 병과로 급제하여, 설서·지평·장령을 거쳐 대사간에 올랐다. 문장에 뛰어났고, 민요시 <山有花歌>·<酸藉歌>·<古雜曲> 등을 남겼으며, 시 11수를 모아 엮은 『杜機詩集』이 남아 있다.

양쪽의 득실을 어찌 꼭 물으랴?
달빛이 가득한 뜰에 이슬 내리고 바람은 차가운데
백이[1438]의 청렴과 유하혜[1439]의 조화[1440]는 각각 빼어난 향기였다네.

對花宜醉亦宜醒　兩家得失何須問
露下風冷月滿庭　夷惠淸和各絶馨

03-87 국화가 술을 놀리다
03-87 菊戲酒

천추에 자랑할 수 있도록 두 번 알아 줌[1441]을 받았나니
상수[1442]의 언덕과 동쪽 울타리에서 일색으로[1443] 고왔기 때문이네.[1444]
녹건(漉巾)[1445]은 한 번 만나자 말자 크게 웃었고[1446]

1438) 伯夷는 殷末周初 孤竹國의 왕자로 후사가 되지 않으려고 아우 叔齊와 함께 文王에게 의탁하였다가, 武王이 殷을 치고 周나라를 세우자 무도한 나라의 백성이 될 수 없다고 首陽山에 들어가 고사리를 먹다가 죽었으므로, 節義之士의 상징으로 추앙되었다.

1439) 柳下惠는 춘추시대 魯나라의 大夫 展禽을 가리키는데, 柳下에 采邑을 가지고 있고 謚號가 惠인 데서 붙은 이름이다.

1440) 淸和는 청렴함과 조화로움인데,『孟子』「萬章 下」에 "백이는 성인 가운데 청렴한 분이고, 이윤은 성인 가운데 책임으로 삼는 분이며, 유하혜는 성인 가운데 조화로운 분이고, 공자는 성인 가운데 때에 합당하게 한 분이다.(伯夷聖之淸者也, 伊尹聖之任者也, 柳下惠聖之和者也, 孔子聖之時者也.)"라는 글이 있다.

1441) 知賞은 알아 줌, 중시함이다.

1442) 湘水는 湖南省 북부의 洞庭湖로 흘러드는 강 이름인데, 여기에서는 전국시대 말 楚나라 頃襄王 때에 湘水 근처에 유배되어 방황하다가 스스로 汨羅水에 빠져 죽었던 楚辭의 大家 屈原을 가리키고자 언급되었다.

1443) 一色은 절색, 또는 '똑 같이'이다.

1444) 이 두 구절은 屈原이「九章」의 <惜誦>에서 "강 가의 울타리에 심어 번식하는 국화여, 봄날에 향기로운 乾糧이 되기를 바라네.(播江離與滋菊兮, 願春日以為糗芳.)", 또는 <離騷>에서 "아침에는 목란에 떨어진 이슬을 마시고, 저녁에는 가을국화의 떨어진 꽃잎을 먹네.(朝飮木蘭之墜露兮, 夕餐秋菊之落英.)"라고 읊고, 東晉의 陶潛이 <飮酒>에서 "동쪽 울타리 밑에서 국화를 꺾으면서, 느긋하게 남산을 바라보네.(采菊東籬下, 悠然見南山.)"라고 읊었음을 가리키고자 한 것이다.

초성(楚醒)[1447]은 매화와 연분이 없는 듯하였네.[1448]

千秋知賞再堪誇　湘岸東籬一色姱
笑殺漉巾纔壹遇　楚醒無分似梅花

03-88 술이 국화에게 응대하다
03-88 酒對菊

굴원과 도잠의 취하고 깨어남은 거짓[1449]이요 진실이 아닐지니
시소(詩騷)[1450]는 이따금 사람을 속인다네.
예로부터 『주경(酒經)』[1451]에 품평이 있어
목란에 떨어진 이슬[1452]이 가장 청신하다고 하였네.

屈陶醒醉揔非眞　往往詩騷瞞却人
終古酒經評品在　木蘭墜露最淸新

1445) 漉巾은 술을 거르는 데 쓰인 두건으로, 『晉書』 <陶潛傳>의 "술이 익으면 머리 위의 갈건을 벗어서 술을 거르고, 끝이 나면 다시 썼다.(酒熟, 取頭上葛巾漉酒, 畢還復著之.)"라는 글에서 유래하는데, 여기에서는 도잠을 비유한다.
1446) 笑殺은 一笑에 붙임, 크게 웃음이다.
1447) 楚醒은 초나라의 정신이 맑았던 사람이라는 뜻으로 屈原을 가리키는데, 그의 <漁父辭>의 "온 세상사람이 다 흐리지만 나만 홀로 맑고, 뭇 사람이 다 취하였지만 나만 홀로 깨어 있으니, 이로 말미암아 쫓겨났다오.(擧世皆濁, 我獨淸, 衆人皆醉, 我獨醒, 是以見放.)"라는 말에서 유래하는 말이다.
1448) 無分은 緣分이 없음이다.
1449) 원전의 '揚'은 의미맥락으로 보아 '陽'의 착오인 듯하다.
1450) 詩騷는 『詩經』과 <離騷>의 합칭으로 詩歌의 범칭이다.
1451) 『酒經』은 술에 관한 것을 기술한 책으로 『新唐書』에는 王績이, 『宋史』에서는 無求子·大隱翁이 지은 것이 언급되어 있는데, 여기에서는 어떤 책을 가리키는지 미상이다.
1452) '木蘭墜露'는 <離騷>의 "아침에는 목란에 떨어진 이슬을 마시고, 저녁에는 가을국화의 떨어진 꽃잎을 먹네.(朝飮木蘭之墜露兮, 夕餐秋菊之落英.)"라는 구절에서 인용한 말이다.

03-89 국화가 사람을 놀리다
03-89 菊戲人

누가[1453] 노란 국화를 잘 응대하였던가?
시소가 있지 않다면 맛볼 수 없으리?
상수의 언덕과 동쪽의 울타리는 사람이 가 버린 뒤에
옅은 안개와 성근 비 속에 몇 번이나 중양(重陽)[1454]을 겪었으랴?

阿誰堪對菊花黃　不有騷詩不可嘗
湘岸東籬人去後　淡烟疎雨幾重陽

03-90 사람이 국화에게 응대하다
03-90 人對菊

두 분이 또한 어찌 반드시 참된 그림을 그렸으랴?
당시에 정절(靖節)[1455]은 취하고 영균(靈均)[1456]은 깨어 있었으리.
시가 이루어지자 국화에게 물으니 국화가 응답하여 말하기를
꽃의 전후신(前後身)[1457]을 세 번이나 보았다고 하네.

二子何須更畫眞　醉時靖節醒靈均

1453) 阿는 대명사의 접두사로 아무런 의미가 없다.
1454) 重陽節은 홀수인 陽數가 겹친 날인 人日·重三節·七夕節·重九日 등을 가리키는데, 여기에서는 9월 9일을 가리킨다. 조선시대에는 명절로 지정하여 耆老宴을 베풀거나 태학생을 대상으로 한 節日製가 치러지기도 하였다.
1455) 靖節은 東晉의 문인 陶潛에게 주어진 私諡로, 南朝 宋의 顔延之가 <陶徵士誄>에서 "宜諡曰靖節徵士"라고 한 데서 유래한다.
1456) 靈均은 屈原의 字인데, 『楚辭』 <離騷>에, "나의 이름을 正則이라 하고, 나의 자를 靈均이라고 하였네.(名余曰正則, 字余曰靈均.)"라는 구절이 있다.
1457) 前後身은 前生의 몸과 後生의 몸이다.

詩成問菊菊應語　三度看花前後身

03-91 을묘년[1458] 입춘[1459]문첩[1460]
03-91 乙卯立春門帖

우리 임금님의 성덕(聖德)은 하늘[1461]과 같아서
사치와 음붕(淫朋)[1462]을 햇볕이 눈을 녹이듯이 하시네.
하늘에 치솟은[1463] 큰 새가 욺을 본받아 따르고[1464]
못에 모인 슬피 우는 기러기[1465]를 찾아가서 보살피시네.
해가 진 뒤에도 우근(憂勤)함[1466]은 주나라[1467]의 문후(文后)[1468]요
새해가 오면 경계함[1469]은 위(衛)[1470]나라의 무공(武公)[1471]이시네.
늘그막[1472]에도 새벽마다 말[1473]을 타고 큰 길[1474]을 다니시는데

1458) 乙卯年은 영조 11년(1735)이다.
1459) 立春은 24절기 가운데 첫 절기로 봄이 시작됨을 뜻하는 날인데, 大寒과 雨水 사이에 오며 양력으로는 2월 4일이나 5일에 든다.
1460) 門帖은 立春日에 大門에 붙이는 써 붙이는 春帖子이다.
1461) 玄穹은 검푸른 하늘이다.
1462) 淫朋은 邪黨이다.
1463) 冲(沖)天은 하늘 높이 치솟음이다.
1464) 準擬는 본받아 따름, 견주어 본뜸이다.
1465) 哀鴻은 슬피 우는 기러기로 流民을 비유한다.
1466) 憂勤은 근심하며 부지런히 일함이다.
1467) 周는 殷나라에 이어 성립된 중국의 고대왕조로 文王의 뒤를 이은 武王이 殷의 폭군 紂를 몰아내고 건국하였으며, 약 B.C. 1100년부터 B.C. 256년까지 존속하였다.
1468) 文侯는 周나라 文王의 별칭인데, 주를 세운 武王의 아버지로, 성은 姬, 이름은 昌이다. 殷나라 紂王 때 西伯이 되어 仁慈로 백성을 다스렸는데, 주왕이 暴惡하므로 제후들이 모두 서백을 좇아 군주로 받들었으며, 아들 武王이 즉위한 뒤에 文王으로 추존되었다.
1469) 警戒는 警備하여 단속함이다.
1470) 衛는 周 武王의 아우 康叔이 分封받아 세운 周나라의 제후국으로 河南의 朝歌를 도읍지로 하였다.
1471) 武公은 춘추시대 衛나라의 임금 和의 시호인데, 武王의 아우인 康叔의 8세손으로 周 幽王을 죽인 犬戎을 평정하는 데 공을 세워 公에 올랐고, 일찍이 <抑>(『詩經』「大雅」)을 지어 자신을 경계하였다.
1472) 鍾漏는 鍾과 漏刻의 합칭으로 노년·만년을 비유한다.

누가 끝내 융성하고 두터운 은혜[1475]를 갚기를 꾀하는가?

吾王聖德叶玄穹 奢侈淫朋晛雪融
準擬冲天鳴大鳥 從看集澤奠哀鴻
憂勤日昃周文后 警戒年來衛武公
九陌鳴珂鍾漏曉 竟誰圖報渥恩隆

03-92 을묘년 정월 스무하룻날에 원자가 탄생하셨기에 배계수하고[1476] 경사를 기록하다 * 갑인년[1477] 가을부터 별이 빛남이 평소보다 배나 되었기에 조례[1478]들도 다 손가락으로 가리킬 줄 알고 말하기를 "이는 전성[1479]이다."라고 하였고, 탄생하시기 전후에 며칠 동안 모두 하늘에 조그만한 구름[1480]도 없었다.

03-92 乙卯正月二十一日, 元子誕生, 拜稽首志慶 * 自甲寅秋, 有星光耀倍常, 皁隷皆能指之曰, 此前星也, 誕生前後數日, 皆天無纖翳.

밝은 북두성[1481]의 상서로운 빛 속에서 사경[1482]의 북이 울리자
종사(宗社)[1483]와 생민(生民)[1484]에게 경사가 생겼네.
원력(元曆)[1485]이 일갑(一甲)[1486]을 돕은 영왕(寧王)[1487]의 도움이요

1473) 珂는 말의 굴레를 장식한 옥돌이다.
1474) 九貊은 아홉 갈래의 큰 길로 首都·都城을 비유한다.
1475) 渥恩은 매우 두터운 은택이다.
1476) 拜稽首는 稽首와 같은 말로 머리를 조아려 땅에 닿도록 하는 절이다.
1477) 甲寅年은 영조 10년(1734)이다.
1478) 皂隷는 관아의 구실아치나 심부름꾼이다.
1479) 前星은 天王을 상징하는 心星의 앞에 있는 별로 太子·世子를 비유한다.
1480) 纖翳는 조금 끼는 구름이다.
1481) 斗星은 北斗星·北斗七星과 같은 말로 임금을 비유하는 별자리이다.
1482) 四更은 새벽 1시부터 3시 사이의 시간이다.
1483) 宗社는 宗廟와 社稷의 합칭으로 국가를 가리킨다.
1484) 生民은 百姓이다.
1485) 元曆은 달력·日曆이다.
1486) 一甲은 天干과 地支를 배합하여 이루어지는 60甲子 전체, 또는 그것이 한 바퀴 돎을 가

시절이 삼양(三陽)[1488]에 속함은 태괘(泰卦)[1489]가 이루어짐이네.
접때[1490]에는 다들 손가락질하는[1491] 별이 있었는데
요즈음[1492]에는 청명하지 않은 날이 없었네.
우레가 팔역(八域)[1493]에서 환호하여 푸른[1494] 기운이 가득한 가운데
모두 용루(龍樓)[1495]에 들어가서 만수(萬壽)를 비는 잔을 올렸네.

斗電祥光鼓四更　於休宗社與民生
元回一甲寧王祐　時屬三陽泰卦成
向者有星皆指點　比來無日不淸明
雷歡八域葱蘢氣　都入龍樓萬壽觥

* 을묘년[1496]은 바로 숙묘[1497] 원년이다.
* 乙卯, 卽肅廟元年也.

리킨다.

1487) 寧王은 천명을 받아 나라를 세운 왕으로 흔히 周나라의 文王・武王을 가리키는데, 여기에서는 肅宗을 가리킨다.

1488) 三陽은 『周易』의 卦를 이루는 세 개의 陽爻로 乾卦를 가리키는데, 음력 11월 冬至에 처음으로 陽이 생기고, 12월에 두 번째로 양이 생기며, 이듬해 1월에 세 번째로 양이 생김을 뜻하며, 11월・12월・정월의 석 달, 또는 정월에 해당한다.

1489) 泰卦는 『周易』의 64괘의 하나로 乾이 아래에 있고 坤이 위에 있어서 하늘과 땅의 기운이 서로 통하는 象인데, 『周易』「泰卦」의 象辭에 "천지의 기운이 서로 통하여 합해지는 것이 泰卦이다. 임금은 이로써 천지의 道를 마름질하여 이루고, 천지의 마땅함을 도움으로써 백성을 돕는다.(天地交泰, 后以財成天地之道, 輔相天地之宜, 以左右民.)"라는 글이 있다.

1490) 向者는 접때, 조금 전이다.

1491) 指點은 손가락이나 손에 든 물건으로 어느 한 지점을 가리킴이다.

1492) 比來는 요즈음, 近來이다.

1493) 八域은 八方의 땅으로 온 천하, 또는 아주 먼 곳의 땅이다.

1494) 葱蘢은 초목이 무성하게 푸른 모양이다.

1495) 龍樓는 제왕의 궁전이다.

1496) 乙卯年은 숙종 원년(1675)이다.

1497) 肅廟는 조선조의 제19대왕인 肅宗의 존칭이다.

03-93 장차 아우[1498]의 재소[1499]를 방문하려고 한강을 건너 압구정[1500]에 오르다

03-93 將訪舍弟齋所, 渡漢江登鴨鷗亭

조화옹(造化翁)이 마음을 써서 비가 오려다가 도로 맑아지니
봄철 내내 질병이 많았기에 비로소 높은 곳에 오르네.
신선의 누각에는 존몰(存沒)[1501]이 있는데
갈매기와 해오라기[1502]의 연파(烟波)[1503]에는 고금이 없네.
때때로 구름이 열리면 꽃이 햇빛 속에서 빛나고
아득히 하늘이 넓은 곳에서는 학이 그늘에서 우네.
나루로 가는 길을 잃은 거마(車馬)가 얼마나 많았으랴?
물 가에서 비녀를 사양할[1504] 것을 읊은 이가 몇몇이었으랴?

欲雨還休造化心　一春多病始登臨
神仙樓閣有存沒　鷗鷺烟波無古今
雲綻時時花暎日　天長漠漠鶴鳴陰

1498) 舍弟는 家弟와 같은 말로 자기의 아우에 대한 겸칭인데, 약산의 아우는 弼運(1692~?)으로 자가 季應이며, 숙종 41년(1715) 式年進士試에 급제하여 司饔院의 直長·奉事를 지냈고, 병조참판을 지낸 申厚命의 딸에게 장가들었다.
1499) 齋所는 致齋所의 준말로 祭祀를 올리기 전에 재계하며 제례를 익히는 곳인데, 여기에서는 吳弼運이 司饔院 廣州分院의 속관으로서 제사와 연관된 일로 靖陵에 파견되어 있었음을 가리킨 듯하며, 姜樸의『菊圃集』권5 <閏月二十七日, 與諸君出奉恩寺, 爲含桃會唱酬>의 題下에 있는 "與善應·吳永伯·李文五·洪大而·權士恢·李元博及余七人同行, 靖陵郞吳季膺爲主."라고 한 협주에서도 이를 짐작할 수 있다.
1500) 狎鷗亭은 조선 전기의 勳臣 韓明澮가 豆毛浦[지금의 성동구 옥수2동] 건너편의 한강변에 지었던 정자이다.
1501) 存沒은 生死와 같은 말로 삶과 죽음이다.
1502) 鷗鷺는 갈매기와 해오라기인데, 은거하면서 속된 일을 마음에 두지 않는 삶을 비유하는 鷗鷺忘機를 가리키고자 끌어온 말이다.
1503) 烟波는 안개 속의 물결이다.
1504) 謝簪은 벼슬아치가 사용하는 비녀를 사양하거나 거절함으로 관직을 떠남을 비유한다.

迷津車馬知多少　幾箇臨流詠謝聱

03-94 강변의 길을 따라 정릉[1505]으로 가다가
03-94 沿江路向靖陵

홍진에서 몸을 빼는 일이 어긋나지 않아서
가벼운 바람이 솔솔[1506] 봄옷을 건드리네.
몇 줄기 나무를 쪼는[1507] 소리는 가슴이 붉은 새가 내는 것인데
양쪽기슭의 수양버들 사이에는 흰 판자문[1508]들이 있네.
봄이 저물자 꽃의 마음은 또한 연연하는데[1509]
강이 밝으니 구름조각[1510]은 멀리서 빛나네.[1511]
그대가 짝지은 매화나무 밑에서 나를 기다릴 것을 알건만
조용히 앉아[1512] 푸른 산기운[1513]을 보며 나지막하게 읊조리네.[1514]

身出紅塵事不違　輕風獵獵弄春衣
數聲啄木紅襟鳥　兩岸垂楊白板扉
春暮花心猶戀戀　江明雲葉逈輝輝
知君待我雙梅下　凝坐沉吟向翠微

1505) 靖陵은 조선조의 제11대 왕인 中宗의 능으로 원래 高陽郡에 있던 것을 明宗 때에 지금의 서울시 강남구 삼성동으로 옮겼는데, 제9대 왕인 成宗의 능인 宣仁陵과 같은 곳에 있으므로 흔히 宣靖陵으로 합칭된다.
1506) 獵獵은 바람에 나부끼는 모양, 바람이 부는 소리이다.
1507) 啄木은 딱따구리인데, 여기에서는 딱따구리가 나무를 쪼는 소리를 가리킨다.
1508) 白板扉는 칠을 하지 않은 판자로 만든 문이다.
1509) 戀戀은 떨어지기 서운해함, 또는 그런 마음이다.
1510) 雲葉은 구름조각, 구름송이이다.
1511) 輝輝는 밝은 빛, 또는 빛 따위가 밝게 빛나는 모양이다.
1512) 凝坐는 조용히 앉아 있음이다.
1513) 翠微는 먼 산에 엷게 낀 푸른 기운. 또는 山氣가 푸르러서 아롱아롱하게 보이는 빛이다.
1514) 沉吟은 낮게 읊조리며 음미함, 또는 깊이 생각함이다.

03-95 한강의 강정에서
03-95 漢江江亭

섬들은 희미하게 나뉘어 있는데
건곤은 아득히 신의를 지키네.
별업(別業)[1515]에는 물고기와 새가 다니고
어옹(漁翁)에게는 아들과 손자가 자라네.
돛은 날아가면서 나무그림자를 흔드는데
조수가 지나감은 이끼흔적에서 징험되네.
우연히 이르러 참된 감상[1516]을 하니
강호(江湖)의 도(道)가 이에 있네.

依依分島嶼　莽莽信乾坤
別業通魚鳥　漁翁長子孫
帆飛搖樹影　潮過驗苔痕
偶到成眞賞　江湖道乃存

03-96 강변의 정자. 잠삼[1517]의 시운[1518]을 뽑다
03-96 江亭. 拈岑參韻

아름다운 광경[1519]과 술 취한 얼굴이 은성함을 다투고자 하는데

1515) 別業은 別墅와 같은 말로 田庄이 있는 부근에 별도로 지은 집이다.
1516) 眞賞은 사물의 가치를 제대로 알아봄이다.
1517) 岑參(715~770)은 성당의 시인으로 南陽人이다. 天寶年間에 진사가 되어 右補闕·嘉州刺史 등을 지내고 杜陵山에서 은거하다가 蜀에서 죽었다. 초기에는 화려한 시풍을 보였으나, 安西四鎭節度使 高仙芝 막부의 書記가 되면서 邊塞詩를 많이 지어 高適과 함께 高岑으로 불리었으며, 『嘉州集』을 남겼다.
1518) 岑參의 원운은 『全唐詩』 권201에 실린 <暮春虢州東亭, 送李司馬歸扶風別廬>로, 上元 원년(764)쯤에 지어진 작품으로 추정된다.

종일토록 강호(江湖)에서 편안하여 돌아가기를 잊네.
두모포(豆毛浦)1520)에는 무수히 꽃이 피는데
도봉산(道峰山)1521)에서는 때때로 구름이 사라지네.
배1522)는 흔들림1523)이 늘 이와 같지만
건곤은 가득 채우느라고1524) 끝내 한가롭지 않다네.
다들 그물1525)을 잡고 물고기를 잡기를 좋아하거늘
낚시터는 누가 깨뜨리고 푸른 이끼만 반짝이는가?

韶光酒面欲爭殷 盡日江湖儋忘還
無數花開豆毛浦 有時雲抹道峯山
搖搖舟楫長如此 拍拍乾坤遂不閑
摠是耽功操網罟 釣磯誰破綠苔斑

03-97 강변의 길 * 저자도1526)에는 앵두나무숲이 있어 해마다 임금님께 바친다.
03-97 江路 * 楮子島有櫻桃藪, 每年供御.

야인의 복장으로 훌쩍1527) 안개 낀 교외로 나오니
눈에 가득한 아지랑이1528)가 말안장1529)을 희롱하네.

1519) 韶光은 아름다운 풍광으로 대개 봄경치를 가리킨다.
1520) 豆毛浦는 지금의 서울시 성동구 옥수2동에 있던 포구로 得務浦로도 불리었으며, 고유어로는 두무포라고 하였다.
1521) 道峯山은 서울시 도봉구와 경기도 양주시·의정부시의 경계에 있는 산이다.
1522) 舟楫은 배와 노로 배를 가리킨다.
1523) 搖搖는 흔들리는 모양이다.
1524) 拍拍은 가득 참이다.
1525) 網罟는 물고기를 잡는 그물이다.
1526) 楮子島는 지금의 서울시 옥수동과 압구정동 사이의 한강 안에 있었던 섬으로 지금은 수몰되었다.
1527) 翛然(소연)은 빠른 모양, 얽매이지 않는 모양이다.
1528) 遊絲는 아지랑이이다.
1529) 鞘는 안장의 끈으로 된 장식, 또는 채찍 끝에 맨 가는 가죽끈이다.

어공(御貢)[1530]의 앵두나무는 여전히 그림자를 만드는데
이정(離亭)[1531]의 버드나무는 새의 보금자리를 견디지 못하네.
봄철의 누각에는 꽃그늘이 질펀한데
대낮의 강호에는 돛그림자가 교차되네.
절에서 돌아가려니 남은 흥취가 있어서
구름 너머에서 울리는 맑은 풍경소리를 견디지 못하겠네.

翛然野服出烟郊　滿眼遊絲弄馬鞘
御貢櫻桃仍作樾　離亭楊柳不勝巢
靑春樓閣花陰遍　白日江湖帆影交
蕭寺歸來餘興在　不堪淸磬隔雲敲

03-98 산길
03-98 山路

여윈 말을 타고 구불구불한 길을 가노라니
옅은 노을이 아침을 장식하네.[1532]
범의 발자국은 깨끗한 이끼에 섞이고
꾀꼬리의 울음은 높은 숲에 숨어 있네.
먼 곳의 물은 때때로 들판에서 빛나고
가벼운 우레는 간혹 하늘을 흔드네.
그대를 그리워하며 향기로운 풀을 꺾고서
멀리 푸른 구름을 구슬프게 바라보네.

1530) 御貢은 제왕·조정에 進上함이다.
1531) 離亭은 옛날에 성에서 조금 떨어진 길 가에 세워 쉴 수 있게 한 정자로 흔히 이별하는 장소로 쓰였다.
1532) 點綴은 장식함, 돋보이게 함이다.

贏馬逶迤逕　微霞點綴朝
虎蹄和蘚淨　鶯語暎林驕
遠水時明野　輕雷或轉霄
思君折芳草　惆悵碧雲遙

03-99 행로난.[1533] 3수
03-99 行路難三首

그대는 보지 못하였는가?
김·장(金張)[1534]이 칠대[1535] 동안 한(漢)의 담비꼬리[1536]를 꽂았음을.[1537]
또 보지 못하였는가?
왕·사(王謝)[1538]의 의관이 아름답고 신발[1539]이 빛났음을.

1533) <行路難>은 樂府 雜曲歌辭의 이름으로 南朝 宋의 鮑照 이래로 무수한 시인에 의하여 의작되었으며, 吳均·李白 등의 작품이 유명한데, 대개 세상살이의 어려움이나 이별의 슬픔을 내용으로 하였다.

1534) 金張은 前漢 때의 寵臣인 金日磾와 張安世의 합칭으로 흔히 현달한 관리를 대유한다. 金日磾는 匈奴 休屠王의 太子로 武帝初에 귀부하였는데, 累遷하여 侍中에 올라 수십년 동안 보필하면서 과실이 없어 車騎將軍이 되고, 무제로부터 霍光과 함께 輔政하도록 遺詔를 받았다. 張安世는 郎으로 있다가 없어진 책 세 상자[亡書三篋]의 일에 대한 武帝의 물음에 자세히 응답하였는데, 책을 찾은 뒤에 조금도 틀리지 않음을 안 무제가 기이하게 여겨 尙書令에 발탁한 데 이어 光祿大夫를 제수하였고, 昭帝 때에 右將軍에 오르고 富平侯에 봉해졌으며, 宣帝 때 定策의 공으로 大司馬를 제수받았다.

1535) 七葉은 七代이다.

1536) 貂는 옛날에 王公顯官의 冠을 장식하던 장식물인 담비의 꼬리이다.

1537) 이 구절은 西晉 左思의 <詠史>에 나오는 "김씨와 장씨가 구업에 의지하여, 七代 동안 한나라의 담비꼬리를 꽂았네.(金張籍舊業, 七葉珥漢貂.)"라는 구절을 점화한 것이다.

1538) 王謝는 육조시대의 晉나라의 名門巨族인 王氏와 謝氏의 합칭으로 보통 王導와 謝安의 집안을 가리키며, 흔히 명문세족을 대유한다. 王導(276~339)는 晉나라의 정치가로 자는 茂弘이며, 西晉 末에 司馬睿[元帝]를 도와 東晉을 건립하는 데 대공을 세워 丞相이 되고, 明帝·成帝 때에도 계속 승상으로 있으면서 국정을 안정시켰다. 謝安(320~385)은 東晉의 문인, 장군으로 자는 安石이며, 會稽에서 은거하며 詩酒碁로 소일하다가, 40대에 관직에 나가 尙書僕射·驃騎將軍을 거쳐 孝武帝 때 丞相에 올랐으나, 司馬道子가 집정하면서 관직에서 쫓겨나 우울증으로 숨졌다.

문 앞에서는 푸른 홰나무와 버드나무가 서로 마주보고
꽃 사이에서는 그림으로 장식한 마룻대가 구름처럼 날아올랐네.
횃불1540)이 줄을 지은 새벽의 창에서는 꾀꼬리가 울고
주인은 새로 긴 사제(沙堤)1541)를 닦았네.
여덟 마리 용1542)이 등 뒤에서 구불거리며1543) 따를 때에
좋은 관직1544)을 내린 조서(詔書)1545)는 얼마나 휘황하였던가?1546)
노복1547)은 모자를 쓰지 않고 철총(鐵驄)1548)은 교만하였으며
사위는 후가(侯家)1549)의 셋째 아들이었다네.
옷의 향기를 땅에 퍼뜨리면서 조정에서 물러나 돌아가면
수많은1550) 빈객들이 대청을 채웠네.
교묘한 춤과 맑은 노래 속에 술잔을 권하고
소소(蘇小)1551) 아가씨를 자리 앞에서 부렀네.
붉은 바퀴1552)와 푸른 덮개1553)를 지닌 수레는 다 인척1554)의 것인데

1539) 舄은 나무로 밑창을 댄 신이다.
1540) 火城은 제왕이 朝會를 받을 때에 儀仗用으로 세우던 횃불이다.
1541) 沙堤는 唐代에 재상이 타는 수레와 말의 통행을 위하여 모래를 깔아 만든 넓은 도로로, 흔히 중신이 다니는 길을 대유한다.
1542) 八龍은 八駿과 같은 말로 周나라 穆王이 타던 여덟 필의 명마이며, 흔히 준마를 대유한다.
1543) 蜿蜿은 구불구불한 모양이다.
1544) 氷銜은 맑고 고운 관직이다.
1545) 紫誥는 천자의 명령을 적은 글인 詔書로, 그것을 비단주머니에 담아서 봉한 자리에 자줏빛 도장을 찍은 데서 생긴 말이다.
1546) 煌煌은 환하게 빛나는 모양, 광채가 빛나는 모양이다.
1547) 平頭奴子는 모자나 두건을 쓰지 않은 奴僕이다.
1548) 鐵驄은 몸에 검푸른 무늬가 박힌 말로 흔히 준마를 가리킨다.
1549) 侯家는 諸侯나 侯爵의 집으로 저명하고 고귀한 사람의 집을 가리킨다.
1550) 颯沓은 융성한 모양, 많은 모양이다.
1551) 蘇小는 南朝 齊나라 錢塘 출신의 名妓로 본래의 이름은 蘇小小이며, 흔히 가무에 능한 기녀를 대유하는데, 『古詩紀』 등에 실린 樂府 雜歌謠辭 <蘇小小歌>의 제재가 되었다.
1552) 朱輪은 바퀴에 붉은 칠을 한 수레로, 존귀한 사람이 타는 수레를 비유한다.
1553) 翠盖(蓋)는 翠羽盖의 준말로 푸른 물총새의 깃으로 장식한 일산모양의 수레덮개이며, 화려한 수레를 가리킨다.
1554) 姻親은 姻戚과 같은 말로 혼인관계로 맺어진 친척이다.

바다를 옮기고 산을 돌리는[1555] 형세는 아무도 감당하지 못하였네.
구화등(九華燈)[1556]을 켠 서쪽누각에는 이무기[1557]가 서리고
박산(博山)[1558]의 향로를 둔 북쪽대청에는 짐승이 웅크리고 있었네.
두 줄기 연기는 한 기운으로 합쳐져서 어울리고[1559]
향기로운 안개는 사람을 혼미하게 하고 음악은 끝나지 않았네.
잠깐 사이에 등불이 꺼지고 향로 또한 싸늘해지면
행락(行樂)[1560]은 아득한 바다의 거품과 같아졌다네.
상자에 가득한 금과 옥은 가지고 갈 수 없었으니
해가 저물면 도둑들[1561]이 화랑(畵廊)[1562]을 엿보았네.
벼슬아치 벗들[1563]이 오지 않으니 문 앞은 쓸쓸하고
마을아이들이 전하는 말로는 귀신이 대들보에서 휘파람을 불었네.
부귀와 영화를 절대 말하지 말라.[1564]
다음날 아침이면 흐트러진 머리로 <창랑가(滄浪가)>[1565]를 노래하리.

君不見金張七葉珥漢貂　又不見王謝衣冠奕舃光
門前槐柳綠相向　花間畫棟如雲翔
曙窓鶯啼火城行　主人新築沙堤長

1555) 轉海回山은 바다를 움직이고 산을 돌림으로 轉海回天이라고도 한다.
1556) 九華燈은 음력 元旦 밤에 쓰던 화려하게 장식한 등이다.
1557) 螭는 뿔이 없다는 전설상의 용으로 고유어로는 이무기라고 한다.
1558) 博山은 중국 山東省 博山縣 동남쪽에 있는 산으로 그 모습을 본떠 만든 향로인 博山爐가 유명하였다.
1559) 氤氳(絪縕)은 天地의 陰陽의 二氣가 합쳐져서 어린 모양이다.
1560) 行樂은 재미있게 놀고 즐겁게 지냄이다.
1561) 偸兒는 좀도둑이다.
1562) 畵廊은 단청을 입힌 복도이다.
1563) 故吏는 오랜 벗인 官吏이다.
1564) 且莫은 '절대로 ~하지 말라'[千萬不要]를 뜻한다.
1565) <滄浪歌>는 屈原의 <漁父辭>에 인용된 "창랑의 물이 맑으면 나의 갓끈을 씻을 수 있고, 창랑의 물이 흐리면 나의 발을 씻을 수 있네.(滄浪之水淸兮, 可以濯吾纓, 滄浪之水濁兮, 可以濯吾足.)"라는 노래이다.

八龍蜿蜿背後隨　　氷銜紫誥何煌煌
奴子平頭鐵驄驕　　女婿侯家第三郎
衣香撲地退朝歸　　賓從颯沓盈中堂
妙舞淸歌侑樽酒　　作使筵前蘇少娘
朱輪翠盖皆姻親　　轉海回山勢莫當
西閣蟠螭九華燈　　北堂蹲獸博山香
雙烟一氣合氤氳　　香霧迷人樂未央
須臾燈滅爐亦寒　　行樂如漚海茫茫
金玉盈箱不將去　　日暮偸兒窺畫廊
故吏不來門寂寂　　里兒傳言鬼嘯樑
富貴榮華且莫說　　明朝散髮歌滄浪

그대는 보지 못하였는가?
시시비비(是是非非)[1566]가 감릉[1567]의 붕당[1568][1569]에 이르렀음을.
또 보지 못하였는가?
은은원원(恩恩怨怨)[1570]이 우・이(牛李)[1571]가 적이 되게 하였음을.
추련(秋蓮)의 검화(劍花)[1572]가 새로 숫돌에 간 칼에서 나오면

1566) 是是非非는 옳은 것은 옳다고 하고, 그른 것은 그르다고 하는 것이다.
1567) 甘陵은 後漢 때에 지금의 山東省 臨淸市 북동쪽에 두었던 縣 이름이다.
1568) 部는 黨派・類派・門派이다
1569) 甘陵部는 後漢 桓帝 때 甘陵縣의 文人 周福과 房植의 門客들이 南部와 北部로 나뉘어 당파를 만들어 대립한 데서 유래하여 朋黨・黨派를 가리킨다.
1570) 恩恩怨怨은 은혜는 은혜로 갚고, 원한은 원한으로 갚음이다.
1571) 牛李는 唐나라 貞元年間의 재상인 牛僧孺와 李德裕의 합칭인데, 이들은 穆宗 때부터 宣宗 때까지 이어진 牛李黨爭을 일으킨 당파의 수령들이다. 우승유는 文宗 때 兵部尙書同平章事로 있으면서 李黨에게 배척받았고, 武宗 때에 폄적되었다가 宣宗 때 복권되었다. 이덕유는 中書門下平章事로 있을 때에 牛黨을 견제하였지만, 선종이 즉위하여 우당이 득세하자 수차 폄적되다가 적소에서 죽었다.
1572) 秋蓮은 蓮이 가을에 열매를 맺는 데서 유래하여 연・연꽃을 가리키는데, 여기에서는 칼을 휘두를 때 일어나는 빛인 劍花가 연꽃과 같음을 뜻한다. 李白의 악부시 <胡無人行>에 "허리춤에 꽂은 白羽箭은 유성과 같은데, 칼집에서 꺼낸 갈에서는 연꽃과 같은

갑작스러운 눈과 싸늘한 서리가 여름에도 버석거렸네.[1573]

누가 목구멍과 혀 사이로 꿀꺽 삼켰던가?[1574]

담봉(談鋒)[1575]으로 변하여 마음대로 번쩍거리며 쳤다네.

한숨은 날개가 달려 문득 하늘로 날아가고

깊은 못에 밀어넣으면 또 운석(隕石)이 떨어지는[1576] 듯하였네.

큰 파도[1577]가 이는 바닷가 절벽에서 신선이 되어 올라가는 듯하고

쟁반의 물을 마시면 유하주(流霞酒)[1578]를 마신 것과 같았네.

흡사 동주(東周)[1579] 때의 전국(戰國)[1580]의 무사와 같아서

몸을 던져 남의 원수를 갚음[1581]에 아끼는 것이 없었네.

또 서진(西秦)[1582]의 죽음을 무릅쓰는[1583] 병졸과 같아서

투구와 갑옷을 벗은 채 달리면서 돌을 날렸네.

숨바꼭질[1584]과 죽마타기[1585]로 동쪽과 서쪽에서 장난을 하더니

검화가 빛나네.(流星白羽腰間插, 劍花秋蓮光出匣.)"라는 구절이 있다.

1573) 淅瀝은 눈·비·바람·낙엽·베틀 등이 내는 소리이다.

1574) 呑下는 꿀꺽 삼킴이다.

1575) 談鋒은 말의 칼끝으로 날카로운 말솜씨, 언변의 예리함을 비유한다.

1576) 石落은 隕石이 떨어지는 것이다.

1577) 鯨波는 鯨濤와 같은 말로 큰 파도이다.

1578) 流霞酒는 신선이 마신다는 美酒인데, 晋 葛洪의 『抱朴子』 「祛惑」에 "선인이 유하주 딱 한 잔을 나에게 주기에 마셨더니 문득 배고픔과 목마름을 모르게 되었다.(仙人但以流霞一杯, 與我飮之, 輒不飢渴.)"라는 말이 있다.

1579) 東周는 기원전 771년에 平王이 洛陽으로 수도를 옮긴 이후의 周나라인데, 이 시대에 주는 명목상의 천자국의 지위가 떨어지고 춘추전국시대가 되었다.

1580) 戰國은 한 지역에 割據하여 서로 싸우는 나라인데, 여기에서는 戰國時代를 가리킨다. 戰國時代는 周나라 威烈王 23년(B.C. 403)에 晉나라가 韓·趙·魏로 삼분된 때로부터 始皇帝 26년(B.C. 221)에 秦이 六國을 통일한 때까지의 시기로, 제후국 사이에 전쟁이 끊이지 않았다.

1581) 借軀報讐는 借交報仇·借身報仇와 같은 말로 몸을 던져 남의 원수를 갚아 줌이다.

1582) 西秦은 五胡十六國 시대에 鮮卑族이 세운 나라이다. 385년에 隴西의 乞伏國仁이 大單于를 일컬으면서 건국한 데 이어, 아우 乾歸가 河南王을 일컫다가 秦王으로 바꾸면서 甘肅省 苑川을 도읍으로 삼았다. 400년에 後秦에 항복했다가 409년에 다시 회복하였으나, 431년에 匈奴族에게 멸망당하였다.

1583) 敢死는 용감하여 죽음을 두려워하지 않음, 또는 그런 병사이다.

1584) 迷藏은 눈을 가린 채 사람을 붙잡는 놀이, 또는 숨바꼭질이다.

달팽이뿔1586) 위에서 만촉1587)이 출동하여 승부를 겨루었네.1588)
나무꾼의 도끼자루가 썩은1589) 것을 크게 웃었던 늙은 신선은
앉아서 사람세상의 바둑을 몇 판이나 보았으랴?

君不見非非是是甘陵部　又不見恩恩怨怨牛李敵
秋蓮之劒新發硎　急雪凄霜夏淅瀝
何人呑下喉舌間　化作談鋒恣閃擊
噓成羽翮歘天飛　推下深淵又石落
鯨波厓海若登仙　槃水飮似流霞酌
恰如東周戰國士　借軀報讐無所惜
又如西秦敢死卒　脫兜解甲趍矢石
迷藏竹馬戱東西　賭勝蝸牛動蠻觸
仙翁大笑樵柯爛　坐閱人間幾奕局

그대는 보지 못하였는가?
진여(陳餘)1590)가 지난날에는 장이(張耳)1591)를 좋아하였음을.

1585) 竹馬는 아이들이 놀이삼아 말을 타듯이 두 다리 사이에 걸터타고 끌던 대막대기로 고유어로는 대말이라고 한다.

1586) 蝸牛는 달팽이이다.

1587) 蠻觸은 달팽이의 뿔에 있는 나라인 蠻과 觸의 합칭으로, 梁의 현인 戴晉人이 魏 惠王에게 "달팽이의 왼쪽뿔에 있는 나라를 觸氏라 하고, 오른쪽 뿔에 있는 나라를 蠻氏라 합니다. 때때로 서로 땅을 다투며 싸우는데, 엎드린 시체가 수만에다 패잔병을 쫓아가서 보름 만에 돌아옵니다.(有國於蝸之左角者, 曰觸氏, 有國於蝸之右角者, 曰蠻氏. 時相與爭地而戰, 伏尸數萬, 逐北旬有五日而後反.)"라고 했다는 『莊子』「則陽」의 말에서 유래하여, 작은 일로 서로 다툼을 비유한다.

1588) 賭勝은 승부를 겨룸, 승리를 다툼이다.

1589) 爛柯는 도끼자루가 썩는다는 뜻으로, 南朝 梁나라 任昉의 『述異記』에 나오는 다음 고사에서 유래하여 세월이 흘러 인사가 바뀜을 비유한다. 晉의 王質이 산에 나무하러 가서 두 童子가 바둑두는 것을 구경하다가, 대추씨처럼 생긴 것을 하나 주기에 먹었더니 배고픔을 느끼지 못하였다. 동자가 왜 돌아가지 않느냐고 묻기에 일어나서 보니 도끼자루가 다 썩어 있었고, 집에 돌아가니 당시의 사람이 아무도 없었다.

또 보지 못하였는가?

주목(朱穆)[1592]이 당시에는 백종(伯宗)[1593]을 사랑하였음을.

그대에게는 백벽(白璧)[1594]의 무거움을 인정하는[1595] 마음이 있고

나에게는 푸른 소나무에 견줄 만한 심간(心肝)[1596]이 있다네.

그대는 나에게 일곱 현을 지닌 녹기금(綠綺琴)[1597]을 주고

나는 그대에게 석 자의 부용검(芙蓉劍)[1598]을 주네.

금(琴)의 곡조는 <고산(高山)>과 <유수(流水)>[1599]이고

1590) 陳餘는 전국시대 말기의 장수로 魏나라의 大梁 출신이다. 張耳와 함께 陳나라에 망명하였다가 陳勝·吳廣을 섬겨 左右校尉가 되고, 趙나라를 정벌하여 조왕 武臣 밑에서 대장군이 되었다. 무신이 죽자 趙歇을 왕으로 세우고 자신도 代王에 올랐으며, 뒤에 漢나라 韓信의 부하가 된 지기 陳餘에게 죽음을 당하였다.

1591) 張耳는 전국시대 말기의 장수로 魏나라의 大梁 출신이다. 魏의 外黃令으로 있을 때 陳餘와 절친하였지만, 사이가 나빠지자 漢나라로 도망하여 韓信의 부하가 되었다가, 泜水 싸움에서 진여를 죽였다. 趙王에 봉해졌고, 시호는 景이다.

1592) 朱穆은 後漢 말의 문신으로 貞宣先生이라는 私謚를 받은 頡의 아들, 자는 公叔이며, 문인들로부터 文忠先生이라는 私謚를 받았다. 孝廉으로 천거되어 侍御史에 발탁되었고, 桓帝 永興初에 冀州刺史로 나갔으며 尙書를 역임하였다. 당시 사람들의 交友가 돈독하지 못해 가볍게 벗을 버리는 것을 미워하여 <絶交論>을 지었다.

1593) 伯宗은 후한 말의 관리로 성이 劉이고 녹봉 이천석을 받는 관직에 있었다는 것 외에는 알려진 행적이 없고, 다만 朱穆에게서 <與劉伯宗絶交書>·<與劉伯宗絶交詩>를 받은 사실만 확인된다. 대략적 내용만 남은 <與劉伯宗絶交書>의 핵심은 불우한 처지에 있던 유백종이 주목을 찾아왔을 때에는 직접 만나 주었으나, 자신이 유리한 처지에 있게 되자 태도를 돌변하였으므로 다음과 같이 말한 데 있다. "족하께서 이천석의 관리가 되고, 나는 그 밑에서 낭관이 되자, 곧 도리어 計吏에 말미암아 배알하고 서로 만났습니다. 족하는 아마 丞尉의 무리이고, 나는 아마 그 밑의 백성이어서, 이렇게 배알함을 榮寵으로 여겨야 한다는 것이겠지요? 아! 유백종이 인의의 도리에 얼마나 박합니까?(足下為二千石. 我下為郎, 乃反因計吏以謁相與. 足下豈丞尉之徒, 我豈足下部民, 欲以此謁為榮寵乎? 咄! 劉伯宗, 於仁義道何其薄哉?)"

1594) 白璧은 가운데 구멍이 뚫린 둥글게 생긴 백옥이다.

1595) 然諾은 그렇게 하겠다고 허락함, 또는 승낙할 때 쓰는 말이다.

1596) 心肝은 심장과 간으로 진심·속마음을 비유한다.

1597) 綠綺琴은 前漢 때에 梁王이 <玉如意賦>를 지은 司馬相如를 표창하여 하사하였던 琴 이름이다.

1598) 芙蓉劍은 날이 날카로운 칼이다.

1599) <高山>과 <流水>는 『列子』「湯問」의 다음과 같은 글에서 유래한, 春秋時代 楚나라의 악사로 거문고의 명인이었던 伯牙가 연주하였다고 하는 악곡의 이름이다. 백아는 거문

칼의 기운은 구불구불한[1600] 두 마리 용의 모습이네
남산(南山)[1601]의 이마가 흰 호랑이[1602]를 두려워하지 않나니
사해(四海)[1603]의 남아는 그대와 나뿐이라네.
하루아침에 금의 마음이 전날과 달라지고
칼 또한 쓸쓸하게 안용(顔容)[1604]이 없어졌네.
연달아 쌓이던[1605] 황금은 침상머리에서 다 없어지고
백안(白眼)[1606]으로 멀리 하는[1607] 이를 길거리[1608]에서 만나네.
어찌하여 광막(廣莫)한[1609] 들판에서 금을 안고 칼을 차고서
한 번 타고 한 번 쓰다듬으면서 심흉(心胸)[1610]을 씻어내지 않는가?

君不見陳餘昔日好張耳　又不見朱穆當時喜伯宗
君有然諾重白璧　　　　儂有心肝比青松
君贈儂七絃綠綺琴　　　儂贈君三尺劒芙蓉
琴調高山與流水　　　　劒氣蜿蜿作雙龍

고를 잘 터고, 鍾子期는 듣기를 잘하였다. 백아가 거문고를 타면서 뜻을 높은 산에 두면, 鍾子期가 말하기를 "훌륭하도다, 태산과 같이 높도다."라 하고, 뜻을 흐르는 물에 두면, 종자기가 말하기를, "훌륭하도다, 강하와 같이 넓고 크도다."라고 하여, 백아가 생각하는 바를 종자기가 반드시 알았다.(伯牙善鼓琴, 鍾子期善聽. 伯牙鼓琴, 志在登高山, 鍾子期曰, "善哉! 峩峩兮若泰山." 志在流水, 鍾子期曰, "善哉! 洋洋兮若江河." 伯牙所念, 鍾子期必得之.)

1600) 蜿蜿은 구불구불한 모양이다.
1601) 南山은 唐나라의 수도인 長安의 남쪽에 있는 산인데, 흔히 도성의 남쪽에 있는 案山을 가리킨다.
1602) 白額虎는 이마에 흰 털이 있는 호랑이로 猛虎를 가리킨다.
1603) 四海는 中國의 四方에 있는 바다나 異族이 사는 지역으로 천하를 가리킨다.
1604) 顔容은 얼굴인데, 여기에서는 칼의 빛을 가리킨다.
1605) 袞袞은 계속 이어지는 모양, 끊이지 않는 모양이다.
1606) 白眼과 흰자위가 많은 눈동자로 업신여기거나 홀겨보는 눈을 가리킨다.
1607) 悠悠는 먼 모양, 심원한 모양이다.
1608) 陌上은 陌頭와 같은 말로 길 가, 길거리이다.
1609) 廣莫(漠)은 끝없이 넓음이다.
1610) 心胸은 마음 속, 內心이다.

不怕南山白額虎　　四海男兒君與儂
一朝琴心與前異　　劍亦索莫無顏容
黃金滾滾床頭盡　　白眼悠悠陌上逢
何不抱琴携劍廣莫野　　一彈一撫滌心胷

원시제목 색인

항목 색인

【ㅅ】

【ㅇ】

【ㅈ】

여운필 呂運弼

서울대학교 인문대학 국어국문학과 졸업

동 대학원 석사·박사과정 수료. 문학박사

현재 신라대학교 국어국문학과 교수

저서 『李穡의 詩文學 硏究』, 『高麗後期 漢詩의 硏究』, 『韓國 中世의 漢詩 硏究』, 『역주 고려사 악지』, 『역주 목은시고』 1~12권(공저) 외 논저 다수

역주 약산시부 1

초판 1쇄 인쇄 2012년 11월 5일
초판 1쇄 발행 2012년 11월 10일

저 자 여 운 필(呂運弼)

발행인 박 성 복

발행처 도서출판 월인

서울시 강북구 노해로25길 61(수유2동 252-9)

등록번호 제6-0364호

등록일자 1998년 5월 4일

대표전화 (02) 912-5000

팩스 (02) 900-5036

홈페이지 http://www.worin.net

ISBN 978-89-8477-524-4 94810
ISBN 978-89-8477-523-7 94810 (세트)

가격 25,000원